2019

中国住户调查年鉴

CHINA YEARBOOK OF HOUSEHOLD SURVEY

国家统计局住户调查办公室　编

COMPILED BY
Department of Household Surveys
National Bureau of Statistics of China

中国统计出版社
China Statistics Press

图书在版编目（CIP）数据

中国住户调查年鉴 . 2019 / 国家统计局住户调查办公室编 . -- 北京 : 中国统计出版社 , 2019.11
ISBN 978-7-5037-9056-0

Ⅰ . ①中… Ⅱ . ①国… Ⅲ . ①居民家庭收支调查－中国－ 2019 －年鉴 Ⅳ . ① F126.2-54

中国版本图书馆 CIP 数据核字 (2019) 第 237553 号

中国住户调查年鉴—2019

作　　者 / 国家统计局住户调查办公室
责任编辑 / 冯燕玲　杜珞维
出版发行 / 中国统计出版社
通信地址 / 北京市丰台区西三环南路甲 6 号　邮政编码 /100073
电　　话 / 邮购（010）63376909　书店（010）68783171
网　　址 / http://www.zgtjcbs.com/
印　　刷 / 河北鑫兆源印刷有限公司
经　　销 / 新华书店
开　　本 / 880×1230 毫米　1/16
字　　数 / 928 千字
印　　张 / 30
版　　别 /2019 年 11 月第 1 版
版　　次 /2019 年 11 月第 1 次印刷
定　　价 /248.00 元

如有印装差错，由本社发行部调换。

《中国住户调查年鉴—2019》

编 者 说 明

一、《中国住户调查年鉴—2019》是一本全面反映中国城乡居民收支、生产和生活状况的资料性年鉴。该年鉴收录了历年全国及分城乡居民收支与生活状况主要数据，以及分省、分地区、按收入等份分组和按 4 个经济区域分组的住户调查基本情况及收支数据，还包括农村住户固定资产投资情况，以及住户调查其他数据。

二、2012 年国家统计局对原来分开组织实施的城镇住户调查和农村住户调查实施了一体化改革，统一了抽样方法、指标口径等，本书所收录的 2013 年及之后年份的居民收支及生活状况数据资料来源于国家统计局自 2012 年四季度起组织开展的全国住户收支与生活状况调查（称为新口径数据）；2012 年及以前年份的数据资料来源于分别开展的城镇住户调查和农村住户调查（称为老口径数据），未包括香港、澳门特别行政区和台湾省数据。其中，2012 年及以前年份的分城乡居民收支数据分别按照城乡住户调查方案采集和汇总。今年，该年鉴还收录了 1978 年以来按新口径调整的城乡居民主要收支历史数据。

三、全书内容分为如下部分，即：综述；（一）全国及分城乡居民收支与生活状况调查主要数据；（二）分地区居民收支与生活状况调查主要数据；（三）历年城镇和农村住户调查主要数据；（四）2005-2012 年城镇和农村住户调查主要分组数据；（五）全国及分地区农村住户固定资产投资情况；（六）住户调查其他数据；住户调查简介。

四、本年鉴数据一般保留一位小数，部分数据合计由于单位取舍不同而产生的计算误差均未作调整。

五、本年鉴各表中对全表的注解均在表上方，对表中部分指标的注解则在表下方。带续表的资料中对部分指标的注解则在最后一张续表的下方。

六、本年鉴的符号使用说明："空格"表示该统计指标数据不详或无该项统计；"#"表示其中的主要项；"*"表示本表下有注解。

编 者

2019 年 11 月

目录

综述

第一部分 全国及分城乡居民收支与生活状况调查主要数据（新口径）

三、农村居民数据

（一）2013 年分地区农村居民收支主要数据

（二）2014 年分地区农村居民收支主要数据

（三）2015 年分地区农村居民收支主要数据

（四）2016 年分地区农村居民收支主要数据

（五）2017 年分地区农村居民收支主要数据

第三部分　历年城镇和农村住户调查主要数据（老口径）

第四部分　2005-2012 年城镇和农村住户调查主要分组数据（老口径）

第五部分　全国及分地区农村住户固定资产投资情况

第六部分　住户调查其他数据

住户调查简介

综　述

2018年全国住户收支与生活状况调查主要结果综述

据国家统计局对全国31个省(自治区、直辖市)16万户居民家庭开展的住户收支与生活状况调查①,2018年全国居民收入保持较快增长,生活质量不断改善。居民间收入差距缩小,向2020年居民收入比2010年翻一番的目标更进一步。

一、2018年全国居民人均可支配收入实际增长6.5%

2018年,全国居民人均可支配收入28228元,比上年名义增长8.7%,扣除价格因素影响,实际增长6.5%。分城乡看,城镇居民人均可支配收入39251元,名义增长7.8%,实际增长5.6%;农村居民人均可支配收入14617元,名义增长8.8%,实际增长6.6%。农村居民人均可支配收入名义增速和实际增速均快于城镇居民1.0个百分点。全国居民人均可支配收入增长的主要情况如下:

(一)工资性收入增长② 8.3%。2018年,全国居民人均工资性收入15829元,增长8.3%。

2018年,全国就业形势继续保持稳定,城镇居民人均工资性收入23792元,增长7.2%,延续稳定增长态势。城镇居民人均工资性收入占人均可支配收入的比重为60.6%,比上年下降0.4个百分点。人均工资性收入对城镇居民增收的贡献率为55.7%,比上年提高0.5个百分点。

2018年,农村居民人均工资性收入5996元,增长9.1%,增速比上年回落0.4个百分点。主要是本地农民工就业人数增长0.9%,增速比上年回落1.1个百分点。农村居民人均工资性收入占人均可支配收入的比重为41.0%,比上年提高0.1个百分点。人均工资性收入对农村居民增收的贡献率为42.0%,比上年下降2.6个百分点。

(二)经营净收入增长7.8%。2018年,全国居民人均经营净收入4852元,增长7.8%,增速比上年加快1.1个百分点。

2018年,减税降费政策进一步落实,企业税负有效减轻,公平竞争环境逐步营造,金融对实体经济和小微企业的支持力度增强,城镇居民人均经营净收入4443元,增长9.3%,增速比上年加快1.5个百分点。城镇居民人均经营净收入占人均可支配收入的比重为11.3%,比上年提高0.1个百分点。人均经营净收入对城镇居民增收的贡献率为13.2%,比上年提高2.6个百分点。

2018年,农村居民人均经营净收入5358元,增长6.6%,增速比上年加快0.6个百分点。人均经营净收入占人均可支配收入的比重为36.7%,比上年下降0.7个百分点。人均经营净收入对农村居民增收的贡献率为27.9%,比上年提高1.1个百分点。第一产业经营净收入增速有所回落。农村居民人均第一产业经营净收入3489元,增长2.9%,增速比上年回落0.8个百分点。其中,人均牧业净收入下降1.9%,主要是生猪价格同比下降较多,但牛、羊、禽蛋等牧业产品价格同比上升,部分冲抵了猪价下跌的损失。人均种植业收入增长3.3%,主要是全年粮食小幅减产,但玉米、蔬菜等农产品价格上升,使农村居民种植业收入继续保持稳定增长。二、三产经营净收入加快增长。农村居民人均二三产业经营净收入1869元,增长14.2%,增速比上年加快3.0个百分点。

(三)财产净收入增长12.9%。2018年,全国居民人均财产净收入2379元,增长12.9%,增速比上年加快1.3个百分点。

城镇居民人均财产净收入4028元,增长11.7%,增速比上年加快1.4个百分点,主要是人均出租房屋净收入增长较快。城镇居民人均财产净收入占人均可支配收入的比重为10.3%,比上年提高0.4个百分点。人均财产净收入对城镇居民增收的贡献率为14.7%,比上年提高2.7个百分点。

农村居民人均财产净收入342元,增长12.9%,增速比上年加快1.5个百分点。主要是转让承包土地经营权租金净收入和出租房屋净收入增长较快,分别增长13.6%和19.4%。农村居民人均财产净收入占人均可支配收入的比重为2.3%,与上年持平。人均财产净收入对农村居民增收的贡献率为3.3%,比上年提高0.4个百分点。

---

①自2012年四季度起,国家统计局实施了城乡一体化住户调查改革,统一了城乡居民收入名称、分类和统计标准,在全国统一抽选了16万户城乡居民家庭,直接开展全国住户收支与生活状况调查。本文使用数据均来源于此项调查。

②以下如无特别说明,均为比上年名义增长。

（四）转移净收入增长8.9%。2018年，全国居民人均转移净收入5168元，增长8.9%。

城镇居民人均转移净收入6988元，增长7.1%，比上年回落3.3个百分点，主要是退休人员基本养老金标准调整幅度低于往年。城镇居民人均转移净收入占人均可支配收入的比重为17.8%，比上年下降0.1个百分点。人均转移净收入对城镇居民增收的贡献率为16.3%，比上年下降5.8个百分点。

农村居民人均转移净收入2920元，增长12.2%，增速比上年加快0.4个百分点。主要是各地继续加大精准扶贫和社会救助力度，人均社会救济和补助收入增长39.6%；城乡居民医保并轨继续推进，人均报销医疗费增长26.1%。农村居民人均转移净收入占人均可支配收入的比重为20.0%，比上年提高0.6个百分点。人均转移净收入对农村居民增收的贡献率为26.8%，比上年提高1.1个百分点。

二、2018年居民收入差距缩小

2018年全国居民人均可支配收入保持较快增长，居民间收入差距缩小，收入分配状况进一步改善。

（一）人均可支配收入中位数①增速低于平均数增速。

2018年，全国居民人均可支配收入中位数24336元，比上年增长8.6%，增速低于平均数增速0.1个百分点。全国居民人均可支配收入中位数相当于平均数的86.2%，比上年下降0.1个百分点。分城乡看，城镇居民人均可支配收入中位数相当于平均数的92.8%，比上年下降0.2个百分点；农村居民人均可支配收入中位数相当于平均数的89.4%，比上年提高0.3个百分点。

（二）居民间收入差距变化比较复杂。

西部地区②与其他地区收入相对差距缩小。分区域看，东部地区全体居民人均可支配收入比上年增长8.6%，中部地区增长9.0%，西部地区增长9.0%，东北地区增长6.9%。中部和西部地区增长最快，东北地区增长最慢。以西部地区为1，东部、中部、东北地区与西部地区全体居民人均可支配收入之比分别为1.65、1.08和1.16，西部地区与其他地区差距缩小。

东北地区城乡居民收入增长最慢。东北地区由于经济下行压力较大，辽宁、吉林粮食减产，生猪价格受非洲猪瘟疫情影响比上年下降较多，城乡居民收入增长乏力。分城乡看，2018年东北地区城镇居民人均可支配收入增长6.6%，农村居民人均可支配收入增长7.4%，城乡居民人均可支配收入增速在四大地区均为最慢。

中间收入群体收入增长放缓。按人均可支配收入从低到高进行五等份分组，全国居民高收入组和低收入组收入增速较快，分别为8.8%和8.1%。中间偏上、中间和中间偏下收入组居民收入增速放缓，分别为5.6%、3.1%和3.7%，分别比上年回落2.4、4.4和3.6个百分点。

农村低收入组收入加快增长。2018年以来，各地坚决落实精准扶贫精准脱贫战略，因地制宜、创新思路，扶贫措施更加精准，扶贫力度不断加大。全年农村居民低收入组人均可支配收入增长11.0%，比上年加快1.2个百分点，增速高于全国农村居民收入增速2.2个百分点。

城镇高收入组收入加快增长。城镇高收入人群从房产和新旧个人所得税政策转换中获得的增收效应较强，全年城镇居民高收入组人均可支配收入增长10.1%，比上年加快0.5个百分点，增速高于全国城镇居民收入增速2.3个百分点。

三、2018年全国居民收入稳定增长为到2020年实现居民收入翻番目标更进一步

按现价看，2018年全国居民人均可支配收入为28228元，是2010年的2.3倍。按可比价看，2011-2018年全国居民人均可支配收入实际增速分别为10.3%、10.6%、8.1%、8.0%、7.4%、6.3%、7.3%和6.5%，八年累计实际增长85.7%。据此测算，在未来两年内，全国居民人均可支配收入年均实际增速在3.8%以上，即可实现到2020年居民人均可支配收入实际增长翻番目标。

---

①人均可支配收入中位数：指将所有调查户按人均可支配收入水平从低到高顺序排列，处于最中间位置调查户的人均可支配收入。

②东部地区：北京、天津、河北、上海、江苏、浙江、福建、山东、广东、海南；
中部地区：山西、安徽、江西、河南、湖北、湖南；
西部地区：内蒙古、广西、重庆、四川、贵州、云南、西藏、陕西、甘肃、青海、宁夏、新疆；
东北地区：辽宁、吉林、黑龙江。

四、2018 年全国居民人均消费支出实际增长 6.2%

2018 年全国居民人均消费支出 19853 元，比上年名义增长 8.4%，扣除价格因素，实际增长 6.2%，名义增速和实际增速分别比上年加快 1.3 和 0.8 个百分点。全国居民人均服务性消费支出 8781 元，名义增长 12.5%；服务性消费支出占消费支出比重为 44.2%，比上年提高 1.6 个百分点。分城乡看，城镇居民人均消费支出 26112 元，名义增长 6.8%，实际增长 4.6%；农村居民人均消费支出 12124 元，名义增长 10.7%，实际增长 8.4%。

（一）食品烟酒支出增长 4.8%。

2018 年，全国居民人均食品烟酒支出 5631 元，增长 4.8%。全国居民食品烟酒支出占全部消费支出的比重（恩格尔系数）为 28.4%，比上年下降 0.9 个百分点。受猪肉价格同比下跌影响，全国居民食品支出增速较慢，但饮食服务支出增长较快，人均饮食服务支出增长 21.7%。分城乡看，城镇居民人均食品烟酒支出 7239 元，增长 3.4%；农村居民人均食品烟酒支出 3646 元，增长 6.7%。

（二）衣着支出增长 4.1%。

2018 年，全国居民人均衣着支出 1289 元，增长 4.1%。分城乡看，城镇居民人均衣着支出 1808 元，增长 2.9%；农村居民人均衣着支出 648 元，增长 5.9%。

（三）居住支出增长 13.1%。

2018 年，全国居民人均居住支出 4647 元，增长 13.1%。分城乡看，城镇居民人均居住支出 6255 元，增长 12.4%；农村居民人均居住支出 2661 元，增长 13.0%。

（四）生活用品及服务支出增长 9.1%。

2018 年，全国居民人均生活用品及服务支出 1223 元，增长 9.1%。其中，人均家庭服务支出增长 32.1%。分城乡看，城镇居民人均生活用品及服务支出 1629 元，增长 6.8%；农村居民人均生活用品及服务支出 720 元，增长 13.6%。

（五）交通通信支出增长 7.1%。

2018 年，全国居民人均交通通信支出 2675 元，增长 7.1%。其中，人均交通支出增长 11.1%。电信行业提速降费举措有效降低居民通信成本，全国居民人均通信支出下降 2.9%。分城乡看，城镇居民人均交通通信支出 3473 元，增长 4.6%；农村居民人均交通通信支出 1690 元，增长 12.0%。

（六）教育文化娱乐支出增长 6.7%。

2018 年，全国居民人均教育文化娱乐支出 2226 元，增长 6.7%。分城乡看，城镇居民人均教育文化娱乐支出 2974 元，增长 4.5%；农村居民人均教育文化娱乐支出 1302 元，增长 11.1%。

（七）医疗保健支出增长 16.1%。

2018 年，全国居民人均医疗保健支出 1685 元，增长 16.1%。其中，人均医疗服务支出增长 20.6%。主要是城乡医保并轨、补助标准提高、报销药品目录扩大、异地就医可直接结算等，使居民就医便利性有所提高。分城乡看，城镇居民人均医疗保健支出 2046 元，增长 15.1%；农村居民人均医疗保健支出 1240 元，增长 17.1%。

（八）其他用品及服务支出增长 6.8%。

2018 年，全国居民人均其他用品及服务支出 477 元，增长 6.8%。分城乡看，城镇居民人均其他用品及服务支出 687 元，增长 5.5%；农村居民人均其他用品及服务支出 218 元，增长 8.7%。

五、2018 年全国农村贫困人口减少情况

据对全国 31 个省（自治区、直辖市）16 万户居民家庭的抽样调查，按现行国家农村贫困标准①测算，2018 年全国农村贫困人口 1660 万人，比上年减少 1386 万人，下降 45.5%；贫困发生率 1.7%，比上年下降 1.4 个百分点。

（一）东、中、西部地区②农村减贫速度均超上年。

按现行国家农村贫困标准测算，2018 年东部地区农村贫困人口 147 万人，比上年减少 153 万人，下降 51.2%，减贫速度比上年加快 12.4 个百分点；贫困人口占全国农村贫困人口的 8.8%，比上年下降 1.0 个百分点；贫困发生率 0.4%，比上年下降 0.4 个百分点。

中部地区农村贫困人口 597 万人，比上年减少 515 万人，下降 46.3%，减贫速度比上年加快 16.1 个百分点；贫困人口占全国农村贫困人口的

①农村贫困标准为：2010 年价格每人每年 2300 元，2018 年价格每人每年 2995 元。

②东部地区：包括北京、天津、河北、辽宁、上海、江苏、浙江、福建、山东、广东、海南。

中部地区：包括山西、吉林、黑龙江、安徽、江西、河南、湖北、湖南。

西部地区：包括内蒙古、广西、重庆、四川、贵州、云南、西藏、陕西、甘肃、青海、宁夏、新疆。

36.0%,比上年下降0.5个百分点;贫困发生率1.8%,比上年下降1.6个百分点。

西部地区农村贫困人口916万人,比上年减少718万人,下降43.9%,减贫速度比上年加快16.5个百分点;贫困人口占全国农村贫困人口的55.2%,比上年上升1.5个百分点;贫困发生率3.2%,比上年下降2.4个百分点。

(二)各省贫困发生率均下降至6%以下。

2018年,各省贫困发生率普遍下降至6%以下。其中,贫困发生率在5%以上的省份有4个,包括贵州、西藏、甘肃、新疆,比上年减少5个;贫困发生率在2%-5%的省份有7个,包括山西、河南、广西、云南、陕西、青海、宁夏,比上年减少5个;贫困发生率在0.5%-2%的省份有12个,包括河北、内蒙古、辽宁、吉林、黑龙江、安徽、江西、湖北、湖南、海南、重庆、四川,比上年增加9个;北京、天津、上海、江苏、浙江、福建、山东、广东等8个省份的贫困发生率均在0.5%以下。

与2017年相比,贫困程度较高的贵州、云南、西藏、甘肃、新疆,贫困发生率从7%以上降至7%以下;山西、广西、陕西、青海,贫困发生率从5%以上降至5%以下;河北、内蒙古、吉林、黑龙江、安徽、江西、湖北、湖南、海南、四川,贫困发生率从2%以上降至2%以下;山东新增为8个贫困发生率在0.5%以下的省份之一。其余各省贫困程度下降也十分显著。

(三)部分省份扶贫任务仍然较重。

2018年,农村贫困人口在100万人以上的省份有6个,包括河南、湖南、广西、贵州、云南、甘肃,比上年减少8个;在50万-100万人之间的省份有8个,包括河北、山西、安徽、江西、湖北、四川、陕西、新疆;其余省份贫困人口在50万人以下。

1

全国及分城乡居民收支与生活状况调查主要数据（新口径）

一、2013-2018年全国居民收支与生活状况主要数据

1-1-1 全国居民家庭基本情况

指　　标	单 位	2013年	2014年	2015年	2016年	2017年	2018年
一、基本情况							
户均常住人口	人/户	3.1	3.0	3.0	3.0	3.0	3.1
户均常住从业人口	人/户	1.8	1.8	1.8	1.7	1.7	1.7
平均每户家庭从业人口比重	%	58.4	58.4	57.6	56.9	56.5	54.0
平均每一从业人口负担人数(包括从业者本人)	人	1.7	1.7	1.7	1.8	1.8	1.9
二、户主文化程度							
(一)未上过学	%	2.9	2.8	2.4	2.0	2.0	2.3
(二)小学	%	20.2	20.0	19.1	18.2	18.0	20.5
(三)初中	%	41.7	42.0	42.5	43.3	43.3	40.9
(四)高中	%	20.0	20.0	20.3	20.3	20.4	18.3
(五)大学专科	%	8.9	8.9	9.2	9.5	9.6	10.0
(六)大学本科及以上	%	6.2	6.3	6.6	6.8	6.8	8.1
三、常住从业人员就业类型							
(一)雇主	%	1.8	1.6	1.3	1.1	0.9	1.0
(二)公职人员	%	3.1	3.0	2.9	2.8	2.8	2.5
(三)事业单位人员	%	6.3	5.9	6.0	6.2	6.2	6.0
(四)国有企业雇员	%	5.2	5.0	4.9	4.9	4.8	4.1
(五)其他雇员	%	38.0	40.1	42.5	43.4	45.1	46.9
(六)农业自营	%	34.7	33.7	32.9	31.5	30.0	29.4
(七)非农自营	%	10.9	10.7	9.5	10.1	10.1	9.9
四、常住从业人员从事主要行业							
(一)第一产业	%	35.6	34.8	33.9	32.7	31.3	30.8
(二)第二产业	%	23.5	23.0	23.2	22.9	23.2	22.5
(三)第三产业	%	40.9	42.2	42.9	44.4	45.5	46.7
五、居民收入与支出情况							
居民人均可支配收入	元/人	18310.8	20167.1	21966.2	23821.0	25973.8	28228.0
居民人均可支配收入中位数	元/人	15632.1	17569.8	19281.1	20882.9	22408.0	24336.4
居民人均现金可支配收入	元/人	17114.6	18747.4	20424.3	22204.5	24201.9	26291.4
现金可支配收入占可支配收入比重	%	93.5	93.0	93.0	93.2	93.2	93.1
居民人均消费支出	元/人	13220.4	14491.4	15712.4	17110.7	18322.1	19853.1
居民人均现金消费支出	元/人	10917.4	11975.7	12988.7	14142.0	15122.3	16174.8
现金消费支出占消费支出比重	%	82.6	82.6	82.7	82.6	82.5	81.5

注：①从2013年度起，国家统计局开展了住户收支与生活状况抽样调查，本年鉴中的2013年及以后年份数据来源于此调查，与2012年及以前的分城镇和农村住户抽样调查的调查范围、调查方法、指标口径有所不同。
②表1-1-1到2-3-5-10数据来源于实施城乡一体化调查后的住户收支与生活状况抽样调查。

1-1-2 全国居民可支配收入及构成

指　　标	2013年	2014年	2015年	2016年	2017年	2018年
可支配收入（元/人）	**18310.8**	**20167.1**	**21966.2**	**23821.0**	**25973.8**	**28228.0**
一、工资性收入	10410.8	11420.6	12459.0	13455.2	14620.3	15829.0
二、经营净收入	3434.7	3732.0	3955.6	4217.7	4501.8	4852.4
(一)第一产业经营净收入	1508.1	1582.8	1627.5	1673.2	1715.2	1797.7
1.农业	1128.6	1198.9	1233.6	1237.3	1261.4	1327.7
2.林业	86.4	95.0	85.6	81.1	84.3	94.4
3.牧业	248.0	238.7	254.4	295.7	300.4	298.7
4.渔业	45.1	50.2	54.0	59.1	69.1	76.9
(二)第二产业经营净收入	336.3	376.1	391.2	402.5	434.9	503.9
(三)第三产业经营净收入	1590.3	1773.1	1937.0	2142.0	2351.7	2550.9
三、财产净收入	1423.3	1587.8	1739.6	1889.0	2107.4	2378.5
四、转移净收入	3042.1	3426.8	3811.9	4259.1	4744.3	5168.1
(一)转移性收入	3929.9	4417.2	4959.1	5570.1	6171.2	6693.4
(二)转移性支出	887.9	990.5	1147.1	1311.0	1426.9	1525.4
可支配收入构成（%）	**100.0**	**100.0**	**100.0**	**100.0**	**100.0**	**100.0**
一、工资性收入	56.9	56.6	56.7	56.5	56.3	56.1
二、经营净收入	18.8	18.5	18.0	17.7	17.3	17.2
(一)第一产业经营净收入	8.2	7.8	7.4	7.0	6.6	6.4
1.农业	6.2	5.9	5.6	5.2	4.9	4.7
2.林业	0.5	0.5	0.4	0.3	0.3	0.3
3.牧业	1.4	1.2	1.2	1.2	1.2	1.1
4.渔业	0.2	0.2	0.2	0.2	0.3	0.3
(二)第二产业经营净收入	1.8	1.9	1.8	1.7	1.7	1.8
(三)第三产业经营净收入	8.7	8.8	8.8	9.0	9.1	9.0
三、财产净收入	7.8	7.9	7.9	7.9	8.1	8.4
四、转移净收入	16.6	17.0	17.4	17.9	18.3	18.3
(一)转移性收入	21.5	21.9	22.6	23.4	23.8	23.7
(二)转移性支出	4.8	4.9	5.2	5.5	5.5	5.4

1-1-3 全国居民现金可支配收入及构成

指　标	2013年	2014年	2015年	2016年	2017年	2018年
现金可支配收入 （元/人）	**17114.6**	**18747.4**	**20424.3**	**22204.5**	**24201.9**	**26291.4**
一、现金工资性收入	10348.6	11352.7	12386.2	13379.0	14537.8	15746.4
二、现金经营净收入	3354.2	3571.5	3782.7	4111.4	4424.1	4880.3
(一)第一产业经营净收入	1162.9	1197.1	1239.8	1337.1	1405.1	1531.6
1.农业	807.3	834.5	859.8	912.6	960.6	1060.7
2.林业	48.1	55.8	54.1	56.0	60.4	66.4
3.牧业	261.2	254.7	269.3	307.6	314.0	326.0
4.渔业	46.3	52.1	56.6	61.0	70.1	78.5
(二)第二产业经营净收入	405.1	433.8	439.3	458.7	492.1	582.5
(三)第三产业经营净收入	1786.2	1940.6	2103.7	2315.7	2526.8	2766.1
三、现金财产净收入	526.6	621.8	689.5	739.8	811.5	877.8
四、现金转移净收入	2885.2	3201.3	3565.9	3974.3	4428.6	4786.9
(一)现金转移性收入	3774.8	4192.1	4712.8	5285.3	5855.5	6312.3
(二)现金转移性支出	889.5	990.7	1146.9	1311.0	1426.9	1525.4
现金可支配收入构成 （%）	**100.0**	**100.0**	**100.0**	**100.0**	**100.0**	**100.0**
一、现金工资性收入	60.5	60.6	60.6	60.3	60.1	59.9
二、现金经营净收入	19.6	19.1	18.5	18.5	18.3	18.6
(一)第一产业经营净收入	6.8	6.4	6.1	6.0	5.8	5.8
1.农业	4.7	4.5	4.2	4.1	4.0	4.0
2.林业	0.3	0.3	0.3	0.3	0.2	0.3
3.牧业	1.5	1.4	1.3	1.4	1.3	1.2
4.渔业	0.3	0.3	0.3	0.3	0.3	0.3
(二)第二产业经营净收入	2.4	2.3	2.2	2.1	2.0	2.2
(三)第三产业经营净收入	10.4	10.4	10.3	10.4	10.4	10.5
三、现金财产净收入	3.1	3.3	3.4	3.3	3.4	3.3
四、现金转移净收入	16.9	17.1	17.5	17.9	18.3	18.2
(一)现金转移性收入	22.1	22.4	23.1	23.8	24.2	24.0
(二)现金转移性支出	5.2	5.3	5.6	5.9	5.9	5.8

1-1-4 全国居民按收入五等份分组的人均可支配收入

单位：元/人

组　别	2013年	2014年	2015年	2016年	2017年	2018年
低收入户 (20%)	4402.4	4747.3	5221.2	5528.7	5958.4	6440.5
中间偏下户 (20%)	9653.7	10887.4	11894.0	12898.9	13842.8	14360.5
中间收入户 (20%)	15698.0	17631.0	19320.1	20924.4	22495.3	23188.9
中间偏上户 (20%)	24361.2	26937.4	29437.6	31990.4	34546.8	36471.4
高收入户 (20%)	47456.6	50968.0	54543.5	59259.5	64934.0	70639.5

1-1-5 全国居民按东、中、西部及东北地区分组的人均可支配收入

单位：元/人

组　别	2013年	2014年	2015年	2016年	2017年	2018年
东部地区	23658.4	25954.0	28223.3	30654.7	33414.0	36298.2
中部地区	15263.9	16867.7	18442.1	20006.2	21833.6	23798.3
西部地区	13919.0	15376.1	16868.1	18406.8	20130.3	21935.8
东北地区	17893.1	19604.4	21008.4	22351.5	23900.5	25543.2

1-1-6 全国居民消费支出

单位：元/人

指 标	2013年	2014年	2015年	2016年	2017年	2018年
消费支出	**13220.4**	**14491.4**	**15712.4**	**17110.7**	**18322.1**	**19853.1**
(一)食品烟酒	4126.7	4493.9	4814.0	5151.0	5373.6	5631.1
1.食品	2974.0	3223.9	3414.4	3657.8	3745.3	3761.1
2.烟酒	403.7	446.7	480.7	499.5	529.7	559.8
3.饮料	84.7	97.8	104.6	108.9	118.4	117.2
4.饮食服务	664.4	725.4	814.4	884.8	980.2	1192.9
(二)衣着	1027.1	1099.3	1164.1	1202.7	1237.6	1288.9
1.衣类	798.1	847.1	895.5	929.5	962.1	1038.6
2.鞋类	229.0	252.2	268.6	273.3	275.5	250.3
(三)居住	2998.5	3200.5	3419.2	3746.4	4106.9	4646.6
1.租赁房房租	160.8	158.4	149.1	155.4	166.9	223.3
2.住房维修及管理	353.1	383.1	419.0	469.0	571.5	587.2
3.水、电、燃料及其他	691.3	724.6	724.7	773.0	815.2	845.1
4.自有住房折算租金	1793.2	1934.5	2126.4	2349.0	2553.3	2991.0
(四)生活用品及服务	806.5	889.7	951.4	1043.7	1120.7	1222.7
1.家具及室内装饰品	148.4	142.3	161.8	168.2	190.5	206.6
2.家用器具	221.2	233.0	237.2	265.2	289.1	320.1
3.家用纺织品	74.7	81.0	84.7	91.5	93.5	97.2
4.家庭日用杂品	225.1	267.0	277.3	296.3	300.1	293.8
5.个人护理用品	98.0	124.4	146.2	170.7	192.9	232.9
6.家庭服务	39.0	42.0	44.1	51.8	54.6	72.1
(五)交通通信	1627.1	1869.3	2086.9	2337.8	2498.9	2675.4
1.交通	1067.6	1244.2	1409.3	1619.8	1774.4	1971.6
2.通信	559.5	625.1	677.5	718.0	724.5	703.8
(六)教育文化娱乐	1397.7	1535.9	1723.1	1915.3	2086.2	2225.7
1.教育	821.0	864.4	963.0	1115.3	1236.7	1398.3
2.文化和娱乐	576.7	671.5	760.1	800.0	849.6	827.4
(七)医疗保健	912.1	1044.8	1164.5	1307.5	1451.2	1685.2
1.医疗器具及药品	318.7	369.3	405.0	448.5	489.2	524.7
2.医疗服务	593.4	675.5	759.5	858.9	962.1	1160.5
(八)其他用品及服务	324.7	358.0	389.2	406.3	447.0	477.5
1.其他用品	200.7	211.1	226.5	220.5	243.0	244.9
2.其他服务	124.0	146.9	162.7	185.9	204.0	232.6

1-1-7 全国居民消费支出构成

单位：%

指　　标	2013年	2014年	2015年	2016年	2017年	2018年
消费支出构成	**100.0**	**100.0**	**100.0**	**100.0**	**100.0**	**100.0**
(一)食品烟酒	31.2	31.0	30.6	30.1	29.3	28.4
1.食品	22.5	22.2	21.7	21.4	20.4	18.9
2.烟酒	3.1	3.1	3.1	2.9	2.9	2.8
3.饮料	0.6	0.7	0.7	0.6	0.6	0.6
4.饮食服务	5.0	5.0	5.2	5.2	5.3	6.0
(二)衣着	7.8	7.6	7.4	7.0	6.8	6.5
1.衣类	6.0	5.8	5.7	5.4	5.3	5.2
2.鞋类	1.7	1.7	1.7	1.6	1.5	1.3
(三)居住	22.7	22.1	21.8	21.9	22.4	23.4
1.租赁房房租	1.2	1.1	0.9	0.9	0.9	1.1
2.住房维修及管理	2.7	2.6	2.7	2.7	3.1	3.0
3.水、电、燃料及其他	5.2	5.0	4.6	4.5	4.4	4.3
4.自有住房折算租金	13.6	13.3	13.5	13.7	13.9	15.1
(四)生活用品及服务	6.1	6.1	6.1	6.1	6.1	6.2
1.家具及室内装饰品	1.1	1.0	1.0	1.0	1.0	1.0
2.家用器具	1.7	1.6	1.5	1.5	1.6	1.6
3.家用纺织品	0.6	0.6	0.5	0.5	0.5	0.5
4.家庭日用杂品	1.7	1.8	1.8	1.7	1.6	1.5
5.个人护理用品	0.7	0.9	0.9	1.0	1.1	1.2
6.家庭服务	0.3	0.3	0.3	0.3	0.3	0.4
(五)交通通信	12.3	12.9	13.3	13.7	13.6	13.5
1.交通	8.1	8.6	9.0	9.5	9.7	9.9
2.通信	4.2	4.3	4.3	4.2	4.0	3.5
(六)教育文化娱乐	10.6	10.6	11.0	11.2	11.4	11.2
1.教育	6.2	6.0	6.1	6.5	6.7	7.0
2.文化和娱乐	4.4	4.6	4.8	4.7	4.6	4.2
(七)医疗保健	6.9	7.2	7.4	7.6	7.9	8.5
1.医疗器具及药品	2.4	2.5	2.6	2.6	2.7	2.6
2.医疗服务	4.5	4.7	4.8	5.0	5.3	5.8
(八)其他用品及服务	2.5	2.5	2.5	2.4	2.4	2.4
1.其他用品	1.5	1.5	1.4	1.3	1.3	1.2
2.其他服务	0.9	1.0	1.0	1.1	1.1	1.2

1-1-8 全国居民现金消费支出

单位：元/人

指　　标	2013年	2014年	2015年	2016年	2017年	2018年
现金消费支出	**10917.4**	**11975.7**	**12988.7**	**14142.0**	**15122.3**	**16174.8**
(一)食品烟酒	3822.8	4185.6	4505.0	4846.7	5073.0	5366.2
1.食品	2691.9	2955.7	3149.4	3399.7	3496.3	3540.8
2.烟酒	403.6	446.7	480.6	499.4	529.6	559.8
3.饮料	84.5	97.3	104.2	108.7	118.2	117.0
4.饮食服务	642.8	685.9	770.8	838.9	928.8	1148.6
(二)衣着	1025.7	1098.6	1163.5	1202.2	1237.0	1288.3
1.衣类	770.1	846.4	894.9	928.9	961.5	1038.0
2.鞋类	229.0	252.2	268.6	273.3	275.5	250.3
(三)居住	1155.1	1215.7	1251.9	1359.8	1519.0	1615.1
1.租赁房房租	160.8	158.4	149.1	155.4	166.9	223.3
2.住房维修及管理	353.1	383.1	419.0	469.0	571.5	587.2
3.水、电、燃料及其他	625.0	674.3	683.9	735.4	780.6	804.6
(四)生活用品及服务	801.8	882.6	943.8	1036.1	1110.8	1211.0
1.家具及室内装饰品	131.3	141.1	160.6	167.7	189.7	205.9
2.家用器具	221.2	233.0	237.2	265.2	289.1	320.1
3.家用纺织品	74.7	81.0	84.7	91.5	93.5	97.2
4.家庭日用杂品	225.1	261.1	271.0	289.2	290.9	282.9
5.个人护理用品	98.0	124.4	146.2	170.7	192.9	232.9
6.家庭服务	39.0	42.0	44.1	51.8	54.6	72.1
(五)交通通信	1624.8	1866.2	2083.7	2332.9	2495.3	2669.1
1.交通	1066.6	1241.1	1406.1	1614.9	1770.8	1965.3
2.通信	558.2	625.1	677.5	718.0	724.5	703.8
(六)教育文化娱乐	1396.5	1534.9	1722.0	1914.3	2085.3	2224.1
1.教育	821.0	864.3	963.0	1115.2	1236.6	1398.3
2.文化和娱乐	575.5	670.6	759.0	799.1	848.7	825.9
(七)医疗保健	772.1	838.3	933.3	1048.5	1160.7	1332.6
1.医疗器具及药品	316.5	367.6	404.1	447.9	488.7	523.8
2.医疗服务	593.4	470.6	529.2	600.6	672.0	808.8
(八)其他用品及服务	318.7	353.8	385.6	401.5	441.2	468.4
1.其他用品	196.3	209.5	224.9	218.7	240.4	242.3
2.其他服务	122.4	144.4	160.7	182.8	200.8	226.0

1-1-9　全国居民现金消费支出构成

单位: %

指　　标	2013年	2014年	2015年	2016年	2017年	2018年
现金消费支出构成	**100.0**	**100.0**	**100.0**	**100.0**	**100.0**	**100.0**
(一)食品烟酒	35.0	35.0	34.7	34.3	33.5	33.2
1.食品	24.7	24.7	24.2	24.0	23.1	21.9
2.烟酒	3.7	3.7	3.7	3.5	3.5	3.5
3.饮料	0.8	0.8	0.8	0.8	0.8	0.7
4.饮食服务	5.9	5.7	5.9	5.9	6.1	7.1
(二)衣着	9.4	9.2	9.0	8.5	8.2	8.0
1.衣类	7.1	7.1	6.9	6.6	6.4	6.4
2.鞋类	2.1	2.1	2.1	1.9	1.8	1.5
(三)居住	10.6	10.2	9.6	9.6	10.0	10.0
1.租赁房房租	1.5	1.3	1.1	1.1	1.1	1.4
2.住房维修及管理	3.2	3.2	3.2	3.3	3.8	3.6
3.水、电、燃料及其他	5.7	5.6	5.3	5.2	5.2	5.0
(四)生活用品及服务	7.3	7.4	7.3	7.3	7.3	7.5
1.家具及室内装饰品	1.2	1.2	1.2	1.2	1.3	1.3
2.家用器具	2.0	1.9	1.8	1.9	1.9	2.0
3.家用纺织品	0.7	0.7	0.7	0.6	0.6	0.6
4.家庭日用杂品	2.1	2.2	2.1	2.0	1.9	1.7
5.个人护理用品	0.9	1.0	1.1	1.2	1.3	1.4
6.家庭服务	0.4	0.4	0.3	0.4	0.4	0.4
(五)交通通信	14.9	15.6	16.0	16.5	16.5	16.5
1.交通	9.8	10.4	10.8	11.4	11.7	12.2
2.通信	5.1	5.2	5.2	5.1	4.8	4.4
(六)教育文化娱乐	12.8	12.8	13.3	13.5	13.8	13.8
1.教育	7.5	7.2	7.4	7.9	8.2	8.6
2.文化和娱乐	5.3	5.6	5.8	5.7	5.6	5.1
(七)医疗保健	7.1	7.0	7.2	7.4	7.7	8.2
1.医疗器具及药品	2.9	3.1	3.1	3.2	3.2	3.2
2.医疗服务	5.4	3.9	4.1	4.2	4.4	5.0
(八)其他用品及服务	2.9	3.0	3.0	2.8	2.9	2.9
1.其他用品	1.8	1.7	1.7	1.5	1.6	1.5
2.其他服务	1.1	1.2	1.2	1.3	1.3	1.4

1-1-10　全国居民主要食品消费量

单位：公斤/人

指　　标	2013年	2014年	2015年	2016年	2017年	2018年
一、粮食(原粮)	148.7	141.0	134.5	132.8	130.1	127.2
(一)谷物	138.9	131.4	124.3	122.0	119.6	116.3
(二)薯类	2.3	2.2	2.4	2.6	2.5	2.6
(三)豆类	7.5	7.5	7.8	8.3	8.0	8.3
二、食用油	10.6	10.4	10.6	10.6	10.4	9.6
#食用植物油	9.9	9.8	10.0	10.0	9.8	8.9
三、蔬菜及食用菌	97.5	96.9	97.8	100.1	99.2	96.1
#鲜菜	94.9	94.1	94.9	96.9	96.1	93.0
四、肉类	25.6	25.6	26.2	26.1	26.7	29.5
#猪肉	19.8	20.0	20.1	19.6	20.1	22.8
牛肉	1.5	1.5	1.6	1.8	1.9	2.0
羊肉	0.9	1.0	1.2	1.5	1.3	1.3
五、禽类	7.2	8.0	8.4	9.1	8.9	9.0
六、水产品	10.4	10.8	11.2	11.4	11.5	11.4
七、蛋类	8.2	8.6	9.5	9.7	10.0	9.7
八、奶类	11.7	12.6	12.1	12.0	12.1	12.2
九、干鲜瓜果类	40.7	42.2	44.5	48.3	50.1	52.1
#鲜瓜果	37.8	38.6	40.5	43.9	45.6	47.4
坚果类	3.0	2.9	3.1	3.4	3.5	3.5
十、食糖	1.2	1.3	1.3	1.3	1.3	1.3

1-1-11　全国居民年末主要耐用消费品拥有量

单位：平均每百户

指　　标	单　位	2013年	2014年	2015年	2016年	2017年	2018年
家用汽车	辆	16.9	19.2	22.7	27.7	29.7	33.0
摩托车	辆	38.5	43.5	42.2	40.0	39.3	35.7
电动助力车	辆	39.5	43.8	47.6	53.2	56.5	59.2
洗衣机	台	80.8	83.7	86.4	89.8	91.7	93.8
电冰箱(柜)	台	82.0	85.5	89.0	93.5	95.3	98.8
微波炉	台	34.6	36.0	36.9	38.4	40.0	39.2
彩色电视机	台	116.1	119.2	119.9	120.8	122.2	119.3
空调	台	70.4	75.2	81.5	90.9	96.1	109.3
热水器	台	64.2	67.7	71.2	76.2	78.6	85.0
排油烟机	台	42.5	44.3	45.7	48.6	51.0	56.4
移动电话	部	203.2	215.9	224.8	235.4	240.0	249.1
计算机	台	48.9	53.0	55.5	57.5	58.7	53.4
照相机	台	21.0	21.7	20.4	17.7	18.4	12.6

二、2013-2018年全国城镇居民收支与生活状况主要数据

1-2-1 城镇居民家庭基本情况

指　　标	单 位	2013年	2014年	2015年	2016年	2017年	2018年
一、基本情况							
户均常住人口	人/户	2.8	2.8	2.9	2.9	2.9	3.0
户均常住从业人口	人/户	1.5	1.6	1.5	1.5	1.5	1.5
平均每户家庭从业人口比重	%	53.9	54.9	53.6	53.0	52.6	50.8
平均每一从业人口负担人数(包括从业者本人)	人	1.9	1.8	1.9	1.9	1.9	2.0
二、户主文化程度							
(一)未上过学	%	1.6	1.5	1.3	1.1	1.0	1.1
(二)小学	%	10.8	10.7	10.1	9.4	9.2	11.3
(三)初中	%	34.5	34.5	34.2	34.7	34.8	33.8
(四)高中	%	27.2	27.2	27.4	27.5	27.5	23.6
(五)大学专科	%	14.9	14.9	15.5	15.7	15.7	16.3
(六)大学本科及以上	%	11.0	11.1	11.5	11.7	11.7	13.9
三、常住从业人员就业类型							
(一)雇主	%	2.8	2.4	1.9	1.5	1.2	1.4
(二)公职人员	%	5.9	5.7	5.5	5.3	5.2	4.4
(三)事业单位人员	%	12.0	11.0	11.2	11.5	11.3	10.7
(四)国有企业雇员	%	10.2	9.6	9.5	9.3	9.0	7.6
(五)其他雇员	%	50.1	52.6	55.6	55.8	57.0	58.1
(六)农业自营	%	5.5	5.6	5.0	4.8	4.5	6.5
(七)非农自营	%	13.6	13.0	11.4	11.8	11.8	11.2
四、常住从业人员从事主要行业							
(一)第一产业	%	6.6	6.6	5.9	5.9	5.5	7.7
(二)第二产业	%	26.8	26.1	26.2	25.2	25.1	23.9
(三)第三产业	%	66.6	67.3	67.9	68.9	69.3	68.5
五、居民收入与支出情况							
居民人均可支配收入	元/人	26467.0	28843.9	31194.8	33616.2	36396.2	39250.8
居民人均可支配收入中位数	元/人	24137.5	26634.7	29128.7	31554.5	33833.7	36412.8
居民人均现金可支配收入	元/人	24799.0	26860.2	29042.0	31270.0	33757.3	36316.2
现金可支配收入占可支配收入比重	%	93.7	93.1	93.1	93.0	92.7	92.5
居民人均消费支出	元/人	18487.5	19968.1	21392.4	23078.9	24445.0	26112.3
居民人均现金消费支出	元/人	15453.0	16690.6	17887.0	19284.1	20329.4	21287.1
现金消费支出占消费支出比重	%	83.6	83.6	83.6	83.6	83.2	81.5

1-2-2 城镇居民可支配收入及构成

指 标	2013年	2014年	2015年	2016年	2017年	2018年
可支配收入 （元/人）	**26467.0**	**28843.9**	**31194.8**	**33616.2**	**36396.2**	**39250.8**
一、工资性收入	16617.4	17936.8	19337.1	20665.0	22200.9	23792.2
二、经营净收入	2975.3	3279.0	3476.1	3770.1	4064.7	4442.6
(一)第一产业经营净收入	285.1	313.6	291.7	308.4	322.6	427.6
(二)第二产业经营净收入	413.1	481.0	491.9	500.5	531.4	605.4
(三)第三产业经营净收入	2277.1	2484.4	2692.5	2961.2	3210.8	3409.6
三、财产净收入	2551.5	2812.1	3041.9	3271.3	3606.9	4027.7
四、转移净收入	4322.8	4815.9	5339.7	5909.8	6523.6	6988.3
(一)转移性收入	5783.0	6425.3	7159.2	7983.2	8752.5	9293.3
(二)转移性支出	1460.2	1609.4	1819.5	2073.4	2228.9	2305.0
可支配收入构成 （%）	**100.0**	**100.0**	**100.0**	**100.0**	**100.0**	**100.0**
一、工资性收入	62.8	62.2	62.0	61.5	61.0	60.6
二、经营净收入	11.2	11.4	11.1	11.2	11.2	11.3
(一)第一产业经营净收入	1.1	1.1	0.9	0.9	0.9	1.1
(二)第二产业经营净收入	1.6	1.7	1.6	1.5	1.5	1.5
(三)第三产业经营净收入	8.6	8.6	8.6	8.8	8.8	8.7
三、财产净收入	9.6	9.7	9.8	9.7	9.9	10.3
四、转移净收入	16.3	16.7	17.1	17.6	17.9	17.8
(一)转移性收入	21.8	22.3	22.9	23.7	24.0	23.7
(二)转移性支出	5.5	5.6	5.8	6.2	6.1	5.9

1-2-3 城镇居民现金可支配收入及构成

指　　标	2013年	2014年	2015年	2016年	2017年	2018年
现金可支配收入(元/人)	**24799.0**	**26860.2**	**29042.0**	**31270.0**	**33757.3**	**36316.2**
一、现金工资性收入	16509.9	17821.3	19214.8	20541.7	22072.7	23670.9
二、现金经营净收入	3332.3	3528.0	3714.0	4032.3	4321.9	4808.0
(一)第一产业经营净收入	265.1	267.0	244.3	269.4	285.4	414.6
(二)第二产业经营净收入	512.5	556.9	554.6	573.7	605.4	702.9
(三)第三产业经营净收入	2554.7	2704.1	2915.1	3189.2	3431.1	3690.5
三、现金财产净收入	831.8	977.8	1072.8	1139.6	1234.1	1311.6
四、现金转移净收入	4125.0	4533.1	5040.4	5556.4	6128.5	6525.7
(一)现金转移性收入	5588.4	6143.0	6859.4	7629.7	8357.4	8830.7
(二)现金转移性支出	1463.4	1609.9	1819.1	2073.4	2228.9	2305.0
现金可支配收入构成　(%)	**100.0**	**100.0**	**100.0**	**100.0**	**100.0**	**100.0**
一、现金工资性收入	66.6	66.3	66.2	65.7	65.4	65.2
二、现金经营净收入	13.4	13.1	12.8	12.9	12.8	13.2
(一)第一产业经营净收入	1.1	1.0	0.8	0.9	0.8	1.1
(二)第二产业经营净收入	2.1	2.1	1.9	1.8	1.8	1.9
(三)第三产业经营净收入	10.3	10.1	10.0	10.2	10.2	10.2
三、现金财产净收入	3.4	3.6	3.7	3.6	3.7	3.6
四、现金转移净收入	16.6	16.9	17.4	17.8	18.2	18.0
(一)现金转移性收入	22.5	22.9	23.6	24.4	24.8	24.3
(二)现金转移性支出	5.9	6.0	6.3	6.6	6.6	6.3

1-2-4 城镇居民按收入五等份分组的人均可支配收入

单位：元/人

组　别	2013年	2014年	2015年	2016年	2017年	2018年
低收入户　（20%）	9895.9	11219.3	12230.9	13004.1	13723.1	14386.9
中间偏下户（20%）	17628.1	19650.5	21446.2	23054.9	24550.1	24856.5
中间收入户（20%）	24172.9	26650.6	29105.2	31521.8	33781.3	35196.1
中间偏上户（20%）	32613.8	35631.2	38572.4	41805.6	45163.4	49173.5
高收入户　（20%）	57762.1	61615.0	65082.2	70347.8	77097.2	84907.1

1-2-5 城镇居民按东、中、西部及东北地区分组的人均可支配收入

单位：元/人

组　别	2013年	2014年	2015年	2016年	2017年	2018年
东部地区	31152.4	33905.4	36691.3	39651.0	42989.8	46432.6
中部地区	22664.7	24733.3	26809.6	28879.3	31293.8	33803.2
西部地区	22362.8	24390.6	26473.1	28609.7	30986.9	33388.6
东北地区	23507.2	25578.9	27399.6	29045.1	30959.5	32993.7

1-2-6 城镇居民消费支出

单位：元/人

指　　标	2013年	2014年	2015年	2016年	2017年	2018年
消费支出	**18487.5**	**19968.1**	**21392.4**	**23078.9**	**24445.0**	**26112.3**
(一)食品烟酒	5570.7	6000.0	6359.7	6762.4	7001.0	7239.0
1.食品	3865.5	4163.5	4361.5	4639.8	4713.8	4630.9
2.烟酒	481.0	521.2	551.0	568.9	598.4	619.7
3.饮料	117.5	129.4	136.1	140.3	150.7	148.7
4.饮食服务	1106.7	1185.9	1311.0	1413.4	1538.1	1839.7
(二)衣着	1553.7	1627.2	1701.1	1739.0	1757.9	1808.2
1.衣类	1212.9	1263.7	1320.0	1356.4	1381.6	1473.4
2.鞋类	340.7	363.5	381.1	382.6	376.4	334.8
(三)居住	4301.4	4489.6	4726.0	5113.7	5564.0	6255.0
1.租赁房房租	282.2	276.0	256.4	261.5	275.7	360.7
2.住房维修及管理	398.1	429.0	489.1	568.8	701.9	668.3
3.水、电、燃料及其他	923.0	947.7	941.0	1001.8	1029.3	1037.0
4.自有住房折算租金	2698.1	2836.9	3039.5	3281.6	3557.1	4189.0
(四)生活用品及服务	1129.2	1233.2	1306.5	1426.8	1525.0	1629.4
1.家具及室内装饰品	203.0	188.0	216.1	227.2	261.3	269.2
2.家用器具	288.6	309.9	317.4	349.6	378.0	412.9
3.家用纺织品	105.0	113.2	116.6	127.0	131.4	131.4
4.家庭日用杂品	304.5	355.0	359.5	382.1	381.9	359.6
5.个人护理用品	164.5	199.5	226.9	257.8	285.0	342.3
6.家庭服务	63.7	67.6	70.0	83.0	87.5	114.0
(五)交通通信	2317.8	2637.3	2895.4	3173.9	3321.5	3473.5
1.交通	1513.5	1763.8	1966.0	2217.0	2380.0	2580.0
2.通信	804.4	873.5	929.4	956.9	941.6	893.5
(六)教育文化娱乐	1988.3	2142.3	2382.8	2637.6	2846.6	2974.1
1.教育	1042.5	1054.4	1166.7	1368.9	1508.0	1703.4
2.文化和娱乐	945.7	1087.9	1216.1	1268.7	1338.7	1270.7
(七)医疗保健	1136.1	1305.6	1443.4	1630.8	1777.4	2045.7
1.医疗器具及药品	442.9	505.1	550.5	608.9	652.9	660.4
2.医疗服务	693.2	800.4	892.9	1021.8	1124.4	1385.2
(八)其他用品及服务	490.4	532.9	577.5	594.7	651.5	687.4
1.其他用品	298.5	307.4	327.1	310.7	343.5	339.6
2.其他服务	191.9	225.5	250.4	283.9	308.0	347.8

1-2-7　城镇居民消费支出构成

单位：%

指　　标	2013年	2014年	2015年	2016年	2017年	2018年
消费支出构成	**100.0**	**100.0**	**100.0**	**100.0**	**100.0**	**100.0**
(一)食品烟酒	30.1	30.0	29.7	29.3	28.6	27.7
1.食品	20.9	20.9	20.4	20.1	19.3	17.7
2.烟酒	2.6	2.6	2.6	2.5	2.4	2.4
3.饮料	0.6	0.6	0.6	0.6	0.6	0.6
4.饮食服务	6.0	5.9	6.1	6.1	6.3	7.0
(二)衣着	8.4	8.1	8.0	7.5	7.2	6.9
1.衣类	6.6	6.3	6.2	5.9	5.7	5.6
2.鞋类	1.8	1.8	1.8	1.7	1.5	1.3
(三)居住	23.3	22.5	22.1	22.2	22.8	24.0
1.租赁房房租	1.5	1.4	1.2	1.1	1.1	1.4
2.住房维修及管理	2.2	2.1	2.3	2.5	2.9	2.6
3.水、电、燃料及其他	5.0	4.7	4.4	4.3	4.2	4.0
4.自有住房折算租金	14.6	14.2	14.2	14.2	14.6	16.0
(四)生活用品及服务	6.1	6.2	6.1	6.2	6.2	6.2
1.家具及室内装饰品	1.1	0.9	1.0	1.0	1.1	1.0
2.家用器具	1.6	1.6	1.5	1.5	1.5	1.6
3.家用纺织品	0.6	0.6	0.5	0.6	0.5	0.5
4.家庭日用杂品	1.6	1.8	1.7	1.7	1.6	1.4
5.个人护理用品	0.9	1.0	1.1	1.1	1.2	1.3
6.家庭服务	0.3	0.3	0.3	0.4	0.4	0.4
(五)交通通信	12.5	13.2	13.5	13.8	13.6	13.3
1.交通	8.2	8.8	9.2	9.6	9.7	9.9
2.通信	4.4	4.4	4.3	4.1	3.9	3.4
(六)教育文化娱乐	10.8	10.7	11.1	11.4	11.6	11.4
1.教育	5.6	5.3	5.5	5.9	6.2	6.5
2.文化和娱乐	5.1	5.4	5.7	5.5	5.5	4.9
(七)医疗保健	6.1	6.5	6.7	7.1	7.3	7.8
1.医疗器具及药品	2.4	2.5	2.6	2.6	2.7	2.5
2.医疗服务	3.7	4.0	4.2	4.4	4.6	5.3
(八)其他用品及服务	2.7	2.7	2.7	2.6	2.7	2.6
1.其他用品	1.6	1.5	1.5	1.3	1.4	1.3
2.其他服务	1.0	1.1	1.2	1.2	1.3	1.3

1-2-8 城镇居民现金消费支出

单位：元/人

指　标	2013年	2014年	2015年	2016年	2017年	2018年
现金消费支出	**15453.0**	**16690.6**	**17887.0**	**19284.1**	**20329.4**	**21287.1**
(一)食品烟酒	5461.2	5874.9	6224.8	6627.7	6861.2	7099.2
1.食品	3791.8	4104.8	4299.0	4577.9	4651.9	4554.7
2.烟酒	480.9	521.2	551.0	568.9	598.4	619.7
3.饮料	117.5	129.4	136.1	140.3	150.7	148.6
4.饮食服务	1071.0	1119.6	1238.6	1340.7	1460.2	1776.2
(二)衣着	1551.5	1626.6	1700.5	1738.4	1757.3	1807.5
1.衣类	1161.9	1263.1	1319.4	1355.8	1381.0	1472.6
2.鞋类	340.7	363.5	381.1	382.6	376.4	334.8
(三)居住	1579.9	1625.6	1665.9	1810.4	1986.8	2045.2
1.租赁房房租	282.2	276.0	256.4	261.5	275.7	360.7
2.住房维修及管理	398.1	429.0	489.1	568.8	701.9	668.3
3.水、电、燃料及其他	870.1	920.7	920.4	980.0	1009.3	1016.3
(四)生活用品及服务	1124.0	1225.6	1298.7	1417.8	1514.5	1617.5
1.家具及室内装饰品	174.8	187.9	216.0	227.1	261.2	269.1
2.家用器具	288.6	309.9	317.4	349.6	378.0	412.9
3.家用纺织品	105.0	113.2	116.6	127.0	131.4	131.4
4.家庭日用杂品	304.5	347.5	351.7	373.2	371.5	347.8
5.个人护理用品	164.5	199.5	226.9	257.8	285.0	342.3
6.家庭服务	63.7	67.6	70.0	83.0	87.5	114.0
(五)交通通信	2313.6	2631.5	2889.8	3166.5	3315.6	3466.0
1.交通	1511.7	1758.0	1960.4	2209.6	2374.1	2572.6
2.通信	801.9	873.5	929.4	956.9	941.6	893.5
(六)教育文化娱乐	1986.3	2140.7	2381.0	2636.3	2845.4	2972.1
1.教育	1042.6	1054.3	1166.7	1368.9	1507.9	1703.4
2.文化和娱乐	943.7	1086.4	1214.3	1267.4	1337.5	1268.8
(七)医疗保健	954.8	1038.5	1153.7	1298.7	1403.7	1604.0
1.医疗器具及药品	438.9	502.1	548.8	607.9	652.2	659.0
2.医疗服务	693.2	536.4	605.0	690.8	751.5	945.1
(八)其他用品及服务	481.7	527.1	572.6	588.3	644.8	675.5
1.其他用品	291.7	305.7	325.2	308.7	340.8	336.5
2.其他服务	190.0	221.5	247.4	279.6	304.0	338.9

1-2-9 城镇居民现金消费支出构成

单位：%

指 标	2013年	2014年	2015年	2016年	2017年	2018年
现金消费支出构成	**100.0**	**100.0**	**100.0**	**100.0**	**100.0**	**100.0**
(一)食品烟酒	35.3	35.2	34.8	34.4	33.8	33.3
1.食品	24.5	24.6	24.0	23.7	22.9	21.4
2.烟酒	3.1	3.1	3.1	3.0	2.9	2.9
3.饮料	0.8	0.8	0.8	0.7	0.7	0.7
4.饮食服务	6.9	6.7	6.9	7.0	7.2	8.3
(二)衣着	10.0	9.7	9.5	9.0	8.6	8.5
1.衣类	7.5	7.6	7.4	7.0	6.8	6.9
2.鞋类	2.2	2.2	2.1	2.0	1.9	1.6
(三)居住	10.2	9.7	9.3	9.4	9.8	9.6
1.租赁房房租	1.8	1.7	1.4	1.4	1.4	1.7
2.住房维修及管理	2.6	2.6	2.7	2.9	3.5	3.1
3.水、电、燃料及其他	5.6	5.5	5.1	5.1	5.0	4.8
(四)生活用品及服务	7.3	7.3	7.3	7.4	7.4	7.6
1.家具及室内装饰品	1.1	1.1	1.2	1.2	1.3	1.3
2.家用器具	1.9	1.9	1.8	1.8	1.9	1.9
3.家用纺织品	0.7	0.7	0.7	0.7	0.6	0.6
4.家庭日用杂品	2.0	2.1	2.0	1.9	1.8	1.6
5.个人护理用品	1.1	1.2	1.3	1.3	1.4	1.6
6.家庭服务	0.4	0.4	0.4	0.4	0.4	0.5
(五)交通通信	15.0	15.8	16.2	16.4	16.3	16.3
1.交通	9.8	10.5	11.0	11.5	11.7	12.1
2.通信	5.2	5.2	5.2	5.0	4.6	4.2
(六)教育文化娱乐	12.9	12.8	13.3	13.7	14.0	14.0
1.教育	6.7	6.3	6.5	7.1	7.4	8.0
2.文化和娱乐	6.1	6.5	6.8	6.6	6.6	6.0
(七)医疗保健	6.2	6.2	6.5	6.7	6.9	7.5
1.医疗器具及药品	2.8	3.0	3.1	3.2	3.2	3.1
2.医疗服务	4.5	3.2	3.4	3.6	3.7	4.4
(八)其他用品及服务	3.1	3.2	3.2	3.1	3.2	3.2
1.其他用品	1.9	1.8	1.8	1.6	1.7	1.6
2.其他服务	1.2	1.3	1.4	1.4	1.5	1.6

1-2-10 城镇居民主要食品消费量

单位：公斤/人

指　标	2013年	2014年	2015年	2016年	2017年	2018年
一、粮食(原粮)	121.3	117.2	112.6	111.9	109.7	110.0
(一)谷物	110.6	106.5	101.6	100.5	98.6	98.8
(二)薯类	1.9	2.0	2.1	2.3	2.3	2.4
(三)豆类	8.8	8.6	8.9	9.1	8.8	8.8
二、食用油	10.9	11.0	11.1	11.0	10.7	9.4
#食用植物油	10.5	10.6	10.7	10.6	10.3	8.9
三、蔬菜及食用菌	103.8	104.0	104.4	107.5	106.7	103.1
#鲜菜	100.1	100.1	100.2	103.2	102.5	99.0
四、肉类	28.5	28.4	28.9	29.0	29.2	31.2
#猪肉	20.4	20.8	20.7	20.4	20.6	22.7
牛肉	2.2	2.2	2.4	2.5	2.6	2.7
羊肉	1.1	1.2	1.5	1.8	1.6	1.5
五、禽类	8.1	9.1	9.4	10.2	9.7	9.8
六、水产品	14.0	14.4	14.7	14.8	14.8	14.3
七、蛋类	9.4	9.8	10.5	10.7	10.9	10.8
八、奶类	17.1	18.1	17.1	16.5	16.5	16.5
九、干鲜瓜果类	51.1	52.9	55.1	58.1	59.9	62.0
#鲜瓜果	47.6	48.1	49.9	52.6	54.3	56.4
坚果类	3.4	3.7	4.0	4.2	4.3	4.1
十、食糖	1.3	1.3	1.3	1.3	1.3	1.3

1-2-11 城镇居民年末主要耐用消费品拥有量

单位：平均每百户

指　标	单　位	2013年	2014年	2015年	2016年	2017年	2018年
家用汽车	辆	22.3	25.7	30.0	35.5	37.5	41.0
摩托车	辆	20.8	24.5	22.7	20.9	20.8	19.5
电动助力车	辆	39.0	42.5	45.8	49.7	53.1	55.0
洗衣机	台	88.4	90.7	92.3	94.2	95.7	97.7
电冰箱(柜)	台	89.2	91.7	94.0	96.4	98.0	100.9
微波炉	台	50.6	52.6	53.8	55.3	56.9	55.2
彩色电视机	台	118.6	122.0	122.3	122.3	123.8	121.3
空调	台	102.2	107.4	114.6	123.7	128.6	142.2
热水器	台	80.3	83.0	85.6	88.7	90.7	97.2
排油烟机	台	66.1	68.2	69.2	71.5	73.7	79.1
移动电话	部	206.1	216.6	223.8	231.4	235.4	243.1
计算机	台	71.5	76.2	78.5	80.0	80.8	73.1
照相机	台	34.0	35.2	33.0	28.5	29.1	20.2

三、2013-2018年全国农村居民收支与生活状况主要数据

1-3-1　农村居民家庭基本情况

指　　标	单 位	2013年	2014年	2015年	2016年	2017年	2018年
一、基本情况							
户均常住人口	人/户	3.3	3.3	3.3	3.3	3.2	3.2
户均常住从业人口	人/户	2.1	2.0	2.0	2.0	2.0	1.9
平均每户家庭从业人口比重	%	63.4	62.4	62.2	61.4	61.1	57.9
平均每一从业人口负担人数(包括从业者本人)	人	1.6	1.6	1.6	1.6	1.6	1.7
二、户主文化程度							
(一)未上过学	%	4.7	4.4	3.8	3.3	3.2	3.9
(二)小学	%	32.3	31.8	30.7	29.9	29.8	32.8
(三)初中	%	51.0	51.5	53.1	54.6	54.7	50.3
(四)高中	%	10.7	10.9	11.1	10.7	10.8	11.1
(五)大学专科	%	1.2	1.2	1.2	1.2	1.3	1.6
(六)大学本科及以上	%	0.2	0.2	0.2	0.2	0.2	0.3
三、常住从业人员就业类型							
(一)雇主	%	1.0	0.8	0.7	0.8	0.6	0.6
(二)公职人员	%	0.4	0.4	0.3	0.3	0.3	0.5
(三)事业单位人员	%	1.0	0.9	0.9	1.0	0.9	1.0
(四)国有企业雇员	%	0.5	0.4	0.4	0.4	0.4	0.4
(五)其他雇员	%	26.9	27.9	29.6	30.8	32.9	34.7
(六)农业自营	%	61.7	61.3	60.4	58.4	56.4	54.2
(七)非农自营	%	8.4	8.4	7.7	8.4	8.4	8.6
四、常住从业人员从事主要行业							
(一)第一产业	%	62.5	62.5	61.5	59.8	58.0	55.8
(二)第二产业	%	20.5	19.8	20.3	20.5	21.2	21.1
(三)第三产业	%	17.1	17.7	18.3	19.8	20.8	23.1
五、居民收入与支出情况							
居民人均可支配收入	元/人	9429.6	10488.9	11421.7	12363.4	13432.4	14617.0
居民人均可支配收入中位数	元/人	8427.7	9496.9	10291.2	11149.1	11969.0	13065.6
居民人均现金可支配收入	元/人	8747.1	9698.2	10577.8	11600.6	12703.9	13912.8
现金可支配收入占可支配收入比重	%	92.8	92.5	92.6	93.8	94.6	95.2
居民人均消费支出	元/人	7485.1	8382.6	9222.6	10129.8	10954.5	12124.3
居民人均现金消费支出	元/人	5978.7	6716.7	7392.1	8127.3	8856.5	9862.0
现金消费支出占消费支出比重	%	79.9	80.1	80.2	80.2	80.8	81.3

1-3-2　农村居民可支配收入及构成

指　　标	2013年	2014年	2015年	2016年	2017年	2018年
可支配收入　（元/人）	**9429.6**	**10488.9**	**11421.7**	**12363.4**	**13432.4**	**14617.0**
一、工资性收入	3652.5	4152.2	4600.3	5021.8	5498.4	5996.1
二、经营净收入	3934.8	4237.4	4503.6	4741.3	5027.8	5358.4
(一)第一产业经营净收入	2839.8	2998.6	3153.8	3269.6	3391.0	3489.5
1.农业	2160.0	2306.8	2412.2	2439.7	2523.6	2608.0
2.林业	162.0	177.3	170.6	165.9	176.5	187.0
3.牧业	460.1	443.0	488.7	573.7	585.8	574.5
4.渔业	57.6	71.4	82.3	90.3	105.2	120.0
(二)第二产业经营净收入	252.5	259.1	276.1	287.9	318.9	378.4
(三)第三产业经营净收入	842.5	979.6	1073.7	1183.8	1318.0	1490.5
三、财产净收入	194.7	222.1	251.5	272.1	303.0	342.1
四、转移净收入	1647.5	1877.2	2066.3	2328.2	2603.2	2920.5
(一)转移性收入	1912.2	2177.4	2445.3	2747.5	3065.1	3483.1
(二)转移性支出	264.7	300.2	379.0	419.3	461.9	562.6
可支配收入构成　(%)	**100.0**	**100.0**	**100.0**	**100.0**	**100.0**	**100.0**
一、工资性收入	38.7	39.6	40.3	40.6	40.9	41.0
二、经营净收入	41.7	40.4	39.4	38.3	37.4	36.7
(一)第一产业经营净收入	30.1	28.6	27.6	26.4	25.2	23.9
1.农业	22.9	22.0	21.1	19.7	18.8	17.8
2.林业	1.7	1.7	1.5	1.3	1.3	1.3
3.牧业	4.9	4.2	4.3	4.6	4.4	3.9
4.渔业	0.6	0.7	0.7	0.7	0.8	0.8
(二)第二产业经营净收入	2.7	2.5	2.4	2.3	2.4	2.6
(三)第三产业经营净收入	8.9	9.3	9.4	9.6	9.8	10.2
三、财产净收入	2.1	2.1	2.2	2.2	2.3	2.3
四、转移净收入	17.5	17.9	18.1	18.8	19.4	20.0
(一)转移性收入	20.3	20.8	21.4	22.2	22.8	23.8
(二)转移性支出	2.8	2.9	3.3	3.4	3.4	3.8

1-3-3　农村居民现金可支配收入及构成

指　　标	2013年	2014年	2015年	2016年	2017年	2018年
现金可支配收入　（元/人）	**8747.1**	**9698.2**	**10577.8**	**11600.6**	**12703.9**	**13912.8**
一、现金工资性收入	3639.7	4137.5	4583.9	5000.8	5470.9	5961.3
二、现金经营净收入	3378.0	3620.1	3861.3	4203.9	4547.0	4969.5
(一)第一产业经营净收入	2140.5	2234.6	2377.3	2586.0	2752.5	2910.9
1.农业	1506.8	1583.4	1664.4	1779.0	1903.5	2032.8
2.林业	89.0	102.5	107.4	114.9	127.4	130.0
3.牧业	485.8	474.7	521.4	600.3	616.5	626.7
4.渔业	58.9	74.0	84.0	91.9	105.1	121.4
(二)第二产业经营净收入	288.1	296.5	307.4	324.1	355.8	433.9
(三)第三产业经营净收入	949.3	1089.0	1176.5	1293.8	1438.7	1624.7
三、现金财产净收入	194.2	224.7	251.5	272.1	303.0	342.1
四、现金转移净收入	1535.2	1715.9	1881.2	2123.8	2383.0	2639.9
(一)现金转移性收入	1799.9	2016.0	2260.1	2543.1	2844.9	3202.6
(二)现金转移性支出	264.6	300.1	378.9	419.3	461.9	562.6
现金可支配收入构成　(%)	**100.0**	**100.0**	**100.0**	**100.0**	**100.0**	**100.0**
一、现金工资性收入	41.6	42.7	43.3	43.1	43.1	42.8
二、现金经营净收入	38.6	37.3	36.5	36.2	35.8	35.7
(一)第一产业经营净收入	24.5	23.0	22.5	22.3	21.7	20.9
1.农业	17.2	16.3	15.7	15.3	15.0	14.6
2.林业	1.0	1.1	1.0	1.0	1.0	0.9
3.牧业	5.6	4.9	4.9	5.2	4.9	4.5
4.渔业	0.7	0.8	0.8	0.8	0.8	0.9
(二)第二产业经营净收入	3.3	3.1	2.9	2.8	2.8	3.1
(二)第二产业经营净收入	10.9	11.2	11.1	11.2	11.3	11.7
三、现金财产净收入	2.2	2.3	2.4	2.3	2.4	2.5
四、现金转移净收入	17.6	17.7	17.8	18.3	18.8	19.0
(一)现金转移性收入	20.6	20.8	21.4	21.9	22.4	23.0
(二)现金转移性支出	3.0	3.1	3.6	3.6	3.6	4.0

1-3-4 农村居民按收入五等份分组的人均可支配收入

单位：元/人

组　　别	2013年	2014年	2015年	2016年	2017年	2018年
低收入户　（20%）	2877.9	2768.1	3085.6	3006.5	3301.9	3666.2
中间偏下户（20%）	5965.6	6604.4	7220.9	7827.7	8348.6	8508.5
中间收入户（20%）	8438.3	9503.9	10310.6	11159.1	11978.0	12530.2
中间偏上户（20%）	11816.0	13449.2	14537.3	15727.4	16943.6	18051.5
高收入户　（20%）	21323.7	23947.4	26013.9	28448.0	31299.3	34042.6

1-3-5 农村居民按东、中、西部及东北地区分组的人均可支配收入

单位：元/人

组　　别	2013年	2014年	2015年	2016年	2017年	2018年
东部地区	11856.8	13144.6	14297.4	15498.3	16822.1	18285.7
中部地区	8983.2	10011.1	10919.0	11794.3	12805.8	13954.1
西部地区	7436.6	8295.0	9093.4	9918.4	10828.6	11831.4
东北地区	9761.5	10802.1	11490.1	12274.6	13115.8	14080.4

1-3-6 农村居民消费支出

单位：元/人

指 标	2013年	2014年	2015年	2016年	2017年	2018年
消费支出	**7485.1**	**8382.6**	**9222.6**	**10129.8**	**10954.5**	**12124.3**
(一)食品烟酒	2554.4	2814.0	3048.0	3266.1	3415.4	3645.6
1.食品	2003.2	2175.9	2332.2	2509.2	2579.9	2687.1
2.烟酒	319.5	363.7	400.2	418.2	447.1	485.9
3.饮料	49.0	62.6	68.7	72.2	79.5	78.4
4.饮食服务	182.8	211.8	246.9	266.5	309.0	394.2
(二)衣着	453.8	510.4	550.5	575.4	611.6	647.7
1.衣类	346.4	382.4	410.5	430.0	457.4	501.8
2.鞋类	107.4	128.0	140.0	145.4	154.1	145.9
(三)居住	1579.8	1762.7	1926.2	2147.1	2353.5	2660.6
1.租赁房房租	28.7	27.2	26.5	31.3	35.9	53.6
2.住房维修及管理	304.1	331.9	338.9	352.3	414.7	487.1
3.水、电、燃料及其他	439.1	475.9	477.6	505.3	557.5	608.1
4.自有住房折算租金	808.0	927.8	1083.2	1258.2	1345.4	1511.8
(四)生活用品及服务	455.1	506.5	545.6	595.7	634.0	720.5
1.家具及室内装饰品	89.0	91.2	99.8	99.1	105.3	129.2
2.家用器具	147.8	147.2	145.7	166.4	182.2	205.4
3.家用纺织品	41.8	45.0	48.3	50.0	47.9	54.9
4.家庭日用杂品	138.6	168.9	183.5	195.9	201.6	212.7
5.个人护理用品	25.7	40.7	53.9	68.9	82.0	97.8
6.家庭服务	12.2	13.5	14.5	15.3	15.1	20.5
(五)交通通信	874.9	1012.6	1163.1	1359.9	1509.1	1690.0
1.交通	582.0	664.7	773.4	921.3	1045.8	1220.3
2.通信	292.9	348.0	389.7	438.6	463.3	469.7
(六)教育文化娱乐	754.6	859.5	969.3	1070.3	1171.3	1301.6
1.教育	579.8	652.5	730.3	818.5	910.2	1021.6
2.文化和娱乐	174.8	207.0	239.0	251.8	261.0	280.0
(七)医疗保健	668.2	753.9	846.0	929.2	1058.7	1240.1
1.医疗器具及药品	183.5	217.8	238.8	260.9	292.1	357.1
2.医疗服务	484.6	536.1	607.2	668.3	766.7	883.0
(八)其他用品及服务	144.2	163.0	174.0	186.0	200.9	218.3
1.其他用品	94.2	103.7	111.6	114.8	122.0	127.9
2.其他服务	50.0	59.3	62.4	71.2	78.9	90.4

1-3-7 农村居民消费支出构成

单位：%

指　　标	2013年	2014年	2015年	2016年	2017年	2018年
消费支出构成	**100.0**	**100.0**	**100.0**	**100.0**	**100.0**	**100.0**
(一)食品烟酒	34.1	33.6	33.0	32.2	31.2	30.1
1.食品	26.8	26.0	25.3	24.8	23.6	22.2
2.烟酒	4.3	4.3	4.3	4.1	4.1	4.0
3.饮料	0.7	0.7	0.7	0.7	0.7	0.6
4.饮食服务	2.4	2.5	2.7	2.6	2.8	3.3
(二)衣着	6.1	6.1	6.0	5.7	5.6	5.3
1.衣类	4.6	4.6	4.5	4.2	4.2	4.1
2.鞋类	1.4	1.5	1.5	1.4	1.4	1.2
(三)居住	21.1	21.0	20.9	21.2	21.5	21.9
1.租赁房房租	0.4	0.3	0.3	0.3	0.3	0.4
2.住房维修及管理	4.1	4.0	3.7	3.5	3.8	4.0
3.水、电、燃料及其他	5.9	5.7	5.2	5.0	5.1	5.0
4.自有住房折算租金	10.8	11.1	11.7	12.4	12.3	12.5
(四)生活用品及服务	6.1	6.0	5.9	5.9	5.8	5.9
1.家具及室内装饰品	1.2	1.1	1.1	1.0	1.0	1.1
2.家用器具	2.0	1.8	1.6	1.6	1.7	1.7
3.家用纺织品	0.6	0.5	0.5	0.5	0.4	0.5
4.家庭日用杂品	1.9	2.0	2.0	1.9	1.8	1.8
5.个人护理用品	0.3	0.5	0.6	0.7	0.7	0.8
6.家庭服务	0.2	0.2	0.2	0.2	0.1	0.2
(五)交通通信	11.7	12.1	12.6	13.4	13.8	13.9
1.交通	7.8	7.9	8.4	9.1	9.5	10.1
2.通信	3.9	4.2	4.2	4.3	4.2	3.9
(六)教育文化娱乐	10.1	10.3	10.5	10.6	10.7	10.7
1.教育	7.7	7.8	7.9	8.1	8.3	8.4
2.文化和娱乐	2.3	2.5	2.6	2.5	2.4	2.3
(七)医疗保健	8.9	9.0	9.2	9.2	9.7	10.2
1.医疗器具及药品	2.5	2.6	2.6	2.6	2.7	2.9
2.医疗服务	6.5	6.4	6.6	6.6	7.0	7.3
(八)其他用品及服务	1.9	1.9	1.9	1.8	1.8	1.8
1.其他用品	1.3	1.2	1.2	1.1	1.1	1.1
2.其他服务	0.7	0.7	0.7	0.7	0.7	0.7

1-3-8 农村居民现金消费支出

单位：元/人

指　　标	2013年	2014年	2015年	2016年	2017年	2018年
现金消费支出	**5978.7**	**6716.7**	**7392.1**	**8127.3**	**8856.5**	**9862.0**
(一)食品烟酒	2038.8	2301.3	2540.0	2763.4	2921.2	3226.3
1.食品	1494.2	1674.0	1835.8	2021.6	2105.8	2288.9
2.烟酒	319.4	363.6	400.1	418.0	446.9	485.8
3.饮料	48.6	61.5	67.7	71.7	79.2	78.0
4.饮食服务	176.6	202.2	236.3	252.0	289.4	373.6
(二)衣着	453.1	509.7	549.9	575.0	610.9	647.2
1.衣类	343.4	381.7	410.0	429.6	456.8	501.3
2.鞋类	107.4	128.0	140.0	145.4	154.1	145.9
(三)居住	692.4	758.5	779.0	832.8	956.0	1084.0
1.租赁房房租	28.7	27.2	26.5	31.3	35.9	53.6
2.住房维修及管理	304.1	331.9	338.9	352.3	414.7	487.1
3.水、电、燃料及其他	358.1	399.4	413.6	449.2	505.5	543.2
(四)生活用品及服务	451.0	500.1	538.3	589.7	624.9	709.0
1.家具及室内装饰品	83.9	88.8	97.2	98.2	103.7	127.8
2.家用器具	147.8	147.2	145.7	166.4	182.2	205.4
3.家用纺织品	41.8	45.0	48.3	50.0	47.9	54.9
4.家庭日用杂品	138.6	164.9	178.7	190.9	194.0	202.7
5.个人护理用品	25.7	40.7	53.9	68.9	82.0	97.8
6.家庭服务	12.2	13.5	14.5	15.3	15.1	20.5
(五)交通通信	874.7	1012.5	1162.6	1357.8	1508.1	1685.0
1.交通	581.9	664.5	772.8	919.2	1044.8	1215.3
2.通信	292.8	348.0	389.7	438.6	463.3	469.7
(六)教育文化娱乐	754.4	859.2	969.0	1069.9	1170.7	1300.5
1.教育	579.8	652.4	730.3	818.5	910.2	1021.5
2.文化和娱乐	174.5	206.8	238.7	251.4	260.5	279.0
(七)医疗保健	573.2	614.9	681.4	755.8	868.2	997.4
1.医疗器具及药品	183.2	217.7	238.7	260.7	291.9	356.8
2.医疗服务	484.6	397.2	442.7	495.0	576.4	640.6
(八)其他用品及服务	141.2	160.5	172.0	183.0	196.3	212.7
1.其他用品	92.4	102.1	110.4	113.4	119.6	126.0
2.其他服务	48.8	58.4	61.6	69.6	76.7	86.6

1-3-9　农村居民现金消费支出构成

单位：%

指　　标	2013年	2014年	2015年	2016年	2017年	2018年
现金消费支出构成	**100.0**	**100.0**	**100.0**	**100.0**	**100.0**	**100.0**
(一)食品烟酒	34.1	34.3	34.4	34.0	33.0	32.7
1.食品	25.0	24.9	24.8	24.9	23.8	23.2
2.烟酒	5.3	5.4	5.4	5.1	5.0	4.9
3.饮料	0.8	0.9	0.9	0.9	0.9	0.8
4.饮食服务	3.0	3.0	3.2	3.1	3.3	3.8
(二)衣着	7.6	7.6	7.4	7.1	6.9	6.6
1.衣类	5.7	5.7	5.5	5.3	5.2	5.1
2.鞋类	1.8	1.9	1.9	1.8	1.7	1.5
(三)居住	11.6	11.3	10.5	10.2	10.8	11.0
1.租赁房房租	0.5	0.4	0.4	0.4	0.4	0.5
2.住房维修及管理	5.1	4.9	4.6	4.3	4.7	4.9
3.水、电、燃料及其他	6.0	5.9	5.6	5.5	5.7	5.5
(四)生活用品及服务	7.5	7.4	7.3	7.3	7.1	7.2
1.家具及室内装饰品	1.4	1.3	1.3	1.2	1.2	1.3
2.家用器具	2.5	2.2	2.0	2.0	2.1	2.1
3.家用纺织品	0.7	0.7	0.7	0.6	0.5	0.6
4.家庭日用杂品	2.3	2.5	2.4	2.3	2.2	2.1
5.个人护理用品	0.4	0.6	0.7	0.8	0.9	1.0
6.家庭服务	0.2	0.2	0.2	0.2	0.2	0.2
(五)交通通信	14.6	15.1	15.7	16.7	17.0	17.1
1.交通	9.7	9.9	10.5	11.3	11.8	12.3
2.通信	4.9	5.2	5.3	5.4	5.2	4.8
(六)教育文化娱乐	12.6	12.8	13.1	13.2	13.2	13.2
1.教育	9.7	9.7	9.9	10.1	10.3	10.4
2.文化和娱乐	2.9	3.1	3.2	3.1	2.9	2.8
(七)医疗保健	9.6	9.2	9.2	9.3	9.8	10.1
1.医疗器具及药品	3.1	3.2	3.2	3.2	3.3	3.6
2.医疗服务	8.1	5.9	6.0	6.1	6.5	6.5
(八)其他用品及服务	2.4	2.4	2.3	2.3	2.2	2.2
1.其他用品	1.5	1.5	1.5	1.4	1.4	1.3
2.其他服务	0.8	0.9	0.8	0.9	0.9	0.9

1-3-10 农村居民主要食品消费量

单位：公斤/人

指标	2013年	2014年	2015年	2016年	2017年	2018年
一、粮食(原粮)	178.5	167.6	159.5	157.2	154.6	148.5
(一)谷物	169.8	159.1	150.2	147.1	144.8	137.9
(二)薯类	2.7	2.4	2.7	2.9	2.8	3.0
(三)豆类	6.0	6.2	6.6	7.3	7.1	7.7
二、食用油	10.3	9.8	10.1	10.2	10.1	9.9
#食用植物油	9.3	9.0	9.2	9.3	9.2	9.0
三、蔬菜及食用菌	90.6	88.9	90.3	91.5	90.2	87.5
#鲜菜	89.2	87.5	88.7	89.7	88.5	85.6
四、肉类	22.4	22.5	23.1	22.7	23.6	27.5
#猪肉	19.1	19.2	19.5	18.7	19.5	23.0
牛肉	0.8	0.8	0.8	0.9	0.9	1.1
羊肉	0.7	0.7	0.9	1.1	1.0	1.0
五、禽类	6.2	6.7	7.1	7.9	7.9	8.0
六、水产品	6.6	6.8	7.2	7.5	7.4	7.8
七、蛋类	7.0	7.2	8.3	8.5	8.9	8.4
八、奶类	5.7	6.4	6.3	6.6	6.9	6.9
九、干鲜瓜果类	29.5	30.3	32.3	36.8	38.4	39.9
#鲜瓜果	27.1	28.0	29.7	33.8	35.1	36.3
坚果类	2.5	1.9	2.1	2.4	2.6	2.8
十、食糖	1.2	1.3	1.3	1.4	1.4	1.3

1-3-11 农村居民年末主要耐用消费品拥有量

单位：平均每百户

指标	单位	2013年	2014年	2015年	2016年	2017年	2018年
家用汽车	辆	9.9	11.0	13.3	17.4	19.3	22.3
摩托车	辆	61.1	67.6	67.5	65.1	64.1	57.4
电动助力车	辆	40.3	45.4	50.1	57.7	61.1	64.9
洗衣机	台	71.2	74.8	78.8	84.0	86.3	88.5
电冰箱(柜)	台	72.9	77.6	82.6	89.5	91.7	95.9
微波炉	台	14.1	14.7	15.0	16.1	17.3	17.7
彩色电视机	台	112.9	115.6	116.9	118.8	120.0	116.6
空调	台	29.8	34.2	38.8	47.6	52.6	65.2
热水器	台	43.6	48.2	52.5	59.7	62.5	68.7
排油烟机	台	12.4	13.9	15.3	18.4	20.4	26.0
移动电话	部	199.5	215.0	226.1	240.7	246.1	257.0
计算机	台	20.0	23.5	25.7	27.9	29.2	26.9
照相机	台	4.4	4.5	4.1	3.4	3.9	2.5

1-3-12 农村居民第一产业生产经营收支情况

单位：元/人

指 标	2013年	2014年	2015年	2016年	2017年	2018年
一、生产经营收入	5235.3	5731.6	6077.1	6385.1	6516.8	6841.1
(一)农业	3526.4	3896.6	4057.9	4128.0	4251.1	4476.9
(二)林业	202.5	218.2	204.0	204.9	210.5	227.1
(三)牧业	1392.2	1473.6	1627.7	1835.2	1821.8	1879.9
(四)渔业	114.3	143.1	187.5	217.0	233.4	257.2
二、生产经营现金收入	4188.4	4586.2	4925.0	5329.0	5510.9	5875.6
(一)农业	2710.9	2992.2	3137.0	3291.9	3453.0	3716.0
(二)林业	127.3	141.0	139.6	152.8	160.5	168.2
(三)牧业	1239.0	1313.6	1464.8	1672.0	1669.1	1738.7
(四)渔业	111.2	139.4	183.6	212.3	228.3	252.7
三、生产经营费用支出	2193.0	2506.4	2716.9	2909.9	2915.7	3114.6
(一)农业	1228.6	1439.8	1506.6	1547.9	1583.1	1716.4
(二)林业	38.4	38.7	32.3	38.1	33.3	38.2
(三)牧业	873.1	961.8	1078.0	1200.5	1173.7	1228.2
(四)渔业	52.9	66.0	100.0	123.3	125.7	131.9
四、生产经营现金费用支出	2047.9	2351.7	2547.7	2742.9	2758.4	2964.7
(一)农业	1196.8	1408.8	1472.6	1512.9	1549.5	1683.2
(二)林业	38.3	38.5	32.2	37.9	33.1	38.2
(三)牧业	760.5	838.9	943.3	1071.7	1052.6	1112.1
(四)渔业	52.2	65.5	99.7	120.4	123.2	131.2

四、1978-2018年居民收支增长情况

1-4-1 1978-2018年全体居民人均可支配收入增长情况

年　份	人均可支配收入（元）	比上年名义增长（%）	比上年实际增长（%）	指数 1978年=100
1978	171.2	—	—	100.0
1979	206.6	20.7	18.4	118.4
1980	246.8	19.5	11.1	131.6
1981	279.3	13.1	10.4	145.3
1982	326.1	16.8	14.5	166.4
1983	364.9	11.9	9.7	182.5
1984	423.6	16.1	13.1	206.3
1985	478.6	13.0	3.4	213.2
1986	540.8	13.0	6.1	226.2
1987	599.2	10.8	3.3	233.6
1988	708.9	18.3	-0.4	232.6
1989	804.0	13.4	-3.9	223.6
1990	903.9	12.4	9.1	243.8
1991	975.8	8.0	4.4	254.6
1992	1125.2	15.3	8.4	275.9
1993	1385.1	23.1	7.3	296.1
1994	1869.6	35.0	8.8	322.1
1995	2363.3	26.4	7.9	347.6
1996	2813.9	19.1	9.9	382.2
1997	3069.8	9.1	6.1	405.6
1998	3254.1	6.0	6.9	433.4
1999	3484.6	7.1	8.6	470.7
2000	3721.3	6.8	6.4	500.7
2001	4070.4	9.4	8.6	543.8
2002	4531.6	11.3	12.2	610.4
2003	5006.7	10.5	9.2	666.3
2004	5660.9	13.1	8.8	725.1
2005	6384.7	12.8	10.8	803.4
2006	7228.8	13.2	11.5	896.2
2007	8583.5	18.7	13.3	1015.4
2008	9956.5	16.0	9.5	1112.2
2009	10977.5	10.3	11.0	1234.8
2010	12519.5	14.0	10.4	1363.3
2011	14550.7	16.2	10.3	1503.3
2012	16509.5	13.5	10.6	1662.5
2013	18310.8	10.9	8.1	1797.1
2014	20167.1	10.1	8.0	1940.5
2015	21966.2	8.9	7.4	2084.4
2016	23821.0	8.4	6.3	2216.1
2017	25973.8	9.0	7.3	2378.4
2018	28228.0	8.7	6.5	2532.1

注：①表1-4-1、表1-4-2、表1-4-3中2013-2018年人均可支配收入来源于住户收支与生活状况调查，1978-2012年数据根据历史数据按照新口径推算获得。
②可支配收入绝对数按当年价格计算，指数按可比价计算。

1-4-2　1978-2018年城镇居民人均可支配收入增长情况

年　份	人均可支配收入（元）	比上年名义增长（%）	比上年实际增长（%）	指数 1978年=100
1978	343.4	—	—	100.0
1979	405.0	17.9	15.7	115.7
1980	477.6	17.9	9.7	127.0
1981	500.4	4.8	2.2	129.9
1982	535.3	7.0	4.9	136.3
1983	564.6	5.5	3.9	141.5
1984	652.1	15.5	12.2	158.7
1985	739.1	13.3	1.1	160.4
1986	900.9	21.9	13.9	182.7
1987	1002.1	11.2	2.2	186.8
1988	1180.2	17.8	-2.4	182.3
1989	1373.9	16.4	0.1	182.5
1990	1510.2	9.9	8.5	198.1
1991	1700.6	12.6	7.1	212.4
1992	2026.6	19.2	9.7	232.9
1993	2577.4	27.2	9.5	255.1
1994	3496.2	35.6	8.5	276.8
1995	4283.0	22.5	4.9	290.3
1996	4838.9	13.0	3.8	301.6
1997	5160.3	6.6	3.4	311.9
1998	5418.2	5.0	5.6	329.4
1999	5838.9	7.8	9.2	359.7
2000	6255.7	7.1	6.3	382.3
2001	6824.0	9.1	8.3	414.1
2002	7652.4	12.1	13.3	469.1
2003	8405.5	9.8	8.9	510.6
2004	9334.8	11.1	7.5	549.0
2005	10382.3	11.2	9.5	600.9
2006	11619.7	11.9	10.3	662.5
2007	13602.5	17.1	12.0	742.2
2008	15549.4	14.3	8.2	803.5
2009	16900.5	8.7	9.7	881.0
2010	18779.1	11.1	7.7	948.5
2011	21426.9	14.1	8.4	1028.1
2012	24126.7	12.6	9.6	1126.8
2013	26467.0	9.7	7.0	1205.4
2014	28843.9	9.0	6.8	1287.1
2015	31194.8	8.2	6.6	1371.5
2016	33616.2	7.8	5.6	1448.0
2017	36396.2	8.3	6.5	1541.6
2018	39250.8	7.8	5.6	1627.6

1-4-3 1978-2018年农村居民人均可支配收入增长情况

年 份	人均可支配收入（元）	比上年名义增长（%）	比上年实际增长（%）	指数 1978年=100
1978	133.6	—	—	100.0
1979	160.2	19.9	19.2	119.2
1980	191.3	19.5	16.6	139.0
1981	223.4	16.8	15.4	160.4
1982	270.1	20.9	19.9	192.3
1983	309.8	14.7	14.2	219.6
1984	355.3	14.7	13.6	249.5
1985	397.6	11.9	7.8	268.9
1986	423.8	6.6	3.2	277.6
1987	462.6	9.2	5.2	292.0
1988	544.9	17.8	6.4	310.7
1989	601.5	10.4	-1.6	305.7
1990	686.3	14.1	1.8	311.2
1991	708.6	3.2	2.0	317.4
1992	784.0	10.6	5.9	336.2
1993	921.6	17.6	3.2	346.9
1994	1221.0	32.5	5.0	364.3
1995	1577.7	29.2	5.3	383.6
1996	1926.1	22.1	9.0	418.1
1997	2090.1	8.5	4.6	437.3
1998	2171.2	3.9	4.7	458.1
1999	2229.1	2.7	4.2	477.5
2000	2282.1	2.4	2.5	489.6
2001	2406.9	5.5	4.7	512.3
2002	2528.9	5.1	5.3	539.2
2003	2690.3	6.4	4.8	564.9
2004	3026.6	12.5	7.3	606.1
2005	3370.2	11.4	6.7	646.6
2006	3731.0	10.7	7.9	697.6
2007	4327.0	16.0	10.0	767.7
2008	4998.8	15.5	8.5	833.1
2009	5435.1	8.7	9.0	908.3
2010	6272.4	15.4	11.4	1012.1
2011	7393.9	17.9	11.4	1127.4
2012	8389.3	13.5	10.7	1248.1
2013	9429.6	12.4	9.3	1364.5
2014	10488.9	11.2	9.2	1490.5
2015	11421.7	8.9	7.5	1602.3
2016	12363.4	8.2	6.2	1702.1
2017	13432.4	8.6	7.3	1825.5
2018	14617.0	8.8	6.6	1945.3

1-4-4 1998-2018年全体居民可支配收入

单位：元/人

年 份	可支配收入	一、工资性收入	二、经营净收入	三、财产净收入	四、转移净收入
1998	3254.1	1739.7	1030.0	67.5	416.9
1999	3484.6	1901.3	1011.5	71.3	500.6
2000	3721.3	2039.8	1019.0	84.2	578.4
2001	4070.4	2254.6	1038.3	94.1	683.4
2002	4531.6	2697.6	1067.2	83.8	683.0
2003	5006.7	3060.9	1122.4	118.6	704.8
2004	5660.9	3451.8	1277.0	150.9	781.2
2005	6384.7	3859.3	1410.1	192.7	922.6
2006	7228.8	4426.1	1511.2	259.7	1031.8
2007	8583.5	5222.4	1710.9	402.0	1248.3
2008	9956.5	5840.6	2081.7	484.4	1549.8
2009	10977.5	6480.6	2154.1	588.9	1753.8
2010	12519.5	7319.9	2402.2	778.4	2019.0
2011	14550.7	8313.1	2845.8	1047.4	2344.5
2012	16509.5	9378.9	3172.2	1231.0	2727.4
2013	18310.8	10410.8	3434.7	1423.3	3042.1
2014	20167.1	11420.6	3732.0	1587.8	3426.8
2015	21966.2	12459.0	3955.6	1739.6	3811.9
2016	23821.0	13455.2	4217.7	1889.0	4259.1
2017	25973.8	14620.3	4501.8	2107.4	4744.3
2018	28228.0	15829.0	4852.4	2378.5	5168.1

注：表1-4-4、表1-4-5、表1-4-6中2013-2018年可支配收入及分项数据来源于住户收支与生活状况调查，1998-2012年数据根据历史数据按照新口径推算获得。

1-4-5 1998-2018年城镇居民可支配收入

单位：元/人

年份	可支配收入				
		一、工资性收入	二、经营净收入	三、财产净收入	四、转移净收入
1998	5418.2	4074.5	144.1	143.2	1056.3
1999	5838.9	4293.5	165.4	148.5	1231.5
2000	6255.7	4404.7	254.7	158.9	1437.3
2001	6824.0	4722.7	283.4	179.4	1638.5
2002	7652.4	5610.0	345.6	144.3	1552.4
2003	8405.5	6224.3	422.8	209.0	1549.3
2004	9334.8	6899.6	520.4	271.0	1643.8
2005	10382.3	7456.3	719.3	351.7	1855.1
2006	11619.7	8305.1	859.8	484.2	1970.5
2007	13602.5	9560.8	998.2	757.9	2285.7
2008	15549.4	10437.7	1546.6	904.8	2660.3
2009	16900.5	11333.1	1631.2	1087.8	2848.5
2010	18779.1	12372.2	1825.6	1414.2	3167.0
2011	21426.9	13673.4	2344.9	1902.7	3506.0
2012	24126.7	15246.8	2715.0	2231.0	3934.0
2013	26467.0	16617.4	2975.3	2551.5	4322.8
2014	28843.9	17936.8	3279.0	2812.1	4815.9
2015	31194.8	19337.1	3476.1	3041.9	5339.7
2016	33616.2	20665.0	3770.1	3271.3	5909.8
2017	36396.2	22200.9	4064.7	3606.9	6523.6
2018	39250.8	23792.2	4442.6	4027.7	6988.3

1-4-6 1998-2018年农村居民可支配收入

单位：元/人

年 份	可支配收入	一、工资性收入	二、经营净收入	三、财产净收入	四、转移净收入
1998	2171.2	571.5	1473.3	29.6	96.9
1999	2229.1	625.6	1462.6	30.0	110.8
2000	2282.1	696.7	1453.0	41.7	90.7
2001	2406.9	763.5	1494.4	42.6	106.4
2002	2528.9	828.6	1530.3	45.0	125.0
2003	2690.3	904.9	1599.2	56.9	129.3
2004	3026.6	979.7	1819.6	64.7	162.6
2005	3370.2	1147.0	1930.9	72.8	219.5
2006	3731.0	1336.1	2030.1	80.8	284.1
2007	4327.0	1543.0	2315.3	100.1	368.5
2008	4998.8	1765.6	2556.1	111.7	565.4
2009	5435.1	1940.0	2643.5	122.1	729.5
2010	6272.4	2277.6	2977.6	144.0	873.3
2011	7393.9	2734.1	3367.2	157.1	1135.5
2012	8389.3	3123.5	3659.6	165.0	1441.2
2013	9429.6	3652.5	3934.9	194.7	1647.5
2014	10488.9	4152.2	4237.4	222.1	1877.2
2015	11421.7	4600.3	4503.6	251.5	2066.3
2016	12363.4	5021.8	4741.3	272.1	2328.2
2017	13432.4	5498.4	5027.8	303.0	2603.2
2018	14617.0	5996.1	5358.4	342.1	2920.5

1-4-7　不同时期城乡居民人均可支配收入增速

报告期	城镇居民收入年均实际增速 (%)	农村居民收入年均实际增速 (%)
五年规划期		
“六五”时期	4.8	14.1
“七五”时期	4.3	3.0
“八五”时期	7.9	4.3
“九五”时期	5.7	5.0
“十五”时期	9.5	5.7
“十一五”时期	9.6	9.4
“十二五”时期	7.7	9.6
十年规划期		
1981-1990	4.5	8.4
1991-2000	6.8	4.6
2001-2010	9.5	7.5
近年		
1979-2018	7.2	7.7
1991-2018	7.8	6.8
2001-2018	8.4	8.0
2011-2018	7.0	8.5

注：2013-2018年人均可支配收入来源于住户收支与生活状况调查，1978-2012年数据根据历史数据按照新口径推算获得。

1-4-8 1978-2018年全体居民人均消费支出增长情况

年 份	人均消费支出(元)	比上年名义增长(%)	比上年实际增长(%)	指数 1978年=100
1978	151.0	—	—	100.0
1980	210.7	—	—	127.4
1981	244.4	16.0	13.2	144.2
1982	273.2	11.8	9.6	158.0
1983	304.0	11.3	9.1	172.4
1984	339.5	11.7	8.8	187.5
1985	401.8	18.3	8.3	203.0
1986	465.3	15.8	8.7	220.7
1987	521.4	12.0	4.4	230.5
1988	638.6	22.5	3.1	237.6
1989	712.4	11.6	-5.5	224.7
1990	768.0	7.8	4.6	234.9
1991	844.5	10.0	6.3	249.8
1992	937.1	11.0	4.3	260.5
1993	1145.0	22.2	6.5	277.5
1994	1539.8	34.5	8.4	300.7
1995	1957.1	27.1	8.5	326.4
1996	2287.6	16.9	7.9	352.3
1997	2436.8	6.5	3.6	365.1
1998	2516.2	3.3	3.3	380.0
1999	2657.9	5.6	7.1	407.1
2000	2914.0	9.6	9.2	444.6
2001	3138.8	7.7	7.0	475.5
2002	3547.7	13.0	13.9	541.8
2003	3888.6	9.6	8.3	586.8
2004	4395.3	13.0	8.8	638.4
2005	5035.4	14.6	12.5	718.4
2006	5634.4	11.9	10.2	792.0
2007	6591.9	17.0	11.6	884.1
2008	7547.7	14.5	8.1	955.9
2009	8376.6	11.0	11.8	1068.4
2010	9378.3	12.0	8.4	1158.0
2011	10819.6	15.4	9.5	1267.5
2012	12053.7	11.4	8.6	1376.3
2013	13220.4	9.7	6.9	1471.2
2014	14491.4	9.6	7.5	1581.0
2015	15712.4	8.4	6.9	1690.6
2016	17110.7	8.9	6.8	1804.9
2017	18322.1	7.1	5.4	1902.3
2018	19853.1	8.4	6.2	2019.7

注：①表1-4-8、表1-4-9、表1-4-10中2013-2018年人均消费支出来源于住户收支与生活状况调查，1978-2012年数据根据历史数据按照新口径推算获得。
②消费支出绝对数按当年价格计算，指数按可比价计算。

1-4-9 1978-2018年城镇居民人均消费支出增长情况

年份	人均消费支出(元)	比上年名义增长(%)	比上年实际增长(%)	指数 1978年=100
1978	311.2	—	—	100.0
1980	412.4	—	—	121.0
1981	456.8	10.8	8.2	130.9
1982	471.0	3.1	1.1	132.3
1983	505.9	7.4	5.3	139.3
1984	559.4	10.6	7.7	150.0
1985	673.2	20.3	7.5	161.2
1986	799.0	18.7	10.9	178.8
1987	884.4	10.7	1.7	182.0
1988	1104.0	24.8	3.4	188.1
1989	1211.0	9.7	-5.7	177.5
1990	1278.9	5.6	4.3	185.1
1991	1453.8	13.7	8.2	200.3
1992	1671.7	15.0	5.9	212.0
1993	2110.8	26.3	8.8	230.6
1994	2851.3	35.1	8.1	249.1
1995	3537.6	24.1	6.2	264.6
1996	3919.5	10.8	1.8	269.5
1997	4185.6	6.8	3.6	279.1
1998	4339.7	3.7	4.3	291.1
1999	4633.4	6.8	8.2	315.0
2000	5026.7	8.5	7.6	338.9
2001	5349.7	6.4	5.7	358.3
2002	6088.5	13.8	14.9	411.8
2003	6587.1	8.2	7.2	441.5
2004	7280.5	10.5	7.0	472.4
2005	8067.7	10.8	9.1	515.5
2006	8850.7	9.7	8.1	557.3
2007	10195.7	15.2	10.2	614.3
2008	11489.0	12.7	6.7	655.6
2009	12557.7	9.3	10.3	723.2
2010	13820.7	10.1	6.6	771.0
2011	15554.0	12.5	6.8	823.4
2012	17106.6	10.0	7.1	881.9
2013	18487.5	8.1	5.3	928.9
2014	19968.1	8.0	5.8	982.7
2015	21392.4	7.1	5.5	1037.2
2016	23078.9	7.9	5.7	1096.0
2017	24445.0	5.9	4.1	1141.4
2018	26112.3	6.8	4.6	1194.0

1-4-10 1978-2018年农村居民人均消费支出增长情况

年 份	人均消费支出 (元)	比上年名义增长 (%)	比上年实际增长 (%)	指数 1978年=100
1978	116.1	—	—	100.0
1979	134.5	15.9	13.6	113.6
1980	162.2	20.6	15.5	131.2
1981	190.8	17.6	15.2	151.2
1982	220.2	15.4	13.6	171.7
1983	248.3	12.7	11.4	191.3
1984	273.8	10.3	7.1	204.9
1985	317.4	15.9	7.7	220.6
1986	357.0	12.5	6.0	233.9
1987	398.3	11.6	5.1	245.8
1988	476.7	19.7	1.9	250.5
1989	535.4	12.3	-5.9	235.7
1990	584.6	9.2	4.5	246.3
1991	619.8	6.0	3.6	255.2
1992	659.0	6.3	1.6	259.3
1993	769.7	16.8	2.7	266.3
1994	1016.8	32.1	7.1	285.2
1995	1310.4	28.9	9.7	312.8
1996	1572.1	20.0	11.2	347.9
1997	1617.2	2.9	0.4	349.2
1998	1603.8	-0.8	0.1	349.7
1999	1604.4	0.0	1.6	355.2
2000	1714.3	6.8	7.0	380.0
2001	1803.2	5.2	4.3	396.4
2002	1917.1	6.3	6.8	423.2
2003	2049.6	6.9	5.3	445.5
2004	2326.5	13.5	8.3	482.6
2005	2748.8	18.2	12.6	543.6
2006	3072.3	11.8	10.1	598.7
2007	3535.5	15.1	9.2	653.6
2008	4054.0	14.7	7.6	703.6
2009	4464.2	10.1	10.5	777.1
2010	4944.8	10.8	6.9	830.7
2011	5892.0	19.2	12.6	935.4
2012	6667.1	13.2	10.4	1032.7
2013	7485.1	12.3	9.2	1127.8
2014	8382.6	12.0	10.0	1240.7
2015	9222.6	10.0	8.6	1347.5
2016	10129.8	9.8	7.8	1452.5
2017	10954.5	8.1	6.8	1550.6
2018	12124.3	10.7	8.4	1681.2

1-4-11 1998-2018年全体居民消费支出

单位：元/人

年 份	消费支出	一、食品烟酒支出	二、衣着支出	三、居住支出
1998	2516.2	1208.0	224.7	307.1
1999	2657.9	1210.0	225.4	334.7
2000	2914.0	1231.2	238.0	419.2
2001	3138.8	1270.1	256.5	448.1
2002	3547.7	1390.9	285.4	527.3
2003	3888.6	1482.8	310.1	605.9
2004	4395.3	1703.8	339.3	674.2
2005	5035.4	1876.7	404.1	796.2
2006	5634.4	2002.4	459.4	980.3
2007	6591.9	2346.1	538.6	1176.3
2008	7547.7	2740.7	600.7	1453.7
2009	8376.6	2874.9	666.4	1698.0
2010	9378.3	3136.8	759.1	1927.9
2011	10819.6	3632.6	902.6	2198.7
2012	12053.7	3982.6	991.7	2479.9
2013	13220.4	4126.7	1027.1	2998.5
2014	14491.4	4493.9	1099.3	3200.5
2015	15712.4	4814.0	1164.1	3419.2
2016	17110.7	5151.0	1202.7	3746.4
2017	18322.1	5373.6	1237.6	4106.9
2018	19853.1	5631.1	1288.9	4646.6

注：表1-4-11、表1-4-12、表1-4-13中2013-2018年消费支出及分项数据来源于住户收支与生活状况调查，1998-2012年数据根据历史数据按照新口径推算获得。

1-4-11 续表 单位：元/人

年 份	四、生活用品及服务支出	五、交通通信支出	六、教育文化娱乐支出	七、医疗保健支出	八、其他用品及服务支出
1998	174.0	108.7	194.7	212.9	86.2
1999	191.8	129.6	223.0	244.9	98.5
2000	184.3	210.9	365.8	173.2	91.4
2001	214.3	237.3	387.0	193.2	132.4
2002	202.1	315.4	487.1	236.5	103.0
2003	215.5	377.5	527.5	267.8	101.6
2004	223.6	449.6	585.9	305.2	113.8
2005	257.7	547.4	657.2	365.7	130.6
2006	293.2	640.0	717.9	394.8	146.4
2007	359.3	761.7	787.4	451.9	170.5
2008	418.1	808.3	814.3	519.2	192.6
2009	486.2	953.5	895.6	585.5	216.5
2010	569.0	1129.6	999.9	625.2	230.8
2011	674.6	1258.8	1136.2	743.7	272.4
2012	741.0	1450.8	1261.8	838.4	307.5
2013	806.5	1627.1	1397.7	912.1	324.7
2014	889.7	1869.3	1535.9	1044.8	358.0
2015	951.4	2086.9	1723.1	1164.5	389.2
2016	1043.7	2337.8	1915.3	1307.5	406.3
2017	1120.7	2498.9	2086.2	1451.2	447.0
2018	1222.7	2675.4	2225.7	1685.2	477.5

1-4-12 1998-2018年城镇居民消费支出

单位：元/人

年份	消费支出	一、食品烟酒支出	二、衣着支出	三、居住支出
1998	4339.7	1918.4	477.0	434.0
1999	4633.4	1914.1	474.1	511.8
2000	5026.7	1940.1	486.3	679.6
2001	5349.7	1979.5	515.3	696.4
2002	6088.5	2216.2	563.6	841.6
2003	6587.1	2337.3	600.0	997.1
2004	7280.5	2608.9	640.5	1107.5
2005	8067.7	2786.4	737.0	1292.5
2006	8850.7	2948.0	818.2	1527.7
2007	10195.7	3422.7	936.8	1761.8
2008	11489.0	3963.4	1029.1	2168.7
2009	12557.7	4136.4	1119.4	2458.4
2010	13820.7	4402.0	1242.2	2815.6
2011	15554.0	5022.7	1426.5	3146.0
2012	17106.6	5472.1	1535.0	3511.0
2013	18487.5	5570.7	1553.7	4301.4
2014	19968.1	6000.0	1627.2	4489.6
2015	21392.4	6359.7	1701.1	4726.0
2016	23078.9	6762.4	1739.0	5113.7
2017	24445.0	7001.0	1757.9	5564.0
2018	26112.3	7239.0	1808.2	6255.0

1-4-12　续表　　　　单位：元/人

年　份	四、生活用品及服务支出	五、交通通信支出	六、教育文化娱乐支出	七、医疗保健支出	八、其他用品及服务支出
1998	356.1	203.7	255.7	501.3	193.3
1999	393.8	241.9	306.7	571.1	219.9
2000	371.7	414.5	650.9	320.7	162.8
2001	436.1	442.3	669.6	348.6	262.0
2002	385.0	599.0	867.5	437.5	178.2
2003	404.2	682.5	890.4	484.2	191.3
2004	401.1	793.3	979.6	539.9	209.7
2005	438.0	928.3	1033.3	615.3	237.1
2006	485.9	1056.2	1121.6	635.1	257.9
2007	586.2	1242.4	1234.0	719.3	292.5
2008	667.0	1278.4	1244.6	805.4	332.3
2009	755.3	1502.7	1338.7	878.4	368.4
2010	867.0	1753.0	1466.7	894.7	379.5
2011	976.1	1889.2	1660.6	999.4	433.4
2012	1060.9	2138.8	1810.2	1099.2	479.4
2013	1129.2	2317.8	1988.3	1136.1	490.4
2014	1233.2	2637.3	2142.3	1305.6	532.9
2015	1306.5	2895.4	2382.8	1443.4	577.5
2016	1426.8	3173.9	2637.6	1630.8	594.7
2017	1525.0	3321.5	2846.6	1777.4	651.5
2018	1629.4	3473.5	2974.1	2045.7	687.4

1-4-13 1998-2018年农村居民消费支出

单位：元/人

年 份	消费支出	一、食品烟酒支出	二、衣着支出	三、居住支出
1998	1603.8	852.5	98.4	243.6
1999	1604.4	834.5	92.7	240.2
2000	1714.3	828.6	97.0	271.3
2001	1803.2	841.5	100.2	298.0
2002	1917.1	861.2	106.9	325.6
2003	2049.6	900.5	112.5	339.3
2004	2326.5	1054.8	123.3	363.5
2005	2748.8	1190.7	153.0	421.9
2006	3072.3	1249.2	173.5	544.3
2007	3535.5	1433.1	200.9	679.8
2008	4054.0	1656.9	221.0	819.9
2009	4464.2	1694.5	242.6	986.5
2010	4944.8	1874.2	277.1	1041.9
2011	5892.0	2185.8	357.3	1212.7
2012	6667.1	2394.7	412.5	1380.7
2013	7485.2	2554.4	453.8	1579.8
2014	8382.6	2814.0	510.4	1762.7
2015	9222.6	3048.0	550.5	1926.2
2016	10129.8	3266.1	575.4	2147.1
2017	10954.5	3415.4	611.6	2353.5
2018	12124.3	3645.6	647.7	2660.6

1-4-13 续表

单位：元/人

年份	四、生活用品及服务支出	五、交通通信支出	六、教育文化娱乐支出	七、医疗保健支出	八、其他用品及服务支出
1998	82.8	61.1	164.2	68.6	32.6
1999	84.1	69.8	178.4	71.0	33.7
2000	77.9	95.3	203.9	89.4	50.8
2001	80.3	113.4	216.4	99.3	54.1
2002	84.7	133.4	243.0	107.5	54.7
2003	86.9	169.7	280.1	120.3	40.5
2004	96.3	203.1	303.6	136.9	45.1
2005	121.7	260.1	373.7	177.5	50.3
2006	139.7	308.5	396.3	203.3	57.5
2007	166.9	354.1	408.7	225.1	67.0
2008	197.4	391.6	433.0	265.6	68.7
2009	234.4	439.5	480.9	311.5	74.3
2010	271.5	507.5	534.0	356.2	82.4
2011	360.8	602.5	590.3	477.7	104.8
2012	399.9	717.4	677.2	560.5	124.2
2013	455.1	874.9	754.6	668.2	144.2
2014	506.5	1012.6	859.5	753.9	163.0
2015	545.6	1163.1	969.3	846.0	174.0
2016	595.7	1359.9	1070.3	929.2	186.0
2017	634.0	1509.1	1171.3	1058.7	200.9
2018	720.5	1690.0	1301.6	1240.1	218.3

2

分地区居民收支与生活状况调查主要数据（新口径）

一、全体居民数据

(一)2013年分地区全体居民收支主要数据

2-1-1-1　2013年分地区全体居民可支配收入

单位：元/人

地　区	可支配收入	一、工资性收入	二、经营净收入	三、财产净收入	四、转移净收入
全　国	**18310.8**	**10410.8**	**3434.7**	**1423.3**	**3042.1**
北　京	40830.0	25022.8	1295.7	6486.2	8025.4
天　津	26359.2	15567.7	2681.5	2445.4	5664.5
河　北	15189.6	8858.9	2462.3	1048.3	2820.1
山　西	15119.7	9424.0	2338.3	739.0	2618.5
内蒙古	18692.9	10004.9	4729.8	1075.2	2883.0
辽　宁	20817.8	11273.1	3919.1	1312.5	4313.1
吉　林	15998.1	7394.8	4548.3	691.7	3363.4
黑龙江	15903.4	8039.9	3949.8	881.6	3032.1
上　海	42173.6	26747.6	1345.6	6036.8	8043.7
江　苏	24775.5	14434.9	3926.0	2161.2	4253.5
浙　江	29775.0	17426.1	5600.2	3314.5	3434.2
安　徽	15154.3	8155.1	3662.3	814.3	2522.7
福　建	21217.9	12520.8	4129.5	2049.1	2518.6
江　西	15099.7	8293.6	2920.8	1118.3	2766.9
山　东	19008.3	10990.8	4297.8	1215.8	2503.8
河　南	14203.7	7134.8	3551.1	759.5	2758.3
湖　北	16472.5	8159.8	3913.3	957.2	3442.2
湖　南	16004.9	8124.8	3255.2	1158.0	3466.8
广　东	23420.7	17282.3	3094.2	1977.3	1066.9
广　西	14082.3	6868.0	3249.6	862.4	3102.3
海　南	15733.3	8672.1	3575.2	1210.4	2275.6
重　庆	16568.7	8818.8	2749.0	1193.3	3807.5
四　川	14231.0	7149.6	3173.4	864.0	3044.0
贵　州	11083.1	5595.9	2650.4	553.2	2283.6
云　南	12577.9	5715.6	3520.1	1316.6	2025.6
西　藏	9740.4	4786.5	3164.4	380.1	1409.5
陕　西	14371.5	8184.4	2217.3	874.1	3095.7
甘　肃	10954.4	5660.9	2175.8	753.9	2363.8
青　海	12947.8	7607.1	2050.1	561.9	2728.7
宁　夏	14565.8	8836.3	2991.7	474.1	2263.6
新　疆	13669.6	6864.8	4077.0	575.7	2152.1

2-1-1-2　2013年分地区全体居民可支配收入构成

单位：%

地　区	可支配收入	一、工资性收入	二、经营净收入	三、财产净收入	四、转移净收入
全　国	**100.0**	**56.9**	**18.8**	**7.8**	**16.6**
北　京	100.0	61.3	3.2	15.9	19.7
天　津	100.0	59.1	10.2	9.3	21.5
河　北	100.0	58.3	16.2	6.9	18.6
山　西	100.0	62.3	15.5	4.9	17.3
内蒙古	100.0	53.5	25.3	5.8	15.4
辽　宁	100.0	54.2	18.8	6.3	20.7
吉　林	100.0	46.2	28.4	4.3	21.0
黑龙江	100.0	50.6	24.8	5.5	19.1
上　海	100.0	63.4	3.2	14.3	19.1
江　苏	100.0	58.3	15.8	8.7	17.2
浙　江	100.0	58.5	18.8	11.1	11.5
安　徽	100.0	53.8	24.2	5.4	16.6
福　建	100.0	59.0	19.5	9.7	11.9
江　西	100.0	54.9	19.3	7.4	18.3
山　东	100.0	57.8	22.6	6.4	13.2
河　南	100.0	50.2	25.0	5.3	19.4
湖　北	100.0	49.5	23.8	5.8	20.9
湖　南	100.0	50.8	20.3	7.2	21.7
广　东	100.0	73.8	13.2	8.4	4.6
广　西	100.0	48.8	23.1	6.1	22.0
海　南	100.0	55.1	22.7	7.7	14.5
重　庆	100.0	53.2	16.6	7.2	23.0
四　川	100.0	50.2	22.3	6.1	21.4
贵　州	100.0	50.5	23.9	5.0	20.6
云　南	100.0	45.4	28.0	10.5	16.1
西　藏	100.0	49.1	32.5	3.9	14.5
陕　西	100.0	56.9	15.4	6.1	21.5
甘　肃	100.0	51.7	19.9	6.9	21.6
青　海	100.0	58.8	15.8	4.3	21.1
宁　夏	100.0	60.7	20.5	3.3	15.5
新　疆	100.0	50.2	29.8	4.2	15.7

2-1-1-3　2013年分地区全体居民现金可支配收入

单位：元/人

地　区	现金可支配收入	一、工资性收入	二、经营净收入	三、财产净收入	四、转移净收入
全　国	**17114.6**	**10348.6**	**3354.2**	**526.6**	**2885.2**
北　京	35154.1	24926.4	1566.2	954.7	7706.9
天　津	24700.4	15373.8	3218.7	778.5	5329.4
河　北	14325.9	8840.4	2427.2	358.8	2699.5
山　西	14591.2	9390.2	2337.5	422.7	2440.7
内蒙古	17956.5	9997.6	4595.3	539.0	2824.6
辽　宁	19862.4	11081.9	4347.7	331.1	4101.8
吉　林	14910.3	7377.1	4013.3	220.3	3299.7
黑龙江	14863.3	8016.1	3584.2	309.3	2953.6
上　海	35418.7	26436.9	1520.3	400.3	7061.3
江　苏	23188.2	14344.1	4101.5	791.2	3951.4
浙　江	28081.3	17302.0	6271.4	1340.1	3167.8
安　徽	14403.7	8104.0	3611.0	298.8	2389.8
福　建	20097.3	12432.0	4488.2	795.2	2381.9
江　西	13990.6	8284.9	2517.5	495.0	2693.3
山　东	18239.2	10937.4	4436.5	454.5	2410.8
河　南	13050.7	7118.7	2975.9	344.1	2612.0
湖　北	15550.5	8105.7	3900.5	271.2	3273.2
湖　南	15116.6	8088.2	3028.2	630.2	3370.0
广　东	22129.8	17132.9	3118.2	912.3	966.4
广　西	13157.7	6840.9	2966.6	399.4	2950.8
海　南	14953.3	8636.1	3717.3	502.4	2097.4
重　庆	15297.0	8785.4	2325.4	442.7	3743.5
四　川	13012.6	7103.7	2628.3	390.1	2890.5
贵　州	10359.3	5588.4	2319.6	229.9	2221.4
云　南	11681.1	5703.1	3189.1	836.0	1953.0
西　藏	9081.8	4783.4	2720.0	198.3	1380.0
陕　西	13746.8	8132.2	2196.6	453.9	2964.2
甘　肃	10322.9	5647.1	2075.2	317.9	2282.7
青　海	12429.2	7585.4	2291.8	138.5	2413.5
宁　夏	13892.5	8806.5	3037.0	68.2	1980.7
新　疆	13043.5	6839.8	3971.3	194.4	2037.9

2-1-1-4 2013年分地区全体居民现金可支配收入构成

单位：%

地区	现金可支配收入	一、工资性收入	二、经营净收入	三、财产净收入	四、转移净收入
全 国	**100.0**	**60.5**	**19.6**	**3.1**	**16.9**
北 京	100.0	70.9	4.5	2.7	21.9
天 津	100.0	62.2	13.0	3.2	21.6
河 北	100.0	61.7	16.9	2.5	18.8
山 西	100.0	64.4	16.0	2.9	16.7
内蒙古	100.0	55.7	25.6	3.0	15.7
辽 宁	100.0	55.8	21.9	1.7	20.7
吉 林	100.0	49.5	26.9	1.5	22.1
黑龙江	100.0	53.9	24.1	2.1	19.9
上 海	100.0	74.6	4.3	1.1	19.9
江 苏	100.0	61.9	17.7	3.4	17.0
浙 江	100.0	61.6	22.3	4.8	11.3
安 徽	100.0	56.3	25.1	2.1	16.6
福 建	100.0	61.9	22.3	4.0	11.9
江 西	100.0	59.2	18.0	3.5	19.3
山 东	100.0	60.0	24.3	2.5	13.2
河 南	100.0	54.5	22.8	2.6	20.0
湖 北	100.0	52.1	25.1	1.7	21.0
湖 南	100.0	53.5	20.0	4.2	22.3
广 东	100.0	77.4	14.1	4.1	4.4
广 西	100.0	52.0	22.5	3.0	22.4
海 南	100.0	57.8	24.9	3.4	14.0
重 庆	100.0	57.4	15.2	2.9	24.5
四 川	100.0	54.6	20.2	3.0	22.2
贵 州	100.0	53.9	22.4	2.2	21.4
云 南	100.0	48.8	27.3	7.2	16.7
西 藏	100.0	52.7	30.0	2.2	15.2
陕 西	100.0	59.2	16.0	3.3	21.6
甘 肃	100.0	54.7	20.1	3.1	22.1
青 海	100.0	61.0	18.4	1.1	19.4
宁 夏	100.0	63.4	21.9	0.5	14.3
新 疆	100.0	52.4	30.4	1.5	15.6

2-1-1-5　2013年分地区全体居民消费支出

单位：元/人

地　区	消费支出	一、食品烟酒支出	二、衣着支出	三、居住支出
全　国	**13220.4**	**4126.7**	**1027.1**	**2998.5**
北　京	29175.6	7008.5	2254.9	9120.5
天　津	20418.7	6607.3	1652.0	4525.2
河　北	10872.2	3042.5	905.9	2583.3
山　西	10118.3	2691.9	998.8	2173.8
内 蒙 古	14877.7	4313.8	1676.2	2684.8
辽　宁	14950.2	4250.3	1400.9	3238.8
吉　林	12054.3	3292.3	1140.6	2475.9
黑 龙 江	12037.2	3440.5	1238.6	2585.7
上　海	30399.9	8199.6	1603.7	10011.6
江　苏	17925.8	5216.8	1325.0	3978.3
浙　江	20610.1	5990.6	1499.1	5201.5
安　徽	10544.1	3660.8	806.5	2353.6
福　建	16176.6	5543.1	1032.7	3903.7
江　西	10052.8	3450.4	772.7	2418.4
山　东	11896.8	3560.9	1032.7	2660.4
河　南	10002.5	2958.1	1012.4	2093.7
湖　北	11760.8	3794.5	933.5	2625.3
湖　南	11945.9	3899.1	851.5	2521.8
广　东	17421.0	6097.3	951.1	3962.7
广　西	9596.5	3362.8	435.7	2168.5
海　南	11192.9	4468.8	484.8	2468.9
重　庆	12600.2	4511.2	1213.0	2452.2
四　川	11054.7	4074.5	906.1	2064.2
贵　州	8288.0	2906.4	610.8	1678.5
云　南	8823.8	3048.4	550.3	1858.3
西　藏	6306.8	2741.3	632.8	1212.7
陕　西	11217.3	3066.0	912.1	2383.8
甘　肃	8943.4	2897.2	795.4	1796.2
青　海	11576.5	3627.6	1087.1	2245.1
宁　夏	11292.0	3226.2	1022.9	2036.2
新　疆	11391.8	3676.7	1173.8	2160.4

2-1-1-5 续表 单位：元/人

地区	四、生活用品及服务支出	五、交通通信支出	六、教育文化娱乐支出	七、医疗保健支出	八、其他用品及服务支出
全国	**806.5**	**1627.1**	**1397.7**	**912.1**	**324.7**
北京	1862.6	3278.0	3082.9	1765.7	802.6
天津	1135.3	2832.1	1596.5	1445.0	625.2
河北	696.8	1414.2	1039.2	956.1	234.3
山西	609.0	1145.5	1381.0	835.9	282.4
内蒙古	881.1	2036.4	1663.1	1176.0	446.2
辽宁	865.0	1814.8	1708.8	1213.4	458.2
吉林	616.0	1520.6	1417.3	1281.8	309.9
黑龙江	630.6	1335.9	1339.9	1153.1	312.9
上海	1457.8	3450.4	2751.9	2054.1	870.8
江苏	1047.6	2431.4	2271.3	1155.0	500.3
浙江	1053.6	3125.5	2019.1	1198.0	522.7
安徽	594.5	1190.0	1018.7	699.5	220.4
福建	992.9	1885.8	1570.8	774.7	473.0
江西	599.9	1045.8	990.7	547.2	227.7
山东	801.7	1540.8	1136.8	902.1	261.4
河南	790.3	1049.2	1076.9	766.2	255.6
湖北	735.6	1236.0	1302.9	876.8	256.2
湖南	783.3	1381.8	1353.2	865.4	289.9
广东	999.3	2400.1	1811.0	728.9	470.6
广西	573.2	1177.5	1064.2	643.0	171.7
海南	637.8	1157.6	1226.4	540.6	208.0
重庆	877.5	1214.4	1239.0	837.6	255.3
四川	774.8	1222.0	986.3	808.8	217.9
贵州	551.6	933.4	1011.1	447.6	148.7
云南	511.6	1110.9	962.1	642.1	140.0
西藏	393.7	700.9	218.5	183.2	223.7
陕西	729.8	1374.2	1438.1	1081.2	232.2
甘肃	558.2	1005.3	988.3	727.9	174.9
青海	702.2	1495.9	1046.6	1101.7	270.3
宁夏	762.9	1577.3	1273.0	1066.1	327.5
新疆	651.1	1510.1	1062.5	912.9	244.4

2-1-1-6 2013年分地区全体居民消费支出构成

单位：%

地区	消费支出	一、食品烟酒支出	二、衣着支出	三、居住支出
全国	**100.0**	**31.2**	**7.8**	**22.7**
北京	100.0	24.0	7.7	31.3
天津	100.0	32.4	8.1	22.2
河北	100.0	28.0	8.3	23.8
山西	100.0	26.6	9.9	21.5
内蒙古	100.0	29.0	11.3	18.0
辽宁	100.0	28.4	9.4	21.7
吉林	100.0	27.3	9.5	20.5
黑龙江	100.0	28.6	10.3	21.5
上海	100.0	27.0	5.3	32.9
江苏	100.0	29.1	7.4	22.2
浙江	100.0	29.1	7.3	25.2
安徽	100.0	34.7	7.6	22.3
福建	100.0	34.3	6.4	24.1
江西	100.0	34.3	7.7	24.1
山东	100.0	29.9	8.7	22.4
河南	100.0	29.6	10.1	20.9
湖北	100.0	32.3	7.9	22.3
湖南	100.0	32.6	7.1	21.1
广东	100.0	35.0	5.5	22.7
广西	100.0	35.0	4.5	22.6
海南	100.0	39.9	4.3	22.1
重庆	100.0	35.8	9.6	19.5
四川	100.0	36.9	8.2	18.7
贵州	100.0	35.1	7.4	20.3
云南	100.0	34.5	6.2	21.1
西藏	100.0	43.5	10.0	19.2
陕西	100.0	27.3	8.1	21.3
甘肃	100.0	32.4	8.9	20.1
青海	100.0	31.3	9.4	19.4
宁夏	100.0	28.6	9.1	18.0
新疆	100.0	32.3	10.3	19.0

2-1-1-6 续表　　　　单位：%

地　区	四、生活用品及服务支出	五、交通通信支出	六、教育文化娱乐支出	七、医疗保健支出	八、其他用品及服务支出
全　国	**6.1**	**12.3**	**10.6**	**6.9**	**2.5**
北　京	6.4	11.2	10.6	6.1	2.8
天　津	5.6	13.9	7.8	7.1	3.1
河　北	6.4	13.0	9.6	8.8	2.2
山　西	6.0	11.3	13.6	8.3	2.8
内蒙古	5.9	13.7	11.2	7.9	3.0
辽　宁	5.8	12.1	11.4	8.1	3.1
吉　林	5.1	12.6	11.8	10.6	2.6
黑龙江	5.2	11.1	11.1	9.6	2.6
上　海	4.8	11.3	9.1	6.8	2.9
江　苏	5.8	13.6	12.7	6.4	2.8
浙　江	5.1	15.2	9.8	5.8	2.5
安　徽	5.6	11.3	9.7	6.6	2.1
福　建	6.1	11.7	9.7	4.8	2.9
江　西	6.0	10.4	9.9	5.4	2.3
山　东	6.7	13.0	9.6	7.6	2.2
河　南	7.9	10.5	10.8	7.7	2.6
湖　北	6.3	10.5	11.1	7.5	2.2
湖　南	6.6	11.6	11.3	7.2	2.4
广　东	5.7	13.8	10.4	4.2	2.7
广　西	6.0	12.3	11.1	6.7	1.8
海　南	5.7	10.3	11.0	4.8	1.9
重　庆	7.0	9.6	9.8	6.6	2.0
四　川	7.0	11.1	8.9	7.3	2.0
贵　州	6.7	11.3	12.2	5.4	1.8
云　南	5.8	12.6	10.9	7.3	1.6
西　藏	6.2	11.1	3.5	2.9	3.5
陕　西	6.5	12.3	12.8	9.6	2.1
甘　肃	6.2	11.2	11.1	8.1	2.0
青　海	6.1	12.9	9.0	9.5	2.3
宁　夏	6.8	14.0	11.3	9.4	2.9
新　疆	5.7	13.3	9.3	8.0	2.1

2-1-1-7　2013年分地区全体居民现金消费支出

单位：元/人

地　区	现金消费支出	一、食品烟酒支出	二、衣着支出	三、居住支出
全　国	**10917.4**	**3822.8**	**1025.7**	**1155.1**
北　京	21787.7	6936.9	2253.7	2119.9
天　津	17064.1	6458.9	1649.2	1688.2
河　北	9177.1	2923.7	905.3	1128.0
山　西	8719.7	2498.4	996.9	1097.1
内蒙古	13235.4	4029.3	1676.7	1382.1
辽　宁	12689.2	4045.8	1400.2	1407.2
吉　林	10565.8	3146.0	1140.1	1198.3
黑龙江	10538.2	3335.0	1238.5	1271.8
上　海	21417.4	7937.7	1601.8	2320.2
江　苏	14634.1	4960.7	1323.1	1258.5
浙　江	16543.2	5800.0	1497.6	1610.4
安　徽	8718.6	3406.3	803.0	918.4
福　建	13158.6	5222.5	1031.8	1374.1
江　西	8005.6	3057.1	772.5	835.8
山　东	10078.2	3399.6	1029.7	1087.3
河　南	8498.8	2790.7	1012.2	904.0
湖　北	9586.4	3352.8	929.3	1063.5
湖　南	9961.6	3446.2	851.1	1090.1
广　东	14811.3	5808.4	947.0	1731.5
广　西	7753.1	2944.3	434.9	880.9
海　南	9330.7	4255.0	484.6	891.0
重　庆	10372.8	4004.2	1211.9	791.3
四　川	8916.0	3389.7	905.3	766.1
贵　州	6698.3	2299.1	610.5	750.0
云　南	7020.3	2535.9	550.1	639.7
西　藏	4732.3	2071.6	631.5	341.5
陕　西	9688.3	2887.9	912.0	1167.4
甘　肃	7528.9	2508.8	795.0	834.8
青　海	9714.8	3106.4	1085.6	1204.8
宁　夏	9785.4	2946.0	1022.6	1085.0
新　疆	9907.7	3353.3	1172.1	1051.3

2-1-1-7 续表

单位：元/人

地　区	四、生活用品及服务支出	五、交通通信支出	六、教育文化娱乐支出	七、医疗保健支出	八、其他用品及服务支出
全　国	**801.8**	**1624.8**	**1396.5**	**772.1**	**318.7**
北　京	1856.7	3276.4	3079.8	1465.6	798.6
天　津	1130.8	2817.3	1593.3	1135.7	590.8
河　北	695.6	1413.9	1039.0	840.4	231.3
山　西	600.3	1144.6	1380.0	736.9	265.7
内蒙古	881.0	2036.2	1663.0	1121.6	445.4
辽　宁	863.4	1807.6	1708.3	1008.6	448.0
吉　林	613.5	1516.9	1416.7	1225.8	308.4
黑龙江	629.4	1335.3	1339.7	1076.1	312.3
上　海	1448.4	3432.5	2743.0	1076.5	857.4
江　苏	1042.3	2427.3	2269.7	857.8	494.7
浙　江	1045.4	3119.6	2016.2	946.6	507.5
安　徽	591.9	1189.1	1018.5	574.8	216.7
福　建	971.8	1882.5	1568.0	640.8	467.0
江　西	599.2	1045.5	990.5	477.8	227.2
山　东	796.7	1540.3	1136.4	832.4	255.8
河　南	789.6	1048.5	1076.9	622.9	254.1
湖　北	734.1	1234.5	1302.5	717.4	252.5
湖　南	782.4	1380.3	1352.8	771.5	287.2
广　东	992.5	2397.0	1807.2	670.4	457.3
广　西	566.8	1176.5	1062.2	524.3	163.2
海　南	606.2	1157.5	1238.0	496.4	202.0
重　庆	875.4	1213.6	1239.0	786.5	251.1
四　川	767.4	1219.4	984.8	669.3	214.1
贵　州	550.4	933.0	1012.2	400.5	142.6
云　南	510.0	1109.8	961.8	575.5	137.5
西　藏	390.5	700.9	218.5	154.1	223.7
陕　西	724.5	1371.9	1436.5	958.1	230.0
甘　肃	551.0	1004.4	987.5	675.8	171.5
青　海	694.8	1495.9	1041.2	818.0	268.1
宁　夏	745.6	1576.1	1271.9	843.2	294.9
新　疆	645.5	1509.5	1062.0	871.6	242.2

2-1-1-8　2013年分地区全体居民现金消费支出构成

单位：%

地　区	现金消费支出	一、食品烟酒支出	二、衣着支出	三、居住支出
全　国	**100.0**	**35.0**	**9.4**	**10.6**
北　京	100.0	31.8	10.3	9.7
天　津	100.0	37.9	9.7	9.9
河　北	100.0	31.9	9.9	12.3
山　西	100.0	28.7	11.4	12.6
内蒙古	100.0	30.4	12.7	10.4
辽　宁	100.0	31.9	11.0	11.1
吉　林	100.0	29.8	10.8	11.3
黑龙江	100.0	31.6	11.8	12.1
上　海	100.0	37.1	7.5	10.8
江　苏	100.0	33.9	9.0	8.6
浙　江	100.0	35.1	9.1	9.7
安　徽	100.0	39.1	9.2	10.5
福　建	100.0	39.7	7.8	10.4
江　西	100.0	38.2	9.6	10.4
山　东	100.0	33.7	10.2	10.8
河　南	100.0	32.8	11.9	10.6
湖　北	100.0	35.0	9.7	11.1
湖　南	100.0	34.6	8.5	10.9
广　东	100.0	39.2	6.4	11.7
广　西	100.0	38.0	5.6	11.4
海　南	100.0	45.6	5.2	9.5
重　庆	100.0	38.6	11.7	7.6
四　川	100.0	38.0	10.2	8.6
贵　州	100.0	34.3	9.1	11.2
云　南	100.0	36.1	7.8	9.1
西　藏	100.0	43.8	13.3	7.2
陕　西	100.0	29.8	9.4	12.0
甘　肃	100.0	33.3	10.6	11.1
青　海	100.0	32.0	11.2	12.4
宁　夏	100.0	30.1	10.5	11.1
新　疆	100.0	33.8	11.8	10.6

2-1-1-8 续表

单位：%

地　　区	四、生活用品及服务支出	五、交通通信支出	六、教育文化娱乐支出	七、医疗保健支出	八、其他用品及服务支出
全　　国	**7.3**	**14.9**	**12.8**	**7.1**	**2.9**
北　　京	8.5	15.0	14.1	6.7	3.7
天　　津	6.6	16.5	9.3	6.7	3.5
河　　北	7.6	15.4	11.3	9.2	2.5
山　　西	6.9	13.1	15.8	8.5	3.0
内 蒙 古	6.7	15.4	12.6	8.5	3.4
辽　　宁	6.8	14.2	13.5	7.9	3.5
吉　　林	5.8	14.4	13.4	11.6	2.9
黑 龙 江	6.0	12.7	12.7	10.2	3.0
上　　海	6.8	16.0	12.8	5.0	4.0
江　　苏	7.1	16.6	15.5	5.9	3.4
浙　　江	6.3	18.9	12.2	5.7	3.1
安　　徽	6.8	13.6	11.7	6.6	2.5
福　　建	7.4	14.3	11.9	4.9	3.5
江　　西	7.5	13.1	12.4	6.0	2.8
山　　东	7.9	15.3	11.3	8.3	2.5
河　　南	9.3	12.3	12.7	7.3	3.0
湖　　北	7.7	12.9	13.6	7.5	2.6
湖　　南	7.9	13.9	13.6	7.7	2.9
广　　东	6.7	16.2	12.2	4.5	3.1
广　　西	7.3	15.2	13.7	6.8	2.1
海　　南	6.5	12.4	13.3	5.3	2.2
重　　庆	8.4	11.7	11.9	7.6	2.4
四　　川	8.6	13.7	11.0	7.5	2.4
贵　　州	8.2	13.9	15.1	6.0	2.1
云　　南	7.3	15.8	13.7	8.2	2.0
西　　藏	8.3	14.8	4.6	3.3	4.7
陕　　西	7.5	14.2	14.8	9.9	2.4
甘　　肃	7.3	13.3	13.1	9.0	2.3
青　　海	7.2	15.4	10.7	8.4	2.8
宁　　夏	7.6	16.1	13.0	8.6	3.0
新　　疆	6.5	15.2	10.7	8.8	2.4

(二)2014年分地区全体居民收支主要数据

2-1-2-1 2014年分地区全体居民可支配收入

单位：元/人

地 区	可支配收入	一、工资性收入	二、经营净收入	三、财产净收入	四、转移净收入
全 国	**20167.1**	**11420.6**	**3732.0**	**1587.8**	**3426.8**
北 京	44488.6	27554.9	1452.2	7000.9	8480.6
天 津	28832.3	17163.0	2875.6	2781.7	6012.0
河 北	16647.4	9829.3	2681.4	1138.5	2998.2
山 西	16538.3	10168.3	2593.1	935.5	2841.4
内蒙古	20559.3	10904.0	5104.3	1202.8	3348.3
辽 宁	22820.2	12082.5	4062.6	1478.2	5196.8
吉 林	17520.4	8289.3	4835.1	754.2	3641.8
黑龙江	17404.4	8794.9	4208.9	973.1	3427.5
上 海	45965.8	28752.5	1376.4	6504.1	9332.8
江 苏	27172.8	15706.7	4421.3	2299.9	4744.8
浙 江	32657.6	19068.8	5958.9	3586.2	4043.6
安 徽	16795.5	9068.5	3937.9	904.5	2884.7
福 建	23330.9	13658.5	4593.2	2238.6	2840.5
江 西	16734.2	9386.1	3106.3	1242.7	2999.1
山 东	20864.2	12044.4	4708.3	1314.9	2796.7
河 南	15695.2	7963.0	3854.1	863.2	3014.9
湖 北	18283.2	9094.2	4216.0	1079.4	3893.5
湖 南	17621.7	8930.8	3605.8	1293.6	3791.4
广 东	25685.0	18439.3	3458.1	2376.2	1411.3
广 西	15557.1	7305.0	3782.7	1003.9	3465.5
海 南	17476.5	9854.2	3929.9	1253.9	2438.5
重 庆	18351.9	9888.7	2981.0	1256.2	4225.9
四 川	15749.0	7932.1	3459.1	918.5	3439.4
贵 州	12371.1	6336.2	2833.1	672.5	2529.2
云 南	13772.2	6309.0	3743.4	1450.0	2269.8
西 藏	10730.2	5212.8	3503.8	453.6	1560.0
陕 西	15836.7	8848.9	2404.4	1033.4	3550.1
甘 肃	12184.7	6414.6	2346.3	872.2	2551.6
青 海	14374.0	8291.7	2397.4	699.3	2985.6
宁 夏	15906.8	9612.7	3161.0	589.9	2543.2
新 疆	15096.6	7810.1	3997.2	673.6	2615.8

2-1-2-2 2014年分地区全体居民可支配收入构成

单位：%

地 区	可支配收入	一、工资性收入	二、经营净收入	三、财产净收入	四、转移净收入
全 国	**100.0**	**56.6**	**18.5**	**7.9**	**17.0**
北 京	100.0	61.9	3.3	15.7	19.1
天 津	100.0	59.5	10.0	9.6	20.9
河 北	100.0	59.0	16.1	6.8	18.0
山 西	100.0	61.5	15.7	5.7	17.2
内蒙古	100.0	53.0	24.8	5.9	16.3
辽 宁	100.0	52.9	17.8	6.5	22.8
吉 林	100.0	47.3	27.6	4.3	20.8
黑龙江	100.0	50.5	24.2	5.6	19.7
上 海	100.0	62.6	3.0	14.1	20.3
江 苏	100.0	57.8	16.3	8.5	17.5
浙 江	100.0	58.4	18.2	11.0	12.4
安 徽	100.0	54.0	23.4	5.4	17.2
福 建	100.0	58.5	19.7	9.6	12.2
江 西	100.0	56.1	18.6	7.4	17.9
山 东	100.0	57.7	22.6	6.3	13.4
河 南	100.0	50.7	24.6	5.5	19.2
湖 北	100.0	49.7	23.1	5.9	21.3
湖 南	100.0	50.7	20.5	7.3	21.5
广 东	100.0	71.8	13.5	9.3	5.5
广 西	100.0	47.0	24.3	6.5	22.3
海 南	100.0	56.4	22.5	7.2	14.0
重 庆	100.0	53.9	16.2	6.8	23.0
四 川	100.0	50.4	22.0	5.8	21.8
贵 州	100.0	51.2	22.9	5.4	20.4
云 南	100.0	45.8	27.2	10.5	16.5
西 藏	100.0	48.6	32.7	4.2	14.5
陕 西	100.0	55.9	15.2	6.5	22.4
甘 肃	100.0	52.6	19.3	7.2	20.9
青 海	100.0	57.7	16.7	4.9	20.8
宁 夏	100.0	60.4	19.9	3.7	16.0
新 疆	100.0	51.7	26.5	4.5	17.3

2-1-2-3　2014年分地区全体居民现金可支配收入

单位：元/人

地　区	现金可支配收入	一、工资性收入	二、经营净收入	三、财产净收入	四、转移净收入
全　国	**18747.4**	**11352.7**	**3571.5**	**621.8**	**3201.3**
北　京	38339.7	27439.9	1652.9	1116.8	8130.1
天　津	26661.2	16941.4	3100.2	968.5	5651.1
河　北	15735.7	9812.1	2653.0	423.5	2847.1
山　西	15748.1	10132.1	2591.6	492.4	2532.1
内蒙古	20085.0	10897.5	5398.6	596.1	3192.9
辽　宁	21434.8	11900.5	4280.1	429.9	4824.3
吉　林	16493.1	8243.7	4493.4	256.4	3499.7
黑龙江	16700.6	8780.3	4248.0	401.0	3271.3
上　海	38644.3	28462.4	1424.8	456.2	8300.9
江　苏	25216.8	15605.9	4491.7	798.4	4320.8
浙　江	30734.8	18963.5	6588.0	1497.6	3685.7
安　徽	15815.4	9023.0	3813.3	326.7	2652.4
福　建	21671.0	13568.9	4596.7	875.1	2630.2
江　西	15513.8	9367.8	2687.1	565.5	2893.4
山　东	19810.9	12015.0	4615.8	516.8	2663.4
河　南	14564.1	7942.5	3320.8	445.6	2855.2
湖　北	16890.9	9001.7	3912.6	321.4	3655.1
湖　南	16518.9	8882.0	3265.4	745.7	3625.8
广　东	24054.2	18228.0	3363.4	1206.6	1256.2
广　西	14274.7	7279.3	3216.1	501.5	3277.8
海　南	16371.2	9811.8	3896.0	500.9	2162.5
重　庆	16914.8	9853.2	2538.6	500.0	4022.9
四　川	14424.5	7884.8	2880.7	432.1	3226.9
贵　州	11462.0	6322.9	2417.7	302.7	2418.7
云　南	12758.3	6301.4	3381.1	955.7	2120.1
西　藏	9711.2	5210.9	2783.4	199.6	1517.4
陕　西	14921.9	8801.9	2203.2	592.8	3324.0
甘　肃	11256.9	6404.1	2034.7	389.7	2428.5
青　海	13540.8	8279.3	2350.5	299.4	2611.5
宁　夏	15051.9	9584.5	3090.6	125.7	2251.1
新　疆	14247.6	7790.9	3826.6	205.2	2424.9

2-1-2-4　2014年分地区全体居民现金可支配收入构成

单位：%

地　区	现金可支配收入	一、工资性收入	二、经营净收入	三、财产净收入	四、转移净收入
全　国	**100.0**	**60.6**	**19.1**	**3.3**	**17.1**
北　京	100.0	71.6	4.3	2.9	21.2
天　津	100.0	63.5	11.6	3.6	21.2
河　北	100.0	62.4	16.9	2.7	18.1
山　西	100.0	64.3	16.5	3.1	16.1
内蒙古	100.0	54.3	26.9	3.0	15.9
辽　宁	100.0	55.5	20.0	2.0	22.5
吉　林	100.0	50.0	27.2	1.6	21.2
黑龙江	100.0	52.6	25.4	2.4	19.6
上　海	100.0	73.7	3.7	1.2	21.5
江　苏	100.0	61.9	17.8	3.2	17.1
浙　江	100.0	61.7	21.4	4.9	12.0
安　徽	100.0	57.1	24.1	2.1	16.8
福　建	100.0	62.6	21.2	4.0	12.1
江　西	100.0	60.4	17.3	3.6	18.7
山　东	100.0	60.6	23.3	2.6	13.4
河　南	100.0	54.5	22.8	3.1	19.6
湖　北	100.0	53.3	23.2	1.9	21.6
湖　南	100.0	53.8	19.8	4.5	21.9
广　东	100.0	75.8	14.0	5.0	5.2
广　西	100.0	51.0	22.5	3.5	23.0
海　南	100.0	59.9	23.8	3.1	13.2
重　庆	100.0	58.3	15.0	3.0	23.8
四　川	100.0	54.7	20.0	3.0	22.4
贵　州	100.0	55.2	21.1	2.6	21.1
云　南	100.0	49.4	26.5	7.5	16.6
西　藏	100.0	53.7	28.7	2.1	15.6
陕　西	100.0	59.0	14.8	4.0	22.3
甘　肃	100.0	56.9	18.1	3.5	21.6
青　海	100.0	61.1	17.4	2.2	19.3
宁　夏	100.0	63.7	20.5	0.8	15.0
新　疆	100.0	54.7	26.9	1.4	17.0

2-1-2-5　2014年分地区全体居民消费支出

单位：元/人

地　区	消费支出	一、食品烟酒支出	二、衣着支出	三、居住支出
全　国	**14491.4**	**4493.9**	**1099.3**	**3200.5**
北　京	31102.9	7467.8	2359.8	9497.7
天　津	22343.0	7376.6	1859.3	4873.0
河　北	11931.5	3263.7	971.8	2727.7
山　西	10863.8	2940.5	1084.8	2198.8
内蒙古	16258.1	4746.4	1688.0	2795.2
辽　宁	16068.0	4554.8	1477.8	3400.5
吉　林	13026.0	3531.6	1228.9	2561.3
黑龙江	12768.8	3537.9	1292.8	2689.6
上　海	33064.8	9011.6	1613.0	10789.1
江　苏	19163.6	5591.7	1385.2	4126.7
浙　江	22552.0	6569.2	1587.1	5577.2
安　徽	11727.0	4003.1	870.3	2541.8
福　建	17644.5	6081.9	1097.5	4278.5
江　西	11088.9	3785.8	853.4	2576.6
山　东	13328.9	3932.3	1168.9	2825.8
河　南	11000.4	3202.4	1111.8	2208.6
湖　北	12928.3	4139.7	1009.7	2810.2
湖　南	13288.7	4240.5	914.1	2708.4
广　东	19205.5	6589.8	1014.6	4300.2
广　西	10274.3	3680.1	460.5	2341.5
海　南	12470.6	4915.0	549.9	2558.2
重　庆	13810.6	4971.9	1275.9	2554.4
四　川	12368.4	4548.2	974.3	2217.3
贵　州	9303.4	3151.9	666.3	1826.9
云　南	9869.5	3211.5	567.0	2018.5
西　藏	7317.0	3370.2	733.7	1311.5
陕　西	12203.6	3405.1	944.6	2585.8
甘　肃	9874.6	3218.2	884.2	2015.0
青　海	12604.8	3854.4	1153.0	2374.5
宁　夏	12484.5	3555.6	1170.0	2214.4
新　疆	11903.7	3855.0	1205.6	2226.4

2-1-2-5 续表 单位：元/人

地　区	四、生活用品及服务支出	五、交通通信支出	六、教育文化娱乐支出	七、医疗保健支出	八、其他用品及服务支出
全　国	**889.7**	**1869.3**	**1535.9**	**1044.8**	**358.0**
北　京	2041.4	3578.6	3268.3	1914.2	975.2
天　津	1295.5	2904.7	1833.8	1584.5	615.5
河　北	773.6	1749.3	1144.5	1027.5	273.5
山　西	619.4	1214.7	1484.6	1008.6	312.4
内蒙古	1008.9	2405.1	1813.2	1319.7	481.5
辽　宁	918.7	1949.7	1834.4	1419.2	512.9
吉　林	689.5	1636.3	1550.8	1458.0	369.6
黑龙江	670.9	1588.4	1406.8	1258.3	324.1
上　海	1531.6	3596.5	3311.4	2223.9	987.6
江　苏	1107.2	2869.3	2238.2	1331.3	514.0
浙　江	1117.7	3670.6	2169.0	1358.2	503.1
安　徽	694.2	1324.9	1157.3	870.0	265.3
福　建	1032.3	2067.0	1667.2	926.8	493.1
江　西	679.3	1164.3	1151.1	635.0	243.4
山　东	993.6	1821.9	1303.0	989.6	293.7
河　南	875.1	1225.5	1160.8	929.0	287.1
湖　北	813.4	1339.8	1479.8	1056.2	279.3
湖　南	796.9	1600.2	1764.9	972.2	291.4
广　东	1116.5	2795.1	1965.0	890.5	533.9
广　西	614.0	1198.3	1115.3	679.3	185.3
海　南	686.0	1437.4	1358.4	716.8	248.8
重　庆	978.8	1476.2	1319.3	966.1	268.1
四　川	879.6	1437.0	1061.0	964.5	286.5
贵　州	619.1	1080.4	1222.0	572.0	164.7
云　南	568.4	1513.6	1096.7	739.4	154.4
西　藏	399.7	796.0	266.7	197.6	241.5
陕　西	796.2	1535.4	1500.4	1178.2	257.9
甘　肃	652.1	1072.2	1092.4	737.2	203.3
青　海	733.5	1790.1	1293.0	1071.2	335.0
宁　夏	797.9	1763.5	1416.4	1239.9	326.7
新　疆	669.2	1624.5	1102.2	978.3	242.4

2-1-2-6 2014年分地区全体居民消费支出构成

单位：%

地区	消费支出	一、食品烟酒支出	二、衣着支出	三、居住支出
全国	**100.0**	**31.0**	**7.6**	**22.1**
北京	100.0	24.0	7.6	30.5
天津	100.0	33.0	8.3	21.8
河北	100.0	27.4	8.1	22.9
山西	100.0	27.1	10.0	20.2
内蒙古	100.0	29.2	10.4	17.2
辽宁	100.0	28.3	9.2	21.2
吉林	100.0	27.1	9.4	19.7
黑龙江	100.0	27.7	10.1	21.1
上海	100.0	27.3	4.9	32.6
江苏	100.0	29.2	7.2	21.5
浙江	100.0	29.1	7.0	24.7
安徽	100.0	34.1	7.4	21.7
福建	100.0	34.5	6.2	24.2
江西	100.0	34.1	7.7	23.2
山东	100.0	29.5	8.8	21.2
河南	100.0	29.1	10.1	20.1
湖北	100.0	32.0	7.8	21.7
湖南	100.0	31.9	6.9	20.4
广东	100.0	34.3	5.3	22.4
广西	100.0	35.8	4.5	22.8
海南	100.0	39.4	4.4	20.5
重庆	100.0	36.0	9.2	18.5
四川	100.0	36.8	7.9	17.9
贵州	100.0	33.9	7.2	19.6
云南	100.0	32.5	5.7	20.5
西藏	100.0	46.1	10.0	17.9
陕西	100.0	27.9	7.7	21.2
甘肃	100.0	32.6	9.0	20.4
青海	100.0	30.6	9.1	18.8
宁夏	100.0	28.5	9.4	17.7
新疆	100.0	32.4	10.1	18.7

2-1-2-6　续表　　单位：%

地　区	四、生活用品及服务支出	五、交通通信支出	六、教育文化娱乐支出	七、医疗保健支出	八、其他用品及服务支出
全　国	**6.1**	**12.9**	**10.6**	**7.2**	**2.5**
北　京	6.6	11.5	10.5	6.2	3.1
天　津	5.8	13.0	8.2	7.1	2.8
河　北	6.5	14.7	9.6	8.6	2.3
山　西	5.7	11.2	13.7	9.3	2.9
内蒙古	6.2	14.8	11.2	8.1	3.0
辽　宁	5.7	12.1	11.4	8.8	3.2
吉　林	5.3	12.6	11.9	11.2	2.8
黑龙江	5.3	12.4	11.0	9.9	2.5
上　海	4.6	10.9	10.0	6.7	3.0
江　苏	5.8	15.0	11.7	6.9	2.7
浙　江	5.0	16.3	9.6	6.0	2.2
安　徽	5.9	11.3	9.9	7.4	2.3
福　建	5.9	11.7	9.4	5.3	2.8
江　西	6.1	10.5	10.4	5.7	2.2
山　东	7.5	13.7	9.8	7.4	2.2
河　南	8.0	11.1	10.6	8.4	2.6
湖　北	6.3	10.4	11.4	8.2	2.2
湖　南	6.0	12.0	13.3	7.3	2.2
广　东	5.8	14.6	10.2	4.6	2.8
广　西	6.0	11.7	10.9	6.6	1.8
海　南	5.5	11.5	10.9	5.7	2.0
重　庆	7.1	10.7	9.6	7.0	1.9
四　川	7.1	11.6	8.6	7.8	2.3
贵　州	6.7	11.6	13.1	6.1	1.8
云　南	5.8	15.3	11.1	7.5	1.6
西　藏	5.5	10.9	3.6	2.7	3.3
陕　西	6.5	12.6	12.3	9.7	2.1
甘　肃	6.6	10.9	11.1	7.5	2.1
青　海	5.8	14.2	10.3	8.5	2.7
宁　夏	6.4	14.1	11.3	9.9	2.6
新　疆	5.6	13.6	9.3	8.2	2.0

2-1-2-7　2014年分地区全体居民现金消费支出

单位：元/人

地　　区	现金消费支出	一、食品烟酒支出	二、衣着支出	三、居住支出
全　　国	**11975.7**	**4185.6**	**1098.6**	**1215.7**
北　　京	23254.6	7370.6	2358.6	2092.1
天　　津	18677.4	7187.4	1859.1	1780.3
河　　北	10128.3	3150.1	971.2	1188.8
山　　西	9234.3	2746.0	1081.8	1021.3
内 蒙 古	14495.7	4492.0	1687.4	1438.2
辽　　宁	13486.2	4317.5	1477.3	1438.8
吉　　林	11374.3	3363.3	1228.8	1224.2
黑 龙 江	11178.0	3474.0	1290.4	1319.5
上　　海	23375.0	8750.0	1612.0	2430.7
江　　苏	15660.0	5333.8	1384.6	1304.7
浙　　江	18014.8	6361.7	1586.6	1616.2
安　　徽	9677.2	3755.4	868.9	962.8
福　　建	14389.1	5759.6	1097.2	1558.7
江　　西	8917.9	3397.9	853.1	899.7
山　　东	11383.5	3795.6	1167.7	1145.3
河　　南	9480.2	3085.6	1111.6	967.4
湖　　北	10587.5	3743.0	1008.7	1097.6
湖　　南	11099.4	3752.5	913.8	1176.2
广　　东	16224.6	6199.8	1014.1	1865.5
广　　西	8147.6	3150.1	460.3	910.5
海　　南	10423.9	4680.8	549.6	950.7
重　　庆	11383.9	4476.7	1275.5	832.9
四　　川	10111.9	3891.4	973.8	823.8
贵　　州	7491.5	2551.2	666.2	728.0
云　　南	7911.2	2728.7	566.9	686.7
西　　藏	5296.9	2322.0	732.8	385.1
陕　　西	10487.4	3203.3	944.4	1294.9
甘　　肃	8342.8	2862.0	884.1	940.2
青　　海	10769.0	3398.0	1152.9	1356.5
宁　　夏	10873.5	3331.6	1169.9	1104.1
新　　疆	10309.7	3534.4	1203.9	1123.3

2-1-2-7 续表

单位：元/人

地区	四、生活用品及服务支出	五、交通通信支出	六、教育文化娱乐支出	七、医疗保健支出	八、其他用品及服务支出
全　国	**882.6**	**1866.2**	**1534.9**	**838.3**	**353.8**
北　京	2027.5	3575.0	3267.5	1593.0	970.3
天　津	1293.8	2867.0	1832.0	1257.6	600.4
河　北	770.5	1746.6	1144.3	884.8	271.8
山　西	610.3	1214.1	1484.2	773.9	302.6
内蒙古	1008.3	2405.1	1812.9	1176.3	475.6
辽　宁	908.3	1937.1	1833.4	1073.2	500.5
吉　林	685.7	1631.1	1550.7	1320.9	369.5
黑龙江	670.2	1587.3	1406.6	1107.5	322.6
上　海	1525.9	3576.2	3298.0	1200.7	981.6
江　苏	1094.0	2865.0	2237.4	930.3	510.3
浙　江	1097.5	3666.6	2167.9	1022.8	495.7
安　徽	691.3	1323.8	1155.8	656.5	262.8
福　建	1026.1	2064.5	1665.8	729.7	487.6
江　西	678.8	1164.1	1151.0	530.9	242.5
山　东	988.6	1821.5	1302.5	872.2	290.1
河　南	874.8	1224.7	1160.7	768.5	287.0
湖　北	810.0	1338.8	1478.8	835.4	275.3
湖　南	793.0	1597.0	1764.9	813.6	288.4
广　东	1104.6	2789.7	1961.9	763.5	525.5
广　西	606.6	1197.6	1115.0	526.1	181.4
海　南	652.5	1437.3	1357.9	549.2	245.9
重　庆	975.1	1475.7	1319.2	765.0	263.8
四　川	868.6	1434.4	1060.4	776.8	282.7
贵　州	600.6	1079.8	1221.8	481.4	162.6
云　南	561.6	1513.0	1096.7	606.0	151.6
西　藏	398.3	796.0	266.7	154.5	241.5
陕　西	792.4	1533.5	1500.0	963.7	255.3
甘　肃	649.6	1071.5	1092.3	642.3	200.7
青　海	708.5	1790.1	1292.7	737.1	333.1
宁　夏	783.0	1759.6	1416.1	1006.0	303.2
新　疆	667.8	1624.5	1100.8	814.1	240.9

2-1-2-8　2014年分地区全体居民现金消费支出构成

单位：%

地　　区	现金消费支出	一、食品烟酒支出	二、衣着支出	三、居住支出
全　　国	**100.0**	**35.0**	**9.2**	**10.2**
北　　京	100.0	31.7	10.1	9.0
天　　津	100.0	38.5	10.0	9.5
河　　北	100.0	31.1	9.6	11.7
山　　西	100.0	29.7	11.7	11.1
内 蒙 古	100.0	31.0	11.6	9.9
辽　　宁	100.0	32.0	11.0	10.7
吉　　林	100.0	29.6	10.8	10.8
黑 龙 江	100.0	31.1	11.5	11.8
上　　海	100.0	37.4	6.9	10.4
江　　苏	100.0	34.1	8.8	8.3
浙　　江	100.0	35.3	8.8	9.0
安　　徽	100.0	38.8	9.0	9.9
福　　建	100.0	40.0	7.6	10.8
江　　西	100.0	38.1	9.6	10.1
山　　东	100.0	33.3	10.3	10.1
河　　南	100.0	32.5	11.7	10.2
湖　　北	100.0	35.4	9.5	10.4
湖　　南	100.0	33.8	8.2	10.6
广　　东	100.0	38.2	6.3	11.5
广　　西	100.0	38.7	5.6	11.2
海　　南	100.0	44.9	5.3	9.1
重　　庆	100.0	39.3	11.2	7.3
四　　川	100.0	38.5	9.6	8.1
贵　　州	100.0	34.1	8.9	9.7
云　　南	100.0	34.5	7.2	8.7
西　　藏	100.0	43.8	13.8	7.3
陕　　西	100.0	30.5	9.0	12.3
甘　　肃	100.0	34.3	10.6	11.3
青　　海	100.0	31.6	10.7	12.6
宁　　夏	100.0	30.6	10.8	10.2
新　　疆	100.0	34.3	11.7	10.9

2-1-2-8 续表 单位：%

地区	四、生活用品及服务支出	五、交通通信支出	六、教育文化娱乐支出	七、医疗保健支出	八、其他用品及服务支出
全国	**7.4**	**15.6**	**12.8**	**7.0**	**3.0**
北京	8.7	15.4	14.1	6.9	4.2
天津	6.9	15.3	9.8	6.7	3.2
河北	7.6	17.2	11.3	8.7	2.7
山西	6.6	13.1	16.1	8.4	3.3
内蒙古	7.0	16.6	12.5	8.1	3.3
辽宁	6.7	14.4	13.6	8.0	3.7
吉林	6.0	14.3	13.6	11.6	3.2
黑龙江	6.0	14.2	12.6	9.9	2.9
上海	6.5	15.3	14.1	5.1	4.2
江苏	7.0	18.3	14.3	5.9	3.3
浙江	6.1	20.4	12.0	5.7	2.8
安徽	7.1	13.7	11.9	6.8	2.7
福建	7.1	14.3	11.6	5.1	3.4
江西	7.6	13.1	12.9	6.0	2.7
山东	8.7	16.0	11.4	7.7	2.5
河南	9.2	12.9	12.2	8.1	3.0
湖北	7.7	12.6	14.0	7.9	2.6
湖南	7.1	14.4	15.9	7.3	2.6
广东	6.8	17.2	12.1	4.7	3.2
广西	7.4	14.7	13.7	6.5	2.2
海南	6.3	13.8	13.0	5.3	2.4
重庆	8.6	13.0	11.6	6.7	2.3
四川	8.6	14.2	10.5	7.7	2.8
贵州	8.0	14.4	16.3	6.4	2.2
云南	7.1	19.1	13.9	7.7	1.9
西藏	7.5	15.0	5.0	2.9	4.6
陕西	7.6	14.6	14.3	9.2	2.4
甘肃	7.8	12.8	13.1	7.7	2.4
青海	6.6	16.6	12.0	6.8	3.1
宁夏	7.2	16.2	13.0	9.3	2.8
新疆	6.5	15.8	10.7	7.9	2.3

（三）2015年分地区全体居民收支主要数据

2-1-3-1 2015年分地区全体居民可支配收入

单位：元/人

地　区	可支配收入				
		一、工资性收入	二、经营净收入	三、财产净收入	四、转移净收入
全　国	**21966.2**	**12459.0**	**3955.6**	**1739.6**	**3811.9**
北　京	48458.0	30240.4	1421.3	7498.9	9297.4
天　津	31291.4	19256.2	2906.1	2928.0	6201.1
河　北	18118.1	10910.0	2815.0	1212.5	3180.6
山　西	17853.7	10893.1	2709.2	986.6	3264.7
内蒙古	22310.1	11992.1	5379.7	1265.9	3672.3
辽　宁	24575.6	12868.5	4285.8	1490.6	5930.7
吉　林	18683.7	8977.7	5047.4	832.7	3825.8
黑龙江	18592.7	9182.3	4462.6	991.6	3956.1
上　海	49867.2	30499.1	1319.2	7172.8	10876.1
江　苏	29538.9	17187.9	4466.6	2536.9	5347.5
浙　江	35537.1	20654.1	6181.8	4078.9	4622.3
安　徽	18362.6	10041.7	4194.7	966.8	3159.4
福　建	25404.4	14845.3	4928.6	2372.0	3258.5
江　西	18437.1	10304.2	3327.5	1328.2	3477.2
山　东	22703.2	13143.9	5078.8	1454.6	3025.8
河　南	17124.8	8796.0	4069.1	938.0	3321.6
湖　北	20025.6	10079.0	4480.2	1142.4	4324.0
湖　南	19317.5	9827.5	3949.9	1399.5	4140.5
广　东	27858.9	19878.2	3748.1	2683.2	1549.4
广　西	16873.4	8061.4	4056.0	1073.8	3682.2
海　南	18979.0	11044.1	3920.2	1244.8	2769.8
重　庆	20110.1	10673.9	3315.1	1366.8	4754.3
四　川	17221.0	8610.8	3697.8	1073.7	3838.6
贵　州	13696.6	7032.9	3191.1	738.6	2734.1
云　南	15222.6	7067.7	4051.4	1644.8	2458.6
西　藏	12254.3	6227.1	3956.8	498.8	1571.6
陕　西	17395.0	9535.6	2531.0	1194.1	4134.3
甘　肃	13466.6	7102.1	2551.8	968.6	2844.1
青　海	15812.7	9191.5	2445.0	802.5	3373.7
宁　夏	17329.1	10395.5	3255.8	645.5	3032.3
新　疆	16859.1	9107.6	4204.3	676.4	2870.8

2-1-3-2　2015年分地区全体居民可支配收入构成

单位：%

地　区	可支配收入	一、工资性收入	二、经营净收入	三、财产净收入	四、转移净收入
全　国	**100.0**	**56.7**	**18.0**	**7.9**	**17.4**
北　京	100.0	62.4	2.9	15.5	19.2
天　津	100.0	61.5	9.3	9.4	19.8
河　北	100.0	60.2	15.5	6.7	17.6
山　西	100.0	61.0	15.2	5.5	18.3
内蒙古	100.0	53.8	24.1	5.7	16.5
辽　宁	100.0	52.4	17.4	6.1	24.1
吉　林	100.0	48.1	27.0	4.5	20.5
黑龙江	100.0	49.4	24.0	5.3	21.3
上　海	100.0	61.2	2.6	14.4	21.8
江　苏	100.0	58.2	15.1	8.6	18.1
浙　江	100.0	58.1	17.4	11.5	13.0
安　徽	100.0	54.7	22.8	5.3	17.2
福　建	100.0	58.4	19.4	9.3	12.8
江　西	100.0	55.9	18.0	7.2	18.9
山　东	100.0	57.9	22.4	6.4	13.3
河　南	100.0	51.4	23.8	5.5	19.4
湖　北	100.0	50.3	22.4	5.7	21.6
湖　南	100.0	50.9	20.4	7.2	21.4
广　东	100.0	71.4	13.5	9.6	5.6
广　西	100.0	47.8	24.0	6.4	21.8
海　南	100.0	58.2	20.7	6.6	14.6
重　庆	100.0	53.1	16.5	6.8	23.6
四　川	100.0	50.0	21.5	6.2	22.3
贵　州	100.0	51.3	23.3	5.4	20.0
云　南	100.0	46.4	26.6	10.8	16.2
西　藏	100.0	50.8	32.3	4.1	12.8
陕　西	100.0	54.8	14.6	6.9	23.8
甘　肃	100.0	52.7	18.9	7.2	21.1
青　海	100.0	58.1	15.5	5.1	21.3
宁　夏	100.0	60.0	18.8	3.7	17.5
新　疆	100.0	54.0	24.9	4.0	17.0

2-1-3-3 2015年分地区全体居民现金可支配收入

单位：元/人

地 区	现金可支配收入	一、工资性收入	二、经营净收入	三、财产净收入	四、转移净收入
全 国	**20424.3**	**12386.2**	**3782.7**	**689.5**	**3565.9**
北 京	41885.3	30096.8	1618.4	1345.6	8824.6
天 津	28981.3	19070.7	3118.5	986.2	5805.9
河 北	16987.2	10897.2	2652.4	452.5	2985.2
山 西	16939.2	10872.1	2614.0	442.8	3010.3
内蒙古	21698.3	11984.6	5647.1	610.3	3456.3
辽 宁	23178.7	12678.2	4464.6	428.0	5607.8
吉 林	17310.0	8916.8	4483.0	281.1	3629.2
黑龙江	18023.4	9161.2	4647.6	396.7	3817.9
上 海	41977.9	30198.9	1357.6	671.7	9749.7
江 苏	27354.7	17085.8	4410.0	916.0	4942.9
浙 江	33291.9	20520.2	6668.0	1881.6	4222.0
安 徽	17248.7	9976.0	3999.5	323.9	2949.3
福 建	23655.5	14777.7	4968.2	860.9	3048.7
江 西	17048.3	10283.0	2852.7	546.2	3366.4
山 东	21552.8	13115.1	5002.4	604.4	2830.9
河 南	15983.3	8784.4	3597.5	465.9	3135.5
湖 北	18393.7	10001.0	4075.4	310.8	4006.6
湖 南	18253.5	9780.1	3662.2	821.0	3990.1
广 东	26034.2	19616.3	3718.6	1301.1	1398.3
广 西	15678.5	8028.2	3637.8	545.1	3467.4
海 南	17923.5	11017.7	3929.8	518.0	2458.0
重 庆	18705.0	10625.6	2954.3	560.2	4565.0
四 川	15858.9	8562.2	3155.8	547.0	3593.9
贵 州	12758.2	7022.7	2820.0	303.7	2611.7
云 南	14021.3	7056.9	3609.7	1086.5	2268.1
西 藏	11077.9	6227.0	3082.3	243.8	1524.9
陕 西	16429.6	9493.2	2367.9	722.6	3845.9
甘 肃	12536.3	7090.6	2328.0	443.9	2673.8
青 海	15040.5	9167.6	2477.8	381.5	3013.6
宁 夏	16549.0	10368.4	3336.8	162.4	2681.4
新 疆	15913.7	9094.2	3939.9	197.6	2682.0

2-1-3-4 2015年分地区全体居民现金可支配收入构成

单位：%

地　区	现金可支配收入	一、工资性收入	二、经营净收入	三、财产净收入	四、转移净收入
全　国	**100.0**	**60.6**	**18.5**	**3.4**	**17.5**
北　京	100.0	71.9	3.9	3.2	21.1
天　津	100.0	65.8	10.8	3.4	20.0
河　北	100.0	64.1	15.6	2.7	17.6
山　西	100.0	64.2	15.4	2.6	17.8
内蒙古	100.0	55.2	26.0	2.8	15.9
辽　宁	100.0	54.7	19.3	1.8	24.2
吉　林	100.0	51.5	25.9	1.6	21.0
黑龙江	100.0	50.8	25.8	2.2	21.2
上　海	100.0	71.9	3.2	1.6	23.2
江　苏	100.0	62.5	16.1	3.3	18.1
浙　江	100.0	61.6	20.0	5.7	12.7
安　徽	100.0	57.8	23.2	1.9	17.1
福　建	100.0	62.5	21.0	3.6	12.9
江　西	100.0	60.3	16.7	3.2	19.7
山　东	100.0	60.9	23.2	2.8	13.1
河　南	100.0	55.0	22.5	2.9	19.6
湖　北	100.0	54.4	22.2	1.7	21.8
湖　南	100.0	53.6	20.1	4.5	21.9
广　东	100.0	75.3	14.3	5.0	5.4
广　西	100.0	51.2	23.2	3.5	22.1
海　南	100.0	61.5	21.9	2.9	13.7
重　庆	100.0	56.8	15.8	3.0	24.4
四　川	100.0	54.0	19.9	3.4	22.7
贵　州	100.0	55.0	22.1	2.4	20.5
云　南	100.0	50.3	25.7	7.7	16.2
西　藏	100.0	56.2	27.8	2.2	13.8
陕　西	100.0	57.8	14.4	4.4	23.4
甘　肃	100.0	56.6	18.6	3.5	21.3
青　海	100.0	61.0	16.5	2.5	20.0
宁　夏	100.0	62.7	20.2	1.0	16.2
新　疆	100.0	57.1	24.8	1.2	16.9

2-1-3-5 2015年分地区全体居民消费支出

单位：元/人

地区	消费支出	一、食品烟酒支出	二、衣着支出	三、居住支出
全国	**15712.4**	**4814.0**	**1164.1**	**3419.2**
北京	33802.8	7584.2	2425.7	10350.2
天津	24162.5	7709.9	1949.4	5237.5
河北	13030.7	3515.5	1055.3	2995.8
山西	11729.1	3089.4	1146.7	2297.4
内蒙古	17178.5	4919.8	1759.7	2918.9
辽宁	17199.8	4858.0	1561.6	3471.6
吉林	13763.9	3683.5	1254.9	2692.3
黑龙江	13402.5	3704.1	1288.3	2619.6
上海	34783.6	9271.5	1622.7	11307.5
江苏	20555.6	5936.0	1415.1	4551.6
浙江	24116.9	6975.8	1646.5	5964.2
安徽	12840.1	4424.2	924.6	2630.0
福建	18850.2	6440.0	1134.6	4638.2
江西	12403.4	4181.7	929.1	2783.4
山东	14578.4	4166.2	1276.6	2903.3
河南	11835.1	3373.7	1141.9	2387.9
湖北	14316.5	4499.9	1073.1	3007.0
湖南	14267.3	4535.5	1028.0	2810.8
广东	20975.7	7236.7	1103.4	4677.1
广西	11401.0	3960.8	503.1	2559.9
海南	13575.0	5364.1	568.3	2628.0
重庆	15139.5	5325.5	1334.7	2743.4
四川	13632.1	5001.4	1071.3	2400.9
贵州	10413.8	3375.8	719.2	2185.7
云南	11005.4	3587.7	625.7	2146.4
西藏	8245.8	3919.8	764.3	1374.6
陕西	13087.2	3646.4	989.4	2786.1
甘肃	10950.8	3447.6	967.7	2120.8
青海	13611.3	3958.2	1232.0	2352.8
宁夏	13815.6	3694.8	1237.9	2607.3
新疆	12867.4	4092.8	1274.5	2227.9

2-1-3-5 续表 单位：元/人

地 区	四、生活用品及服务支出	五、交通通信支出	六、教育文化娱乐支出	七、医疗保健支出	八、其他用品及服务支出
全 国	**951.4**	**2086.9**	**1723.1**	**1164.5**	**389.2**
北 京	2098.3	4489.6	3634.6	2228.6	991.4
天 津	1514.0	3185.9	2096.0	1757.1	712.6
河 北	832.2	1807.6	1338.6	1192.0	293.6
山 西	672.5	1501.4	1628.0	1102.0	291.5
内蒙古	1030.9	2569.0	2067.1	1384.3	528.9
辽 宁	1028.7	2282.0	1973.3	1522.4	502.2
吉 林	718.4	1810.0	1683.6	1527.5	393.7
黑龙江	672.4	1675.1	1526.2	1577.0	339.8
上 海	1484.6	4206.5	3718.1	2268.3	904.3
江 苏	1238.2	2984.7	2423.8	1409.6	596.5
浙 江	1159.3	3961.3	2428.3	1433.0	548.4
安 徽	698.8	1622.3	1339.3	932.3	268.8
福 建	1047.5	2305.3	1784.7	1028.6	471.3
江 西	736.6	1444.4	1354.0	698.8	275.5
山 东	1038.1	2104.2	1557.3	1180.1	352.7
河 南	910.6	1355.4	1337.2	1023.1	305.4
湖 北	868.6	1722.5	1577.6	1252.5	315.3
湖 南	883.6	1624.6	2049.7	998.3	336.8
广 东	1245.3	3020.2	2117.3	976.1	599.8
广 西	672.5	1445.7	1280.1	778.1	200.7
海 南	697.9	1783.1	1278.0	987.0	268.7
重 庆	1064.3	1746.4	1513.4	1117.9	294.0
四 川	918.4	1629.2	1207.9	1071.2	331.8
贵 州	636.2	1321.6	1401.2	604.6	169.5
云 南	644.3	1632.6	1281.5	875.7	211.5
西 藏	394.9	1025.9	314.1	229.2	223.1
陕 西	887.3	1537.1	1608.4	1363.5	269.1
甘 肃	708.8	1214.7	1315.9	949.5	225.7
青 海	793.4	2263.3	1383.4	1318.2	310.0
宁 夏	885.4	1806.1	1707.9	1482.9	393.4
新 疆	788.8	1842.4	1282.1	1078.3	280.6

2-1-3-6 2015年分地区全体居民消费支出构成

单位：%

地 区	消费支出	一、食品烟酒支出	二、衣着支出	三、居住支出
全 国	**100.0**	**30.6**	**7.4**	**21.8**
北 京	100.0	22.4	7.2	30.6
天 津	100.0	31.9	8.1	21.7
河 北	100.0	27.0	8.1	23.0
山 西	100.0	26.3	9.8	19.6
内蒙古	100.0	28.6	10.2	17.0
辽 宁	100.0	28.2	9.1	20.2
吉 林	100.0	26.8	9.1	19.6
黑龙江	100.0	27.6	9.6	19.5
上 海	100.0	26.7	4.7	32.5
江 苏	100.0	28.9	6.9	22.1
浙 江	100.0	28.9	6.8	24.7
安 徽	100.0	34.5	7.2	20.5
福 建	100.0	34.2	6.0	24.6
江 西	100.0	33.7	7.5	22.4
山 东	100.0	28.6	8.8	19.9
河 南	100.0	28.5	9.6	20.2
湖 北	100.0	31.4	7.5	21.0
湖 南	100.0	31.8	7.2	19.7
广 东	100.0	34.5	5.3	22.3
广 西	100.0	34.7	4.4	22.5
海 南	100.0	39.5	4.2	19.4
重 庆	100.0	35.2	8.8	18.1
四 川	100.0	36.7	7.9	17.6
贵 州	100.0	32.4	6.9	21.0
云 南	100.0	32.6	5.7	19.5
西 藏	100.0	47.5	9.3	16.7
陕 西	100.0	27.9	7.6	21.3
甘 肃	100.0	31.5	8.8	19.4
青 海	100.0	29.1	9.1	17.3
宁 夏	100.0	26.7	9.0	18.9
新 疆	100.0	31.8	9.9	17.3

2-1-3-6 续表

单位：%

地　区	四、生活用品及服务支出	五、交通通信支出	六、教育文化娱乐支出	七、医疗保健支出	八、其他用品及服务支出
全　国	**6.1**	**13.3**	**11.0**	**7.4**	**2.5**
北　京	6.2	13.3	10.8	6.6	2.9
天　津	6.3	13.2	8.7	7.3	2.9
河　北	6.4	13.9	10.3	9.1	2.3
山　西	5.7	12.8	13.9	9.4	2.5
内蒙古	6.0	15.0	12.0	8.1	3.1
辽　宁	6.0	13.3	11.5	8.9	2.9
吉　林	5.2	13.2	12.2	11.1	2.9
黑龙江	5.0	12.5	11.4	11.8	2.5
上　海	4.3	12.1	10.7	6.5	2.6
江　苏	6.0	14.5	11.8	6.9	2.9
浙　江	4.8	16.4	10.1	5.9	2.3
安　徽	5.4	12.6	10.4	7.3	2.1
福　建	5.6	12.2	9.5	5.5	2.5
江　西	5.9	11.6	10.9	5.6	2.2
山　东	7.1	14.4	10.7	8.1	2.4
河　南	7.7	11.5	11.3	8.6	2.6
湖　北	6.1	12.0	11.0	8.7	2.2
湖　南	6.2	11.4	14.4	7.0	2.4
广　东	5.9	14.4	10.1	4.7	2.9
广　西	5.9	12.7	11.2	6.8	1.8
海　南	5.1	13.1	9.4	7.3	2.0
重　庆	7.0	11.5	10.0	7.4	1.9
四　川	6.7	12.0	8.9	7.9	2.4
贵　州	6.1	12.7	13.5	5.8	1.6
云　南	5.9	14.8	11.6	8.0	1.9
西　藏	4.8	12.4	3.8	2.8	2.7
陕　西	6.8	11.7	12.3	10.4	2.1
甘　肃	6.5	11.1	12.0	8.7	2.1
青　海	5.8	16.6	10.2	9.7	2.3
宁　夏	6.4	13.1	12.4	10.7	2.8
新　疆	6.1	14.3	10.0	8.4	2.2

2-1-3-7 2015年分地区全体居民现金消费支出

单位：元/人

地区	现金消费支出	一、食品烟酒支出	二、衣着支出	三、居住支出
全国	**12988.7**	**4505.0**	**1163.5**	**1251.9**
北京	25262.7	7447.7	2424.5	2426.0
天津	20215.9	7552.5	1949.1	1903.3
河北	10995.8	3417.4	1054.3	1252.4
山西	10025.1	2909.0	1143.1	1005.7
内蒙古	15285.2	4702.2	1759.4	1426.9
辽宁	14564.9	4621.2	1561.1	1424.6
吉林	11920.2	3489.1	1254.9	1242.2
黑龙江	11793.4	3628.4	1288.2	1218.5
上海	24389.5	9020.5	1622.6	2322.5
江苏	16780.7	5695.6	1414.8	1444.0
浙江	19278.3	6741.2	1645.6	1762.7
安徽	10665.3	4148.7	923.6	944.6
福建	15273.1	6170.6	1134.4	1554.9
江西	10047.4	3795.6	928.9	924.5
山东	12465.1	4042.8	1275.4	1106.2
河南	10213.5	3263.7	1141.9	1063.8
湖北	11707.0	4103.9	1072.4	1109.0
湖南	11997.4	4068.8	1027.5	1161.7
广东	17567.8	6799.9	1102.9	1863.5
广西	9174.1	3474.0	503.0	1006.2
海南	11372.8	5125.2	567.6	954.9
重庆	12603.5	4817.3	1334.5	906.6
四川	11123.3	4276.9	1070.7	856.9
贵州	8484.4	2857.0	719.0	887.2
云南	8860.1	3054.3	625.5	722.8
西藏	6193.1	2841.8	763.7	448.6
陕西	11236.2	3485.7	989.1	1386.6
甘肃	9278.9	3116.6	967.5	929.1
青海	11783.9	3629.4	1231.9	1235.8
宁夏	12074.6	3504.1	1237.1	1405.5
新疆	11164.9	3737.7	1272.8	1063.2

2-1-3-7 续表　　单位：元/人

地　区	四、生活用品及服务支出	五、交通通信支出	六、教育文化娱乐支出	七、医疗保健支出	八、其他用品及服务支出
全　国	**943.8**	**2083.7**	**1722.0**	**933.3**	**385.6**
北　京	2094.4	4485.2	3633.6	1763.2	988.1
天　津	1510.7	3149.3	2094.0	1356.8	700.0
河　北	829.6	1806.7	1338.2	1005.4	291.8
山　西	667.3	1500.3	1627.9	886.5	285.3
内蒙古	1030.8	2568.8	2066.6	1203.8	526.7
辽　宁	1015.8	2266.4	1961.5	1221.3	493.1
吉　林	713.9	1807.1	1683.5	1335.9	393.6
黑龙江	672.0	1674.4	1526.2	1447.9	337.7
上　海	1481.2	4183.3	3713.4	1145.4	900.6
江　苏	1220.9	2982.0	2422.4	1007.6	593.4
浙　江	1136.6	3956.0	2426.2	1066.3	543.8
安　徽	692.4	1620.6	1338.9	731.6	265.0
福　建	1042.9	2299.7	1784.6	818.0	467.9
江　西	736.3	1444.1	1354.0	590.3	273.5
山　东	1029.1	2103.6	1556.8	1003.1	348.1
河　南	909.8	1355.1	1337.2	837.7	304.4
湖　北	866.8	1721.3	1577.2	944.8	311.6
湖　南	880.2	1622.5	2048.9	854.3	333.5
广　东	1236.8	3016.0	2114.8	839.6	594.4
广　西	662.8	1441.5	1279.4	609.2	198.1
海　南	669.2	1782.6	1277.5	727.8	268.0
重　庆	1060.5	1743.7	1513.1	937.3	290.4
四　川	898.1	1627.5	1207.3	857.0	328.9
贵　州	632.0	1321.1	1401.2	499.7	167.3
云　南	637.2	1631.4	1281.5	698.5	208.9
西　藏	393.1	1025.9	314.1	183.3	222.8
陕　西	882.1	1535.2	1607.8	1084.6	265.3
甘　肃	697.5	1214.2	1315.8	816.9	221.3
青　海	791.0	2263.3	1382.6	942.3	307.6
宁　夏	871.8	1793.1	1707.8	1179.2	375.9
新　疆	787.4	1842.3	1282.0	899.6	280.1

2-1-3-8　2015年分地区全体居民现金消费支出构成

单位：%

地　区	现金消费支出	一、食品烟酒支出	二、衣着支出	三、居住支出
全　国	**100.0**	**34.7**	**9.0**	**9.6**
北　京	100.0	29.5	9.6	9.6
天　津	100.0	37.4	9.6	9.4
河　北	100.0	31.1	9.6	11.4
山　西	100.0	29.0	11.4	10.0
内蒙古	100.0	30.8	11.5	9.3
辽　宁	100.0	31.7	10.7	9.8
吉　林	100.0	29.3	10.5	10.4
黑龙江	100.0	30.8	10.9	10.3
上　海	100.0	37.0	6.7	9.5
江　苏	100.0	33.9	8.4	8.6
浙　江	100.0	35.0	8.5	9.1
安　徽	100.0	38.9	8.7	8.9
福　建	100.0	40.4	7.4	10.2
江　西	100.0	37.8	9.2	9.2
山　东	100.0	32.4	10.2	8.9
河　南	100.0	32.0	11.2	10.4
湖　北	100.0	35.1	9.2	9.5
湖　南	100.0	33.9	8.6	9.7
广　东	100.0	38.7	6.3	10.6
广　西	100.0	37.9	5.5	11.0
海　南	100.0	45.1	5.0	8.4
重　庆	100.0	38.2	10.6	7.2
四　川	100.0	38.4	9.6	7.7
贵　州	100.0	33.7	8.5	10.5
云　南	100.0	34.5	7.1	8.2
西　藏	100.0	45.9	12.3	7.2
陕　西	100.0	31.0	8.8	12.3
甘　肃	100.0	33.6	10.4	10.0
青　海	100.0	30.8	10.5	10.5
宁　夏	100.0	29.0	10.2	11.6
新　疆	100.0	33.5	11.4	9.5

2-1-3-8 续表 单位：%

地　区	四、生活用品及服务支出	五、交通通信支出	六、教育文化娱乐支出	七、医疗保健支出	八、其他用品及服务支出
全　国	**7.3**	**16.0**	**13.3**	**7.2**	**3.0**
北　京	8.3	17.8	14.4	7.0	3.9
天　津	7.5	15.6	10.4	6.7	3.5
河　北	7.5	16.4	12.2	9.1	2.7
山　西	6.7	15.0	16.2	8.8	2.8
内蒙古	6.7	16.8	13.5	7.9	3.4
辽　宁	7.0	15.6	13.5	8.4	3.4
吉　林	6.0	15.2	14.1	11.2	3.3
黑龙江	5.7	14.2	12.9	12.3	2.9
上　海	6.1	17.2	15.2	4.7	3.7
江　苏	7.3	17.8	14.4	6.0	3.5
浙　江	5.9	20.5	12.6	5.5	2.8
安　徽	6.5	15.2	12.6	6.9	2.5
福　建	6.8	15.1	11.7	5.4	3.1
江　西	7.3	14.4	13.5	5.9	2.7
山　东	8.3	16.9	12.5	8.0	2.8
河　南	8.9	13.3	13.1	8.2	3.0
湖　北	7.4	14.7	13.5	8.1	2.7
湖　南	7.3	13.5	17.1	7.1	2.8
广　东	7.0	17.2	12.0	4.8	3.4
广　西	7.2	15.7	13.9	6.6	2.2
海　南	5.9	15.7	11.2	6.4	2.4
重　庆	8.4	13.8	12.0	7.4	2.3
四　川	8.1	14.6	10.9	7.7	3.0
贵　州	7.4	15.6	16.5	5.9	2.0
云　南	7.2	18.4	14.5	7.9	2.4
西　藏	6.3	16.6	5.1	3.0	3.6
陕　西	7.9	13.7	14.3	9.7	2.4
甘　肃	7.5	13.1	14.2	8.8	2.4
青　海	6.7	19.2	11.7	8.0	2.6
宁　夏	7.2	14.9	14.1	9.8	3.1
新　疆	7.1	16.5	11.5	8.1	2.5

2-1-3-9　2015年分地区全体居民家庭主要食品消费量

单位：公斤/人

地　区	粮食(原粮)	谷物	食用油	植物油	蔬菜	肉类	猪肉
全　国	**134.5**	**124.3**	**10.6**	**10.0**	**97.8**	**26.2**	**20.1**
北　京	90.8	81.5	10.8	10.7	100.6	26.0	14.2
天　津	127.4	117.9	11.0	11.0	115.1	25.2	15.8
河　北	131.5	122.6	9.7	9.6	88.2	19.0	12.4
山　西	131.6	117.8	8.0	7.9	76.0	13.6	9.5
内蒙古	156.5	144.3	8.1	7.8	90.0	32.8	16.9
辽　宁	135.8	122.0	11.4	11.2	123.3	25.6	18.1
吉　林	129.7	119.3	11.2	11.1	94.7	19.6	14.9
黑龙江	138.6	125.6	13.7	13.6	91.4	20.3	13.9
上　海	102.7	91.0	9.7	9.5	102.8	28.9	20.6
江　苏	122.0	110.2	12.5	12.4	104.1	26.1	19.6
浙　江	130.6	117.6	11.3	10.8	91.8	26.9	21.9
安　徽	142.0	129.4	10.0	9.3	93.4	22.7	18.1
福　建	126.7	117.2	9.3	8.2	88.7	31.3	25.5
江　西	150.9	142.3	13.0	12.4	108.8	25.2	20.6
山　东	127.4	118.2	8.9	8.9	88.9	20.3	12.9
河　南	127.3	118.4	8.5	8.4	80.8	16.1	11.3
湖　北	123.1	112.0	14.9	14.4	117.3	27.8	22.4
湖　南	148.4	139.8	12.4	9.5	102.0	30.0	25.9
广　东	118.3	110.5	9.1	8.6	98.9	36.5	29.7
广　西	143.4	136.8	8.2	6.8	93.0	31.6	27.9
海　南	100.9	96.6	7.6	6.4	88.3	28.9	25.2
重　庆	149.8	134.3	14.4	13.3	132.9	39.3	33.7
四　川	160.7	149.7	13.0	11.9	130.2	39.3	34.9
贵　州	135.8	124.8	8.7	7.1	90.9	32.5	29.8
云　南	134.5	124.8	7.5	5.8	98.5	29.6	25.9
西　藏	276.9	269.6	15.2	10.0	24.7	39.1	6.7
陕　西	132.7	122.7	10.9	10.8	77.6	14.0	10.4
甘　肃	159.9	148.6	9.8	9.7	73.8	18.0	12.6
青　海	117.6	110.4	9.5	9.1	62.7	23.2	10.3
宁　夏	131.1	123.9	8.7	8.6	87.6	17.1	7.1
新　疆	181.9	178.3	13.9	13.8	103.5	23.2	4.2

2-1-3-9 续表　　　　　　　　　　　　　　　　　　　　单位：公斤/人

地　区			禽类	水产品	蛋类	奶类	干鲜瓜果类	食糖
	牛肉	羊肉						
全　国	**1.6**	**1.2**	**8.4**	**11.2**	**9.5**	**12.1**	**44.5**	**1.3**
北　京	3.3	3.0	6.0	9.6	13.7	26.9	68.9	0.8
天　津	2.6	3.0	4.9	16.6	16.8	17.1	72.7	1.3
河　北	1.2	1.3	4.0	5.3	12.5	13.9	53.8	1.1
山　西	0.6	1.2	2.1	3.0	10.3	14.7	46.9	0.9
内蒙古	3.8	8.6	5.1	4.9	9.3	21.9	51.8	1.3
辽　宁	2.1	1.3	4.7	13.9	12.3	14.4	60.5	1.3
吉　林	1.7	0.7	3.8	7.0	9.7	9.5	47.1	1.1
黑龙江	1.5	1.2	4.5	7.9	9.6	10.4	54.5	1.6
上　海	2.6	1.0	12.1	25.2	10.4	21.7	51.1	1.4
江　苏	1.7	0.8	9.9	17.4	10.2	16.4	40.4	1.1
浙　江	1.7	0.5	9.8	24.3	7.6	12.5	46.1	1.4
安　徽	1.5	0.7	10.8	10.8	10.5	10.7	38.2	1.5
福　建	1.5	0.7	10.6	26.0	8.2	10.8	37.4	1.6
江　西	1.6	0.2	8.1	12.2	7.5	11.2	35.8	1.2
山　东	1.0	1.0	5.9	11.2	15.7	18.2	60.7	0.9
河　南	1.2	0.9	5.1	3.7	12.3	10.9	48.3	1.2
湖　北	1.6	0.6	5.5	14.9	8.5	8.0	33.4	0.9
湖　南	1.5	0.5	9.7	11.5	7.2	5.8	50.5	1.8
广　东	1.8	0.6	18.6	22.0	6.9	8.3	36.0	1.5
广　西	1.3	0.4	18.6	10.2	5.7	5.7	37.3	1.4
海　南	1.5	0.6	18.9	26.8	4.8	4.3	27.7	1.0
重　庆	1.3	0.5	10.2	9.9	10.1	14.6	39.6	2.9
四　川	1.2	0.4	10.7	6.8	8.7	10.7	33.8	1.8
贵　州	1.2	0.3	5.1	2.2	4.4	5.3	27.8	1.1
云　南	1.6	0.4	7.4	3.7	5.0	5.5	26.8	1.3
西　藏	26.4	5.8	0.9	0.5	3.1	21.4	6.1	3.2
陕　西	0.6	1.0	2.3	2.1	7.6	12.6	40.1	0.9
甘　肃	1.4	2.4	4.0	2.0	7.6	13.4	49.0	1.7
青　海	4.5	6.9	3.2	2.1	4.3	17.4	27.9	1.3
宁　夏	3.5	5.4	6.0	2.6	6.0	15.5	64.9	1.2
新　疆	4.6	13.2	5.2	3.2	6.8	19.5	58.2	1.2

2-1-3-10 2015年分地区全体居民年末主要耐用消费品拥有量

单位：平均每百户

地区	家用汽车(辆)	摩托车(辆)	电动助力车(辆)	洗衣机(台)	电冰箱(柜)(台)	微波炉(台)	彩色电视机(台)
全国	**22.7**	**42.2**	**47.6**	**86.4**	**89.0**	**36.9**	**119.9**
北京	45.0	4.0	24.6	95.2	97.9	77.3	130.1
天津	37.7	11.6	43.5	96.0	98.1	66.4	111.4
河北	30.4	40.0	82.2	97.6	93.9	37.5	115.9
山西	20.7	37.4	37.2	91.1	76.4	23.8	105.4
内蒙古	28.5	44.8	40.4	91.3	92.7	25.2	103.3
辽宁	18.1	26.3	21.1	88.1	92.5	40.2	109.0
吉林	19.3	40.7	9.4	92.8	92.0	28.8	108.0
黑龙江	10.7	28.9	9.8	90.3	89.8	24.6	103.3
上海	24.3	4.9	58.3	89.3	95.9	84.4	174.2
江苏	31.3	27.7	111.9	96.7	99.0	78.7	161.9
浙江	39.8	20.0	73.6	83.2	95.7	49.5	169.3
安徽	14.8	34.1	73.9	83.3	93.7	36.4	125.3
福建	22.3	63.8	34.9	80.1	94.1	51.5	139.0
江西	16.7	52.5	54.4	68.3	90.6	31.4	133.7
山东	37.8	43.6	94.1	91.9	94.9	33.0	108.7
河南	17.4	47.4	88.8	95.5	85.8	23.0	115.1
湖北	12.9	51.8	23.9	79.3	90.5	30.3	117.6
湖南	16.4	54.3	15.8	83.7	92.9	24.9	114.3
广东	24.6	60.7	23.0	69.3	76.1	34.0	104.3
广西	18.0	75.4	49.5	72.3	86.6	38.4	113.3
海南	15.5	66.3	53.8	55.0	74.4	25.6	104.7
重庆	15.4	27.3	6.2	86.6	95.7	42.9	121.8
四川	15.3	38.0	21.0	88.6	88.9	25.2	117.6
贵州	15.0	40.0	6.0	90.5	79.1	22.2	103.6
云南	24.2	56.5	20.6	80.0	69.5	31.0	104.9
西藏	21.5	57.0	10.9	60.4	61.5	14.6	114.0
陕西	15.8	40.4	29.9	91.8	79.8	22.3	109.2
甘肃	13.7	58.0	23.7	91.8	72.0	24.5	107.0
青海	24.3	48.7	9.8	95.7	94.3	32.4	105.0
宁夏	25.2	47.3	47.6	96.5	90.0	31.7	108.4
新疆	19.9	48.9	33.4	92.8	91.1	23.6	100.1

2-1-3-10 续表 单位：平均每百户

地　区	空调（台）	热水器（台）	排油烟机（台）	移动电话（部）	计算机（台）	照相机（台）
全　国	**81.5**	**71.2**	**45.7**	**224.8**	**55.5**	**20.4**
北　京	155.5	92.6	83.8	221.2	101.9	59.4
天　津	124.3	92.7	76.7	219.5	68.1	31.1
河　北	87.1	72.7	48.2	223.3	57.5	19.9
山　西	24.4	42.6	39.9	207.8	53.7	13.8
内蒙古	7.6	40.6	42.1	218.4	43.5	16.2
辽　宁	21.4	54.0	56.0	196.4	53.8	23.6
吉　林	6.2	35.3	47.5	228.0	53.3	15.5
黑龙江	6.2	31.8	46.4	199.5	44.5	13.6
上　海	180.9	88.2	74.3	217.2	117.3	50.2
江　苏	162.6	98.4	63.2	228.6	73.4	27.7
浙　江	154.5	87.5	70.7	224.2	77.6	27.7
安　徽	99.2	80.7	37.4	210.8	45.3	14.9
福　建	116.9	91.3	49.8	242.6	67.6	20.6
江　西	84.1	74.6	40.1	228.2	50.4	15.1
山　东	77.5	84.0	54.5	214.7	59.2	26.3
河　南	91.2	63.8	31.0	222.9	48.1	12.9
湖　北	90.1	75.8	40.4	227.2	52.4	15.7
湖　南	86.4	66.5	39.7	239.9	47.3	16.0
广　东	122.2	82.0	50.0	233.7	70.9	28.4
广　西	65.3	71.4	31.8	256.4	50.2	16.4
海　南	64.8	67.1	36.1	235.3	42.4	10.2
重　庆	115.5	76.5	36.5	232.2	49.3	19.1
四　川	60.4	68.2	28.5	221.6	35.4	11.9
贵　州	12.7	50.4	21.0	241.8	31.7	8.5
云　南	1.7	72.4	31.7	235.1	30.7	15.3
西　藏	3.2	15.4	15.4	185.8	18.7	13.5
陕　西	57.6	57.9	37.2	237.4	45.9	17.2
甘　肃	5.1	43.2	35.4	235.7	36.7	14.7
青　海	1.4	37.8	43.6	233.5	39.0	14.1
宁　夏	7.9	73.5	47.3	255.9	47.3	13.6
新　疆	9.2	53.2	44.8	192.7	39.8	17.0

(四)2016年分地区全体居民收支主要数据

2-1-4-1　2016年分地区全体居民可支配收入

单位：元/人

地　区	可支配收入				
		一、工资性收入	二、经营净收入	三、财产净收入	四、转移净收入
全　国	**23821.0**	**13455.2**	**4217.7**	**1889.0**	**4259.1**
北　京	52530.4	33114.2	1396.4	8229.6	9790.2
天　津	34074.5	21218.6	3136.7	3217.4	6501.9
河　北	19725.4	11888.9	3020.3	1335.4	3480.8
山　西	19048.9	11304.9	2693.1	1111.8	3939.0
内蒙古	24126.6	12939.5	5776.4	1202.7	4208.0
辽　宁	26039.7	13787.5	4526.8	1294.1	6431.3
吉　林	19967.0	9699.3	4814.9	861.3	4591.4
黑龙江	19838.5	9673.3	4263.6	994.6	4907.0
上　海	54305.3	32718.6	1398.9	7684.2	12503.7
江　苏	32070.1	18664.4	4723.7	2880.4	5801.6
浙　江	38529.0	22206.7	6588.6	4337.5	5396.2
安　徽	19998.1	10931.6	4512.7	1085.5	3468.3
福　建	27607.9	16041.9	5280.2	2621.9	3663.9
江　西	20109.6	11309.4	3579.8	1368.6	3851.8
山　东	24685.3	14259.3	5470.4	1632.8	3322.7
河　南	18443.1	9265.5	4257.3	1142.3	3777.9
湖　北	21786.6	10818.7	4781.4	1322.9	4863.7
湖　南	21114.8	10796.9	4233.8	1503.5	4580.7
广　东	30295.8	21361.9	4101.8	3096.5	1735.6
广　西	18305.1	8882.9	4779.4	1069.1	3573.7
海　南	20653.4	12258.1	4042.1	1216.5	3136.7
重　庆	22034.1	11557.7	3684.3	1413.7	5378.4
四　川	18808.3	9278.2	3993.2	1198.5	4338.3
贵　州	15121.1	7787.3	3555.4	773.3	3005.1
云　南	16719.9	7659.6	4433.2	1673.0	2954.2
西　藏	13639.2	7111.0	4141.1	527.0	1860.1
陕　西	18873.7	10366.1	2538.3	1103.3	4866.0
甘　肃	14670.3	7910.3	2746.9	1009.5	3003.6
青　海	17301.8	10234.6	2629.2	862.7	3575.3
宁　夏	18832.3	11238.9	3359.7	792.0	3441.7
新　疆	18354.7	9968.2	4434.4	695.0	3257.0

2-1-4-2 2016年分地区全体居民可支配收入构成

单位：%

地　区	可支配收入	一、工资性收入	二、经营净收入	三、财产净收入	四、转移净收入
全　国	**100.0**	**56.5**	**17.7**	**7.9**	**17.9**
北　京	100.0	63.0	2.7	15.7	18.6
天　津	100.0	62.3	9.2	9.4	19.1
河　北	100.0	60.3	15.3	6.8	17.6
山　西	100.0	59.3	14.1	5.8	20.7
内蒙古	100.0	53.6	23.9	5.0	17.4
辽　宁	100.0	52.9	17.4	5.0	24.7
吉　林	100.0	48.6	24.1	4.3	23.0
黑龙江	100.0	48.8	21.5	5.0	24.7
上　海	100.0	60.2	2.6	14.1	23.0
江　苏	100.0	58.2	14.7	9.0	18.1
浙　江	100.0	57.6	17.1	11.3	14.0
安　徽	100.0	54.7	22.6	5.4	17.3
福　建	100.0	58.1	19.1	9.5	13.3
江　西	100.0	56.2	17.8	6.8	19.2
山　东	100.0	57.8	22.2	6.6	13.5
河　南	100.0	50.2	23.1	6.2	20.5
湖　北	100.0	49.7	21.9	6.1	22.3
湖　南	100.0	51.1	20.1	7.1	21.7
广　东	100.0	70.5	13.5	10.2	5.7
广　西	100.0	48.5	26.1	5.8	19.5
海　南	100.0	59.4	19.6	5.9	15.2
重　庆	100.0	52.5	16.7	6.4	24.4
四　川	100.0	49.3	21.2	6.4	23.1
贵　州	100.0	51.5	23.5	5.1	19.9
云　南	100.0	45.8	26.5	10.0	17.7
西　藏	100.0	52.1	30.4	3.9	13.6
陕　西	100.0	54.9	13.4	5.8	25.8
甘　肃	100.0	53.9	18.7	6.9	20.5
青　海	100.0	59.2	15.2	5.0	20.7
宁　夏	100.0	59.7	17.8	4.2	18.3
新　疆	100.0	54.3	24.2	3.8	17.7

2-1-4-3 2016年分地区全体居民现金可支配收入

单位：元/人

地区	现金可支配收入	一、工资性收入	二、经营净收入	三、财产净收入	四、转移净收入
全国	**22204.5**	**13379.0**	**4111.4**	**739.8**	**3974.3**
北京	45140.7	32940.4	1502.6	1593.3	9104.3
天津	31523.0	21004.7	3365.9	1078.5	6073.9
河北	18731.2	11871.6	3090.4	453.5	3315.7
山西	17968.5	11275.7	2630.7	452.8	3609.3
内蒙古	23262.0	12933.4	5900.3	565.0	3863.3
辽宁	24607.9	13576.4	4737.1	286.5	6008.0
吉林	18786.0	9616.4	4549.1	289.2	4331.3
黑龙江	19211.0	9651.9	4404.1	422.6	4732.3
上海	45954.4	32489.0	1464.0	798.1	11203.3
江苏	29771.9	18573.6	4763.1	1046.8	5388.4
浙江	36023.6	22025.4	6912.5	2081.2	5004.6
安徽	18717.8	10853.9	4248.8	377.4	3237.7
福建	25622.6	15959.2	5335.2	912.8	3415.4
江西	18738.9	11288.6	3207.3	512.0	3731.0
山东	23610.3	14225.3	5633.4	667.8	3083.7
河南	17219.8	9248.9	3860.3	545.4	3565.2
湖北	20081.1	10742.4	4514.0	348.4	4476.3
湖南	20004.1	10740.2	3994.1	869.3	4400.3
广东	28213.4	21116.4	4113.2	1433.8	1550.0
广西	17225.4	8850.3	4501.6	527.8	3345.7
海南	19597.4	12234.2	4044.9	496.8	2821.5
重庆	20518.4	11503.4	3265.7	604.9	5144.2
四川	17510.4	9229.1	3567.6	663.6	4050.1
贵州	14292.3	7772.4	3344.4	297.6	2877.9
云南	15420.7	7651.5	3937.3	1084.0	2747.9
西藏	12420.7	7110.9	3255.7	245.3	1808.9
陕西	17855.3	10327.7	2376.8	634.0	4516.8
甘肃	13765.8	7896.9	2669.0	440.7	2759.2
青海	16457.5	10218.7	2635.2	410.2	3193.4
宁夏	18231.1	11214.3	3689.0	276.6	3051.2
新疆	17363.6	9936.0	4233.9	207.9	2985.8

2-1-4-4　2016年分地区全体居民现金可支配收入构成

单位：%

地　区	现金可支配收入	一、工资性收入	二、经营净收入	三、财产净收入	四、转移净收入
全　国	**100.0**	**60.3**	**18.5**	**3.3**	**17.9**
北　京	100.0	73.0	3.3	3.5	20.2
天　津	100.0	66.6	10.7	3.4	19.3
河　北	100.0	63.4	16.5	2.4	17.7
山　西	100.0	62.8	14.6	2.5	20.1
内蒙古	100.0	55.6	25.4	2.4	16.6
辽　宁	100.0	55.2	19.3	1.2	24.4
吉　林	100.0	51.2	24.2	1.5	23.1
黑龙江	100.0	50.2	22.9	2.2	24.6
上　海	100.0	70.7	3.2	1.7	24.4
江　苏	100.0	62.4	16.0	3.5	18.1
浙　江	100.0	61.1	19.2	5.8	13.9
安　徽	100.0	58.0	22.7	2.0	17.3
福　建	100.0	62.3	20.8	3.6	13.3
江　西	100.0	60.2	17.1	2.7	19.9
山　东	100.0	60.3	23.9	2.8	13.1
河　南	100.0	53.7	22.4	3.2	20.7
湖　北	100.0	53.5	22.5	1.7	22.3
湖　南	100.0	53.7	20.0	4.3	22.0
广　东	100.0	74.8	14.6	5.1	5.5
广　西	100.0	51.4	26.1	3.1	19.4
海　南	100.0	62.4	20.6	2.5	14.4
重　庆	100.0	56.1	15.9	2.9	25.1
四　川	100.0	52.7	20.4	3.8	23.1
贵　州	100.0	54.4	23.4	2.1	20.1
云　南	100.0	49.6	25.5	7.0	17.8
西　藏	100.0	57.3	26.2	2.0	14.6
陕　西	100.0	57.8	13.3	3.6	25.3
甘　肃	100.0	57.4	19.4	3.2	20.0
青　海	100.0	62.1	16.0	2.5	19.4
宁　夏	100.0	61.5	20.2	1.5	16.7
新　疆	100.0	57.2	24.4	1.2	17.2

2-1-4-5　2016年分地区全体居民消费支出

单位：元/人

地　区	消费支出	一、食品烟酒支出	二、衣着支出	三、居住支出
全　国	**17110.7**	**5151.0**	**1202.7**	**3746.4**
北　京	35415.7	7608.5	2433.0	11187.7
天　津	26129.3	8020.6	1931.2	5654.8
河　北	14247.5	3819.1	1111.1	3295.0
山　西	12682.9	3098.1	1104.0	2751.3
内蒙古	18072.3	5169.0	1827.1	3173.6
辽　宁	19852.8	5457.8	1745.3	3700.7
吉　林	14772.6	3949.0	1266.5	2794.3
黑龙江	14445.8	3997.0	1313.7	2616.9
上　海	37458.3	9564.0	1734.0	12263.9
江　苏	22129.9	6265.7	1453.3	5107.2
浙　江	25526.6	7414.2	1564.1	6133.5
安　徽	14711.5	4880.2	990.8	3047.3
福　建	20167.5	6907.0	1093.1	5199.8
江　西	13258.6	4400.8	944.7	3089.1
山　东	15926.4	4489.5	1326.1	3214.7
河　南	12712.3	3585.2	1141.7	2630.0
湖　北	15888.7	4926.4	1106.5	3369.9
湖　南	15750.5	4812.0	1057.9	3104.6
广　东	23448.4	8015.1	1209.9	5247.0
广　西	12295.2	4232.3	532.5	2735.5
海　南	14275.4	5745.5	596.5	2647.1
重　庆	16384.8	5611.6	1373.7	2903.1
四　川	14838.5	5321.2	1140.8	2734.4
贵　州	11931.6	3708.9	810.6	2518.2
云　南	11768.8	3742.4	653.5	2346.6
西　藏	9318.7	4530.4	926.8	1522.8
陕　西	13943.0	3857.2	1024.1	2850.2
甘　肃	12254.2	3701.2	994.5	2294.9
青　海	14774.7	4271.8	1269.5	2595.5
宁　夏	14965.4	3701.3	1219.9	2741.7
新　疆	14066.5	4213.4	1271.6	2492.9

2-1-4-5 续表　　单位：元/人

地　区	四、生活用品及服务支出	五、交通通信支出	六、教育文化娱乐支出	七、医疗保健支出	八、其他用品及服务支出
全　国	**1043.7**	**2337.8**	**1915.3**	**1307.5**	**406.3**
北　京	2327.2	4701.7	3686.6	2455.7	1015.2
天　津	1561.7	3752.2	2404.0	2022.9	782.0
河　北	957.6	2062.2	1449.2	1225.4	327.8
山　西	679.6	1709.0	1810.7	1227.5	302.6
内蒙古	1126.9	2525.5	2165.8	1569.9	514.4
辽　宁	1182.4	2837.3	2422.1	1912.1	595.0
吉　林	773.9	2073.0	1850.1	1681.7	384.1
黑龙江	750.7	2040.9	1688.3	1694.7	343.8
上　海	1755.2	4228.5	4174.6	2720.7	1017.6
江　苏	1363.1	3372.2	2514.5	1453.7	600.2
浙　江	1224.0	4377.3	2794.3	1506.5	512.6
安　徽	868.8	1975.2	1558.8	1092.1	298.4
福　建	1111.2	2504.2	1905.4	1053.9	392.8
江　西	765.0	1576.9	1424.4	764.5	293.2
山　东	1124.5	2324.8	1754.6	1339.0	353.1
河　南	953.8	1550.8	1439.5	1113.4	298.0
湖　北	938.1	1931.0	1739.5	1528.2	349.1
湖　南	993.1	1915.5	2392.7	1165.0	309.8
广　东	1402.0	3296.5	2451.2	1144.9	681.9
广　西	711.0	1541.6	1444.0	907.4	190.8
海　南	704.3	1762.2	1544.9	1021.0	254.0
重　庆	1145.8	1941.6	1745.9	1344.5	318.7
四　川	967.2	1850.3	1284.8	1172.6	367.1
贵　州	751.3	1610.6	1602.5	724.7	204.8
云　南	682.1	1723.5	1429.8	976.4	214.4
西　藏	500.8	990.0	370.1	257.7	220.1
陕　西	953.4	1664.1	1785.2	1528.2	280.7
甘　肃	803.0	1573.0	1502.1	1122.7	262.9
青　海	873.8	2287.0	1568.2	1503.9	404.8
宁　夏	924.6	2748.6	1772.1	1473.2	384.1
新　疆	911.6	2052.4	1471.2	1333.2	320.1

2-1-4-6　2016年分地区全体居民消费支出构成

单位：%

地　区	消费支出	一、食品烟酒支出	二、衣着支出	三、居住支出
全　国	**100.0**	**30.1**	**7.0**	**21.9**
北　京	100.0	21.5	6.9	31.6
天　津	100.0	30.7	7.4	21.6
河　北	100.0	26.8	7.8	23.1
山　西	100.0	24.4	8.7	21.7
内蒙古	100.0	28.6	10.1	17.6
辽　宁	100.0	27.5	8.8	18.6
吉　林	100.0	26.7	8.6	18.9
黑龙江	100.0	27.7	9.1	18.1
上　海	100.0	25.5	4.6	32.7
江　苏	100.0	28.3	6.6	23.1
浙　江	100.0	29.0	6.1	24.0
安　徽	100.0	33.2	6.7	20.7
福　建	100.0	34.2	5.4	25.8
江　西	100.0	33.2	7.1	23.3
山　东	100.0	28.2	8.3	20.2
河　南	100.0	28.2	9.0	20.7
湖　北	100.0	31.0	7.0	21.2
湖　南	100.0	30.6	6.7	19.7
广　东	100.0	34.2	5.2	22.4
广　西	100.0	34.4	4.3	22.2
海　南	100.0	40.2	4.2	18.5
重　庆	100.0	34.2	8.4	17.7
四　川	100.0	35.9	7.7	18.4
贵　州	100.0	31.1	6.8	21.1
云　南	100.0	31.8	5.6	19.9
西　藏	100.0	48.6	9.9	16.3
陕　西	100.0	27.7	7.3	20.4
甘　肃	100.0	30.2	8.1	18.7
青　海	100.0	28.9	8.6	17.6
宁　夏	100.0	24.7	8.2	18.3
新　疆	100.0	30.0	9.0	17.7

2-1-4-6 续表 单位：%

地区	四、生活用品及服务支出	五、交通通信支出	六、教育文化娱乐支出	七、医疗保健支出	八、其他用品及服务支出
全　国	**6.1**	**13.7**	**11.2**	**7.6**	**2.4**
北　京	6.6	13.3	10.4	6.9	2.9
天　津	6.0	14.4	9.2	7.7	3.0
河　北	6.7	14.5	10.2	8.6	2.3
山　西	5.4	13.5	14.3	9.7	2.4
内蒙古	6.2	14.0	12.0	8.7	2.8
辽　宁	6.0	14.3	12.2	9.6	3.0
吉　林	5.2	14.0	12.5	11.4	2.6
黑龙江	5.2	14.1	11.7	11.7	2.4
上　海	4.7	11.3	11.1	7.3	2.7
江　苏	6.2	15.2	11.4	6.6	2.7
浙　江	4.8	17.1	10.9	5.9	2.0
安　徽	5.9	13.4	10.6	7.4	2.0
福　建	5.5	12.4	9.4	5.2	1.9
江　西	5.8	11.9	10.7	5.8	2.2
山　东	7.1	14.6	11.0	8.4	2.2
河　南	7.5	12.2	11.3	8.8	2.3
湖　北	5.9	12.2	10.9	9.6	2.2
湖　南	6.3	12.2	15.2	7.4	2.0
广　东	6.0	14.1	10.5	4.9	2.9
广　西	5.8	12.5	11.7	7.4	1.6
海　南	4.9	12.3	10.8	7.2	1.8
重　庆	7.0	11.9	10.7	8.2	1.9
四　川	6.5	12.5	8.7	7.9	2.5
贵　州	6.3	13.5	13.4	6.1	1.7
云　南	5.8	14.6	12.1	8.3	1.8
西　藏	5.4	10.6	4.0	2.8	2.4
陕　西	6.8	11.9	12.8	11.0	2.0
甘　肃	6.6	12.8	12.3	9.2	2.1
青　海	5.9	15.5	10.6	10.2	2.7
宁　夏	6.2	18.4	11.8	9.8	2.6
新　疆	6.5	14.6	10.5	9.5	2.3

2-1-4-7 2016年分地区全体居民现金消费支出

单位：元/人

地区	现金消费支出	一、食品烟酒支出	二、衣着支出	三、居住支出
全国	**14142.0**	**4846.7**	**1202.2**	**1359.8**
北京	25905.1	7461.4	2432.6	2503.3
天津	21904.9	7852.5	1930.8	2048.5
河北	12069.6	3751.4	1110.3	1349.0
山西	10676.0	2916.0	1103.8	1209.0
内蒙古	15962.3	4926.3	1827.0	1539.5
辽宁	17115.6	5212.4	1745.0	1614.4
吉林	12712.2	3747.8	1266.4	1209.5
黑龙江	12802.5	3918.2	1313.6	1226.4
上海	26344.2	9344.6	1733.3	2692.0
江苏	18049.8	6049.4	1452.8	1655.5
浙江	20439.0	7089.5	1563.5	1768.4
安徽	12290.0	4614.8	990.1	1118.1
福建	16181.3	6607.8	1092.8	1772.1
江西	10674.7	4043.4	944.6	984.4
山东	13589.0	4379.3	1325.0	1223.7
河南	10814.8	3478.7	1141.4	1051.4
湖北	12898.1	4504.3	1105.8	1184.3
湖南	13265.8	4344.0	1057.0	1269.6
广东	19626.2	7634.9	1209.1	2002.6
广西	9982.2	3758.1	532.2	1099.0
海南	12105.9	5527.8	596.5	958.7
重庆	13718.5	5086.2	1373.1	995.8
四川	12136.2	4572.9	1140.4	1046.3
贵州	9886.9	3265.0	809.2	1025.3
云南	9456.4	3204.6	653.4	768.6
西藏	7327.8	3553.5	926.6	560.9
陕西	11949.7	3717.0	1023.6	1339.6
甘肃	10399.5	3379.2	994.4	980.8
青海	12889.4	3884.4	1269.5	1426.9
宁夏	13092.2	3528.8	1219.8	1411.5
新疆	12251.5	3886.6	1270.0	1258.4

2-1-4-7 续表 单位：元/人

地区	四、生活用品及服务支出	五、交通通信支出	六、教育文化娱乐支出	七、医疗保健支出	八、其他用品及服务支出
全 国	**1036.1**	**2332.9**	**1914.3**	**1048.5**	**401.5**
北 京	2324.2	4700.3	3686.3	1786.2	1010.9
天 津	1559.4	3709.6	2402.1	1629.2	772.9
河 北	953.0	2059.6	1448.6	1071.5	326.1
山 西	672.1	1708.9	1810.2	957.3	298.7
内蒙古	1126.7	2525.5	2165.8	1338.2	513.4
辽 宁	1174.3	2824.1	2419.2	1545.4	581.0
吉 林	769.3	2059.3	1849.8	1426.6	383.7
黑龙江	750.6	2040.7	1687.8	1521.4	343.7
上 海	1752.7	4207.9	4173.7	1427.7	1012.3
江 苏	1346.8	3370.1	2514.0	1064.4	596.9
浙 江	1206.3	4374.4	2791.8	1141.0	504.0
安 徽	864.4	1970.9	1558.7	877.6	295.4
福 建	1103.4	2502.0	1904.7	809.6	388.8
江 西	764.3	1576.1	1424.4	646.8	290.7
山 东	1111.3	2323.3	1754.0	1122.2	350.2
河 南	952.1	1550.1	1439.3	904.6	297.2
湖 北	932.7	1896.9	1739.4	1189.6	345.0
湖 南	990.4	1913.9	2392.3	990.8	307.8
广 东	1383.4	3289.5	2446.5	991.5	668.7
广 西	702.8	1533.4	1443.6	727.7	185.3
海 南	697.8	1761.4	1544.1	769.1	250.6
重 庆	1137.5	1938.8	1745.4	1128.3	313.3
四 川	958.1	1849.9	1284.4	923.7	360.6
贵 州	746.9	1609.5	1602.5	627.7	200.9
云 南	675.8	1723.3	1429.5	790.9	210.3
西 藏	500.3	990.0	370.1	206.6	219.8
陕 西	949.9	1663.4	1783.4	1195.7	277.3
甘 肃	797.7	1572.8	1501.6	914.2	258.7
青 海	871.1	2286.5	1568.2	1178.2	404.5
宁 夏	913.6	2747.7	1771.9	1139.9	359.2
新 疆	909.4	2051.8	1470.9	1096.8	307.6

2-1-4-8　2016年分地区全体居民现金消费支出构成

单位：%

地　区	现金消费支出	一、食品烟酒支出	二、衣着支出	三、居住支出
全　国	**100.0**	**34.3**	**8.5**	**9.6**
北　京	100.0	28.8	9.4	9.7
天　津	100.0	35.8	8.8	9.4
河　北	100.0	31.1	9.2	11.2
山　西	100.0	27.3	10.3	11.3
内蒙古	100.0	30.9	11.4	9.6
辽　宁	100.0	30.5	10.2	9.4
吉　林	100.0	29.5	10.0	9.5
黑龙江	100.0	30.6	10.3	9.6
上　海	100.0	35.5	6.6	10.2
江　苏	100.0	33.5	8.0	9.2
浙　江	100.0	34.7	7.6	8.7
安　徽	100.0	37.5	8.1	9.1
福　建	100.0	40.8	6.8	11.0
江　西	100.0	37.9	8.8	9.2
山　东	100.0	32.2	9.8	9.0
河　南	100.0	32.2	10.6	9.7
湖　北	100.0	34.9	8.6	9.2
湖　南	100.0	32.7	8.0	9.6
广　东	100.0	38.9	6.2	10.2
广　西	100.0	37.6	5.3	11.0
海　南	100.0	45.7	4.9	7.9
重　庆	100.0	37.1	10.0	7.3
四　川	100.0	37.7	9.4	8.6
贵　州	100.0	33.0	8.2	10.4
云　南	100.0	33.9	6.9	8.1
西　藏	100.0	48.5	12.6	7.7
陕　西	100.0	31.1	8.6	11.2
甘　肃	100.0	32.5	9.6	9.4
青　海	100.0	30.1	9.8	11.1
宁　夏	100.0	27.0	9.3	10.8
新　疆	100.0	31.7	10.4	10.3

2-1-4-8 续表　　单位：%

地　区	四、生活用品及服务支出	五、交通通信支出	六、教育文化娱乐支出	七、医疗保健支出	八、其他用品及服务支出
全　国	**7.3**	**16.5**	**13.5**	**7.4**	**2.8**
北　京	9.0	18.1	14.2	6.9	3.9
天　津	7.1	16.9	11.0	7.4	3.5
河　北	7.9	17.1	12.0	8.9	2.7
山　西	6.3	16.0	17.0	9.0	2.8
内蒙古	7.1	15.8	13.6	8.4	3.2
辽　宁	6.9	16.5	14.1	9.0	3.4
吉　林	6.1	16.2	14.6	11.2	3.0
黑龙江	5.9	15.9	13.2	11.9	2.7
上　海	6.7	16.0	15.8	5.4	3.8
江　苏	7.5	18.7	13.9	5.9	3.3
浙　江	5.9	21.4	13.7	5.6	2.5
安　徽	7.0	16.0	12.7	7.1	2.4
福　建	6.8	15.5	11.8	5.0	2.4
江　西	7.2	14.8	13.3	6.1	2.7
山　东	8.2	17.1	12.9	8.3	2.6
河　南	8.8	14.3	13.3	8.4	2.7
湖　北	7.2	14.7	13.5	9.2	2.7
湖　南	7.5	14.4	18.0	7.5	2.3
广　东	7.0	16.8	12.5	5.1	3.4
广　西	7.0	15.4	14.5	7.3	1.9
海　南	5.8	14.5	12.8	6.4	2.1
重　庆	8.3	14.1	12.7	8.2	2.3
四　川	7.9	15.2	10.6	7.6	3.0
贵　州	7.6	16.3	16.2	6.3	2.0
云　南	7.1	18.2	15.1	8.4	2.2
西　藏	6.8	13.5	5.1	2.8	3.0
陕　西	7.9	13.9	14.9	10.0	2.3
甘　肃	7.7	15.1	14.4	8.8	2.5
青　海	6.8	17.7	12.2	9.1	3.1
宁　夏	7.0	21.0	13.5	8.7	2.7
新　疆	7.4	16.7	12.0	9.0	2.5

2-1-4-9　2016年分地区全体居民家庭主要食品消费量

单位：公斤/人

地　区	粮食(原粮)		食用油		蔬菜	肉类	
		谷物		植物油			猪肉
全　国	**132.8**	**122.0**	**10.6**	**10.0**	**100.1**	**26.1**	**19.6**
北　京	83.8	74.4	9.7	9.7	95.4	24.2	13.1
天　津	126.9	115.7	11.0	10.9	127.5	26.3	16.1
河　北	130.6	120.8	10.1	10.0	94.4	19.2	12.1
山　西	134.6	119.9	7.9	7.9	78.4	13.4	9.0
内蒙古	156.1	143.0	9.5	9.3	99.8	34.2	16.5
辽　宁	134.7	119.9	11.8	11.6	119.3	27.0	18.3
吉　林	137.6	126.2	11.8	11.7	101.3	19.8	14.2
黑龙江	142.6	128.1	14.3	14.2	89.7	21.2	14.2
上　海	105.4	93.4	9.0	8.9	102.8	29.1	20.2
江　苏	116.9	104.7	12.1	12.0	104.8	25.9	19.1
浙　江	135.6	122.3	12.0	11.5	94.9	26.6	21.5
安　徽	140.9	128.6	9.9	9.2	97.6	22.9	17.8
福　建	128.4	118.7	9.8	8.7	91.7	31.7	25.8
江　西	146.2	137.1	13.1	12.5	112.2	24.8	19.9
山　东	125.7	115.8	8.7	8.7	94.4	20.7	12.8
河　南	125.1	115.2	8.3	8.2	86.3	15.9	10.8
湖　北	115.3	103.3	14.1	13.7	119.7	26.5	20.8
湖　南	144.4	136.0	11.9	9.3	101.4	29.5	25.1
广　东	118.1	109.9	9.6	9.2	98.7	36.2	29.1
广　西	139.0	131.9	7.5	6.2	88.9	31.4	27.0
海　南	99.4	94.3	7.3	6.0	95.3	31.4	27.0
重　庆	151.1	136.0	14.2	12.9	139.2	39.7	33.6
四　川	155.8	143.0	12.9	11.6	130.0	37.6	33.0
贵　州	129.5	117.9	8.6	7.0	89.2	30.9	28.0
云　南	135.1	125.3	8.1	5.8	98.6	30.1	26.2
西　藏	283.3	276.9	19.6	14.2	27.4	41.2	9.3
陕　西	131.1	119.6	10.6	10.5	81.9	13.3	10.0
甘　肃	157.4	145.2	9.1	9.0	79.4	17.7	11.9
青　海	123.8	114.6	9.3	8.9	65.3	26.6	12.3
宁　夏	123.1	115.3	8.3	8.2	89.4	16.6	6.7
新　疆	168.1	164.3	14.6	14.5	105.4	23.0	3.8

2-1-4-9 续表 单位：公斤/人

地区			禽类	水产品	蛋类	奶类	干鲜瓜果类	食糖
	牛肉	羊肉						
全国	**1.8**	**1.5**	**9.1**	**11.4**	**9.7**	**12.0**	**48.3**	**1.3**
北京	2.9	3.1	5.7	8.5	12.0	23.2	63.2	1.2
天津	2.8	3.3	5.6	16.9	17.8	17.0	80.8	1.3
河北	1.4	1.5	4.4	6.0	13.3	15.2	59.3	1.2
山西	0.7	1.5	2.1	2.2	10.0	14.1	47.2	0.9
内蒙古	4.3	9.9	5.9	5.2	9.3	22.7	55.3	1.5
辽宁	2.6	1.8	5.3	14.8	13.3	14.8	65.7	1.3
吉林	2.1	1.0	4.8	7.4	10.3	9.5	50.8	1.2
黑龙江	1.8	1.5	5.5	8.3	9.9	9.8	57.4	1.8
上海	2.8	1.1	13.3	25.7	11.1	21.0	54.8	1.4
江苏	1.8	1.0	11.1	17.9	10.3	15.8	43.7	1.1
浙江	1.8	0.7	10.6	23.3	8.1	12.0	48.5	1.5
安徽	1.8	1.0	11.9	11.2	11.3	10.5	43.5	1.0
福建	1.9	0.8	12.2	26.6	8.8	11.0	40.1	1.7
江西	1.8	0.3	8.5	12.2	6.8	10.1	38.2	1.0
山东	1.1	1.3	6.3	11.7	16.7	17.7	68.3	1.0
河南	1.2	1.1	5.7	4.1	12.8	11.0	55.0	1.3
湖北	1.6	0.8	6.1	15.8	8.4	7.6	37.6	0.9
湖南	1.8	0.6	10.7	12.3	7.6	5.4	52.2	1.4
广东	1.8	0.8	20.1	22.0	7.0	7.5	38.1	1.5
广西	1.6	0.7	19.5	10.5	5.3	5.6	39.7	1.4
海南	1.9	0.7	21.5	26.7	5.0	4.4	30.0	1.1
重庆	1.4	0.8	11.3	10.0	9.9	16.6	41.5	2.8
四川	1.3	0.6	11.3	7.3	8.6	11.1	37.6	1.9
贵州	1.2	0.3	5.4	2.4	4.3	5.5	31.4	1.0
云南	1.8	0.5	7.9	3.9	4.8	5.3	29.1	1.3
西藏	21.8	9.6	0.9	0.4	2.9	20.4	6.8	3.5
陕西	0.6	1.2	2.8	2.2	7.0	13.4	44.9	0.9
甘肃	1.4	2.8	4.2	2.1	7.1	13.8	56.0	1.8
青海	5.0	8.0	3.2	2.0	4.6	18.2	30.9	1.3
宁夏	3.5	5.3	6.1	2.8	5.5	14.4	72.0	1.4
新疆	4.8	13.1	5.8	3.5	6.6	20.5	63.6	1.2

2-1-4-10　2016年分地区全体居民年末主要耐用消费品拥有量

单位：平均每百户

地　区	家用汽车(辆)	摩托车(辆)	电动助力车(辆)	洗衣机(台)	电冰箱(柜)(台)	微波炉(台)	彩色电视机(台)
全　国	**27.7**	**40.0**	**53.2**	**89.8**	**93.5**	**38.4**	**120.8**
北　京	47.3	3.3	26.0	95.0	97.6	77.4	128.2
天　津	43.1	8.1	45.4	97.5	100.2	66.9	113.1
河　北	35.3	34.7	87.3	98.4	97.1	39.4	114.9
山　西	24.6	33.3	43.3	93.3	82.0	24.7	104.8
内蒙古	34.1	40.4	45.6	93.7	97.2	24.8	103.2
辽　宁	24.2	26.5	23.5	91.7	98.2	43.9	109.6
吉　林	21.4	37.8	11.3	94.1	94.9	29.4	105.5
黑龙江	14.2	27.5	10.5	91.2	92.8	23.9	102.6
上　海	29.3	4.3	65.1	93.4	99.0	87.4	183.0
江　苏	37.9	24.4	118.3	98.9	102.5	81.9	166.9
浙　江	45.2	17.9	80.0	86.4	98.9	50.9	172.6
安　徽	18.7	28.5	81.3	87.0	96.4	40.4	126.8
福　建	26.5	63.6	42.2	84.3	98.5	52.6	140.9
江　西	21.5	52.8	60.5	72.0	93.5	32.3	133.1
山　东	44.1	36.4	99.9	94.8	98.4	34.7	107.8
河　南	23.7	40.4	103.5	97.5	92.4	25.1	117.9
湖　北	17.6	52.0	28.5	84.8	95.8	32.3	118.7
湖　南	21.4	56.6	18.1	87.9	96.4	25.9	115.7
广　东	29.4	62.8	27.2	75.1	80.7	36.1	104.8
广　西	22.2	74.5	59.2	80.0	91.7	39.5	112.6
海　南	18.1	63.2	70.5	61.5	81.5	25.7	106.1
重　庆	19.6	26.0	8.6	89.0	98.1	44.4	122.6
四　川	20.4	36.1	25.9	92.2	95.3	28.0	118.8
贵　州	21.2	38.8	7.9	93.4	85.7	23.6	104.8
云　南	28.7	61.0	23.3	85.0	76.7	30.2	105.3
西　藏	23.3	56.2	12.2	71.7	69.6	15.4	117.2
陕　西	19.9	36.3	33.3	94.4	85.9	22.0	108.5
甘　肃	18.0	54.6	27.8	95.3	80.7	25.7	107.9
青　海	30.5	45.3	10.2	97.2	97.4	32.4	103.7
宁　夏	30.1	42.5	53.2	98.9	94.5	34.2	107.7
新　疆	25.2	42.5	39.6	96.4	98.6	22.5	101.4

2-1-4-10 续表 单位：平均每百户

地区	空调(台)	热水器(台)	排油烟机(台)	移动电话(部)	计算机(台)	照相机(台)
全 国	**90.9**	**76.2**	**48.6**	**235.4**	**57.5**	**17.7**
北 京	162.6	93.4	84.3	225.8	99.8	53.7
天 津	134.4	92.3	78.9	230.3	73.3	28.5
河 北	96.3	77.6	52.0	229.5	58.6	18.3
山 西	26.1	45.0	42.5	216.9	54.6	12.5
内蒙古	8.3	44.6	44.0	226.1	46.3	15.5
辽 宁	24.9	58.8	58.4	210.1	59.3	21.2
吉 林	7.2	36.7	45.3	231.0	52.6	12.6
黑龙江	6.4	33.6	47.1	207.6	46.7	11.6
上 海	197.2	92.7	78.4	227.9	131.2	48.0
江 苏	177.1	101.2	66.2	239.3	76.6	25.4
浙 江	169.3	92.0	73.1	233.1	77.8	23.9
安 徽	112.8	87.8	41.0	221.8	45.0	11.4
福 建	124.9	95.7	52.7	249.5	67.7	15.9
江 西	89.9	79.3	42.1	234.5	48.4	11.5
山 东	90.9	88.7	57.7	220.7	61.5	24.1
河 南	109.3	71.5	37.3	238.5	51.1	11.3
湖 北	102.4	81.9	41.9	234.7	53.2	11.7
湖 南	97.5	74.8	43.9	254.9	48.9	13.5
广 东	136.2	85.2	52.7	241.9	73.9	24.7
广 西	73.3	80.2	33.8	267.5	52.4	12.4
海 南	82.1	75.8	36.4	254.5	47.4	8.7
重 庆	123.0	79.2	39.9	245.9	52.7	16.8
四 川	73.8	75.6	33.3	239.6	39.2	10.4
贵 州	15.4	58.3	25.5	263.5	33.6	7.4
云 南	2.0	78.6	32.2	253.5	33.1	12.6
西 藏	3.2	15.2	17.4	199.4	20.4	10.6
陕 西	63.8	64.7	40.0	243.8	47.3	14.0
甘 肃	5.7	47.5	38.3	251.8	39.9	13.0
青 海	1.4	40.4	48.6	247.1	38.0	12.1
宁 夏	8.7	82.6	51.2	265.1	50.1	12.9
新 疆	13.7	59.4	48.4	202.9	42.4	15.2

（五）2017年分地区全体居民收支主要数据

2-1-5-1　2017年分地区全体居民可支配收入

单位：元/人

地　区	可支配收入	一、工资性收入	二、经营净收入	三、财产净收入	四、转移净收入
全　国	**25973.8**	**14620.3**	**4501.8**	**2107.4**	**4744.3**
北　京	57229.8	35216.6	1408.3	9305.9	11299.0
天　津	37022.3	23165.0	3262.2	3504.9	7090.3
河　北	21484.1	13003.5	3210.8	1467.3	3802.6
山　西	20420.0	11957.1	2624.1	1227.9	4610.9
内蒙古	26212.2	13899.7	6363.8	1287.6	4661.2
辽　宁	27835.4	14596.2	4881.9	1342.7	7014.6
吉　林	21368.3	10631.3	4712.7	898.7	5125.6
黑龙江	21205.8	10318.8	4499.3	993.0	5394.8
上　海	58988.0	34365.4	1532.6	9030.1	14059.9
江　苏	35024.1	20399.2	4994.2	3238.6	6392.1
浙　江	42045.7	24137.3	7123.4	4741.6	6043.4
安　徽	21863.3	11920.9	4878.9	1227.7	3835.8
福　建	30047.7	17380.1	5600.1	2885.1	4182.4
江　西	22031.4	12553.1	3760.9	1397.0	4320.4
山　东	26929.9	15532.3	5892.6	1831.3	3673.8
河　南	20170.0	10108.1	4574.5	1237.3	4250.1
湖　北	23757.2	11830.6	5157.3	1501.9	5267.4
湖　南	23102.7	11836.6	4483.5	1626.8	5155.7
广　东	33003.3	23052.9	4420.9	3602.0	1927.5
广　西	19904.8	9819.3	5014.1	1171.5	3899.8
海　南	22553.2	13371.2	4285.7	1365.4	3530.9
重　庆	24153.0	12603.8	4016.7	1525.5	6007.0
四　川	20579.8	10013.6	4263.7	1362.9	4939.6
贵　州	16703.6	8642.8	3842.1	903.3	3315.5
云　南	18348.3	8468.1	4771.0	1850.9	3258.3
西　藏	15457.3	7839.7	4482.3	753.4	2381.9
陕　西	20635.2	11254.5	2629.5	1179.8	5571.4
甘　肃	16011.0	8798.4	2982.2	1043.7	3186.7
青　海	19001.0	11351.0	2861.2	949.0	3839.9
宁　夏	20561.7	12270.3	3628.2	819.8	3843.3
新　疆	19975.1	10907.2	4743.7	739.3	3584.9

2-1-5-2 2017年分地区全体居民可支配收入构成

单位：%

地 区	可支配收入	一、工资性收入	二、经营净收入	三、财产净收入	四、转移净收入
全 国	**100.0**	**56.3**	**17.3**	**8.1**	**18.3**
北 京	100.0	61.5	2.5	16.3	19.7
天 津	100.0	62.6	8.8	9.5	19.2
河 北	100.0	60.5	14.9	6.8	17.7
山 西	100.0	58.6	12.9	6.0	22.6
内蒙古	100.0	53.0	24.3	4.9	17.8
辽 宁	100.0	52.4	17.5	4.8	25.2
吉 林	100.0	49.8	22.1	4.2	24.0
黑龙江	100.0	48.7	21.2	4.7	25.4
上 海	100.0	58.3	2.6	15.3	23.8
江 苏	100.0	58.2	14.3	9.2	18.3
浙 江	100.0	57.4	16.9	11.3	14.4
安 徽	100.0	54.5	22.3	5.6	17.5
福 建	100.0	57.8	18.6	9.6	13.9
江 西	100.0	57.0	17.1	6.3	19.6
山 东	100.0	57.7	21.9	6.8	13.6
河 南	100.0	50.1	22.7	6.1	21.1
湖 北	100.0	49.8	21.7	6.3	22.2
湖 南	100.0	51.2	19.4	7.0	22.3
广 东	100.0	69.9	13.4	10.9	5.8
广 西	100.0	49.3	25.2	5.9	19.6
海 南	100.0	59.3	19.0	6.1	15.7
重 庆	100.0	52.2	16.6	6.3	24.9
四 川	100.0	48.7	20.7	6.6	24.0
贵 州	100.0	51.7	23.0	5.4	19.8
云 南	100.0	46.2	26.0	10.1	17.8
西 藏	100.0	50.7	29.0	4.9	15.4
陕 西	100.0	54.5	12.7	5.7	27.0
甘 肃	100.0	55.0	18.6	6.5	19.9
青 海	100.0	59.7	15.1	5.0	20.2
宁 夏	100.0	59.7	17.6	4.0	18.7
新 疆	100.0	54.6	23.7	3.7	17.9

2-1-5-3　2017年分地区全体居民现金可支配收入

单位：元/人

地　区	现金可支配收入	一、工资性收入	二、经营净收入	三、财产净收入	四、转移净收入
全　国	**24201.9**	**14537.8**	**4424.1**	**811.5**	**4428.6**
北　京	48622.9	35049.1	1513.9	1784.1	10275.8
天　津	34125.9	22949.8	3485.0	1107.6	6583.5
河　北	20314.6	12983.7	3286.5	430.0	3614.5
山　西	19279.1	11914.6	2557.0	543.0	4264.5
内蒙古	25427.9	13896.1	6478.4	613.6	4439.8
辽　宁	26469.0	14384.2	5118.9	326.1	6639.7
吉　林	20476.4	10556.5	4791.4	298.6	4829.9
黑龙江	20885.5	10280.2	4999.5	409.8	5195.9
上　海	49452.4	34152.3	1593.5	941.5	12765.0
江　苏	32512.7	20281.6	5126.8	1126.7	5977.5
浙　江	39335.2	23926.4	7454.9	2363.0	5591.0
安　徽	20619.5	11829.6	4862.7	389.7	3537.5
福　建	27923.8	17281.6	5695.4	1004.9	3941.9
江　西	20697.7	12525.3	3498.0	480.8	4193.6
山　东	25462.8	15490.3	5799.3	738.8	3434.5
河　南	18754.2	10089.9	4103.9	568.1	3992.3
湖　北	21929.7	11763.8	4958.6	371.5	4835.8
湖　南	21807.7	11775.0	4160.4	945.0	4927.2
广　东	30546.8	22810.2	4467.3	1581.3	1688.1
广　西	18767.0	9773.2	4779.0	620.2	3594.5
海　南	21439.4	13349.0	4296.9	586.6	3206.9
重　庆	22508.1	12537.0	3546.7	677.5	5746.9
四　川	19207.7	9954.2	3874.5	746.4	4632.7
贵　州	15904.5	8628.0	3695.4	411.5	3169.6
云　南	17098.6	8457.8	4380.2	1240.6	3020.0
西　藏	13964.5	7834.8	3675.8	329.2	2124.7
陕　西	19654.9	11221.7	2581.2	685.9	5166.0
甘　肃	15035.2	8779.6	2888.8	458.2	2908.7
青　海	18142.4	11333.6	2867.1	465.3	3476.4
宁　夏	19840.5	12246.7	3847.8	303.3	3442.7
新　疆	18953.3	10873.4	4537.8	210.1	3332.0

2-1-5-4 2017年分地区全体居民现金可支配收入构成

单位：%

地区	现金可支配收入	一、工资性收入	二、经营净收入	三、财产净收入	四、转移净收入
全国	**100.0**	**60.1**	**18.3**	**3.4**	**18.3**
北京	100.0	72.1	3.1	3.7	21.1
天津	100.0	67.3	10.2	3.2	19.3
河北	100.0	63.9	16.2	2.1	17.8
山西	100.0	61.8	13.3	2.8	22.1
内蒙古	100.0	54.6	25.5	2.4	17.5
辽宁	100.0	54.3	19.3	1.2	25.1
吉林	100.0	51.6	23.4	1.5	23.6
黑龙江	100.0	49.2	23.9	2.0	24.9
上海	100.0	69.1	3.2	1.9	25.8
江苏	100.0	62.4	15.8	3.5	18.4
浙江	100.0	60.8	19.0	6.0	14.2
安徽	100.0	57.4	23.6	1.9	17.2
福建	100.0	61.9	20.4	3.6	14.1
江西	100.0	60.5	16.9	2.3	20.3
山东	100.0	60.8	22.8	2.9	13.5
河南	100.0	53.8	21.9	3.0	21.3
湖北	100.0	53.6	22.6	1.7	22.1
湖南	100.0	54.0	19.1	4.3	22.6
广东	100.0	74.7	14.6	5.2	5.5
广西	100.0	52.1	25.5	3.3	19.2
海南	100.0	62.3	20.0	2.7	15.0
重庆	100.0	55.7	15.8	3.0	25.5
四川	100.0	51.8	20.2	3.9	24.1
贵州	100.0	54.2	23.2	2.6	19.9
云南	100.0	49.5	25.6	7.3	17.7
西藏	100.0	56.1	26.3	2.4	15.2
陕西	100.0	57.1	13.1	3.5	26.3
甘肃	100.0	58.4	19.2	3.0	19.3
青海	100.0	62.5	15.8	2.6	19.2
宁夏	100.0	61.7	19.4	1.5	17.4
新疆	100.0	57.4	23.9	1.1	17.6

2-1-5-5　2017年分地区全体居民消费支出

单位：元/人

地　区	消费支出	一、食品烟酒支出	二、衣着支出	三、居住支出
全　国	**18322.1**	**5373.6**	**1237.6**	**4106.9**
北　京	37425.3	7548.9	2238.3	12295.0
天　津	27841.4	8647.0	1944.8	5922.4
河　北	15437.0	3912.8	1173.5	3679.4
山　西	13664.4	3324.8	1206.0	2933.5
内蒙古	18945.5	5205.3	1866.2	3324.0
辽　宁	20463.4	5605.4	1671.6	3732.5
吉　林	15631.9	4144.1	1379.0	2912.3
黑龙江	15577.5	4209.0	1437.7	2833.0
上　海	39791.9	10005.9	1733.4	13708.7
江　苏	23468.6	6524.8	1505.9	5586.2
浙　江	27079.1	7750.8	1585.9	6992.9
安　徽	15751.7	5143.4	1037.5	3397.6
福　建	21249.3	7212.7	1119.1	5533.0
江　西	14459.0	4626.1	1005.8	3552.2
山　东	17280.7	4715.1	1374.6	3565.8
河　南	13729.6	3687.0	1184.5	2988.3
湖　北	16937.6	5098.4	1131.7	3699.0
湖　南	17160.4	5003.6	1086.1	3428.9
广　东	24819.6	8317.0	1230.3	5790.9
广　西	13423.7	4409.9	564.7	2909.3
海　南	15402.7	5935.9	631.1	2925.6
重　庆	17898.1	5943.5	1394.8	3140.9
四　川	16179.9	5632.2	1152.7	2946.8
贵　州	12969.6	3954.0	863.4	2670.3
云　南	12658.1	3838.4	651.3	2471.1
西　藏	10320.1	4788.6	1047.6	1763.2
陕　西	14899.7	4124.0	1084.0	2978.6
甘　肃	13120.1	3886.9	1071.3	2475.1
青　海	15503.1	4453.0	1265.9	2754.5
宁　夏	15350.3	3796.4	1268.9	2861.5
新　疆	15087.3	4338.5	1305.5	2698.5

2-1-5-5 续表 单位：元/人

地区	四、生活用品及服务支出	五、交通通信支出	六、教育文化娱乐支出	七、医疗保健支出	八、其他用品及服务支出
全国	**1120.7**	**2498.9**	**2086.2**	**1451.2**	**447.0**
北京	2492.4	5034.0	3916.7	2899.7	1000.4
天津	1655.5	3744.5	2691.5	2390.0	845.6
河北	1066.2	2290.3	1578.3	1396.3	340.1
山西	761.0	1884.0	1879.3	1359.7	316.1
内蒙古	1199.9	2914.9	2227.8	1653.8	553.8
辽宁	1191.7	3088.4	2534.5	1999.9	639.3
吉林	795.8	2218.0	1928.5	1818.3	435.9
黑龙江	776.4	2185.5	1898.0	1791.3	446.6
上海	1824.9	4057.7	4685.9	2602.1	1173.3
江苏	1443.5	3496.4	2747.6	1510.9	653.3
浙江	1345.8	4306.5	2844.9	1696.1	556.1
安徽	890.8	2102.3	1700.5	1135.9	343.8
福建	1179.0	2642.8	1966.4	1105.3	491.0
江西	859.9	1600.7	1606.8	877.8	329.7
山东	1260.5	2568.3	1948.4	1484.3	363.6
河南	1056.4	1698.6	1559.8	1219.8	335.2
湖北	1025.9	1795.7	1930.4	1838.3	418.2
湖南	1054.0	2042.6	2805.1	1424.0	316.1
广东	1447.4	3380.0	2620.4	1319.5	714.1
广西	762.8	1878.5	1585.8	1075.6	237.1
海南	769.0	1995.0	1756.8	1101.2	288.1
重庆	1245.5	2310.3	1993.0	1471.9	398.1
四川	1062.9	2200.0	1468.2	1320.2	396.8
贵州	802.4	1781.6	1783.3	851.2	263.5
云南	742.0	2033.4	1573.7	1125.3	223.0
西藏	617.2	1176.9	441.6	271.5	213.5
陕西	1036.2	1760.7	1857.6	1704.8	353.7
甘肃	836.8	1796.5	1537.1	1233.4	282.8
青海	929.0	2409.6	1686.6	1598.7	405.8
宁夏	932.4	2616.8	1955.6	1553.6	365.1
新疆	943.2	2382.6	1599.3	1466.3	353.4

2-1-5-6 2017年分地区全体居民消费支出构成

单位：%

地区	消费支出	一、食品烟酒支出	二、衣着支出	三、居住支出
全国	**100.0**	**29.3**	**6.8**	**22.4**
北京	100.0	20.2	6.0	32.9
天津	100.0	31.1	7.0	21.3
河北	100.0	25.3	7.6	23.8
山西	100.0	24.3	8.8	21.5
内蒙古	100.0	27.5	9.9	17.5
辽宁	100.0	27.4	8.2	18.2
吉林	100.0	26.5	8.8	18.6
黑龙江	100.0	27.0	9.2	18.2
上海	100.0	25.1	4.4	34.5
江苏	100.0	27.8	6.4	23.8
浙江	100.0	28.6	5.9	25.8
安徽	100.0	32.7	6.6	21.6
福建	100.0	33.9	5.3	26.0
江西	100.0	32.0	7.0	24.6
山东	100.0	27.3	8.0	20.6
河南	100.0	26.9	8.6	21.8
湖北	100.0	30.1	6.7	21.8
湖南	100.0	29.2	6.3	20.0
广东	100.0	33.5	5.0	23.3
广西	100.0	32.9	4.2	21.7
海南	100.0	38.5	4.1	19.0
重庆	100.0	33.2	7.8	17.5
四川	100.0	34.8	7.1	18.2
贵州	100.0	30.5	6.7	20.6
云南	100.0	30.3	5.1	19.5
西藏	100.0	46.4	10.2	17.1
陕西	100.0	27.7	7.3	20.0
甘肃	100.0	29.6	8.2	18.9
青海	100.0	28.7	8.2	17.8
宁夏	100.0	24.7	8.3	18.6
新疆	100.0	28.8	8.7	17.9

2-1-5-6 续表

单位：%

地　区	四、生活用品及服务支出	五、交通通信支出	六、教育文化娱乐支出	七、医疗保健支出	八、其他用品及服务支出
全　国	**6.1**	**13.6**	**11.4**	**7.9**	**2.4**
北　京	6.7	13.5	10.5	7.7	2.7
天　津	5.9	13.4	9.7	8.6	3.0
河　北	6.9	14.8	10.2	9.0	2.2
山　西	5.6	13.8	13.8	10.0	2.3
内蒙古	6.3	15.4	11.8	8.7	2.9
辽　宁	5.8	15.1	12.4	9.8	3.1
吉　林	5.1	14.2	12.3	11.6	2.8
黑龙江	5.0	14.0	12.2	11.5	2.9
上　海	4.6	10.2	11.8	6.5	2.9
江　苏	6.2	14.9	11.7	6.4	2.8
浙　江	5.0	15.9	10.5	6.3	2.1
安　徽	5.7	13.3	10.8	7.2	2.2
福　建	5.5	12.4	9.3	5.2	2.3
江　西	5.9	11.1	11.1	6.1	2.3
山　东	7.3	14.9	11.3	8.6	2.1
河　南	7.7	12.4	11.4	8.9	2.4
湖　北	6.1	10.6	11.4	10.9	2.5
湖　南	6.1	11.9	16.3	8.3	1.8
广　东	5.8	13.6	10.6	5.3	2.9
广　西	5.7	14.0	11.8	8.0	1.8
海　南	5.0	13.0	11.4	7.1	1.9
重　庆	7.0	12.9	11.1	8.2	2.2
四　川	6.6	13.6	9.1	8.2	2.5
贵　州	6.2	13.7	13.8	6.6	2.0
云　南	5.9	16.1	12.4	8.9	1.8
西　藏	6.0	11.4	4.3	2.6	2.1
陕　西	7.0	11.8	12.5	11.4	2.4
甘　肃	6.4	13.7	11.7	9.4	2.2
青　海	6.0	15.5	10.9	10.3	2.6
宁　夏	6.1	17.0	12.7	10.1	2.4
新　疆	6.3	15.8	10.6	9.7	2.3

2-1-5-7　2017年分地区全体居民现金消费支出

单位：元/人

地　区	现金消费支出	一、食品烟酒支出	二、衣着支出	三、居住支出
全　国	**15122.3**	**5073.0**	**1237.0**	**1519.0**
北　京	26577.5	7409.9	2237.8	2602.5
天　津	23272.1	8468.5	1944.5	2051.1
河　北	13071.3	3846.8	1173.2	1566.9
山　西	11599.3	3140.8	1205.6	1372.5
内蒙古	16863.8	4964.0	1866.1	1698.1
辽　宁	17692.4	5361.4	1671.0	1595.6
吉　林	13502.6	3899.9	1377.3	1323.2
黑龙江	13827.1	4111.1	1437.7	1374.5
上　海	27280.9	9806.4	1733.3	2720.0
江　苏	19079.5	6293.3	1505.5	1838.3
浙　江	21691.4	7406.3	1585.0	2408.8
安　徽	13037.1	4885.0	1036.8	1231.3
福　建	16951.1	6878.7	1118.8	1825.7
江　西	11782.7	4296.0	1005.7	1337.2
山　东	14774.9	4608.9	1374.3	1402.8
河　南	11691.1	3586.2	1184.3	1308.4
湖　北	13753.4	4735.3	1130.5	1308.5
湖　南	14507.6	4514.3	1085.7	1495.3
广　东	20552.6	7952.7	1229.6	2131.4
广　西	10895.2	3888.1	563.6	1183.3
海　南	13127.4	5742.7	631.0	1133.7
重　庆	15068.2	5380.3	1394.3	1138.1
四　川	13346.4	4909.7	1149.7	1118.3
贵　州	10801.6	3526.1	863.3	1058.0
云　南	10203.7	3318.6	651.3	770.9
西　藏	8157.2	3812.4	1047.0	640.1
陕　西	12823.7	4011.1	1083.5	1410.4
甘　肃	11174.5	3589.4	1071.0	1077.2
青　海	13626.3	4176.1	1265.8	1514.9
宁　夏	13385.4	3626.2	1268.8	1451.2
新　疆	13232.4	4027.8	1304.9	1393.4

2-1-5-7 续表 单位：元/人

地　　区	四、生活用品及服务支出	五、交通通信支出	六、教育文化娱乐支出	七、医疗保健支出	八、其他用品及服务支出
全　　国	**1110.8**	**2495.3**	**2085.3**	**1160.7**	**441.2**
北　　京	2490.6	5032.7	3916.4	1888.0	999.7
天　　津	1653.8	3708.7	2690.2	1918.8	836.5
河　　北	1063.6	2287.0	1578.2	1217.6	338.0
山　　西	754.8	1883.2	1878.9	1052.0	311.5
内 蒙 古	1199.7	2914.9	2227.8	1439.7	553.5
辽　　宁	1181.5	3073.1	2534.3	1654.1	621.5
吉　　林	792.2	2211.2	1928.3	1535.0	435.5
黑 龙 江	775.8	2185.3	1898.0	1598.6	446.1
上　　海	1823.4	4042.9	4684.4	1312.2	1158.3
江　　苏	1424.0	3495.3	2746.7	1127.7	648.7
浙　　江	1333.3	4300.3	2840.7	1270.0	546.9
安　　徽	885.6	2101.0	1700.2	856.2	341.1
福　　建	1169.6	2638.4	1965.2	867.0	487.6
江　　西	859.3	1598.9	1606.7	755.0	324.0
山　　东	1234.7	2567.0	1948.3	1278.9	360.0
河　　南	1055.3	1697.9	1559.7	965.4	333.9
湖　　北	1024.0	1789.4	1928.7	1426.2	410.9
湖　　南	1051.3	2041.0	2804.6	1201.7	313.7
广　　东	1429.3	3371.2	2618.2	1111.4	708.8
广　　西	737.0	1872.5	1585.2	841.1	224.4
海　　南	765.4	1994.3	1756.8	815.6	287.9
重　　庆	1228.5	2308.0	1992.5	1236.5	390.0
四　　川	1051.3	2199.1	1467.2	1066.2	384.8
贵　　州	794.8	1780.2	1783.3	739.4	256.5
云　　南	727.6	2033.3	1573.6	913.6	214.9
西　　藏	614.7	1176.9	440.8	213.1	212.4
陕　　西	1022.0	1760.1	1855.4	1334.2	347.0
甘　　肃	827.2	1796.1	1535.9	1002.2	275.3
青　　海	926.8	2408.6	1686.6	1242.2	405.4
宁　　夏	923.3	2613.9	1955.6	1186.7	359.8
新　　疆	942.4	2381.7	1593.1	1245.9	343.2

2-1-5-8 2017年分地区全体居民现金消费支出构成

单位：%

地区	现金消费支出	一、食品烟酒支出	二、衣着支出	三、居住支出
全国	**100.0**	**33.5**	**8.2**	**10.0**
北京	100.0	27.9	8.4	9.8
天津	100.0	36.4	8.4	8.8
河北	100.0	29.4	9.0	12.0
山西	100.0	27.1	10.4	11.8
内蒙古	100.0	29.4	11.1	10.1
辽宁	100.0	30.3	9.4	9.0
吉林	100.0	28.9	10.2	9.8
黑龙江	100.0	29.7	10.4	9.9
上海	100.0	35.9	6.4	10.0
江苏	100.0	33.0	7.9	9.6
浙江	100.0	34.1	7.3	11.1
安徽	100.0	37.5	8.0	9.4
福建	100.0	40.6	6.6	10.8
江西	100.0	36.5	8.5	11.3
山东	100.0	31.2	9.3	9.5
河南	100.0	30.7	10.1	11.2
湖北	100.0	34.4	8.2	9.5
湖南	100.0	31.1	7.5	10.3
广东	100.0	38.7	6.0	10.4
广西	100.0	35.7	5.2	10.9
海南	100.0	43.7	4.8	8.6
重庆	100.0	35.7	9.3	7.6
四川	100.0	36.8	8.6	8.4
贵州	100.0	32.6	8.0	9.8
云南	100.0	32.5	6.4	7.6
西藏	100.0	46.7	12.8	7.8
陕西	100.0	31.3	8.4	11.0
甘肃	100.0	32.1	9.6	9.6
青海	100.0	30.6	9.3	11.1
宁夏	100.0	27.1	9.5	10.8
新疆	100.0	30.4	9.9	10.5

2-1-5-8 续表 单位：%

地区	四、生活用品及服务支出	五、交通通信支出	六、教育文化娱乐支出	七、医疗保健支出	八、其他用品及服务支出
全国	**7.3**	**16.5**	**13.8**	**7.7**	**2.9**
北京	9.4	18.9	14.7	7.1	3.8
天津	7.1	15.9	11.6	8.2	3.6
河北	8.1	17.5	12.1	9.3	2.6
山西	6.5	16.2	16.2	9.1	2.7
内蒙古	7.1	17.3	13.2	8.5	3.3
辽宁	6.7	17.4	14.3	9.3	3.5
吉林	5.9	16.4	14.3	11.4	3.2
黑龙江	5.6	15.8	13.7	11.6	3.2
上海	6.7	14.8	17.2	4.8	4.2
江苏	7.5	18.3	14.4	5.9	3.4
浙江	6.1	19.8	13.1	5.9	2.5
安徽	6.8	16.1	13.0	6.6	2.6
福建	6.9	15.6	11.6	5.1	2.9
江西	7.3	13.6	13.6	6.4	2.7
山东	8.4	17.4	13.2	8.7	2.4
河南	9.0	14.5	13.3	8.3	2.9
湖北	7.4	13.0	14.0	10.4	3.0
湖南	7.2	14.1	19.3	8.3	2.2
广东	7.0	16.4	12.7	5.4	3.4
广西	6.8	17.2	14.5	7.7	2.1
海南	5.8	15.2	13.4	6.2	2.2
重庆	8.2	15.3	13.2	8.2	2.6
四川	7.9	16.5	11.0	8.0	2.9
贵州	7.4	16.5	16.5	6.8	2.4
云南	7.1	19.9	15.4	9.0	2.1
西藏	7.5	14.4	5.4	2.6	2.6
陕西	8.0	13.7	14.5	10.4	2.7
甘肃	7.4	16.1	13.7	9.0	2.5
青海	6.8	17.7	12.4	9.1	3.0
宁夏	6.9	19.5	14.6	8.9	2.7
新疆	7.1	18.0	12.0	9.4	2.6

2-1-5-9 2017年分地区全体居民家庭主要食品消费量

单位：公斤/人

地区	粮食(原粮)		食用油		蔬菜	肉类	
		谷物		植物油			猪肉
全　国	**130.1**	**119.6**	**10.4**	**9.8**	**99.2**	**26.7**	**20.1**
北　京	75.7	67.1	8.3	8.3	91.9	22.9	12.7
天　津	120.1	109.6	10.9	10.8	116.3	26.5	15.8
河　北	124.8	115.2	9.3	9.2	87.4	19.4	12.3
山　西	135.7	120.6	8.1	8.0	77.4	13.9	9.4
内蒙古	152.3	139.9	8.3	8.1	87.5	33.8	17.0
辽　宁	128.6	114.3	11.6	11.4	113.8	27.3	18.5
吉　林	142.2	130.5	12.2	12.1	109.4	21.4	15.7
黑龙江	141.2	127.6	14.4	14.3	92.5	22.8	15.4
上　海	98.1	87.0	8.7	8.6	99.8	28.1	19.5
江　苏	114.8	103.1	12.2	12.0	108.2	26.6	19.5
浙　江	134.1	120.7	12.1	11.7	96.5	27.2	21.9
安　徽	137.3	125.6	10.0	9.4	99.8	23.6	18.4
福　建	122.0	113.0	9.1	8.1	89.5	31.8	25.9
江　西	140.4	131.6	13.2	12.7	110.0	26.4	20.6
山　东	122.8	113.3	8.1	8.0	93.6	20.9	13.0
河　南	124.5	115.0	8.3	8.2	84.4	16.2	10.9
湖　北	112.2	101.3	12.4	12.0	116.6	26.5	20.7
湖　南	146.6	138.1	12.4	9.7	104.9	31.8	27.1
广　东	116.8	108.9	9.2	8.8	100.8	36.5	29.1
广　西	133.9	126.9	8.4	6.9	87.5	32.1	27.6
海　南	96.0	91.5	8.8	7.4	93.0	29.3	24.9
重　庆	152.6	137.8	14.8	12.9	142.8	39.9	33.9
四　川	160.2	147.3	12.7	11.6	132.5	41.1	36.2
贵　州	121.1	109.9	8.2	6.8	85.1	30.5	27.6
云　南	126.8	116.9	7.7	6.0	90.4	30.9	26.9
西　藏	284.5	277.4	20.9	14.5	32.1	29.8	7.6
陕　西	132.4	119.9	10.9	10.7	86.1	14.1	10.2
甘　肃	151.0	138.9	8.5	8.4	75.0	17.2	11.4
青　海	116.8	108.2	9.4	9.2	61.8	25.1	11.4
宁　夏	111.2	104.4	7.7	7.6	87.2	15.7	6.3
新　疆	159.1	155.6	14.2	14.1	98.2	21.6	3.9

2-1-5-9 续表 单位：公斤/人

地 区			禽类	水产品	蛋类	奶类	干鲜瓜果类	食糖
	牛肉	羊肉						
全 国	**1.9**	**1.3**	**8.9**	**11.5**	**10.0**	**12.1**	**50.1**	**1.3**
北 京	2.9	2.8	5.5	8.6	12.1	22.5	63.9	1.1
天 津	3.0	3.2	5.6	16.9	18.3	17.2	85.3	1.4
河 北	1.4	1.4	4.1	5.7	14.0	14.4	60.8	1.1
山 西	0.8	1.3	2.3	2.4	10.9	15.0	51.2	1.0
内蒙古	4.3	8.9	5.3	4.9	9.1	22.7	56.2	1.5
辽 宁	2.6	1.5	5.2	14.5	13.6	15.0	65.1	1.3
吉 林	2.2	0.8	5.0	7.3	10.9	9.7	50.9	1.3
黑龙江	1.9	1.4	5.7	8.2	11.1	10.4	60.2	1.8
上 海	2.9	0.9	12.8	25.1	10.7	20.8	56.3	1.3
江 苏	1.9	0.8	10.3	18.1	10.7	15.6	46.2	1.1
浙 江	2.0	0.6	10.6	23.7	8.5	12.0	50.7	1.5
安 徽	1.9	0.9	10.2	10.8	11.6	11.0	48.2	1.0
福 建	1.9	0.8	11.8	25.8	8.7	10.8	41.2	1.8
江 西	2.1	0.4	8.4	12.6	7.0	11.1	39.4	1.1
山 东	1.2	1.1	5.9	11.6	17.2	17.3	69.8	1.0
河 南	1.2	1.1	5.3	3.8	14.3	11.5	57.6	1.2
湖 北	1.7	0.6	5.4	15.1	7.6	6.9	40.3	0.9
湖 南	1.9	0.7	10.7	11.8	8.0	5.7	53.0	1.4
广 东	2.0	0.7	20.6	22.8	7.3	7.7	40.1	1.5
广 西	1.8	0.8	19.6	10.6	5.6	5.6	40.2	1.3
海 南	1.8	0.8	20.4	25.6	4.5	4.2	29.3	1.0
重 庆	1.4	0.8	11.6	10.5	9.8	17.2	42.7	2.7
四 川	1.5	0.5	10.9	7.6	8.9	12.3	40.7	2.0
贵 州	1.2	0.3	5.0	2.4	4.2	5.4	32.3	1.0
云 南	1.7	0.5	7.6	3.7	4.5	5.3	29.4	1.4
西 藏	13.9	7.9	1.4	0.7	3.7	22.5	10.1	1.1
陕 西	0.7	1.2	2.7	2.5	8.0	14.6	51.4	1.0
甘 肃	1.4	2.4	4.4	2.2	7.3	13.9	54.9	1.9
青 海	5.3	7.1	3.5	2.0	4.8	17.9	30.0	1.3
宁 夏	3.6	4.7	6.0	2.6	5.5	13.4	71.2	1.3
新 疆	4.6	11.7	6.0	3.3	6.5	21.0	59.7	1.2

2-1-5-10　2017年分地区全体居民年末主要耐用消费品拥有量

单位：平均每百户

地区	家用汽车(辆)	摩托车(辆)	电动助力车(辆)	洗衣机(台)	电冰箱(柜)(台)	微波炉(台)	彩色电视机(台)
全国	**29.7**	**39.3**	**56.5**	**91.7**	**95.3**	**40.0**	**122.2**
北京	48.0	3.4	27.5	96.0	98.3	78.1	129.1
天津	44.0	6.4	47.9	98.1	101.0	68.5	113.8
河北	37.3	33.9	90.0	99.2	97.6	40.5	115.3
山西	25.1	32.8	44.7	93.8	82.3	25.8	105.2
内蒙古	36.1	39.0	47.5	94.4	98.4	25.7	103.4
辽宁	25.4	26.0	25.4	93.2	99.7	44.7	110.3
吉林	23.2	38.1	12.5	95.0	95.5	29.8	105.5
黑龙江	15.7	26.1	12.1	92.5	94.5	24.0	102.7
上海	30.8	4.0	67.0	94.7	100.4	88.3	185.7
江苏	40.2	23.1	123.3	100.1	104.1	84.0	170.3
浙江	47.9	17.7	84.1	88.9	101.1	53.0	178.2
安徽	21.4	27.6	87.7	90.3	99.0	44.0	130.6
福建	29.0	62.6	46.6	86.7	99.4	53.8	141.5
江西	24.7	52.2	65.0	75.6	94.9	34.6	134.5
山东	47.7	35.0	104.7	96.1	99.8	37.7	108.3
河南	25.0	38.5	107.4	98.5	93.3	26.0	118.7
湖北	19.0	53.0	30.7	86.9	98.3	33.7	120.1
湖南	23.3	56.0	20.7	90.4	98.1	27.1	117.3
广东	31.6	64.2	30.9	78.2	84.4	38.1	106.9
广西	24.6	72.8	65.5	82.6	94.0	41.3	113.6
海南	19.6	61.3	75.2	64.3	83.6	25.9	107.2
重庆	21.3	25.5	8.7	90.5	99.1	45.0	122.9
四川	22.6	35.9	28.0	94.0	98.1	30.4	120.8
贵州	23.6	37.2	10.0	95.3	89.2	24.4	105.9
云南	30.8	61.1	26.1	88.4	80.4	31.7	106.2
西藏	26.0	60.9	13.6	73.4	72.9	15.7	119.4
陕西	20.9	35.5	35.7	95.7	87.8	22.9	109.5
甘肃	19.8	51.6	29.4	96.2	82.9	26.2	107.6
青海	33.7	44.5	11.3	98.0	98.9	35.2	102.8
宁夏	33.6	38.5	58.2	100.1	96.2	35.9	107.4
新疆	28.5	41.7	44.6	97.9	101.0	23.6	102.7

2-1-5-10 续表 单位：平均每百户

地区	空调（台）	热水器（台）	排油烟机（台）	移动电话（部）	计算机（台）	照相机（台）
全国	**96.1**	**78.6**	**51.0**	**240.0**	**58.7**	**18.4**
北京	166.3	94.4	85.2	228.5	101.1	54.4
天津	139.8	93.7	81.4	231.8	74.2	29.6
河北	100.1	79.0	53.8	233.0	59.5	19.2
山西	27.8	45.5	43.5	220.3	55.6	12.2
内蒙古	9.0	46.3	45.8	229.2	47.4	15.5
辽宁	28.1	60.8	61.4	213.0	60.7	21.8
吉林	8.0	38.0	46.7	232.9	52.7	14.2
黑龙江	7.2	35.1	49.2	209.7	47.3	12.7
上海	202.5	94.8	80.8	230.4	131.1	47.7
江苏	184.2	103.2	69.2	242.9	78.7	28.6
浙江	176.1	95.3	75.4	239.9	80.7	23.7
安徽	121.3	91.1	44.6	230.0	46.2	11.9
福建	129.5	97.8	55.2	252.2	67.5	15.7
江西	98.1	82.2	45.2	241.5	50.8	11.3
山东	100.3	90.3	61.0	225.7	63.3	26.3
河南	114.9	73.3	38.5	241.0	50.6	10.8
湖北	106.9	84.1	44.8	236.4	53.5	13.8
湖南	102.3	78.5	47.4	260.7	50.7	13.7
广东	145.2	88.7	55.4	248.8	75.8	24.6
广西	78.4	84.8	35.9	276.4	53.2	11.7
海南	87.0	78.0	39.0	262.4	48.3	8.6
重庆	127.5	80.2	39.9	250.4	51.7	16.3
四川	81.4	79.8	35.9	243.5	40.5	11.0
贵州	18.0	64.6	27.3	275.3	36.3	7.8
云南	2.7	82.2	33.9	259.6	33.8	13.1
西藏	3.5	16.0	17.8	203.7	21.4	11.4
陕西	68.3	66.4	41.6	244.9	49.8	15.9
甘肃	6.2	49.7	40.1	255.8	41.2	12.7
青海	1.4	43.9	50.8	252.6	38.8	11.5
宁夏	9.4	89.1	54.4	269.0	52.1	12.3
新疆	14.9	59.9	49.5	208.3	42.7	15.6

（六）2018年分地区全体居民收支主要数据

2-1-6-1 2018年分地区全体居民可支配收入

单位：元/人

地区	可支配收入				
		一、工资性收入	二、经营净收入	三、财产净收入	四、转移净收入
全国	**28228.0**	**15829.0**	**4852.4**	**2378.5**	**5168.1**
北京	62361.2	37686.8	1201.6	10611.8	12861.0
天津	39506.1	25119.0	3344.0	3587.2	7456.0
河北	23445.7	14179.3	3530.6	1624.1	4111.6
山西	21990.1	12552.0	2809.2	1304.4	5324.6
内蒙古	28375.7	15033.3	7149.1	1442.2	4751.1
辽宁	29701.4	15580.5	5186.2	1336.7	7598.1
吉林	22798.4	12038.8	5019.4	998.9	4741.3
黑龙江	22725.8	10950.8	4878.1	1089.4	5807.6
上海	64182.6	37136.9	1820.9	9666.3	15558.5
江苏	38095.8	21947.8	5386.1	3745.7	7016.2
浙江	45839.8	26241.6	7751.7	5244.2	6602.3
安徽	23983.6	12851.4	5478.4	1456.8	4197.1
福建	32643.9	18996.9	6015.3	3165.5	4466.2
江西	24079.7	13738.5	4055.6	1584.6	4700.9
山东	29204.6	16814.4	6300.0	2043.2	4047.0
河南	21963.5	11066.1	4674.0	1546.6	4676.8
湖北	25814.5	12737.6	5450.6	1726.0	5900.3
湖南	25240.7	12797.9	5015.9	1923.1	5503.8
广东	35809.9	24749.0	4734.5	4131.4	2194.9
广西	21485.0	10203.8	5484.6	1439.6	4357.0
海南	24579.0	14306.2	4461.8	1889.6	3921.4
重庆	26385.8	13928.1	4311.4	1649.3	6497.0
四川	22460.6	11069.9	4558.1	1443.1	5389.4
贵州	18430.2	9500.9	4037.6	1297.3	3594.4
云南	20084.2	9609.0	4883.9	1963.2	3628.0
西藏	17286.1	8903.5	4589.1	1096.2	2697.3
陕西	22528.3	12161.4	3033.9	1350.5	5982.4
甘肃	17488.4	9676.3	3212.1	1162.3	3437.7
青海	20757.3	12209.1	3013.8	1057.1	4477.3
宁夏	22400.4	13440.8	3958.2	885.1	4116.3
新疆	21500.2	11654.7	5153.1	784.3	3908.2

2-1-6-2 2018年分地区全体居民可支配收入构成

单位：%

地区	可支配收入	一、工资性收入	二、经营净收入	三、财产净收入	四、转移净收入
全国	**100.0**	**56.1**	**17.2**	**8.4**	**18.3**
北京	100.0	60.4	1.9	17.0	20.6
天津	100.0	63.6	8.5	9.1	18.9
河北	100.0	60.5	15.1	6.9	17.5
山西	100.0	57.1	12.8	5.9	24.2
内蒙古	100.0	53.0	25.2	5.1	16.7
辽宁	100.0	52.5	17.5	4.5	25.6
吉林	100.0	52.8	22.0	4.4	20.8
黑龙江	100.0	48.2	21.5	4.8	25.6
上海	100.0	57.9	2.8	15.1	24.2
江苏	100.0	57.6	14.1	9.8	18.4
浙江	100.0	57.2	16.9	11.4	14.4
安徽	100.0	53.6	22.8	6.1	17.5
福建	100.0	58.2	18.4	9.7	13.7
江西	100.0	57.1	16.8	6.6	19.5
山东	100.0	57.6	21.6	7.0	13.9
河南	100.0	50.4	21.3	7.0	21.3
湖北	100.0	49.3	21.1	6.7	22.9
湖南	100.0	50.7	19.9	7.6	21.8
广东	100.0	69.1	13.2	11.5	6.1
广西	100.0	47.5	25.5	6.7	20.3
海南	100.0	58.2	18.2	7.7	16.0
重庆	100.0	52.8	16.3	6.3	24.6
四川	100.0	49.3	20.3	6.4	24.0
贵州	100.0	51.6	21.9	7.0	19.5
云南	100.0	47.8	24.3	9.8	18.1
西藏	100.0	51.5	26.5	6.3	15.6
陕西	100.0	54.0	13.5	6.0	26.6
甘肃	100.0	55.3	18.4	6.6	19.7
青海	100.0	58.8	14.5	5.1	21.6
宁夏	100.0	60.0	17.7	4.0	18.4
新疆	100.0	54.2	24.0	3.6	18.2

2-1-6-3　2018年分地区全体居民现金可支配收入

单位：元/人

地　区	现金可支配收入	一、工资性收入	二、经营净收入	三、财产净收入	四、转移净收入
全　国	**26291.4**	**15746.4**	**4880.3**	**877.8**	**4786.9**
北　京	52505.4	37611.3	1443.8	1897.0	11553.3
天　津	36153.7	24961.6	3632.1	883.0	6677.0
河　北	22042.6	14153.6	3701.1	282.7	3905.1
山　西	20935.3	12524.7	2815.2	608.4	4987.0
内蒙古	27536.3	15021.7	7333.6	751.7	4429.2
辽　宁	28444.5	15399.9	5510.8	396.4	7137.5
吉　林	21445.5	12003.0	4581.2	407.9	4453.4
黑龙江	21096.8	10914.6	4084.5	581.7	5516.0
上　海	54257.4	36942.7	1918.1	1333.6	14063.0
江　苏	34696.7	21842.7	5336.1	1078.2	6439.8
浙　江	42898.8	26109.2	8126.7	2560.6	6102.3
安　徽	23041.0	12760.1	5907.6	435.5	3937.8
福　建	30012.5	18805.0	6028.5	985.9	4193.1
江　西	22785.6	13707.4	3901.8	655.2	4521.1
山　东	28077.7	16758.9	6784.0	783.3	3751.4
河　南	20419.3	11029.1	4447.5	613.2	4329.4
湖　北	24166.1	12640.3	5686.3	441.8	5397.7
湖　南	23880.6	12700.5	4933.5	1070.7	5175.8
广　东	33051.2	24541.4	4950.7	1603.1	1956.1
广　西	20277.1	10144.5	5411.6	811.6	3909.3
海　南	23091.6	14251.3	4500.4	785.4	3554.5
重　庆	24789.9	13844.8	3995.5	745.6	6204.0
四　川	21027.7	10999.8	4229.3	764.4	5034.2
贵　州	17806.7	9473.6	4105.0	889.9	3338.2
云　南	18823.3	9594.8	4711.2	1157.4	3359.8
西　藏	16081.3	8898.3	4066.7	567.0	2549.4
陕　西	21498.3	12113.9	2962.8	796.4	5625.2
甘　肃	16091.5	9653.8	2994.3	386.8	3056.7
青　海	20048.5	12172.8	3343.8	525.5	4006.4
宁　夏	21773.2	13407.9	4345.2	499.3	3520.8
新　疆	20206.2	11615.6	4792.4	260.6	3537.6

2-1-6-4 2018年分地区全体居民现金可支配收入构成

单位：%

地 区	现金可支配收入	一、工资性收入	二、经营净收入	三、财产净收入	四、转移净收入
全 国	**100.0**	**59.9**	**18.6**	**3.3**	**18.2**
北 京	100.0	71.6	2.7	3.6	22.0
天 津	100.0	69.0	10.0	2.4	18.5
河 北	100.0	64.2	16.8	1.3	17.7
山 西	100.0	59.8	13.4	2.9	23.8
内蒙古	100.0	54.6	26.6	2.7	16.1
辽 宁	100.0	54.1	19.4	1.4	25.1
吉 林	100.0	56.0	21.4	1.9	20.8
黑龙江	100.0	51.7	19.4	2.8	26.1
上 海	100.0	68.1	3.5	2.5	25.9
江 苏	100.0	63.0	15.4	3.1	18.6
浙 江	100.0	60.9	18.9	6.0	14.2
安 徽	100.0	55.4	25.6	1.9	17.1
福 建	100.0	62.7	20.1	3.3	14.0
江 西	100.0	60.2	17.1	2.9	19.8
山 东	100.0	59.7	24.2	2.8	13.4
河 南	100.0	54.0	21.8	3.0	21.2
湖 北	100.0	52.3	23.5	1.8	22.3
湖 南	100.0	53.2	20.7	4.5	21.7
广 东	100.0	74.3	15.0	4.9	5.9
广 西	100.0	50.0	26.7	4.0	19.3
海 南	100.0	61.7	19.5	3.4	15.4
重 庆	100.0	55.8	16.1	3.0	25.0
四 川	100.0	52.3	20.1	3.6	23.9
贵 州	100.0	53.2	23.1	5.0	18.7
云 南	100.0	51.0	25.0	6.1	17.8
西 藏	100.0	55.3	25.3	3.5	15.9
陕 西	100.0	56.3	13.8	3.7	26.2
甘 肃	100.0	60.0	18.6	2.4	19.0
青 海	100.0	60.7	16.7	2.6	20.0
宁 夏	100.0	61.6	20.0	2.3	16.2
新 疆	100.0	57.5	23.7	1.3	17.5

2-1-6-5　2018年分地区全体居民消费支出

单位：元/人

地　区	消费支出	一、食品烟酒支出	二、衣着支出	三、居住支出
全　国	**19853.1**	**5631.1**	**1288.9**	**4646.6**
北　京	39842.7	8064.9	2175.5	14110.3
天　津	29902.9	8647.5	1990.0	6406.3
河　北	16722.0	4271.3	1257.4	4050.4
山　西	14810.1	3688.2	1261.0	3228.5
内蒙古	19665.2	5324.3	1751.2	3680.0
辽　宁	21398.3	5727.8	1628.1	4169.5
吉　林	17200.4	4417.4	1397.0	3294.8
黑龙江	16994.0	4573.2	1405.4	3176.3
上　海	43351.3	10728.2	2036.8	14208.5
江　苏	25007.4	6529.8	1541.0	6731.2
浙　江	29470.7	8198.3	1813.5	7721.2
安　徽	17044.6	5414.7	1137.4	3941.9
福　建	22996.0	7572.9	1212.1	6130.0
江　西	15792.0	4809.0	1074.1	3795.2
山　东	18779.8	5030.9	1391.8	3928.5
河　南	15168.5	3959.8	1172.8	3512.0
湖　北	19537.8	5491.3	1316.2	4310.6
湖　南	18807.9	5260.0	1215.5	3976.1
广　东	26054.0	8480.8	1135.3	6643.3
广　西	14934.8	4545.7	616.7	3268.5
海　南	17528.4	6552.2	655.9	3744.0
重　庆	19248.5	6220.8	1454.5	3498.8
四　川	17663.6	5937.9	1173.8	3368.0
贵　州	13798.1	3792.9	934.7	2760.7
云　南	14249.9	3983.4	789.1	3081.1
西　藏	11520.2	4330.5	1285.2	2102.6
陕　西	16159.7	4292.5	1141.1	3388.2
甘　肃	14624.0	4253.3	1111.5	3095.0
青　海	16557.2	4671.6	1350.6	2990.0
宁　夏	16715.1	4234.1	1388.2	3014.3
新　疆	16189.1	4691.6	1456.0	2894.3

2-1-6-5 续表　　　　单位：元/人

地　区	四、生活用品及服务支出	五、交通通信支出	六、教育文化娱乐支出	七、医疗保健支出	八、其他用品及服务支出
全　国	**1222.7**	**2675.4**	**2225.7**	**1685.2**	**477.5**
北　京	2371.9	4767.4	3999.4	3274.5	1078.6
天　津	1818.4	4280.9	3186.6	2676.9	896.3
河　北	1138.7	2355.4	1734.5	1540.5	373.8
山　西	855.6	1845.2	1940.0	1635.1	356.4
内蒙古	1204.6	3074.3	2245.4	1847.5	537.9
辽　宁	1259.4	2968.2	2708.0	2257.1	680.2
吉　林	899.4	2479.7	2193.4	2012.0	506.7
黑龙江	886.4	2196.6	2030.3	2235.3	490.4
上　海	2095.5	4881.2	5049.4	3070.2	1281.5
江　苏	1493.3	3522.8	2582.6	2016.4	590.4
浙　江	1652.4	4302.0	3031.3	2059.4	692.6
安　徽	1041.2	2082.1	1810.4	1224.0	392.8
福　建	1223.1	2923.3	2194.0	1234.8	505.8
江　西	1047.7	1872.1	1813.0	1000.0	381.0
山　东	1394.3	2834.3	2174.4	1627.6	398.1
河　南	1054.4	1838.0	1769.1	1541.5	321.0
湖　北	1253.2	2584.1	2187.5	1907.9	487.0
湖　南	1190.2	2322.9	2786.2	1705.5	351.5
广　东	1440.8	3423.9	2750.9	1520.8	658.2
广　西	898.2	2150.1	1798.9	1364.6	291.9
海　南	826.6	1919.0	2185.5	1236.1	409.2
重　庆	1338.9	2545.0	2087.8	1660.0	442.8
四　川	1182.2	2398.8	1599.7	1568.6	434.5
贵　州	878.1	2408.0	1660.0	1083.5	280.1
云　南	859.9	2212.8	1772.7	1267.7	283.2
西　藏	622.3	1847.7	609.3	460.1	262.6
陕　西	1200.8	2005.8	2008.8	1749.4	373.2
甘　肃	896.9	1640.7	1710.3	1573.9	342.4
青　海	932.0	2671.4	1655.6	1842.0	444.0
宁　夏	1067.1	2724.4	2139.5	1727.1	420.4
新　疆	1082.8	2274.4	1762.5	1592.6	434.9

2-1-6-6　2018年分地区全体居民消费支出构成

单位：%

地　区	消费支出	一、食品烟酒支出	二、衣着支出	三、居住支出
全　国	**100.0**	**28.4**	**6.5**	**23.4**
北　京	100.0	20.2	5.5	35.4
天　津	100.0	28.9	6.7	21.4
河　北	100.0	25.5	7.5	24.2
山　西	100.0	24.9	8.5	21.8
内蒙古	100.0	27.1	8.9	18.7
辽　宁	100.0	26.8	7.6	19.5
吉　林	100.0	25.7	8.1	19.2
黑龙江	100.0	26.9	8.3	18.7
上　海	100.0	24.7	4.7	32.8
江　苏	100.0	26.1	6.2	26.9
浙　江	100.0	27.8	6.2	26.2
安　徽	100.0	31.8	6.7	23.1
福　建	100.0	32.9	5.3	26.7
江　西	100.0	30.5	6.8	24.0
山　东	100.0	26.8	7.4	20.9
河　南	100.0	26.1	7.7	23.2
湖　北	100.0	28.1	6.7	22.1
湖　南	100.0	28.0	6.5	21.1
广　东	100.0	32.6	4.4	25.5
广　西	100.0	30.4	4.1	21.9
海　南	100.0	37.4	3.7	21.4
重　庆	100.0	32.3	7.6	18.2
四　川	100.0	33.6	6.6	19.1
贵　州	100.0	27.5	6.8	20.0
云　南	100.0	28.0	5.5	21.6
西　藏	100.0	37.6	11.2	18.3
陕　西	100.0	26.6	7.1	21.0
甘　肃	100.0	29.1	7.6	21.2
青　海	100.0	28.2	8.2	18.1
宁　夏	100.0	25.3	8.3	18.0
新　疆	100.0	29.0	9.0	17.9

2-1-6-6 续表 单位：%

地　区	四、生活用品及服务支出	五、交通通信支出	六、教育文化娱乐支出	七、医疗保健支出	八、其他用品及服务支出
全　国	**6.2**	**13.5**	**11.2**	**8.5**	**2.4**
北　京	6.0	12.0	10.0	8.2	2.7
天　津	6.1	14.3	10.7	9.0	3.0
河　北	6.8	14.1	10.4	9.2	2.2
山　西	5.8	12.5	13.1	11.0	2.4
内蒙古	6.1	15.6	11.4	9.4	2.7
辽　宁	5.9	13.9	12.7	10.5	3.2
吉　林	5.2	14.4	12.8	11.7	2.9
黑龙江	5.2	12.9	11.9	13.2	2.9
上　海	4.8	11.3	11.6	7.1	3.0
江　苏	6.0	14.1	10.3	8.1	2.4
浙　江	5.6	14.6	10.3	7.0	2.3
安　徽	6.1	12.2	10.6	7.2	2.3
福　建	5.3	12.7	9.5	5.4	2.2
江　西	6.6	11.9	11.5	6.3	2.4
山　东	7.4	15.1	11.6	8.7	2.1
河　南	7.0	12.1	11.7	10.2	2.1
湖　北	6.4	13.2	11.2	9.8	2.5
湖　南	6.3	12.4	14.8	9.1	1.9
广　东	5.5	13.1	10.6	5.8	2.5
广　西	6.0	14.4	12.0	9.1	2.0
海　南	4.7	10.9	12.5	7.1	2.3
重　庆	7.0	13.2	10.8	8.6	2.3
四　川	6.7	13.6	9.1	8.9	2.5
贵　州	6.4	17.5	12.0	7.9	2.0
云　南	6.0	15.5	12.4	8.9	2.0
西　藏	5.4	16.0	5.3	4.0	2.3
陕　西	7.4	12.4	12.4	10.8	2.3
甘　肃	6.1	11.2	11.7	10.8	2.3
青　海	5.6	16.1	10.0	11.1	2.7
宁　夏	6.4	16.3	12.8	10.3	2.5
新　疆	6.7	14.0	10.9	9.8	2.7

2-1-6-7 2018年分地区全体居民现金消费支出

单位：元/人

地　区	现金消费支出	一、食品烟酒支出	二、衣着支出	三、居住支出
全　国	**16174.8**	**5366.2**	**1288.3**	**1615.1**
北　京	27210.9	8002.1	2173.5	2867.2
天　津	24896.9	8513.4	1989.5	2337.2
河　北	13834.6	4186.3	1257.2	1455.4
山　西	12650.6	3554.6	1260.4	1537.1
内蒙古	17229.0	5103.4	1750.8	1776.9
辽　宁	18227.9	5494.8	1627.9	1722.0
吉　林	14916.0	4229.6	1396.9	1486.8
黑龙江	14997.4	4470.6	1405.3	1582.3
上　海	31023.0	10533.7	2036.1	3580.0
江　苏	19570.6	6323.9	1540.5	2091.0
浙　江	23223.5	7905.6	1813.1	2281.6
安　徽	13809.7	5200.4	1136.9	1184.3
福　建	18196.3	7222.8	1211.1	1977.3
江　西	12740.7	4586.5	1073.9	1160.3
山　东	15764.1	4930.9	1391.0	1322.2
河　南	12517.1	3883.1	1172.5	1275.5
湖　北	15893.2	5181.7	1315.2	1477.8
湖　南	15681.7	4826.4	1214.4	1609.8
广　东	21168.7	8151.1	1133.6	2336.1
广　西	12167.1	4112.8	616.0	1341.6
海　南	14508.5	6355.5	655.7	1291.0
重　庆	16225.9	5740.3	1453.4	1257.1
四　川	14573.6	5295.8	1173.3	1251.9
贵　州	11568.0	3392.5	934.5	1165.4
云　南	11319.3	3546.7	789.0	850.2
西　藏	9349.8	3875.7	1281.3	545.4
陕　西	13825.4	4140.7	1140.5	1556.9
甘　肃	12305.3	3971.6	1111.3	1408.0
青　海	14401.7	4423.2	1350.3	1557.8
宁　夏	14446.0	4066.5	1387.7	1490.6
新　疆	14036.6	4355.0	1454.7	1420.7

2-1-6-7 续表　　单位：元/人

地　区	四、生活用品及服务支出	五、交通通信支出	六、教育文化娱乐支出	七、医疗保健支出	八、其他用品及服务支出
全　国	**1211.0**	**2669.1**	**2224.1**	**1332.6**	**468.4**
北　京	2366.1	4758.4	3997.8	1978.3	1067.5
天　津	1735.4	4267.2	3186.4	2062.2	805.5
河　北	1134.1	2352.4	1734.4	1341.5	373.1
山　西	853.4	1845.0	1940.0	1313.1	347.0
内蒙古	1204.4	3074.2	2245.2	1537.3	536.9
辽　宁	1249.0	2959.0	2705.8	1808.1	661.2
吉　林	896.6	2476.4	2193.4	1729.9	506.4
黑龙江	885.9	2195.6	2030.1	1938.9	488.7
上　海	2088.1	4864.4	5045.4	1599.4	1275.9
江　苏	1481.5	3513.2	2581.5	1452.5	586.5
浙　江	1642.0	4297.7	3028.5	1570.4	684.6
安　徽	1032.8	2055.9	1809.4	1003.4	386.6
福　建	1215.7	2914.4	2192.4	961.5	501.0
江　西	1044.6	1871.6	1812.9	816.5	374.5
山　东	1371.8	2831.3	2174.0	1361.1	382.0
河　南	1052.4	1836.7	1767.8	1213.5	315.5
湖　北	1251.5	2571.9	2187.4	1439.7	468.0
湖　南	1186.5	2308.9	2785.2	1404.4	346.2
广　东	1419.9	3418.6	2746.4	1316.9	646.1
广　西	852.0	2147.4	1797.8	1020.1	279.5
海　南	807.8	1918.5	2185.1	889.0	405.8
重　庆	1326.3	2543.2	2087.1	1382.0	436.5
四　川	1161.0	2397.0	1596.6	1271.0	427.1
贵　州	871.8	2396.9	1659.9	870.6	276.4
云　南	852.9	2212.6	1772.4	1014.7	280.8
西　藏	613.8	1846.1	608.8	316.5	262.2
陕　西	1187.3	1993.0	2007.2	1431.3	368.5
甘　肃	893.5	1633.8	1702.5	1246.6	338.0
青　海	929.8	2671.0	1655.2	1380.1	434.4
宁　夏	1058.5	2722.5	2139.2	1168.2	413.0
新　疆	1076.9	2273.3	1751.6	1307.6	396.9

2-1-6-8　2018年分地区全体居民现金消费支出构成

单位：%

地　区	现金消费支出	一、食品烟酒支出	二、衣着支出	三、居住支出
全　国	**100.0**	**33.2**	**8.0**	**10.0**
北　京	100.0	29.4	8.0	10.5
天　津	100.0	34.2	8.0	9.4
河　北	100.0	30.3	9.1	10.5
山　西	100.0	28.1	10.0	12.2
内蒙古	100.0	29.6	10.2	10.3
辽　宁	100.0	30.1	8.9	9.4
吉　林	100.0	28.4	9.4	10.0
黑龙江	100.0	29.8	9.4	10.6
上　海	100.0	34.0	6.6	11.5
江　苏	100.0	32.3	7.9	10.7
浙　江	100.0	34.0	7.8	9.8
安　徽	100.0	37.7	8.2	8.6
福　建	100.0	39.7	6.7	10.9
江　西	100.0	36.0	8.4	9.1
山　东	100.0	31.3	8.8	8.4
河　南	100.0	31.0	9.4	10.2
湖　北	100.0	32.6	8.3	9.3
湖　南	100.0	30.8	7.7	10.3
广　东	100.0	38.5	5.4	11.0
广　西	100.0	33.8	5.1	11.0
海　南	100.0	43.8	4.5	8.9
重　庆	100.0	35.4	9.0	7.7
四　川	100.0	36.3	8.1	8.6
贵　州	100.0	29.3	8.1	10.1
云　南	100.0	31.3	7.0	7.5
西　藏	100.0	41.5	13.7	5.8
陕　西	100.0	29.9	8.2	11.3
甘　肃	100.0	32.3	9.0	11.4
青　海	100.0	30.7	9.4	10.8
宁　夏	100.0	28.1	9.6	10.3
新　疆	100.0	31.0	10.4	10.1

2-1-6-8 续表　　单位：%

地　　区	四、生活用品及服务支出	五、交通通信支出	六、教育文化娱乐支出	七、医疗保健支出	八、其他用品及服务支出
全　　国	**7.5**	**16.5**	**13.8**	**8.2**	**2.9**
北　　京	8.7	17.5	14.7	7.3	3.9
天　　津	7.0	17.1	12.8	8.3	3.2
河　　北	8.2	17.0	12.5	9.7	2.7
山　　西	6.7	14.6	15.3	10.4	2.7
内 蒙 古	7.0	17.8	13.0	8.9	3.1
辽　　宁	6.9	16.2	14.8	9.9	3.6
吉　　林	6.0	16.6	14.7	11.6	3.4
黑 龙 江	5.9	14.6	13.5	12.9	3.3
上　　海	6.7	15.7	16.3	5.2	4.1
江　　苏	7.6	18.0	13.2	7.4	3.0
浙　　江	7.1	18.5	13.0	6.8	2.9
安　　徽	7.5	14.9	13.1	7.3	2.8
福　　建	6.7	16.0	12.0	5.3	2.8
江　　西	8.2	14.7	14.2	6.4	2.9
山　　东	8.7	18.0	13.8	8.6	2.4
河　　南	8.4	14.7	14.1	9.7	2.5
湖　　北	7.9	16.2	13.8	9.1	2.9
湖　　南	7.6	14.7	17.8	9.0	2.2
广　　东	6.7	16.1	13.0	6.2	3.1
广　　西	7.0	17.6	14.8	8.4	2.3
海　　南	5.6	13.2	15.1	6.1	2.8
重　　庆	8.2	15.7	12.9	8.5	2.7
四　　川	8.0	16.4	11.0	8.7	2.9
贵　　州	7.5	20.7	14.3	7.5	2.4
云　　南	7.5	19.5	15.7	9.0	2.5
西　　藏	6.6	19.7	6.5	3.4	2.8
陕　　西	8.6	14.4	14.5	10.4	2.7
甘　　肃	7.3	13.3	13.8	10.1	2.7
青　　海	6.5	18.5	11.5	9.6	3.0
宁　　夏	7.3	18.8	14.8	8.1	2.9
新　　疆	7.7	16.2	12.5	9.3	2.8

2-1-6-9 2018年分地区全体居民家庭主要食品消费量

单位：公斤/人

地区	粮食(原粮)	谷物	食用油	植物油	蔬菜	肉类	猪肉
全国	**127.2**	**116.3**	**9.6**	**8.9**	**96.1**	**29.5**	**22.8**
北京	91.9	81.7	7.2	7.1	106.3	25.9	16.3
天津	118.3	107.9	9.9	9.8	116.8	26.9	16.8
河北	130.8	119.6	7.6	7.3	95.5	23.0	15.8
山西	137.6	121.3	7.5	7.2	83.7	15.3	10.8
内蒙古	153.0	140.0	7.6	7.4	94.0	34.3	20.0
辽宁	127.8	113.3	10.3	10.1	107.7	27.0	19.0
吉林	132.6	119.0	10.8	10.6	92.3	24.8	18.9
黑龙江	139.9	126.5	12.9	12.8	95.8	25.7	18.5
上海	110.5	98.1	8.0	7.5	103.6	31.4	22.4
江苏	121.9	108.9	9.1	8.8	100.1	28.6	21.2
浙江	132.9	119.6	11.6	10.9	91.7	29.8	23.7
安徽	139.5	126.1	9.5	8.5	95.3	28.3	22.1
福建	125.1	115.9	9.1	7.9	90.8	34.7	29.1
江西	134.5	124.9	13.6	12.9	97.0	30.6	25.5
山东	117.2	107.1	7.6	7.5	92.8	23.9	15.9
河南	123.4	113.0	8.4	8.3	84.7	18.5	12.9
湖北	110.9	100.3	10.5	10.1	111.4	28.4	22.9
湖南	137.6	128.4	11.8	9.0	94.4	34.5	29.8
广东	108.7	101.1	9.2	8.6	100.6	41.0	34.0
广西	128.3	121.8	8.1	6.7	85.2	35.7	31.3
海南	94.8	89.8	8.8	7.4	90.7	33.9	29.2
重庆	135.7	121.2	13.8	11.7	132.0	43.9	38.8
四川	146.6	134.2	12.1	10.8	120.7	45.4	38.9
贵州	111.3	100.1	6.6	5.1	75.2	31.7	29.1
云南	117.3	108.6	7.1	5.4	83.8	31.9	27.5
西藏	208.9	201.7	15.9	9.9	42.7	29.5	6.7
陕西	131.7	118.9	10.7	10.4	83.5	16.2	11.8
甘肃	151.8	139.3	9.4	9.3	79.9	20.2	14.3
青海	113.2	107.8	9.3	8.9	52.3	27.0	9.8
宁夏	112.1	105.4	7.2	7.1	87.5	16.3	7.0
新疆	156.2	153.1	14.1	13.8	91.8	24.4	3.7

2-1-6-9 续表 单位：公斤/人

地　区	牛肉	羊肉	禽类	水产品	蛋类	奶类	干鲜瓜果类	食糖
全　国	**2.0**	**1.3**	**9.0**	**11.4**	**9.7**	**12.2**	**52.1**	**1.3**
北　京	3.3	2.7	5.8	8.9	14.6	26.0	74.7	1.1
天　津	2.9	2.7	5.7	16.7	17.7	18.6	86.2	1.4
河　北	1.5	1.4	4.9	5.9	13.7	14.4	66.8	1.1
山　西	0.7	1.1	2.4	2.6	11.3	15.7	55.9	1.0
内蒙古	3.3	7.5	5.6	5.2	9.2	22.2	58.0	1.4
辽　宁	2.6	1.3	5.1	13.7	12.1	14.9	61.8	1.2
吉　林	2.3	0.7	4.9	8.0	10.1	10.0	53.9	1.3
黑龙江	2.0	1.1	5.3	9.0	10.9	10.4	64.3	1.8
上　海	3.0	1.1	12.3	24.5	12.0	20.8	63.5	1.5
江　苏	2.1	0.9	10.7	17.8	10.5	15.1	45.1	1.1
浙　江	2.5	0.7	10.7	22.9	8.4	13.2	52.6	1.5
安　徽	2.2	0.9	12.0	12.0	11.3	11.7	52.6	1.0
福　建	1.9	0.7	11.5	23.9	8.6	11.7	47.2	1.7
江　西	2.2	0.4	8.7	12.7	7.2	10.8	41.5	1.1
山　东	1.2	1.0	6.0	12.1	16.0	16.4	74.2	0.9
河　南	1.2	1.1	6.0	4.0	12.8	12.5	56.0	1.3
湖　北	1.9	0.6	5.6	15.4	7.1	6.8	43.7	0.8
湖　南	1.9	0.6	10.8	11.9	7.8	6.7	57.5	1.3
广　东	2.2	0.7	21.1	22.0	7.4	8.6	39.4	1.6
广　西	1.9	0.7	18.5	9.9	5.5	5.6	39.0	1.2
海　南	2.1	1.0	18.8	27.0	4.8	4.7	28.4	1.1
重　庆	1.3	0.6	10.0	9.9	9.8	12.6	43.7	2.8
四　川	1.7	0.5	10.4	7.2	8.4	12.5	40.6	1.9
贵　州	1.0	0.2	4.6	2.2	3.4	4.4	33.2	0.8
云　南	2.0	0.4	6.7	3.5	4.3	5.1	29.6	1.1
西　藏	17.9	4.5	1.5	0.5	3.6	14.3	6.0	4.3
陕　西	1.0	1.1	2.9	2.8	7.8	13.8	46.6	1.0
甘　肃	1.2	2.4	4.8	2.4	8.7	13.6	75.6	1.9
青　海	9.4	6.6	2.9	1.7	3.7	17.6	24.8	1.4
宁　夏	4.1	4.1	6.8	2.5	5.9	13.5	78.7	1.4
新　疆	5.1	14.0	4.9	2.9	5.6	19.9	52.3	1.2

2-1-6-10　2018年分地区全体居民年末主要耐用消费品拥有量

单位：平均每百户

地　区	家用汽车(辆)	摩托车(辆)	电动助力车(辆)	洗衣机(台)	电冰箱(柜)(台)	微波炉(台)	彩色电视机(台)
全　国	**33.0**	**35.7**	**59.2**	**93.8**	**98.8**	**39.2**	**119.3**
北　京	53.1	3.6	25.0	100.3	103.9	76.2	125.1
天　津	53.0	4.4	45.8	99.6	103.3	68.9	111.5
河　北	44.9	28.6	95.6	99.8	99.1	45.4	111.5
山　西	27.9	27.9	52.7	92.6	86.2	24.5	102.3
内蒙古	39.5	33.3	44.7	96.9	103.7	29.2	104.0
辽　宁	27.3	22.9	25.3	93.2	100.0	43.0	106.0
吉　林	29.5	30.3	13.1	94.6	97.3	30.8	101.7
黑龙江	16.6	22.2	16.2	93.2	96.5	22.9	100.8
上　海	36.9	3.2	68.1	93.2	100.2	85.2	173.3
江　苏	38.1	17.6	122.2	100.4	108.4	78.5	163.9
浙　江	44.4	12.7	82.9	90.6	104.0	50.1	173.2
安　徽	27.4	25.1	100.5	92.0	101.2	43.6	131.0
福　建	24.9	50.8	49.2	85.0	98.1	43.5	125.7
江　西	29.4	48.4	69.2	78.1	96.6	31.8	129.3
山　东	46.7	28.0	102.0	98.1	102.6	37.9	106.5
河　南	29.6	30.2	111.3	98.9	96.5	26.2	114.3
湖　北	29.9	56.4	38.6	91.9	103.6	31.7	122.0
湖　南	22.8	57.7	21.9	95.1	101.9	25.7	116.6
广　东	36.9	67.2	34.6	89.7	94.4	39.2	109.1
广　西	27.2	63.7	70.7	85.1	98.5	41.7	107.0
海　南	26.3	58.8	77.2	69.3	87.8	23.9	103.1
重　庆	23.7	25.7	13.2	91.8	102.0	42.4	122.6
四　川	25.2	35.3	29.5	94.6	98.2	27.0	116.6
贵　州	28.0	41.6	13.8	96.9	92.6	20.4	102.7
云　南	37.7	56.8	27.5	90.9	87.7	32.9	104.7
西　藏	37.3	61.7	20.0	85.6	83.9	19.5	111.2
陕　西	27.7	37.8	36.7	94.3	89.9	25.8	104.3
甘　肃	25.1	37.9	37.6	98.3	90.5	27.1	107.2
青　海	38.8	40.1	10.8	95.3	97.8	34.0	95.5
宁　夏	38.3	34.7	58.2	101.4	98.8	35.7	104.5
新　疆	29.7	33.0	51.5	97.5	102.5	25.8	100.5

2-1-6-10 续表 单位：平均每百户

地 区	空调(台)	热水器(台)	排油烟机(台)	移动电话(部)	计算机(台)	照相机(台)
全 国	**109.3**	**85.0**	**56.4**	**249.1**	**53.4**	**12.6**
北 京	186.8	99.8	91.3	228.3	91.4	42.0
天 津	150.9	96.4	87.0	233.1	70.6	20.7
河 北	105.0	80.9	50.4	236.5	64.0	15.7
山 西	34.4	54.8	47.9	223.8	45.9	8.9
内蒙古	13.6	56.3	55.1	231.3	46.3	11.6
辽 宁	35.8	67.6	66.9	208.8	47.4	15.8
吉 林	11.0	49.4	54.9	234.8	50.2	8.6
黑龙江	8.5	46.1	56.3	215.7	40.9	7.3
上 海	199.9	94.9	81.2	220.1	99.2	32.9
江 苏	193.0	106.1	68.9	247.3	62.6	14.4
浙 江	193.1	101.9	80.9	243.6	72.6	17.3
安 徽	142.0	98.1	54.0	255.8	45.8	8.9
福 建	138.6	104.3	56.1	246.7	59.4	11.0
江 西	107.4	88.0	51.6	266.0	46.3	7.5
山 东	118.5	95.3	68.8	231.4	61.7	18.7
河 南	132.7	81.2	44.3	255.6	46.1	7.0
湖 北	131.0	94.4	55.4	263.1	55.6	10.0
湖 南	122.6	88.5	52.9	279.2	51.1	10.0
广 东	176.1	99.4	65.5	268.2	69.3	15.9
广 西	94.5	87.8	36.8	282.5	48.1	10.1
海 南	109.3	82.8	39.9	275.2	40.7	8.0
重 庆	150.1	87.6	52.5	261.4	45.2	11.3
四 川	91.4	82.4	41.2	252.4	36.0	7.5
贵 州	17.3	70.0	27.8	285.3	29.2	4.3
云 南	4.1	84.0	39.0	267.2	34.4	7.8
西 藏	5.8	23.5	18.0	235.0	18.8	6.1
陕 西	80.6	69.8	43.9	247.0	36.8	10.6
甘 肃	7.4	57.3	46.3	275.3	39.1	10.5
青 海	1.2	55.9	52.1	254.6	35.5	8.6
宁 夏	12.6	98.3	61.3	265.5	48.9	8.8
新 疆	17.5	70.2	53.4	212.5	36.1	8.6

二、城镇居民数据

（一）2013年分地区城镇居民收支主要数据

2-2-1-1 2013年分地区城镇居民可支配收入

单位：元/人

地区	可支配收入	一、工资性收入	二、经营净收入	三、财产净收入	四、转移净收入
全国	**26467.0**	**16617.4**	**2975.3**	**2551.5**	**4322.8**
北京	44563.9	26953.7	1227.3	7382.8	9000.2
天津	28979.8	17155.8	2271.4	2862.4	6690.2
河北	22226.7	14024.8	1637.7	2082.4	4481.8
山西	22258.2	14674.3	2485.9	1363.9	3734.0
内蒙古	26003.6	16145.5	4223.6	1585.5	4049.0
辽宁	26697.0	15435.4	2976.0	1927.5	6358.0
吉林	21331.1	12599.0	2367.3	1154.9	5209.8
黑龙江	20848.4	12769.1	2382.6	1262.8	4433.8
上海	44878.3	28142.5	1353.2	6684.7	8698.0
江苏	31585.5	19321.9	3555.5	3158.6	5549.4
浙江	37079.7	21595.5	5995.9	5014.0	4474.2
安徽	22789.3	14106.7	3750.6	1678.8	3253.2
福建	28173.9	17813.4	3736.1	3388.1	3236.3
江西	22119.7	14009.1	1940.5	2276.5	3893.6
山东	26882.4	17426.8	3652.8	2136.9	3665.9
河南	21740.7	13295.2	3008.7	1671.2	3765.6
湖北	22667.9	12946.7	3223.7	1741.9	4755.6
湖南	24352.0	13453.0	3254.8	2387.3	5256.8
广东	29537.3	23031.6	3117.2	2762.2	626.3
广西	22689.4	13345.9	2504.0	1973.1	4866.4
海南	22411.4	14133.2	2717.3	2216.0	3344.9
重庆	23058.2	13700.0	2408.1	1970.0	4980.0
四川	22227.5	13115.7	2567.4	1842.4	4702.0
贵州	20564.9	12006.8	3014.8	1488.2	4055.2
云南	22460.0	12544.0	2765.3	3333.9	3816.8
西藏	20394.5	16287.2	569.1	1302.5	2235.7
陕西	22345.9	13987.4	1875.2	1732.8	4750.5
甘肃	19873.4	12613.9	1649.9	1899.4	3710.3
青海	20352.4	14265.8	1207.2	1051.4	3828.0
宁夏	21475.7	14594.0	2506.5	833.4	3541.9
新疆	21091.5	14030.5	2645.1	1047.7	3368.2

2-2-1-2　2013年分地区城镇居民可支配收入构成

单位：%

地　区	可支配收入	一、工资性收入	二、经营净收入	三、财产净收入	四、转移净收入
全　国	**100.0**	**62.8**	**11.2**	**9.6**	**16.3**
北　京	100.0	60.5	2.8	16.6	20.2
天　津	100.0	59.2	7.8	9.9	23.1
河　北	100.0	63.1	7.4	9.4	20.2
山　西	100.0	65.9	11.2	6.1	16.8
内蒙古	100.0	62.1	16.2	6.1	15.6
辽　宁	100.0	57.8	11.1	7.2	23.8
吉　林	100.0	59.1	11.1	5.4	24.4
黑龙江	100.0	61.2	11.4	6.1	21.3
上　海	100.0	62.7	3.0	14.9	19.4
江　苏	100.0	61.2	11.3	10.0	17.6
浙　江	100.0	58.2	16.2	13.5	12.1
安　徽	100.0	61.9	16.5	7.4	14.3
福　建	100.0	63.2	13.3	12.0	11.5
江　西	100.0	63.3	8.8	10.3	17.6
山　东	100.0	64.8	13.6	7.9	13.6
河　南	100.0	61.2	13.8	7.7	17.3
湖　北	100.0	57.1	14.2	7.7	21.0
湖　南	100.0	55.2	13.4	9.8	21.6
广　东	100.0	78.0	10.6	9.4	2.1
广　西	100.0	58.8	11.0	8.7	21.4
海　南	100.0	63.1	12.1	9.9	14.9
重　庆	100.0	59.4	10.4	8.5	21.6
四　川	100.0	59.0	11.6	8.3	21.2
贵　州	100.0	58.4	14.7	7.2	19.7
云　南	100.0	55.9	12.3	14.8	17.0
西　藏	100.0	79.9	2.8	6.4	11.0
陕　西	100.0	62.6	8.4	7.8	21.3
甘　肃	100.0	63.5	8.3	9.6	18.7
青　海	100.0	70.1	5.9	5.2	18.8
宁　夏	100.0	68.0	11.7	3.9	16.5
新　疆	100.0	66.5	12.5	5.0	16.0

2-2-1-3　2013年分地区城镇居民现金可支配收入

单位：元/人

地　区	现金可支配收入	一、工资性收入	二、经营净收入	三、财产净收入	四、转移净收入
全　国	**24799.0**	**16509.9**	**3332.3**	**831.8**	**4125.0**
北　京	37941.5	26863.5	1450.9	980.8	8646.3
天　津	26886.7	16918.8	2860.6	797.8	6309.5
河　北	20724.0	13992.3	1793.0	578.6	4360.1
山　西	21605.8	14617.0	2667.8	730.2	3590.8
内蒙古	25332.6	16134.1	4563.6	645.6	3989.2
辽　宁	25113.9	15150.1	3459.3	402.2	6102.4
吉　林	20608.5	12567.0	2610.4	279.1	5152.0
黑龙江	19937.5	12727.8	2632.1	250.6	4327.0
上　海	37383.2	27818.6	1524.1	383.7	7656.8
江　苏	29396.8	19203.3	4063.0	952.6	5177.9
浙　江	34355.0	21422.0	6911.9	1866.5	4154.6
安　徽	21673.9	14007.8	4060.5	528.8	3076.8
福　建	26521.0	17685.2	4517.2	1245.1	3073.4
江　西	20840.8	13992.6	2095.8	924.7	3827.6
山　东	25740.3	17331.1	4193.5	649.5	3566.2
河　南	20659.6	13262.1	3137.6	656.9	3603.1
湖　北	21745.3	12852.2	3929.0	428.2	4535.9
湖　南	23321.8	13391.5	3531.0	1226.1	5173.2
广　东	27944.2	22819.6	3420.0	1197.3	507.3
广　西	21640.5	13285.7	2773.1	874.8	4706.8
海　南	21127.2	14080.2	3057.1	824.8	3165.2
重　庆	21654.2	13647.2	2489.5	614.1	4903.5
四　川	20981.4	13022.5	2716.2	720.4	4522.3
贵　州	19929.3	11987.1	3380.7	575.2	3986.3
云　南	21178.7	12513.0	2910.1	2045.3	3710.3
西　藏	19635.4	16278.2	618.0	513.0	2226.2
陕　西	21412.7	13885.3	2088.6	850.5	4588.3
甘　肃	18797.9	12580.7	1866.4	735.0	3615.8
青　海	19725.5	14219.4	1967.5	135.7	3402.9
宁　夏	20617.7	14539.0	2830.3	22.7	3225.7
新　疆	20393.8	13977.8	2926.7	179.2	3310.2

2-2-1-4 2013年分地区城镇居民现金可支配收入构成

单位：%

地区	现金可支配收入	一、工资性收入	二、经营净收入	三、财产净收入	四、转移净收入
全国	**100.0**	**66.6**	**13.4**	**3.4**	**16.6**
北京	100.0	70.8	3.8	2.6	22.8
天津	100.0	62.9	10.6	3.0	23.5
河北	100.0	67.5	8.7	2.8	21.0
山西	100.0	67.7	12.3	3.4	16.6
内蒙古	100.0	63.7	18.0	2.5	15.7
辽宁	100.0	60.3	13.8	1.6	24.3
吉林	100.0	61.0	12.7	1.4	25.0
黑龙江	100.0	63.8	13.2	1.3	21.7
上海	100.0	74.4	4.1	1.0	20.5
江苏	100.0	65.3	13.8	3.2	17.6
浙江	100.0	62.4	20.1	5.4	12.1
安徽	100.0	64.6	18.7	2.4	14.2
福建	100.0	66.7	17.0	4.7	11.6
江西	100.0	67.1	10.1	4.4	18.4
山东	100.0	67.3	16.3	2.5	13.9
河南	100.0	64.2	15.2	3.2	17.4
湖北	100.0	59.1	18.1	2.0	20.9
湖南	100.0	57.4	15.1	5.3	22.2
广东	100.0	81.7	12.2	4.3	1.8
广西	100.0	61.4	12.8	4.0	21.8
海南	100.0	66.6	14.5	3.9	15.0
重庆	100.0	63.0	11.5	2.8	22.6
四川	100.0	62.1	12.9	3.4	21.6
贵州	100.0	60.1	17.0	2.9	20.0
云南	100.0	59.1	13.7	9.7	17.5
西藏	100.0	82.9	3.1	2.6	11.3
陕西	100.0	64.8	9.8	4.0	21.4
甘肃	100.0	66.9	9.9	3.9	19.2
青海	100.0	72.1	10.0	0.7	17.3
宁夏	100.0	70.5	13.7	0.1	15.6
新疆	100.0	68.5	14.4	0.9	16.2

2-2-1-5　2013年分地区城镇居民消费支出

单位：元/人

地　　区	消费支出	一、食品烟酒支出	二、衣着支出	三、居住支出
全　　国	**18487.5**	**5570.7**	**1553.7**	**4301.4**
北　　京	31632.2	7515.5	2471.3	9871.7
天　　津	22306.2	7261.7	1819.0	4939.7
河　　北	14970.0	4024.2	1356.5	3703.0
山　　西	13762.7	3541.2	1497.6	2924.5
内 蒙 古	19244.0	5451.5	2440.2	3465.8
辽　　宁	19318.4	5412.7	1891.0	4266.5
吉　　林	15940.7	4206.9	1691.0	3298.3
黑 龙 江	15704.1	4423.3	1778.2	3430.8
上　　海	32447.2	8622.1	1694.7	10839.2
江　　苏	22262.3	6431.7	1714.9	5004.6
浙　　江	25253.5	7129.4	1911.3	6612.6
安　　徽	14593.6	4894.7	1258.9	3341.3
福　　建	20564.7	6718.4	1390.4	5018.4
江　　西	13843.0	4524.6	1278.5	3246.6
山　　东	16646.5	4857.9	1611.6	3929.3
河　　南	15248.8	4419.7	1741.1	3071.5
湖　　北	15334.5	4916.2	1404.1	3329.4
湖　　南	16867.3	5323.0	1387.9	3427.8
广　　东	21621.5	7254.0	1283.2	4987.9
广　　西	14470.1	4933.6	765.3	3262.9
海　　南	15833.5	6046.2	761.4	3750.2
重　　庆	17123.8	6000.8	1836.5	3424.0
四　　川	16098.2	5614.5	1462.6	3055.9
贵　　州	13768.2	4352.7	1212.1	2935.4
云　　南	14862.3	4732.7	1087.5	3303.7
西　　藏	13678.6	5373.5	1412.8	3038.5
陕　　西	16398.6	4483.6	1453.4	3426.4
甘　　肃	14411.3	4473.1	1493.6	3168.1
青　　海	16223.4	4921.5	1692.3	3391.4
宁　　夏	15806.9	4415.5	1544.9	2893.1
新　　疆	16858.1	5215.6	1908.6	3113.9

2-2-1-5 续表　　　　单位：元/人

地　区	四、生活用品及服务支出	五、交通通信支出	六、教育文化娱乐支出	七、医疗保健支出	八、其他用品及服务支出
全　国	**1129.2**	**2317.8**	**1988.3**	**1136.1**	**490.4**
北　京	2016.6	3563.9	3422.9	1870.0	900.4
天　津	1223.0	3010.2	1778.3	1562.2	712.2
河　北	962.2	1979.5	1497.0	1144.6	303.0
山　西	877.3	1587.3	1916.9	1023.9	393.9
内蒙古	1248.0	2605.5	2039.8	1352.1	641.1
辽　宁	1177.7	2326.6	2135.9	1474.8	633.2
吉　林	888.1	2026.6	1817.3	1577.3	435.1
黑龙江	864.0	1694.9	1677.4	1395.8	439.7
上　海	1550.0	3660.0	2992.5	2154.2	934.4
江　苏	1305.2	2936.0	2880.7	1358.9	630.4
浙　江	1289.0	3796.0	2493.5	1335.1	686.7
安　徽	727.4	1769.1	1476.7	789.7	335.8
福　建	1273.9	2572.2	2019.9	924.8	646.6
江　西	867.6	1476.8	1457.4	642.0	349.4
山　东	1147.0	2048.9	1565.4	1083.2	403.2
河　南	1265.8	1585.8	1707.3	976.2	481.5
湖　北	933.5	1690.3	1703.9	1011.5	345.5
湖　南	1108.3	2141.2	2016.4	1022.8	439.8
广　东	1235.2	3139.0	2315.6	793.6	613.0
广　西	855.7	1911.4	1666.4	803.2	271.6
海　南	931.5	1608.7	1729.4	715.1	291.0
重　庆	1156.3	1673.6	1604.5	1057.2	371.0
四　川	1103.8	1848.5	1607.4	1037.9	367.6
贵　州	975.7	1649.7	1764.4	623.0	255.2
云　南	884.8	1880.3	1677.5	1028.0	267.8
西　藏	740.7	1428.9	617.4	523.8	543.2
陕　西	1085.1	2156.7	2067.8	1385.9	339.8
甘　肃	890.0	1517.8	1523.7	1040.9	304.1
青　海	1003.7	1796.9	1638.8	1345.1	433.6
宁　夏	1060.8	2301.2	1806.7	1344.5	440.1
新　疆	1047.4	2250.3	1681.8	1212.0	428.4

2-2-1-6　2013年分地区城镇居民消费支出构成

单位：%

地　区	消费支出	一、食品烟酒支出	二、衣着支出	三、居住支出
全　国	**100.0**	**30.1**	**8.4**	**23.3**
北　京	100.0	23.8	7.8	31.2
天　津	100.0	32.6	8.2	22.1
河　北	100.0	26.9	9.1	24.7
山　西	100.0	25.7	10.9	21.2
内蒙古	100.0	28.3	12.7	18.0
辽　宁	100.0	28.0	9.8	22.1
吉　林	100.0	26.4	10.6	20.7
黑龙江	100.0	28.2	11.3	21.8
上　海	100.0	26.6	5.2	33.4
江　苏	100.0	28.9	7.7	22.5
浙　江	100.0	28.2	7.6	26.2
安　徽	100.0	33.5	8.6	22.9
福　建	100.0	32.7	6.8	24.4
江　西	100.0	32.7	9.2	23.5
山　东	100.0	29.2	9.7	23.6
河　南	100.0	29.0	11.4	20.1
湖　北	100.0	32.1	9.2	21.7
湖　南	100.0	31.6	8.2	20.3
广　东	100.0	33.6	5.9	23.1
广　西	100.0	34.1	5.3	22.5
海　南	100.0	38.2	4.8	23.7
重　庆	100.0	35.0	10.7	20.0
四　川	100.0	34.9	9.1	19.0
贵　州	100.0	31.6	8.8	21.3
云　南	100.0	31.8	7.3	22.2
西　藏	100.0	39.3	10.3	22.2
陕　西	100.0	27.3	8.9	20.9
甘　肃	100.0	31.0	10.4	22.0
青　海	100.0	30.3	10.4	20.9
宁　夏	100.0	27.9	9.8	18.3
新　疆	100.0	30.9	11.3	18.5

2-2-1-6 续表 单位：%

地 区	四、生活用品及服务支出	五、交通通信支出	六、教育文化娱乐支出	七、医疗保健支出	八、其他用品及服务支出
全 国	**6.1**	**12.5**	**10.8**	**6.1**	**2.7**
北 京	6.4	11.3	10.8	5.9	2.8
天 津	5.5	13.5	8.0	7.0	3.2
河 北	6.4	13.2	10.0	7.6	2.0
山 西	6.4	11.5	13.9	7.4	2.9
内 蒙 古	6.5	13.5	10.6	7.0	3.3
辽 宁	6.1	12.0	11.1	7.6	3.3
吉 林	5.6	12.7	11.4	9.9	2.7
黑 龙 江	5.5	10.8	10.7	8.9	2.8
上 海	4.8	11.3	9.2	6.6	2.9
江 苏	5.9	13.2	12.9	6.1	2.8
浙 江	5.1	15.0	9.9	5.3	2.7
安 徽	5.0	12.1	10.1	5.4	2.3
福 建	6.2	12.5	9.8	4.5	3.1
江 西	6.3	10.7	10.5	4.6	2.5
山 东	6.9	12.3	9.4	6.5	2.4
河 南	8.3	10.4	11.2	6.4	3.2
湖 北	6.1	11.0	11.1	6.6	2.3
湖 南	6.6	12.7	12.0	6.1	2.6
广 东	5.7	14.5	10.7	3.7	2.8
广 西	5.9	13.2	11.5	5.6	1.9
海 南	5.9	10.2	10.9	4.5	1.8
重 庆	6.8	9.8	9.4	6.2	2.2
四 川	6.9	11.5	10.0	6.4	2.3
贵 州	7.1	12.0	12.8	4.5	1.9
云 南	6.0	12.7	11.3	6.9	1.8
西 藏	5.4	10.4	4.5	3.8	4.0
陕 西	6.6	13.2	12.6	8.5	2.1
甘 肃	6.2	10.5	10.6	7.2	2.1
青 海	6.2	11.1	10.1	8.3	2.7
宁 夏	6.7	14.6	11.4	8.5	2.8
新 疆	6.2	13.3	10.0	7.2	2.5

2-2-1-7 2013年分地区城镇居民现金消费支出

单位：元/人

地　区	现金消费支出	一、食品烟酒支出	二、衣着支出	三、居住支出
全　国	**15453.0**	**5461.2**	**1551.5**	**1579.9**
北　京	23521.2	7456.5	2470.0	2175.8
天　津	18548.9	7099.3	1815.5	1769.3
河　北	12497.7	3985.2	1356.1	1395.8
山　西	12103.8	3462.8	1495.2	1473.7
内蒙古	17468.9	5434.7	2441.2	1763.9
辽　宁	16386.6	5247.9	1889.9	1778.0
吉　林	14262.7	4171.7	1690.1	1715.7
黑龙江	13823.6	4405.7	1778.1	1676.8
上　海	22696.1	8368.6	1693.2	2433.3
江　苏	18145.5	6266.8	1712.6	1444.9
浙　江	20056.2	6981.2	1909.1	1913.4
安　徽	12273.0	4793.7	1255.2	1303.8
福　建	17023.1	6593.4	1389.1	1803.1
江　西	11661.3	4484.3	1278.3	1168.1
山　东	14027.5	4755.1	1606.5	1501.8
河　南	13259.6	4371.5	1740.9	1295.4
湖　北	12918.4	4783.5	1398.4	1271.2
湖　南	14737.7	5238.7	1387.7	1472.5
广　东	18550.6	7105.8	1277.2	2169.5
广　西	12276.7	4823.3	763.5	1338.5
海　南	13267.7	5939.4	761.2	1382.6
重　庆	14605.8	5836.2	1834.8	1140.7
四　川	13799.4	5423.8	1461.7	1130.8
贵　州	11993.8	4292.9	1211.7	1287.0
云　南	12407.5	4631.7	1087.0	1065.5
西　藏	11505.1	5366.5	1412.1	883.4
陕　西	14482.2	4423.1	1453.2	1744.0
甘　肃	12435.3	4422.7	1493.0	1336.1
青　海	14063.6	4859.5	1689.3	1728.1
宁　夏	13922.5	4355.8	1544.5	1388.1
新　疆	15008.3	5175.6	1907.8	1369.4

2-2-1-7　续表　　　　单位：元/人

地　区	四、生活用品及服务支出	五、交通通信支出	六、教育文化娱乐支出	七、医疗保健支出	八、其他用品及服务支出
全　国	**1124.0**	**2313.6**	**1986.3**	**954.8**	**481.7**
北　京	2011.2	3562.2	3419.3	1528.9	897.2
天　津	1217.5	2991.9	1774.4	1211.0	669.9
河　北	960.9	1979.0	1496.9	1026.4	297.4
山　西	869.5	1585.8	1915.2	913.4	388.3
内蒙古	1247.9	2605.2	2039.8	1295.7	640.6
辽　宁	1175.5	2315.6	2135.2	1226.3	618.3
吉　林	885.3	2020.2	1816.1	1530.6	432.9
黑龙江	863.3	1694.1	1677.1	1289.4	439.1
上　海	1541.9	3640.6	2982.9	1115.3	920.2
江　苏	1298.9	2929.7	2878.7	990.9	623.0
浙　江	1279.8	3787.3	2489.2	1032.5	663.7
安　徽	724.7	1767.2	1476.6	623.0	328.8
福　建	1260.5	2566.6	2015.3	757.3	637.9
江　西	866.9	1476.2	1457.4	581.4	348.7
山　东	1139.8	2048.0	1564.8	1016.6	394.9
河　南	1264.3	1583.9	1707.2	818.4	478.0
湖　北	931.4	1687.8	1703.2	804.3	338.6
湖　南	1106.6	2138.6	2015.8	941.7	436.3
广　东	1226.2	3134.4	2310.2	732.7	594.4
广　西	852.0	1909.1	1662.1	666.8	261.3
海　南	891.0	1608.6	1752.2	652.2	280.4
重　庆	1155.3	1672.2	1603.6	996.8	366.1
四　川	1102.2	1842.5	1604.1	873.0	361.4
贵　州	975.1	1648.7	1767.5	559.8	251.2
云　南	882.9	1877.4	1676.9	920.8	265.2
西　藏	740.2	1428.9	617.4	513.5	543.2
陕　西	1075.6	2152.1	2065.9	1232.9	335.3
甘　肃	876.3	1515.6	1521.8	969.1	300.6
青　海	988.6	1796.9	1627.5	944.6	429.1
宁　夏	1037.9	2299.2	1805.2	1054.0	437.8
新　疆	1045.7	2249.1	1680.9	1155.4	424.5

2-2-1-8 2013年分地区城镇居民现金消费支出构成

单位：%

地 区	现金消费支出	一、食品烟酒支出	二、衣着支出	三、居住支出
全 国	**100.0**	**35.3**	**10.0**	**10.2**
北 京	100.0	31.7	10.5	9.3
天 津	100.0	38.3	9.8	9.5
河 北	100.0	31.9	10.9	11.2
山 西	100.0	28.6	12.4	12.2
内蒙古	100.0	31.1	14.0	10.1
辽 宁	100.0	32.0	11.5	10.9
吉 林	100.0	29.2	11.8	12.0
黑龙江	100.0	31.9	12.9	12.1
上 海	100.0	36.9	7.5	10.7
江 苏	100.0	34.5	9.4	8.0
浙 江	100.0	34.8	9.5	9.5
安 徽	100.0	39.1	10.2	10.6
福 建	100.0	38.7	8.2	10.6
江 西	100.0	38.5	11.0	10.0
山 东	100.0	33.9	11.5	10.7
河 南	100.0	33.0	13.1	9.8
湖 北	100.0	37.0	10.8	9.8
湖 南	100.0	35.5	9.4	10.0
广 东	100.0	38.3	6.9	11.7
广 西	100.0	39.3	6.2	10.9
海 南	100.0	44.8	5.7	10.4
重 庆	100.0	40.0	12.6	7.8
四 川	100.0	39.3	10.6	8.2
贵 州	100.0	35.8	10.1	10.7
云 南	100.0	37.3	8.8	8.6
西 藏	100.0	46.6	12.3	7.7
陕 西	100.0	30.5	10.0	12.0
甘 肃	100.0	35.6	12.0	10.7
青 海	100.0	34.6	12.0	12.3
宁 夏	100.0	31.3	11.1	10.0
新 疆	100.0	34.5	12.7	9.1

2-2-1-8 续表 单位：%

地区	四、生活用品及服务支出	五、交通通信支出	六、教育文化娱乐支出	七、医疗保健支出	八、其他用品及服务支出
全国	**7.3**	**15.0**	**12.9**	**6.2**	**3.1**
北京	8.6	15.1	14.5	6.5	3.8
天津	6.6	16.1	9.6	6.5	3.6
河北	7.7	15.8	12.0	8.2	2.4
山西	7.2	13.1	15.8	7.5	3.2
内蒙古	7.1	14.9	11.7	7.4	3.7
辽宁	7.2	14.1	13.0	7.5	3.8
吉林	6.2	14.2	12.7	10.7	3.0
黑龙江	6.2	12.3	12.1	9.3	3.2
上海	6.8	16.0	13.1	4.9	4.1
江苏	7.2	16.1	15.9	5.5	3.4
浙江	6.4	18.9	12.4	5.1	3.3
安徽	5.9	14.4	12.0	5.1	2.7
福建	7.4	15.1	11.8	4.4	3.7
江西	7.4	12.7	12.5	5.0	3.0
山东	8.1	14.6	11.2	7.2	2.8
河南	9.5	11.9	12.9	6.2	3.6
湖北	7.2	13.1	13.2	6.2	2.6
湖南	7.5	14.5	13.7	6.4	3.0
广东	6.6	16.9	12.5	4.0	3.2
广西	6.9	15.6	13.5	5.4	2.1
海南	6.7	12.1	13.2	4.9	2.1
重庆	7.9	11.4	11.0	6.8	2.5
四川	8.0	13.4	11.6	6.3	2.6
贵州	8.1	13.7	14.7	4.7	2.1
云南	7.1	15.1	13.5	7.4	2.1
西藏	6.4	12.4	5.4	4.5	4.7
陕西	7.4	14.9	14.3	8.5	2.3
甘肃	7.0	12.2	12.2	7.8	2.4
青海	7.0	12.8	11.6	6.7	3.1
宁夏	7.5	16.5	13.0	7.6	3.1
新疆	7.0	15.0	11.2	7.7	2.8

(二)2014年分地区城镇居民收支主要数据

2-2-2-1 2014年分地区城镇居民可支配收入

单位：元/人

地 区	可支配收入	一、工资性收入	二、经营净收入	三、财产净收入	四、转移净收入
全 国	**28843.9**	**17936.8**	**3279.0**	**2812.1**	**4815.9**
北 京	48531.8	29652.9	1388.7	7976.7	9513.5
天 津	31506.0	18796.9	2442.2	3230.2	7036.8
河 北	24141.3	15275.9	1806.8	2222.4	4836.3
山 西	24069.4	15623.7	2701.1	1727.1	4017.4
内蒙古	28349.6	17406.2	4538.8	1802.1	4602.6
辽 宁	29081.7	16239.6	3421.9	2147.7	7272.5
吉 林	23217.8	13658.2	2628.5	1238.0	5693.1
黑龙江	22609.0	13741.3	2421.0	1318.2	5128.5
上 海	48841.4	30212.1	1369.0	7179.4	10080.9
江 苏	34346.3	20720.1	4063.5	3373.5	6189.2
浙 江	40392.7	23317.3	6379.4	5358.3	5337.7
安 徽	24838.5	15515.0	3881.7	1787.7	3654.1
福 建	30722.4	19197.2	4246.8	3648.6	3629.8
江 西	24309.2	15623.1	1961.4	2489.7	4235.0
山 东	29221.9	18866.2	4035.7	2271.2	4048.9
河 南	23672.1	14510.8	3264.4	1861.7	4035.2
湖 北	24852.3	14215.3	3515.1	1922.4	5199.4
湖 南	26570.2	14661.7	3566.7	2628.6	5713.1
广 东	32148.1	24315.6	3547.4	3376.8	908.3
广 西	24669.0	13892.7	3431.3	2235.0	5110.0
海 南	24486.5	15654.2	3166.6	2252.2	3413.5
重 庆	25147.2	15020.2	2658.3	2026.0	5442.7
四 川	24234.4	14262.4	2903.8	1891.2	5177.0
贵 州	22548.2	13147.5	3172.5	1746.6	4481.6
云 南	24299.0	13530.9	2911.9	3642.2	4214.1
西 藏	22015.8	17404.6	631.1	1537.8	2442.3
陕 西	24365.8	14925.9	2030.6	2018.8	5390.4
甘 肃	21803.9	13999.9	1670.0	2109.5	4024.5
青 海	22306.6	15283.5	1699.4	1159.6	4164.1
宁 夏	23284.6	15735.6	2685.1	1023.9	3840.0
新 疆	23214.0	15404.3	2491.4	1240.2	4078.1

2-2-2-2　2014年分地区城镇居民可支配收入构成

单位：%

地　区	可支配收入	一、工资性收入	二、经营净收入	三、财产净收入	四、转移净收入
全　国	**100.0**	**62.2**	**11.4**	**9.7**	**16.7**
北　京	100.0	61.1	2.9	16.4	19.6
天　津	100.0	59.7	7.8	10.3	22.3
河　北	100.0	63.3	7.5	9.2	20.0
山　西	100.0	64.9	11.2	7.2	16.7
内蒙古	100.0	61.4	16.0	6.4	16.2
辽　宁	100.0	55.8	11.8	7.4	25.0
吉　林	100.0	58.8	11.3	5.3	24.5
黑龙江	100.0	60.8	10.7	5.8	22.7
上　海	100.0	61.9	2.8	14.7	20.6
江　苏	100.0	60.3	11.8	9.8	18.0
浙　江	100.0	57.7	15.8	13.3	13.2
安　徽	100.0	62.5	15.6	7.2	14.7
福　建	100.0	62.5	13.8	11.9	11.8
江　西	100.0	64.3	8.1	10.2	17.4
山　东	100.0	64.6	13.8	7.8	13.9
河　南	100.0	61.3	13.8	7.9	17.0
湖　北	100.0	57.2	14.1	7.7	20.9
湖　南	100.0	55.2	13.4	9.9	21.5
广　东	100.0	75.6	11.0	10.5	2.8
广　西	100.0	56.3	13.9	9.1	20.7
海　南	100.0	63.9	12.9	9.2	13.9
重　庆	100.0	59.7	10.6	8.1	21.6
四　川	100.0	58.9	12.0	7.8	21.4
贵　州	100.0	58.3	14.1	7.7	19.9
云　南	100.0	55.7	12.0	15.0	17.3
西　藏	100.0	79.1	2.9	7.0	11.1
陕　西	100.0	61.3	8.3	8.3	22.1
甘　肃	100.0	64.2	7.7	9.7	18.5
青　海	100.0	68.5	7.6	5.2	18.7
宁　夏	100.0	67.6	11.5	4.4	16.5
新　疆	100.0	66.4	10.7	5.3	17.6

2-2-2-3　2014年分地区城镇居民现金可支配收入

单位：元/人

地　区	现金可支配收入	一、工资性收入	二、经营净收入	三、财产净收入	四、转移净收入
全　国	**26860.2**	**17821.3**	**3528.0**	**977.8**	**4533.1**
北　京	41405.7	29542.4	1556.8	1162.9	9143.6
天　津	28891.7	18528.4	2726.9	1006.2	6630.2
河　北	22555.7	15248.1	1974.6	668.5	4664.4
山　西	22957.7	15563.9	2833.2	844.8	3715.8
内蒙古	27575.1	17395.8	4995.5	748.4	4435.5
辽　宁	26977.0	15974.7	3690.5	532.7	6779.0
吉　林	22332.1	13576.1	2890.6	319.4	5546.1
黑龙江	21821.6	13716.1	2849.1	316.9	4939.5
上　海	40769.6	29920.2	1430.3	426.3	8992.9
江　苏	31584.8	20598.8	4371.8	989.1	5625.1
浙　江	37345.8	23170.9	7215.7	2053.5	4905.7
安　徽	23457.8	15430.2	4107.1	525.9	3394.7
福　建	28303.1	19068.7	4533.3	1340.0	3361.1
江　西	22826.1	15586.2	2090.1	1037.2	4112.6
山　东	27743.2	18814.8	4244.6	730.1	3953.6
河　南	22544.0	14468.5	3379.2	861.5	3834.8
湖　北	23247.0	14055.3	3766.4	493.5	4931.8
湖　南	25373.6	14580.1	3845.2	1427.7	5520.5
广　东	30197.3	24011.7	3799.4	1645.0	741.2
广　西	23434.6	13839.2	3594.7	1065.3	4935.4
海　南	22660.9	15593.8	3251.0	783.2	3032.9
重　庆	23602.3	14963.5	2791.0	689.7	5158.1
四　川	22854.3	14169.3	3006.5	752.9	4925.6
贵　州	21718.6	13113.6	3540.4	711.2	4353.4
云　南	22926.3	13513.7	3049.6	2323.9	4039.1
西　藏	20853.3	17396.2	650.2	417.8	2389.0
陕　西	23160.6	14836.3	2156.9	1102.2	5065.2
甘　肃	20637.6	13975.4	1901.5	838.4	3922.3
青　海	21284.9	15262.2	2065.7	296.7	3660.2
宁　夏	22181.3	15683.1	2857.5	102.8	3537.9
新　疆	22119.2	15365.8	2678.3	174.7	3900.4

2-2-2-4　2014年分地区城镇居民现金可支配收入构成

单位：%

地　区	现金可支配收入	一、工资性收入	二、经营净收入	三、财产净收入	四、转移净收入
全　国	**100.0**	**66.3**	**13.1**	**3.6**	**16.9**
北　京	100.0	71.3	3.8	2.8	22.1
天　津	100.0	64.1	9.4	3.5	22.9
河　北	100.0	67.6	8.8	3.0	20.7
山　西	100.0	67.8	12.3	3.7	16.2
内蒙古	100.0	63.1	18.1	2.7	16.1
辽　宁	100.0	59.2	13.7	2.0	25.1
吉　林	100.0	60.8	12.9	1.4	24.8
黑龙江	100.0	62.9	13.1	1.5	22.6
上　海	100.0	73.4	3.5	1.0	22.1
江　苏	100.0	65.2	13.8	3.1	17.8
浙　江	100.0	62.0	19.3	5.5	13.1
安　徽	100.0	65.8	17.5	2.2	14.5
福　建	100.0	67.4	16.0	4.7	11.9
江　西	100.0	68.3	9.2	4.5	18.0
山　东	100.0	67.8	15.3	2.6	14.3
河　南	100.0	64.2	15.0	3.8	17.0
湖　北	100.0	60.5	16.2	2.1	21.2
湖　南	100.0	57.5	15.2	5.6	21.8
广　东	100.0	79.5	12.6	5.4	2.5
广　西	100.0	59.1	15.3	4.5	21.1
海　南	100.0	68.8	14.3	3.5	13.4
重　庆	100.0	63.4	11.8	2.9	21.9
四　川	100.0	62.0	13.2	3.3	21.6
贵　州	100.0	60.4	16.3	3.3	20.0
云　南	100.0	58.9	13.3	10.1	17.6
西　藏	100.0	83.4	3.1	2.0	11.5
陕　西	100.0	64.1	9.3	4.8	21.9
甘　肃	100.0	67.7	9.2	4.1	19.0
青　海	100.0	71.7	9.7	1.4	17.2
宁　夏	100.0	70.7	12.9	0.5	15.9
新　疆	100.0	69.5	12.1	0.8	17.6

2-2-2-5 2014年分地区城镇居民消费支出

单位：元/人

地区	消费支出	一、食品烟酒支出	二、衣着支出	三、居住支出
全国	**19968.1**	**6000.0**	**1627.2**	**4489.6**
北京	33717.5	8007.4	2587.4	10308.4
天津	24289.6	8069.5	2050.8	5251.4
河北	16203.8	4240.8	1424.4	3735.8
山西	14636.9	3804.0	1616.0	2898.8
内蒙古	20885.2	6003.2	2394.6	3619.3
辽宁	20519.6	5816.9	1987.2	4428.2
吉林	17156.1	4478.5	1800.6	3330.8
黑龙江	16466.6	4532.1	1813.4	3503.8
上海	35182.4	9438.6	1700.4	11621.7
江苏	23476.3	6695.8	1753.0	5101.5
浙江	27241.7	7705.0	1997.7	6901.9
安徽	16107.1	5360.3	1333.7	3542.4
福建	22204.1	7368.7	1461.0	5434.7
江西	15141.8	4965.6	1394.7	3377.1
山东	18322.6	5298.1	1801.3	4015.6
河南	16184.5	4662.5	1823.4	3136.0
湖北	16681.4	5390.6	1463.9	3575.1
湖南	18334.7	5596.0	1442.1	3567.6
广东	23611.7	7850.2	1344.7	5291.5
广西	15045.4	5293.7	794.6	3389.7
海南	17513.8	6655.3	829.9	3697.8
重庆	18279.5	6308.4	1878.1	3520.8
四川	17759.9	6203.8	1539.4	3186.1
贵州	15254.6	4809.6	1245.9	2942.5
云南	16268.3	4987.4	1066.6	3469.6
西藏	15669.4	6166.6	1656.2	3397.6
陕西	17546.0	4800.2	1470.4	3620.4
甘肃	15942.3	4964.2	1654.2	3537.7
青海	17492.9	5228.5	1754.2	3446.5
宁夏	17216.2	4795.3	1729.0	3027.6
新疆	17684.5	5529.7	1912.4	3262.8

2-2-2-5 续表 单位：元/人

地区	四、生活用品及服务支出	五、交通通信支出	六、教育文化娱乐支出	七、医疗保健支出	八、其他用品及服务支出
全　国	**1233.2**	**2637.3**	**2142.3**	**1305.6**	**532.9**
北　京	2206.6	3857.2	3610.9	2044.4	1095.2
天　津	1387.1	3114.0	2013.0	1721.3	682.6
河　北	1081.6	2448.4	1591.9	1304.5	376.5
山　西	887.9	1709.8	2026.5	1240.9	452.9
内蒙古	1436.6	3095.3	2177.8	1470.8	687.7
辽　宁	1234.8	2434.3	2275.9	1630.8	711.4
吉　林	971.6	2232.2	1980.8	1838.4	523.2
黑龙江	912.7	2054.2	1723.2	1457.6	469.6
上　海	1629.4	3801.5	3605.0	2327.6	1058.3
江　苏	1335.2	3504.0	2838.8	1616.7	631.3
浙　江	1333.7	4493.9	2642.9	1527.0	639.7
安　徽	922.9	1924.9	1650.9	976.5	395.4
福　建	1302.0	2737.8	2170.0	1059.0	670.9
江　西	991.2	1627.7	1653.8	760.7	370.9
山　东	1430.7	2376.6	1769.8	1188.0	442.4
河　南	1389.3	1735.0	1721.9	1204.1	512.3
湖　北	1024.7	1802.3	1894.8	1187.8	342.1
湖　南	1098.6	2462.1	2537.5	1209.8	421.0
广　东	1365.1	3625.4	2468.4	988.3	678.1
广　西	904.5	1845.9	1688.9	845.9	282.1
海　南	957.7	2156.2	1912.8	960.3	343.8
重　庆	1292.6	2009.7	1713.6	1187.7	368.6
四　川	1210.6	2168.8	1672.4	1283.6	495.2
贵　州	1090.5	1873.1	2071.3	927.4	294.3
云　南	916.5	2608.3	1816.5	1115.2	288.2
西　藏	891.1	1730.1	727.3	552.5	547.9
陕　西	1176.0	2447.1	2147.5	1495.9	388.5
甘　肃	1089.5	1628.7	1644.3	1048.2	375.3
青　海	1008.7	2235.2	2056.4	1213.0	550.4
宁　夏	1094.9	2552.8	1957.5	1616.9	442.3
新　疆	1087.6	2406.7	1741.0	1310.9	433.5

2-2-2-6　2014年分地区城镇居民消费支出构成

单位：%

地　区	消费支出	一、食品烟酒支出	二、衣着支出	三、居住支出
全　国	**100.0**	**30.0**	**8.1**	**22.5**
北　京	100.0	23.7	7.7	30.6
天　津	100.0	33.2	8.4	21.6
河　北	100.0	26.2	8.8	23.1
山　西	100.0	26.0	11.0	19.8
内蒙古	100.0	28.7	11.5	17.3
辽　宁	100.0	28.3	9.7	21.6
吉　林	100.0	26.1	10.5	19.4
黑龙江	100.0	27.5	11.0	21.3
上　海	100.0	26.8	4.8	33.0
江　苏	100.0	28.5	7.5	21.7
浙　江	100.0	28.3	7.3	25.3
安　徽	100.0	33.3	8.3	22.0
福　建	100.0	33.2	6.6	24.5
江　西	100.0	32.8	9.2	22.3
山　东	100.0	28.9	9.8	21.9
河　南	100.0	28.8	11.3	19.4
湖　北	100.0	32.3	8.8	21.4
湖　南	100.0	30.5	7.9	19.5
广　东	100.0	33.2	5.7	22.4
广　西	100.0	35.2	5.3	22.5
海　南	100.0	38.0	4.7	21.1
重　庆	100.0	34.5	10.3	19.3
四　川	100.0	34.9	8.7	17.9
贵　州	100.0	31.5	8.2	19.3
云　南	100.0	30.7	6.6	21.3
西　藏	100.0	39.4	10.6	21.7
陕　西	100.0	27.4	8.4	20.6
甘　肃	100.0	31.1	10.4	22.2
青　海	100.0	29.9	10.0	19.7
宁　夏	100.0	27.9	10.0	17.6
新　疆	100.0	31.3	10.8	18.4

2-2-2-6 续表 单位：%

地　　区	四、生活用品及服务支出	五、交通通信支出	六、教育文化娱乐支出	七、医疗保健支出	八、其他用品及服务支出
全　　国	**6.2**	**13.2**	**10.7**	**6.5**	**2.7**
北　　京	6.5	11.4	10.7	6.1	3.2
天　　津	5.7	12.8	8.3	7.1	2.8
河　　北	6.7	15.1	9.8	8.1	2.3
山　　西	6.1	11.7	13.8	8.5	3.1
内 蒙 古	6.9	14.8	10.4	7.0	3.3
辽　　宁	6.0	11.9	11.1	7.9	3.5
吉　　林	5.7	13.0	11.5	10.7	3.0
黑 龙 江	5.5	12.5	10.5	8.9	2.9
上　　海	4.6	10.8	10.2	6.6	3.0
江　　苏	5.7	14.9	12.1	6.9	2.7
浙　　江	4.9	16.5	9.7	5.6	2.3
安　　徽	5.7	12.0	10.2	6.1	2.5
福　　建	5.9	12.3	9.8	4.8	3.0
江　　西	6.5	10.7	10.9	5.0	2.4
山　　东	7.8	13.0	9.7	6.5	2.4
河　　南	8.6	10.7	10.6	7.4	3.2
湖　　北	6.1	10.8	11.4	7.1	2.1
湖　　南	6.0	13.4	13.8	6.6	2.3
广　　东	5.8	15.4	10.5	4.2	2.9
广　　西	6.0	12.3	11.2	5.6	1.9
海　　南	5.5	12.3	10.9	5.5	2.0
重　　庆	7.1	11.0	9.4	6.5	2.0
四　　川	6.8	12.2	9.4	7.2	2.8
贵　　州	7.1	12.3	13.6	6.1	1.9
云　　南	5.6	16.0	11.2	6.9	1.8
西　　藏	5.7	11.0	4.6	3.5	3.5
陕　　西	6.7	13.9	12.2	8.5	2.2
甘　　肃	6.8	10.2	10.3	6.6	2.4
青　　海	5.8	12.8	11.8	6.9	3.1
宁　　夏	6.4	14.8	11.4	9.4	2.6
新　　疆	6.1	13.6	9.8	7.4	2.5

2-2-2-7 2014年分地区城镇居民现金消费支出

单位：元/人

地区	现金消费支出	一、食品烟酒支出	二、衣着支出	三、居住支出
全国	**16690.6**	**5874.9**	**1626.6**	**1625.6**
北京	25074.5	7919.2	2586.1	2123.4
天津	20222.1	7868.5	2050.6	1820.2
河北	13650.7	4207.9	1424.2	1390.8
山西	12706.8	3718.2	1613.7	1334.9
内蒙古	18837.1	5975.5	2394.3	1766.7
辽宁	17155.8	5596.5	1986.6	1802.5
吉林	15282.8	4402.4	1800.5	1689.6
黑龙江	14516.1	4506.1	1811.0	1770.5
上海	24725.3	9197.1	1699.3	2535.1
江苏	19080.3	6536.9	1752.4	1435.5
浙江	21634.8	7556.4	1997.1	1896.2
安徽	13531.5	5244.5	1333.2	1346.6
福建	18376.8	7233.0	1460.5	2019.9
江西	12775.7	4903.9	1394.5	1196.0
山东	15627.9	5219.5	1799.8	1489.6
河南	14167.6	4616.6	1823.3	1374.5
湖北	13988.8	5251.2	1463.4	1294.4
湖南	16017.4	5488.8	1441.7	1555.4
广东	20188.1	7612.3	1344.1	2277.8
广西	12697.6	5144.3	794.2	1367.0
海南	14782.4	6528.1	829.4	1412.1
重庆	15531.8	6179.9	1877.6	1196.1
四川	15362.0	6008.1	1538.7	1237.4
贵州	13312.0	4730.2	1245.9	1209.0
云南	13635.8	4884.7	1066.3	1114.6
西藏	13293.3	6158.2	1656.2	1083.3
陕西	15439.4	4719.1	1470.2	1922.0
甘肃	13804.5	4921.2	1654.2	1542.8
青海	15391.9	5198.4	1754.1	1881.8
宁夏	15146.3	4746.1	1728.7	1318.1
新疆	15673.8	5493.2	1912.4	1462.9

2-2-2-7 续表

单位：元/人

地　区	四、生活用品及服务支出	五、交通通信支出	六、教育文化娱乐支出	七、医疗保健支出	八、其他用品及服务支出
全　国	**1225.6**	**2631.5**	**2140.7**	**1038.5**	**527.1**
北　京	2191.9	3853.1	3610.0	1700.1	1090.8
天　津	1385.4	3067.8	2010.9	1354.1	664.6
河　北	1078.7	2442.7	1591.8	1140.8	373.8
山　西	879.3	1708.8	2026.3	978.9	446.7
内蒙古	1435.6	3095.3	2177.2	1309.0	683.7
辽　宁	1222.8	2415.0	2274.8	1164.4	693.3
吉　林	968.1	2223.1	1980.8	1695.3	523.0
黑龙江	912.2	2052.4	1722.9	1274.0	467.0
上　海	1624.0	3779.4	3589.9	1248.0	1052.6
江　苏	1321.6	3497.5	2837.7	1072.1	626.5
浙　江	1308.5	4487.9	2641.7	1117.4	629.6
安　徽	919.5	1922.7	1647.8	725.8	391.4
福　建	1297.5	2733.7	2168.3	801.7	662.2
江　西	990.3	1627.4	1653.6	640.6	369.5
山　东	1425.9	2375.9	1768.9	1111.0	437.3
河　南	1388.6	1733.0	1721.6	997.9	512.0
湖　北	1020.8	1800.3	1893.2	930.1	335.4
湖　南	1094.4	2455.7	2537.5	1025.1	418.9
广　东	1350.5	3617.4	2464.4	854.8	666.8
广　西	899.8	1844.2	1688.4	683.2	276.4
海　南	917.1	2156.1	1912.2	688.2	339.3
重　庆	1289.9	2008.9	1713.5	904.1	361.9
四　川	1204.3	2163.0	1671.4	1047.2	491.9
贵　州	1088.9	1871.4	2071.2	803.4	291.9
云　南	909.7	2606.7	1816.3	953.6	283.9
西　藏	891.0	1730.1	727.3	499.3	547.9
陕　西	1169.1	2443.1	2146.9	1184.6	384.4
甘　肃	1087.0	1627.1	1644.2	954.8	373.3
青　海	959.5	2235.2	2055.8	759.1	548.0
宁　夏	1084.6	2545.1	1957.1	1331.5	435.1
新　疆	1085.3	2406.7	1740.0	1142.4	431.0

2-2-2-8 2014年分地区城镇居民现金消费支出构成

单位：%

地区	现金消费支出	一、食品烟酒支出	二、衣着支出	三、居住支出
全国	**100.0**	**35.2**	**9.7**	**9.7**
北京	100.0	31.6	10.3	8.5
天津	100.0	38.9	10.1	9.0
河北	100.0	30.8	10.4	10.2
山西	100.0	29.3	12.7	10.5
内蒙古	100.0	31.7	12.7	9.4
辽宁	100.0	32.6	11.6	10.5
吉林	100.0	28.8	11.8	11.1
黑龙江	100.0	31.0	12.5	12.2
上海	100.0	37.2	6.9	10.3
江苏	100.0	34.3	9.2	7.5
浙江	100.0	34.9	9.2	8.8
安徽	100.0	38.8	9.9	10.0
福建	100.0	39.4	7.9	11.0
江西	100.0	38.4	10.9	9.4
山东	100.0	33.4	11.5	9.5
河南	100.0	32.6	12.9	9.7
湖北	100.0	37.5	10.5	9.3
湖南	100.0	34.3	9.0	9.7
广东	100.0	37.7	6.7	11.3
广西	100.0	40.5	6.3	10.8
海南	100.0	44.2	5.6	9.6
重庆	100.0	39.8	12.1	7.7
四川	100.0	39.1	10.0	8.1
贵州	100.0	35.5	9.4	9.1
云南	100.0	35.8	7.8	8.2
西藏	100.0	46.3	12.5	8.1
陕西	100.0	30.6	9.5	12.4
甘肃	100.0	35.6	12.0	11.2
青海	100.0	33.8	11.4	12.2
宁夏	100.0	31.3	11.4	8.7
新疆	100.0	35.0	12.2	9.3

2-2-2-8 续表 单位：%

地区	四、生活用品及服务支出	五、交通通信支出	六、教育文化娱乐支出	七、医疗保健支出	八、其他用品及服务支出
全国	**7.3**	**15.8**	**12.8**	**6.2**	**3.2**
北京	8.7	15.4	14.4	6.8	4.4
天津	6.9	15.2	9.9	6.7	3.3
河北	7.9	17.9	11.7	8.4	2.7
山西	6.9	13.4	15.9	7.7	3.5
内蒙古	7.6	16.4	11.6	6.9	3.6
辽宁	7.1	14.1	13.3	6.8	4.0
吉林	6.3	14.5	13.0	11.1	3.4
黑龙江	6.3	14.1	11.9	8.8	3.2
上海	6.6	15.3	14.5	5.0	4.3
江苏	6.9	18.3	14.9	5.6	3.3
浙江	6.0	20.7	12.2	5.2	2.9
安徽	6.8	14.2	12.2	5.4	2.9
福建	7.1	14.9	11.8	4.4	3.6
江西	7.8	12.7	12.9	5.0	2.9
山东	9.1	15.2	11.3	7.1	2.8
河南	9.8	12.2	12.2	7.0	3.6
湖北	7.3	12.9	13.5	6.6	2.4
湖南	6.8	15.3	15.8	6.4	2.6
广东	6.7	17.9	12.2	4.2	3.3
广西	7.1	14.5	13.3	5.4	2.2
海南	6.2	14.6	12.9	4.7	2.3
重庆	8.3	12.9	11.0	5.8	2.3
四川	7.8	14.1	10.9	6.8	3.2
贵州	8.2	14.1	15.6	6.0	2.2
云南	6.7	19.1	13.3	7.0	2.1
西藏	6.7	13.0	5.5	3.8	4.1
陕西	7.6	15.8	13.9	7.7	2.5
甘肃	7.9	11.8	11.9	6.9	2.7
青海	6.2	14.5	13.4	4.9	3.6
宁夏	7.2	16.8	12.9	8.8	2.9
新疆	6.9	15.4	11.1	7.3	2.7

（三）2015年分地区城镇居民收支主要数据

2-2-3-1　2015年分地区城镇居民可支配收入

单位：元/人

地　　区	可支配收入	一、工资性收入	二、经营净收入	三、财产净收入	四、转移净收入
全　　国	**31194.8**	**19337.1**	**3476.1**	**3041.9**	**5339.7**
北　　京	52859.2	32568.0	1336.5	8492.3	10462.4
天　　津	34101.3	21060.4	2457.9	3400.3	7182.8
河　　北	26152.2	16705.3	1828.6	2322.6	5295.6
山　　西	25827.7	16561.8	2789.8	1788.6	4687.5
内 蒙 古	30594.1	18989.3	4801.1	1869.7	4934.0
辽　　宁	31125.7	17126.7	3611.9	2149.3	8237.8
吉　　林	24900.9	14791.8	2655.4	1368.5	6085.1
黑 龙 江	24202.6	14371.8	2526.7	1340.8	5963.3
上　　海	52961.9	32010.0	1302.6	7915.4	11734.0
江　　苏	37173.5	22460.5	4133.7	3681.8	6897.5
浙　　江	43714.5	24947.7	6645.6	6048.3	6072.8
安　　徽	26935.8	16928.7	4172.2	1881.9	3952.9
福　　建	33275.3	20714.3	4571.5	3822.2	4167.4
江　　西	26500.1	16834.9	2108.1	2591.8	4965.4
山　　东	31545.3	20386.1	4375.2	2475.5	4308.5
河　　南	25575.6	15624.3	3539.4	1990.3	4421.5
湖　　北	27051.5	15571.6	3792.2	1985.3	5702.4
湖　　南	28838.1	15902.8	3993.6	2801.0	6140.8
广　　东	34757.2	26136.9	3823.2	3799.5	997.6
广　　西	26415.9	15163.1	3665.1	2307.9	5279.9
海　　南	26356.4	17214.9	2927.4	2198.7	4015.5
重　　庆	27238.8	15936.2	2974.1	2174.7	6153.9
四　　川	26205.3	15242.3	3054.4	2169.0	5739.7
贵　　州	24579.6	14166.2	3729.8	1868.1	4815.6
云　　南	26373.2	14659.0	3173.8	4036.1	4504.3
西　　藏	25456.6	20560.5	728.1	1657.3	2510.8
陕　　西	26420.2	15742.5	2139.6	2273.9	6264.3
甘　　肃	23767.1	15189.3	1805.1	2294.5	4478.1
青　　海	24542.3	16899.2	1765.3	1330.8	4547.1
宁　　夏	25186.0	16884.7	2699.6	1081.5	4520.3
新　　疆	26274.7	17943.3	2693.2	1267.8	4370.4

2-2-3-2　2015年分地区城镇居民可支配收入构成

单位：%

地　区	可支配收入	一、工资性收入	二、经营净收入	三、财产净收入	四、转移净收入
全　国	**100.0**	**62.0**	**11.1**	**9.8**	**17.1**
北　京	100.0	61.6	2.5	16.1	19.8
天　津	100.0	61.8	7.2	10.0	21.1
河　北	100.0	63.9	7.0	8.9	20.2
山　西	100.0	64.1	10.8	6.9	18.1
内蒙古	100.0	62.1	15.7	6.1	16.1
辽　宁	100.0	55.0	11.6	6.9	26.5
吉　林	100.0	59.4	10.7	5.5	24.4
黑龙江	100.0	59.4	10.4	5.5	24.6
上　海	100.0	60.4	2.5	14.9	22.2
江　苏	100.0	60.4	11.1	9.9	18.6
浙　江	100.0	57.1	15.2	13.8	13.9
安　徽	100.0	62.8	15.5	7.0	14.7
福　建	100.0	62.3	13.7	11.5	12.5
江　西	100.0	63.5	8.0	9.8	18.7
山　东	100.0	64.6	13.9	7.8	13.7
河　南	100.0	61.1	13.8	7.8	17.3
湖　北	100.0	57.6	14.0	7.3	21.1
湖　南	100.0	55.1	13.8	9.7	21.3
广　东	100.0	75.2	11.0	10.9	2.9
广　西	100.0	57.4	13.9	8.7	20.0
海　南	100.0	65.3	11.1	8.3	15.2
重　庆	100.0	58.5	10.9	8.0	22.6
四　川	100.0	58.2	11.7	8.3	21.9
贵　州	100.0	57.6	15.2	7.6	19.6
云　南	100.0	55.6	12.0	15.3	17.1
西　藏	100.0	80.8	2.9	6.5	9.9
陕　西	100.0	59.6	8.1	8.6	23.7
甘　肃	100.0	63.9	7.6	9.7	18.8
青　海	100.0	68.9	7.2	5.4	18.5
宁　夏	100.0	67.0	10.7	4.3	17.9
新　疆	100.0	68.3	10.2	4.8	16.6

2-2-3-3　2015年分地区城镇居民现金可支配收入

单位：元/人

地　区	现金可支配收入	一、工资性收入	二、经营净收入	三、财产净收入	四、转移净收入
全　国	**29042.0**	**19214.8**	**3714.0**	**1072.8**	**5040.4**
北　京	45277.0	32427.6	1525.2	1367.9	9956.3
天　津	31306.2	20840.2	2698.6	1032.6	6734.8
河　北	24423.1	16688.6	1966.5	698.6	5069.3
山　西	24599.7	16531.2	2941.7	728.6	4398.2
内蒙古	29599.1	18978.2	5151.8	743.2	4725.9
辽　宁	29132.0	16853.2	3896.9	530.8	7851.1
吉　林	23764.0	14682.5	2863.7	350.7	5867.1
黑龙江	23297.5	14334.9	2870.0	300.8	5791.8
上　海	44250.8	31706.4	1339.9	659.7	10544.9
江　苏	34192.9	22341.3	4322.0	1129.1	6400.5
浙　江	40282.2	24770.1	7290.5	2604.3	5617.2
安　徽	25543.3	16810.3	4517.1	508.2	3707.8
福　建	30670.3	20613.9	4868.5	1286.9	3901.0
江　西	24801.2	16793.3	2220.6	945.8	4841.5
山　东	29932.3	20340.2	4571.7	855.9	4164.5
河　南	24321.2	15602.1	3653.7	882.2	4183.2
湖　北	25251.0	15442.9	4042.2	439.5	5326.5
湖　南	27669.2	15818.7	4304.2	1560.9	5985.4
广　东	32525.3	25759.0	4162.3	1759.8	844.2
广　西	25146.2	15100.3	3894.5	1097.9	5053.4
海　南	24592.3	17174.0	3020.0	811.7	3586.7
重　庆	25638.9	15860.7	3108.9	769.5	5899.7
四　川	24752.4	15151.4	3159.8	963.6	5477.6
贵　州	23568.5	14141.7	4048.4	683.3	4695.1
云　南	24826.1	14635.8	3329.9	2585.9	4274.5
西　藏	24383.5	20560.1	805.8	562.9	2454.7
陕　西	25039.3	15660.2	2231.5	1313.7	5833.9
甘　肃	22463.3	15164.1	2039.3	943.1	4316.9
青　海	23657.2	16850.6	2221.0	443.2	4142.3
宁　夏	24102.6	16842.7	2985.3	136.0	4138.6
新　疆	25056.5	17915.4	2825.9	182.4	4132.8

2-2-3-4 2015年分地区城镇居民现金可支配收入构成

单位：%

地　区	现金可支配收入	一、工资性收入	二、经营净收入	三、财产净收入	四、转移净收入
全　国	**100.0**	**66.2**	**12.8**	**3.7**	**17.4**
北　京	100.0	71.6	3.4	3.0	22.0
天　津	100.0	66.6	8.6	3.3	21.5
河　北	100.0	68.3	8.1	2.9	20.8
山　西	100.0	67.2	12.0	3.0	17.9
内蒙古	100.0	64.1	17.4	2.5	16.0
辽　宁	100.0	57.9	13.4	1.8	27.0
吉　林	100.0	61.8	12.1	1.5	24.7
黑龙江	100.0	61.5	12.3	1.3	24.9
上　海	100.0	71.7	3.0	1.5	23.8
江　苏	100.0	65.3	12.6	3.3	18.7
浙　江	100.0	61.5	18.1	6.5	13.9
安　徽	100.0	65.8	17.7	2.0	14.5
福　建	100.0	67.2	15.9	4.2	12.7
江　西	100.0	67.7	9.0	3.8	19.5
山　东	100.0	68.0	15.3	2.9	13.9
河　南	100.0	64.2	15.0	3.6	17.2
湖　北	100.0	61.2	16.0	1.7	21.1
湖　南	100.0	57.2	15.6	5.6	21.6
广　东	100.0	79.2	12.8	5.4	2.6
广　西	100.0	60.0	15.5	4.4	20.1
海　南	100.0	69.8	12.3	3.3	14.6
重　庆	100.0	61.9	12.1	3.0	23.0
四　川	100.0	61.2	12.8	3.9	22.1
贵　州	100.0	60.0	17.2	2.9	19.9
云　南	100.0	59.0	13.4	10.4	17.2
西　藏	100.0	84.3	3.3	2.3	10.1
陕　西	100.0	62.5	8.9	5.2	23.3
甘　肃	100.0	67.5	9.1	4.2	19.2
青　海	100.0	71.2	9.4	1.9	17.5
宁　夏	100.0	69.9	12.4	0.6	17.2
新　疆	100.0	71.5	11.3	0.7	16.5

2-2-3-5 2015年分地区城镇居民消费支出

单位：元/人

地区	消费支出	一、食品烟酒支出	二、衣着支出	三、居住支出
全国	**21392.4**	**6359.7**	**1701.1**	**4726.0**
北京	36642.0	8091.1	2651.3	11252.0
天津	26229.5	8447.7	2144.4	5667.2
河北	17586.6	4581.1	1544.2	4111.6
山西	15818.6	3981.0	1705.1	3019.5
内蒙古	21876.5	6210.3	2474.0	3710.3
辽宁	21556.7	6092.5	2065.6	4416.1
吉林	17972.6	4640.6	1812.9	3532.3
黑龙江	17152.1	4749.7	1773.5	3416.4
上海	36946.1	9690.7	1711.6	12137.0
江苏	24966.0	7003.8	1781.4	5644.7
浙江	28661.3	8092.0	2041.3	7230.5
安徽	17233.5	5802.1	1403.3	3460.0
福建	23520.2	7759.1	1489.8	5811.4
江西	16731.8	5407.8	1478.3	3619.9
山东	19853.8	5527.4	1943.0	4058.4
河南	17154.3	4818.7	1797.6	3391.1
湖北	18192.3	5828.6	1523.1	3742.7
湖南	19501.4	6075.5	1638.1	3519.6
广东	25673.1	8533.4	1453.7	5715.3
广西	16321.2	5610.2	845.8	3629.3
海南	18448.4	7051.8	828.6	3679.8
重庆	19742.3	6627.6	1931.7	3679.6
四川	19276.8	6783.1	1703.8	3335.5
贵州	16914.2	5282.7	1346.7	3468.4
云南	17675.0	5346.4	1138.2	3612.4
西藏	17022.0	7237.5	1611.6	3588.9
陕西	18463.9	5146.4	1500.5	3823.4
甘肃	17450.9	5345.9	1758.5	3539.9
青海	19200.6	5502.6	1902.5	3340.1
宁夏	18983.9	4883.4	1787.0	3608.3
新疆	19414.7	5954.9	2013.1	3166.9

2-2-3-5 续表

单位：元/人

地　区	四、生活用品及服务支出	五、交通通信支出	六、教育文化娱乐支出	七、医疗保健支出	八、其他用品及服务支出
全　国	**1306.5**	**2895.4**	**2382.8**	**1443.4**	**577.5**
北　京	2272.7	4860.4	4027.6	2369.5	1117.4
天　津	1593.0	3403.0	2282.6	1888.1	803.4
河　北	1178.7	2386.4	1870.8	1500.6	413.1
山　西	947.9	2148.1	2207.9	1394.1	414.9
内蒙古	1430.2	3231.3	2504.7	1575.7	739.9
辽　宁	1359.5	2768.9	2418.7	1761.9	673.6
吉　林	1026.7	2322.5	2161.8	1924.2	551.7
黑龙江	908.1	2058.9	1846.7	1924.3	474.5
上　海	1573.1	4457.2	4046.0	2361.7	968.9
江　苏	1516.6	3619.8	3058.4	1594.3	747.2
浙　江	1360.5	4753.2	2962.8	1539.0	682.0
安　徽	926.4	2265.7	1913.3	1073.3	389.5
福　建	1336.9	3021.5	2314.0	1165.3	622.1
江　西	1007.5	2083.7	1874.4	841.4	418.8
山　东	1476.5	2747.7	2141.1	1416.1	543.5
河　南	1382.2	1874.1	1991.9	1365.5	533.1
湖　北	1099.3	2155.4	1972.2	1482.0	389.0
湖　南	1202.6	2430.2	2934.1	1174.6	526.6
广　东	1526.3	3905.0	2671.5	1096.4	771.4
广　西	952.0	2249.5	1845.0	866.2	323.1
海　南	964.3	2643.4	1617.8	1307.1	355.6
重　庆	1370.6	2383.2	1951.3	1394.1	404.2
四　川	1251.4	2414.4	1863.0	1369.3	556.4
贵　州	1078.5	2248.4	2312.7	872.2	304.5
云　南	1061.4	2664.0	2079.0	1351.9	421.6
西　藏	739.5	2037.5	757.9	534.4	514.6
陕　西	1297.9	2308.4	2201.1	1783.6	402.6
甘　肃	1124.9	1850.5	2044.9	1390.8	395.5
青　海	1179.9	3354.8	2022.5	1459.3	439.0
宁　夏	1185.4	2509.6	2389.8	2016.0	604.5
新　疆	1286.3	2869.4	2105.4	1517.1	501.6

2-2-3-6 2015年分地区城镇居民消费支出构成

单位：%

地　区	消费支出	一、食品烟酒支出	二、衣着支出	三、居住支出
全　国	**100.0**	**29.7**	**8.0**	**22.1**
北　京	100.0	22.1	7.2	30.7
天　津	100.0	32.2	8.2	21.6
河　北	100.0	26.0	8.8	23.4
山　西	100.0	25.2	10.8	19.1
内蒙古	100.0	28.4	11.3	17.0
辽　宁	100.0	28.3	9.6	20.5
吉　林	100.0	25.8	10.1	19.7
黑龙江	100.0	27.7	10.3	19.9
上　海	100.0	26.2	4.6	32.9
江　苏	100.0	28.1	7.1	22.6
浙　江	100.0	28.2	7.1	25.2
安　徽	100.0	33.7	8.1	20.1
福　建	100.0	33.0	6.3	24.7
江　西	100.0	32.3	8.8	21.6
山　东	100.0	27.8	9.8	20.4
河　南	100.0	28.1	10.5	19.8
湖　北	100.0	32.0	8.4	20.6
湖　南	100.0	31.2	8.4	18.0
广　东	100.0	33.2	5.7	22.3
广　西	100.0	34.4	5.2	22.2
海　南	100.0	38.2	4.5	19.9
重　庆	100.0	33.6	9.8	18.6
四　川	100.0	35.2	8.8	17.3
贵　州	100.0	31.2	8.0	20.5
云　南	100.0	30.2	6.4	20.4
西　藏	100.0	42.5	9.5	21.1
陕　西	100.0	27.9	8.1	20.7
甘　肃	100.0	30.6	10.1	20.3
青　海	100.0	28.7	9.9	17.4
宁　夏	100.0	25.7	9.4	19.0
新　疆	100.0	30.7	10.4	16.3

2-2-3-6 续表 单位：%

地区	四、生活用品及服务支出	五、交通通信支出	六、教育文化娱乐支出	七、医疗保健支出	八、其他用品及服务支出
全 国	**6.1**	**13.5**	**11.1**	**6.7**	**2.7**
北 京	6.2	13.3	11.0	6.5	3.0
天 津	6.1	13.0	8.7	7.2	3.1
河 北	6.7	13.6	10.6	8.5	2.3
山 西	6.0	13.6	14.0	8.8	2.6
内蒙古	6.5	14.8	11.4	7.2	3.4
辽 宁	6.3	12.8	11.2	8.2	3.1
吉 林	5.7	12.9	12.0	10.7	3.1
黑龙江	5.3	12.0	10.8	11.2	2.8
上 海	4.3	12.1	11.0	6.4	2.6
江 苏	6.1	14.5	12.3	6.4	3.0
浙 江	4.7	16.6	10.3	5.4	2.4
安 徽	5.4	13.1	11.1	6.2	2.3
福 建	5.7	12.8	9.8	5.0	2.6
江 西	6.0	12.5	11.2	5.0	2.5
山 东	7.4	13.8	10.8	7.1	2.7
河 南	8.1	10.9	11.6	8.0	3.1
湖 北	6.0	11.8	10.8	8.1	2.1
湖 南	6.2	12.5	15.0	6.0	2.7
广 东	5.9	15.2	10.4	4.3	3.0
广 西	5.8	13.8	11.3	5.3	2.0
海 南	5.2	14.3	8.8	7.1	1.9
重 庆	6.9	12.1	9.9	7.1	2.0
四 川	6.5	12.5	9.7	7.1	2.9
贵 州	6.4	13.3	13.7	5.2	1.8
云 南	6.0	15.1	11.8	7.6	2.4
西 藏	4.3	12.0	4.5	3.1	3.0
陕 西	7.0	12.5	11.9	9.7	2.2
甘 肃	6.4	10.6	11.7	8.0	2.3
青 海	6.1	17.5	10.5	7.6	2.3
宁 夏	6.2	13.2	12.6	10.6	3.2
新 疆	6.6	14.8	10.8	7.8	2.6

2-2-3-7　2015年分地区城镇居民现金消费支出

单位：元/人

地　区	现金消费支出	一、食品烟酒支出	二、衣着支出	三、居住支出
全　国	**17887.0**	**6224.8**	**1700.5**	**1665.9**
北　京	27263.9	7962.4	2650.0	2523.6
天　津	21845.7	8282.3	2144.0	1970.0
河　北	14737.8	4556.1	1543.5	1511.9
山　西	13744.9	3929.7	1698.3	1281.6
内蒙古	19656.9	6186.8	2473.6	1721.7
辽　宁	18265.8	5892.2	2064.7	1764.3
吉　林	15831.0	4534.2	1812.9	1720.0
黑龙江	15131.8	4713.2	1773.4	1594.3
上　海	25738.3	9447.5	1711.5	2397.0
江　苏	20318.4	6846.6	1781.2	1689.9
浙　江	22828.9	7915.2	2040.9	2038.5
安　徽	14589.1	5644.2	1402.7	1241.5
福　建	19308.3	7658.2	1489.6	1985.2
江　西	14121.9	5343.3	1478.3	1199.0
山　东	17005.8	5459.2	1941.7	1420.0
河　南	15035.1	4783.6	1797.6	1552.0
湖　北	15222.8	5672.7	1522.4	1304.3
湖　南	17149.6	5959.6	1637.7	1443.4
广　东	21803.4	8212.6	1453.0	2330.3
广　西	13807.8	5461.4	845.7	1485.1
海　南	15634.3	6917.2	828.6	1411.5
重　庆	16883.9	6479.0	1931.5	1228.2
四　川	16699.3	6581.0	1702.9	1225.9
贵　州	14756.5	5221.0	1346.7	1497.8
云　南	14848.5	5231.6	1137.9	1133.5
西　藏	14811.3	7235.4	1611.6	1434.7
陕　西	16163.7	5070.9	1500.3	2039.4
甘　肃	15154.4	5309.2	1758.3	1438.0
青　海	17019.0	5463.7	1902.4	1709.6
宁　夏	16770.1	4837.2	1785.6	1834.1
新　疆	17285.6	5901.7	2012.9	1324.3

2-2-3-7 续表 单位：元/人

地　区	四、生活用品及服务支出	五、交通通信支出	六、教育文化娱乐支出	七、医疗保健支出	八、其他用品及服务支出
全　国	**1298.7**	**2889.8**	**2381.0**	**1153.7**	**572.6**
北　京	2268.9	4855.2	4026.4	1862.8	1114.6
天　津	1590.4	3359.6	2280.9	1429.2	789.3
河　北	1175.8	2386.0	1870.7	1283.0	410.9
山　西	942.4	2146.9	2207.8	1130.3	407.9
内蒙古	1430.1	3230.9	2504.7	1369.3	739.6
辽　宁	1344.6	2745.5	2401.9	1392.7	659.8
吉　林	1021.6	2317.1	2161.6	1712.2	551.4
黑龙江	907.9	2057.7	1846.7	1767.8	470.9
上　海	1569.8	4431.6	4040.8	1174.9	965.2
江　苏	1497.0	3616.1	3056.8	1087.8	743.0
浙　江	1333.2	4745.7	2959.6	1119.6	676.1
安　徽	917.2	2262.2	1912.5	826.0	382.7
福　建	1333.0	3012.9	2313.8	899.1	616.5
江　西	1007.2	2083.2	1874.4	721.7	414.8
山　东	1470.0	2746.6	2140.3	1290.3	537.7
河　南	1380.6	1873.5	1991.7	1125.2	530.8
湖　北	1097.6	2153.3	1971.5	1116.1	384.8
湖　南	1199.6	2425.9	2932.6	1027.4	523.4
广　东	1516.8	3899.0	2667.9	960.3	763.5
广　西	942.3	2243.4	1843.3	668.1	318.6
海　南	928.3	2642.6	1617.1	934.2	354.6
重　庆	1367.0	2378.7	1950.8	1149.7	398.9
四　川	1243.2	2410.9	1862.4	1119.4	553.6
贵　州	1078.0	2247.1	2312.7	750.2	303.0
云　南	1050.6	2661.1	2079.0	1137.7	417.1
西　藏	739.5	2037.5	757.9	480.0	514.6
陕　西	1289.5	2304.5	2200.2	1362.6	396.4
甘　肃	1114.6	1849.2	2044.9	1247.9	392.3
青　海	1177.4	3354.8	2020.8	955.3	435.1
宁　夏	1175.0	2488.5	2389.8	1658.7	601.2
新　疆	1285.0	2869.0	2105.2	1286.0	501.4

2-2-3-8 2015年分地区城镇居民现金消费支出构成

单位：%

地区	现金消费支出	一、食品烟酒支出	二、衣着支出	三、居住支出
全国	**100.0**	**34.8**	**9.5**	**9.3**
北京	100.0	29.2	9.7	9.3
天津	100.0	37.9	9.8	9.0
河北	100.0	30.9	10.5	10.3
山西	100.0	28.6	12.4	9.3
内蒙古	100.0	31.5	12.6	8.8
辽宁	100.0	32.3	11.3	9.7
吉林	100.0	28.6	11.5	10.9
黑龙江	100.0	31.1	11.7	10.5
上海	100.0	36.7	6.6	9.3
江苏	100.0	33.7	8.8	8.3
浙江	100.0	34.7	8.9	8.9
安徽	100.0	38.7	9.6	8.5
福建	100.0	39.7	7.7	10.3
江西	100.0	37.8	10.5	8.5
山东	100.0	32.1	11.4	8.4
河南	100.0	31.8	12.0	10.3
湖北	100.0	37.3	10.0	8.6
湖南	100.0	34.8	9.5	8.4
广东	100.0	37.7	6.7	10.7
广西	100.0	39.6	6.1	10.8
海南	100.0	44.2	5.3	9.0
重庆	100.0	38.4	11.4	7.3
四川	100.0	39.4	10.2	7.3
贵州	100.0	35.4	9.1	10.1
云南	100.0	35.2	7.7	7.6
西藏	100.0	48.9	10.9	9.7
陕西	100.0	31.4	9.3	12.6
甘肃	100.0	35.0	11.6	9.5
青海	100.0	32.1	11.2	10.0
宁夏	100.0	28.8	10.6	10.9
新疆	100.0	34.1	11.6	7.7

2-2-3-8 续表

单位：%

地　区	四、生活用品及服务支出	五、交通通信支出	六、教育文化娱乐支出	七、医疗保健支出	八、其他用品及服务支出
全　国	**7.3**	**16.2**	**13.3**	**6.5**	**3.2**
北　京	8.3	17.8	14.8	6.8	4.1
天　津	7.3	15.4	10.4	6.5	3.6
河　北	8.0	16.2	12.7	8.7	2.8
山　西	6.9	15.6	16.1	8.2	3.0
内蒙古	7.3	16.4	12.7	7.0	3.8
辽　宁	7.4	15.0	13.1	7.6	3.6
吉　林	6.5	14.6	13.7	10.8	3.5
黑龙江	6.0	13.6	12.2	11.7	3.1
上　海	6.1	17.2	15.7	4.6	3.8
江　苏	7.4	17.8	15.0	5.4	3.7
浙　江	5.8	20.8	13.0	4.9	3.0
安　徽	6.3	15.5	13.1	5.7	2.6
福　建	6.9	15.6	12.0	4.7	3.2
江　西	7.1	14.8	13.3	5.1	2.9
山　东	8.6	16.2	12.6	7.6	3.2
河　南	9.2	12.5	13.2	7.5	3.5
湖　北	7.2	14.1	13.0	7.3	2.5
湖　南	7.0	14.1	17.1	6.0	3.1
广　东	7.0	17.9	12.2	4.4	3.5
广　西	6.8	16.2	13.3	4.8	2.3
海　南	5.9	16.9	10.3	6.0	2.3
重　庆	8.1	14.1	11.6	6.8	2.4
四　川	7.4	14.4	11.2	6.7	3.3
贵　州	7.3	15.2	15.7	5.1	2.1
云　南	7.1	17.9	14.0	7.7	2.8
西　藏	5.0	13.8	5.1	3.2	3.5
陕　西	8.0	14.3	13.6	8.4	2.5
甘　肃	7.4	12.2	13.5	8.2	2.6
青　海	6.9	19.7	11.9	5.6	2.6
宁　夏	7.0	14.8	14.3	9.9	3.6
新　疆	7.4	16.6	12.2	7.4	2.9

2-2-3-9　2015年分地区城镇居民家庭主要食品消费量

单位：公斤/人

地　区	粮食（原粮）	谷物	食用油	植物油	蔬菜	肉类	猪肉
全　国	**112.6**	**101.6**	**11.1**	**10.7**	**104.4**	**28.9**	**20.7**
北　京	88.5	79.2	11.0	11.0	102.1	26.4	14.0
天　津	118.4	109.0	10.7	10.7	116.7	26.1	16.0
河　北	115.8	105.7	9.7	9.6	94.7	22.8	13.6
山　西	110.7	98.2	8.2	8.1	85.2	16.7	10.6
内蒙古	146.5	133.2	9.8	9.6	104.9	37.2	16.4
辽　宁	128.2	112.6	11.8	11.7	125.0	28.7	18.7
吉　林	120.5	109.7	11.8	11.8	98.9	21.1	14.2
黑龙江	135.5	120.3	13.8	13.7	110.1	24.5	15.5
上　海	99.4	87.6	9.5	9.3	104.4	28.8	20.3
江　苏	107.6	95.6	12.3	12.1	110.2	28.0	20.6
浙　江	118.8	106.3	11.4	11.1	95.5	27.2	21.5
安　徽	106.7	94.7	9.6	9.1	94.0	24.6	18.8
福　建	105.8	96.1	9.2	8.6	89.5	32.2	25.3
江　西	117.1	106.7	14.4	13.9	114.3	30.9	24.0
山　东	114.1	104.0	9.4	9.3	99.9	24.9	14.9
河　南	120.4	108.9	9.6	9.6	98.5	20.5	13.5
湖　北	98.3	86.4	13.9	13.6	112.4	28.6	20.9
湖　南	103.1	94.2	13.3	11.3	99.9	33.1	26.7
广　东	97.8	89.9	9.1	8.8	97.6	36.7	28.7
广　西	106.3	97.8	9.3	8.7	100.1	36.7	30.3
海　南	90.1	84.3	8.5	8.0	100.7	33.1	28.2
重　庆	114.7	99.1	15.0	14.2	131.7	41.8	33.7
四　川	126.1	114.0	14.1	13.1	136.8	43.3	35.6
贵　州	106.8	95.6	11.5	10.1	88.5	31.7	26.6
云　南	110.7	99.8	10.1	8.6	112.7	30.0	23.2
西　藏	157.2	153.6	15.6	12.5	62.0	30.6	10.1
陕　西	115.7	103.4	11.1	10.9	90.8	17.1	11.5
甘　肃	126.2	116.1	11.9	11.8	102.7	21.4	12.7
青　海	94.0	87.7	8.2	8.2	73.1	25.0	10.6
宁　夏	114.2	106.3	8.8	8.8	99.3	19.1	7.4
新　疆	153.7	147.0	13.9	13.8	120.8	26.2	7.4

2-2-3-9 续表 单位：公斤/人

地　区	牛肉	羊肉	禽类	水产品	蛋类	奶类	干鲜瓜果类	食糖
全　国	**2.4**	**1.5**	**9.4**	**14.7**	**10.5**	**17.1**	**55.1**	**1.3**
北　京	3.6	3.1	6.3	10.3	14.0	28.9	71.5	0.8
天　津	3.0	3.2	5.2	17.6	17.1	18.5	74.0	1.3
河　北	2.1	1.9	5.2	7.5	13.7	21.2	63.4	1.0
山　西	1.0	1.7	2.7	4.9	11.4	20.6	60.1	0.8
内蒙古	5.2	10.6	5.9	6.5	10.8	28.7	65.6	1.3
辽　宁	3.0	1.8	5.8	18.0	13.9	19.5	74.9	1.5
吉　林	2.5	1.0	4.0	8.9	10.7	13.6	57.8	1.2
黑龙江	2.3	1.7	5.3	10.1	11.9	14.8	67.1	1.8
上　海	2.7	1.0	12.0	25.7	10.5	22.7	53.0	1.4
江　苏	2.0	0.9	11.0	19.6	10.6	19.3	47.1	1.1
浙　江	2.1	0.6	10.6	27.0	8.0	14.4	53.0	1.4
安　徽	2.1	1.0	10.9	12.4	10.9	14.2	43.2	1.8
福　建	2.0	0.8	9.5	30.0	8.8	13.5	43.2	1.5
江　西	2.6	0.4	10.2	16.9	8.7	17.3	47.9	1.1
山　东	1.7	1.4	6.5	15.6	17.2	24.3	74.5	1.0
河　南	1.9	1.5	6.7	5.4	14.4	18.8	60.7	1.3
湖　北	2.4	0.8	6.5	17.5	8.7	11.7	42.8	0.9
湖　南	2.4	0.7	10.4	14.7	7.2	9.1	59.9	1.4
广　东	2.2	0.7	18.0	23.6	7.3	11.0	42.0	1.2
广　西	2.6	0.8	20.0	14.2	6.5	10.4	49.4	1.7
海　南	2.1	0.8	21.2	31.6	5.7	7.0	39.9	1.1
重　庆	1.9	0.7	13.0	12.0	10.1	19.9	48.0	2.6
四　川	2.2	0.6	12.6	9.2	9.1	16.5	46.6	1.6
贵　州	1.9	0.3	7.7	3.9	5.8	11.7	40.4	1.2
云　南	3.0	0.4	8.2	5.9	6.1	10.9	42.8	1.5
西　藏	16.4	3.9	3.9	1.9	7.0	15.9	19.5	2.5
陕　西	1.0	1.5	3.3	3.4	9.1	19.0	56.3	1.1
甘　肃	2.7	3.1	4.7	3.9	9.5	24.3	70.8	1.7
青　海	5.1	6.8	3.9	3.6	6.2	25.0	39.9	1.1
宁　夏	3.9	6.1	6.2	3.9	7.2	22.4	76.9	1.3
新　疆	5.4	11.2	7.5	6.0	8.7	27.9	70.4	1.6

2-2-3-10 2015年分地区城镇居民年末主要耐用消费品拥有量

单位：平均每百户

地区	家用汽车（辆）	摩托车（辆）	电动助力车（辆）	洗衣机（台）	电冰箱(柜)（台）	微波炉（台）	彩色电视机（台）
全国	**30.0**	**22.7**	**45.8**	**92.3**	**94.0**	**53.8**	**122.3**
北京	46.8	2.9	18.9	95.9	98.3	81.1	129.9
天津	37.3	6.2	34.8	95.0	97.7	72.5	109.6
河北	36.9	14.4	73.5	98.4	97.5	58.4	111.1
山西	30.3	18.9	39.4	99.5	93.4	40.4	106.0
内蒙古	32.1	24.7	46.1	95.0	94.7	37.9	102.4
辽宁	21.1	8.4	15.2	91.9	95.6	55.1	108.0
吉林	20.9	17.0	7.0	95.3	94.0	44.7	105.4
黑龙江	11.8	10.5	8.4	92.5	91.9	36.1	102.0
上海	25.6	4.1	50.5	91.6	97.4	86.8	177.4
江苏	39.1	18.4	107.5	99.4	101.1	88.7	170.6
浙江	47.9	13.7	70.8	88.0	96.4	59.1	173.8
安徽	21.9	19.7	67.9	94.1	97.2	59.7	129.6
福建	28.3	46.0	40.8	84.5	94.3	63.1	138.7
江西	23.1	28.7	55.7	93.7	96.9	54.0	141.1
山东	49.4	22.7	86.4	96.1	98.2	50.1	108.0
河南	24.1	25.6	90.3	98.6	94.0	40.1	118.2
湖北	17.7	30.4	24.3	91.0	95.2	47.6	116.9
湖南	25.4	32.0	20.6	96.5	98.9	44.3	116.2
广东	29.7	40.1	20.2	70.9	75.3	39.4	99.5
广西	30.9	46.3	70.5	92.6	94.7	64.9	115.9
海南	22.9	37.6	63.8	80.0	89.3	36.3	104.6
重庆	20.9	17.6	4.5	95.4	99.8	62.9	129.8
四川	23.8	21.0	22.8	96.7	96.8	45.1	124.2
贵州	23.7	17.9	5.9	97.9	93.9	42.8	106.2
云南	40.0	31.4	31.7	95.3	91.5	57.1	109.0
西藏	32.5	11.8	15.8	89.3	92.6	40.3	133.7
陕西	21.7	17.4	23.8	95.2	89.5	36.9	105.7
甘肃	18.2	20.1	18.3	99.0	92.8	47.3	104.6
青海	25.0	16.0	6.9	94.7	93.8	52.6	100.2
宁夏	30.0	21.4	42.6	95.3	93.4	48.2	101.8
新疆	26.5	13.9	24.8	97.3	96.0	39.4	100.2

2-2-3-10 续表　　　　　　　　　　　　　　　　　　　　单位：平均每百户

地　区	空调（台）	热水器（台）	排油烟机（台）	移动电话（部）	计算机（台）	照相机（台）
全　国	**114.6**	**85.6**	**69.2**	**223.8**	**78.5**	**33.0**
北　京	160.8	92.6	86.3	219.9	106.6	65.0
天　津	131.3	92.2	82.6	219.5	73.5	35.2
河　北	117.9	88.5	78.2	220.5	76.6	34.7
山　西	38.1	65.1	70.2	219.2	76.6	24.5
内蒙古	12.1	56.4	61.9	216.9	58.4	24.0
辽　宁	30.5	72.0	76.7	198.8	65.7	32.9
吉　林	10.3	53.7	75.2	219.0	68.5	24.4
黑龙江	9.8	47.3	68.7	197.6	56.8	20.0
上　海	190.9	91.0	78.8	221.0	126.1	54.9
江　苏	194.3	104.5	81.5	234.9	91.4	38.2
浙　江	185.0	91.7	79.4	228.6	95.7	38.7
安　徽	144.4	96.6	66.8	216.7	74.0	27.5
福　建	157.2	97.5	64.2	240.1	88.7	29.8
江　西	128.1	93.9	65.9	224.0	77.5	26.4
山　东	109.4	93.9	80.6	220.4	79.3	43.8
河　南	135.7	82.8	61.3	225.3	74.4	25.0
湖　北	128.4	87.4	61.4	223.1	74.0	25.4
湖　南	140.5	90.1	66.9	237.4	77.0	28.7
广　东	144.3	83.5	57.5	221.5	84.5	37.1
广　西	121.1	95.5	61.2	249.9	88.2	33.4
海　南	97.6	87.6	59.5	235.0	67.0	16.6
重　庆	170.1	93.1	57.4	237.7	72.1	31.3
四　川	108.2	91.2	56.4	228.1	63.2	23.4
贵　州	27.8	82.3	46.4	236.5	64.4	18.9
云　南	3.6	92.1	68.2	234.1	62.2	33.1
西　藏	9.3	42.2	44.8	212.3	54.4	37.8
陕　西	88.4	72.6	64.2	225.0	67.3	29.1
甘　肃	10.5	71.5	72.2	224.5	64.7	29.8
青　海	2.2	48.9	70.7	210.9	60.2	23.3
宁　夏	13.1	87.4	74.5	237.3	65.6	21.6
新　疆	16.5	81.6	76.9	209.1	62.5	29.9

（四）2016年分地区城镇居民收支主要数据

2-2-4-1　2016年分地区城镇居民可支配收入

单位：元/人

地　区	可支配收入	一、工资性收入	二、经营净收入	三、财产净收入	四、转移净收入
全　国	**33616.2**	**20665.0**	**3770.1**	**3271.3**	**5909.8**
北　京	57275.3	35701.1	1291.9	9309.8	10972.5
天　津	37109.6	23206.8	2665.6	3721.2	7516.0
河　北	28249.4	18031.9	1983.3	2512.6	5721.6
山　西	27352.3	16954.4	2659.1	2003.5	5735.4
内蒙古	32974.9	20354.9	5465.9	1732.9	5421.2
辽　宁	32876.1	18315.8	3950.8	1832.6	8776.9
吉　林	26530.4	15837.8	2518.9	1388.1	6785.7
黑龙江	25736.4	15008.6	2670.7	1305.3	6751.8
上　海	57691.7	34338.7	1400.1	8487.0	13465.8
江　苏	40151.6	24213.9	4411.1	4151.2	7375.4
浙　江	47237.2	26655.9	7126.0	6381.1	7074.2
安　徽	29156.0	18277.9	4420.4	2079.9	4377.7
福　建	36014.3	22213.4	4919.4	4199.4	4682.1
江　西	28673.3	18135.9	2384.7	2619.3	5533.4
山　东	34012.1	21812.3	4778.4	2740.2	4681.2
河　南	27232.9	15829.0	3754.5	2411.8	5237.5
湖　北	29385.8	16517.5	4150.2	2299.3	6418.8
湖　南	31283.9	17274.9	4339.2	3009.6	6660.2
广　东	37684.3	27965.3	4203.9	4374.8	1140.3
广　西	28324.4	16492.8	4804.8	2229.2	4797.7
海　南	28453.5	18891.9	2914.6	2170.3	4476.7
重　庆	29610.0	17043.1	3347.8	2221.5	6997.7
四　川	28335.3	16219.1	3326.7	2363.5	6426.0
贵　州	26742.6	15351.4	4282.1	1940.7	5168.4
云　南	28610.6	15543.9	3490.5	4021.5	5554.8
西　藏	27802.4	22398.0	723.3	1706.0	2975.1
陕　西	28440.1	16876.8	2013.9	2056.5	7492.9
甘　肃	25693.5	16751.2	1960.6	2355.8	4625.9
青　海	26757.4	18740.9	2007.6	1451.0	4557.8
宁　夏	27153.0	18032.9	2824.4	1255.4	5040.3
新　疆	28463.4	19173.4	2940.5	1279.3	5070.3

2-2-4-2　2016年分地区城镇居民可支配收入构成

单位：%

地　区	可支配收入	一、工资性收入	二、经营净收入	三、财产净收入	四、转移净收入
全　国	**100.0**	**61.5**	**11.2**	**9.7**	**17.6**
北　京	100.0	62.3	2.3	16.3	19.2
天　津	100.0	62.5	7.2	10.0	20.3
河　北	100.0	63.8	7.0	8.9	20.3
山　西	100.0	62.0	9.7	7.3	21.0
内蒙古	100.0	61.7	16.6	5.3	16.4
辽　宁	100.0	55.7	12.0	5.6	26.7
吉　林	100.0	59.7	9.5	5.2	25.6
黑龙江	100.0	58.3	10.4	5.1	26.2
上　海	100.0	59.5	2.4	14.7	23.3
江　苏	100.0	60.3	11.0	10.3	18.4
浙　江	100.0	56.4	15.1	13.5	15.0
安　徽	100.0	62.7	15.2	7.1	15.0
福　建	100.0	61.7	13.7	11.7	13.0
江　西	100.0	63.3	8.3	9.1	19.3
山　东	100.0	64.1	14.0	8.1	13.8
河　南	100.0	58.1	13.8	8.9	19.2
湖　北	100.0	56.2	14.1	7.8	21.8
湖　南	100.0	55.2	13.9	9.6	21.3
广　东	100.0	74.2	11.2	11.6	3.0
广　西	100.0	58.2	17.0	7.9	16.9
海　南	100.0	66.4	10.2	7.6	15.7
重　庆	100.0	57.6	11.3	7.5	23.6
四　川	100.0	57.2	11.7	8.3	22.7
贵　州	100.0	57.4	16.0	7.3	19.3
云　南	100.0	54.3	12.2	14.1	19.4
西　藏	100.0	80.6	2.6	6.1	10.7
陕　西	100.0	59.3	7.1	7.2	26.3
甘　肃	100.0	65.2	7.6	9.2	18.0
青　海	100.0	70.0	7.5	5.4	17.0
宁　夏	100.0	66.4	10.4	4.6	18.6
新　疆	100.0	67.4	10.3	4.5	17.8

2-2-4-3 2016年分地区城镇居民现金可支配收入

单位：元/人

地 区	现金可支配收入	一、工资性收入	二、经营净收入	三、财产净收入	四、转移净收入
全 国	**31270.0**	**20541.7**	**4032.3**	**1139.6**	**5556.4**
北 京	48742.5	35521.8	1359.7	1631.5	10229.5
天 津	33996.5	22956.3	2893.3	1118.5	7028.4
河 北	26328.1	18001.9	2118.0	667.6	5540.6
山 西	25729.6	16925.4	2774.8	734.1	5295.3
内蒙古	31852.7	20347.4	5723.5	644.4	5137.4
辽 宁	30840.0	18021.6	4287.2	301.5	8229.6
吉 林	25161.8	15692.9	2668.3	337.3	6463.3
黑龙江	24777.0	14971.5	2961.7	312.1	6531.7
上 海	48461.0	34103.1	1480.2	790.9	12086.9
江 苏	36963.5	24111.2	4683.2	1293.1	6876.0
浙 江	43497.4	26412.6	7613.3	2870.3	6601.2
安 徽	27722.6	18147.8	4914.7	588.4	4071.7
福 建	32985.5	22097.1	5150.7	1350.9	4386.9
江 西	26847.3	18100.9	2488.0	842.5	5415.8
山 东	32380.0	21759.2	5205.1	936.5	4479.3
河 南	25646.6	15796.3	3874.8	1037.2	4938.2
湖 北	27293.2	16396.2	4415.1	507.5	5974.4
湖 南	29975.2	17176.9	4666.7	1673.4	6458.1
广 东	35058.8	27619.7	4559.2	1933.7	946.2
广 西	27120.4	16436.7	5114.7	1005.3	4563.7
海 南	26726.3	18856.6	3027.0	813.5	4029.2
重 庆	27950.4	16958.4	3470.1	828.3	6693.6
四 川	26952.1	16143.9	3521.8	1158.5	6127.8
贵 州	25727.5	15318.2	4682.7	678.7	5047.9
云 南	26962.9	15527.4	3629.2	2522.8	5283.5
西 藏	26611.8	22397.4	746.9	546.3	2921.1
陕 西	26962.2	16810.0	2067.0	1113.6	6971.6
甘 肃	24268.4	16727.1	2247.7	918.0	4375.6
青 海	25725.6	18708.7	2333.1	503.3	4180.5
宁 夏	26027.7	17999.6	3127.6	262.5	4638.1
新 疆	27215.5	19105.8	3204.6	189.5	4715.5

2-2-4-4　2016年分地区城镇居民现金可支配收入构成

单位：%

地　　区	现金可支配收入	一、工资性收入	二、经营净收入	三、财产净收入	四、转移净收入
全　　国	**100.0**	**65.7**	**12.9**	**3.6**	**17.8**
北　　京	100.0	72.9	2.8	3.3	21.0
天　　津	100.0	67.5	8.5	3.3	20.7
河　　北	100.0	68.4	8.0	2.5	21.0
山　　西	100.0	65.8	10.8	2.9	20.6
内 蒙 古	100.0	63.9	18.0	2.0	16.1
辽　　宁	100.0	58.4	13.9	1.0	26.7
吉　　林	100.0	62.4	10.6	1.3	25.7
黑 龙 江	100.0	60.4	12.0	1.3	26.4
上　　海	100.0	70.4	3.1	1.6	24.9
江　　苏	100.0	65.2	12.7	3.5	18.6
浙　　江	100.0	60.7	17.5	6.6	15.2
安　　徽	100.0	65.5	17.7	2.1	14.7
福　　建	100.0	67.0	15.6	4.1	13.3
江　　西	100.0	67.4	9.3	3.1	20.2
山　　东	100.0	67.2	16.1	2.9	13.8
河　　南	100.0	61.6	15.1	4.0	19.3
湖　　北	100.0	60.1	16.2	1.9	21.9
湖　　南	100.0	57.3	15.6	5.6	21.5
广　　东	100.0	78.8	13.0	5.5	2.7
广　　西	100.0	60.6	18.9	3.7	16.8
海　　南	100.0	70.6	11.3	3.0	15.1
重　　庆	100.0	60.7	12.4	3.0	23.9
四　　川	100.0	59.9	13.1	4.3	22.7
贵　　州	100.0	59.5	18.2	2.6	19.6
云　　南	100.0	57.6	13.5	9.4	19.6
西　　藏	100.0	84.2	2.8	2.1	11.0
陕　　西	100.0	62.3	7.7	4.1	25.9
甘　　肃	100.0	68.9	9.3	3.8	18.0
青　　海	100.0	72.7	9.1	2.0	16.3
宁　　夏	100.0	69.2	12.0	1.0	17.8
新　　疆	100.0	70.2	11.8	0.7	17.3

2-2-4-5　2016年分地区城镇居民消费支出

单位：元/人

地　区	消费支出	一、食品烟酒支出	二、衣着支出	三、居住支出
全　国	**23078.9**	**6762.4**	**1739.0**	**5113.7**
北　京	38255.5	8070.4	2643.0	12128.0
天　津	28344.6	8679.6	2114.0	6187.3
河　北	19105.9	4991.6	1614.4	4483.2
山　西	16992.8	3862.8	1603.0	3633.8
内蒙古	22744.5	6445.8	2543.3	4006.1
辽　宁	24995.9	6901.6	2321.3	4632.8
吉　林	19166.4	4975.7	1819.0	3612.0
黑龙江	18145.2	5019.3	1804.4	3352.4
上　海	39856.8	10014.8	1834.8	13216.0
江　苏	26432.9	7389.2	1809.5	6140.6
浙　江	30067.7	8467.3	1903.9	7385.4
安　徽	19606.2	6381.7	1491.0	3931.2
福　建	25005.5	8299.6	1443.5	6530.5
江　西	17695.6	5667.5	1472.2	3915.9
山　东	21495.3	5929.4	1977.7	4473.1
河　南	18087.8	5067.7	1746.6	3753.4
湖　北	20040.0	6294.3	1557.4	4176.7
湖　南	21420.0	6407.7	1666.4	3918.7
广　东	28613.3	9421.6	1583.4	6410.4
广　西	17268.5	5937.2	886.3	3784.3
海　南	19015.5	7419.7	859.6	3527.7
重　庆	21030.9	6883.9	1939.2	3801.1
四　川	20659.8	7118.4	1767.5	3756.5
贵　州	19201.7	6010.3	1525.4	3793.1
云　南	18622.4	5528.2	1195.5	3814.4
西　藏	19440.5	8727.8	1812.5	3614.5
陕　西	19368.9	5422.0	1542.2	3681.5
甘　肃	19539.2	5777.3	1776.9	3752.6
青　海	20853.2	5975.7	1963.5	3809.4
宁　夏	20364.2	4889.2	1726.7	3770.5
新　疆	21228.5	6179.4	1966.1	3543.9

2-2-4-5 续表

单位：元/人

地　区	四、生活用品及服务支出	五、交通通信支出	六、教育文化娱乐支出	七、医疗保健支出	八、其他用品及服务支出
全　国	**1426.8**	**3173.9**	**2637.6**	**1630.8**	**594.7**
北　京	2511.0	5077.9	4054.7	2629.8	1140.6
天　津	1663.8	3991.9	2643.6	2172.2	892.2
河　北	1351.1	2664.1	1991.3	1549.9	460.4
山　西	951.6	2401.0	2439.0	1651.6	450.1
内蒙古	1565.1	3045.2	2598.9	1840.2	699.9
辽　宁	1558.2	3447.0	3018.5	2313.6	802.8
吉　林	1107.1	2691.0	2367.5	2059.2	534.9
黑龙江	1018.9	2462.9	2011.5	2007.5	468.3
上　海	1868.2	4447.5	4533.5	2839.9	1102.1
江　苏	1616.2	3952.4	3163.9	1624.5	736.6
浙　江	1420.7	5100.9	3452.3	1691.9	645.3
安　徽	1118.4	2748.4	2233.3	1269.3	432.9
福　建	1393.4	3205.7	2461.5	1178.5	492.8
江　西	1028.6	2310.6	1963.9	887.4	449.6
山　东	1576.5	3002.5	2399.3	1610.0	526.9
河　南	1430.2	1993.8	2078.8	1524.5	492.8
湖　北	1163.8	2391.9	2228.4	1792.0	435.6
湖　南	1384.1	2837.1	3406.1	1362.6	437.4
广　东	1721.9	4198.1	3103.4	1304.5	870.1
广　西	1032.8	2259.8	2003.0	1065.9	299.3
海　南	954.0	2582.3	1931.3	1399.8	341.0
重　庆	1466.0	2573.9	2232.4	1700.0	434.4
四　川	1311.1	2697.6	2008.4	1423.4	577.1
贵　州	1270.2	2684.4	2493.5	1050.1	374.6
云　南	1135.1	2791.2	2217.0	1526.7	414.3
西　藏	983.0	2198.4	922.5	585.3	596.5
陕　西	1367.7	2455.7	2474.0	2016.7	409.0
甘　肃	1329.1	2517.9	2322.1	1583.4	479.9
青　海	1322.1	3064.3	2352.9	1750.4	614.9
宁　夏	1245.1	3896.5	2415.7	1874.0	546.6
新　疆	1543.8	3074.1	2404.9	1934.8	581.5

2-2-4-6　2016年分地区城镇居民消费支出构成

单位：%

地　　区	消费支出	一、食品烟酒支出	二、衣着支出	三、居住支出
全　　国	**100.0**	**29.3**	**7.5**	**22.2**
北　　京	100.0	21.1	6.9	31.7
天　　津	100.0	30.6	7.5	21.8
河　　北	100.0	26.1	8.4	23.5
山　　西	100.0	22.7	9.4	21.4
内 蒙 古	100.0	28.3	11.2	17.6
辽　　宁	100.0	27.6	9.3	18.5
吉　　林	100.0	26.0	9.5	18.8
黑 龙 江	100.0	27.7	9.9	18.5
上　　海	100.0	25.1	4.6	33.2
江　　苏	100.0	28.0	6.8	23.2
浙　　江	100.0	28.2	6.3	24.6
安　　徽	100.0	32.5	7.6	20.1
福　　建	100.0	33.2	5.8	26.1
江　　西	100.0	32.0	8.3	22.1
山　　东	100.0	27.6	9.2	20.8
河　　南	100.0	28.0	9.7	20.8
湖　　北	100.0	31.4	7.8	20.8
湖　　南	100.0	29.9	7.8	18.3
广　　东	100.0	32.9	5.5	22.4
广　　西	100.0	34.4	5.1	21.9
海　　南	100.0	39.0	4.5	18.6
重　　庆	100.0	32.7	9.2	18.1
四　　川	100.0	34.5	8.6	18.2
贵　　州	100.0	31.3	7.9	19.8
云　　南	100.0	29.7	6.4	20.5
西　　藏	100.0	44.9	9.3	18.6
陕　　西	100.0	28.0	8.0	19.0
甘　　肃	100.0	29.6	9.1	19.2
青　　海	100.0	28.7	9.4	18.3
宁　　夏	100.0	24.0	8.5	18.5
新　　疆	100.0	29.1	9.3	16.7

2-2-4-6 续表　　　　单位：%

地　区	四、生活用品及服务支出	五、交通通信支出	六、教育文化娱乐支出	七、医疗保健支出	八、其他用品及服务支出
全　国	**6.2**	**13.8**	**11.4**	**7.1**	**2.6**
北　京	6.6	13.3	10.6	6.9	3.0
天　津	5.9	14.1	9.3	7.7	3.1
河　北	7.1	13.9	10.4	8.1	2.4
山　西	5.6	14.1	14.4	9.7	2.6
内蒙古	6.9	13.4	11.4	8.1	3.1
辽　宁	6.2	13.8	12.1	9.3	3.2
吉　林	5.8	14.0	12.4	10.7	2.8
黑龙江	5.6	13.6	11.1	11.1	2.6
上　海	4.7	11.2	11.4	7.1	2.8
江　苏	6.1	15.0	12.0	6.1	2.8
浙　江	4.7	17.0	11.5	5.6	2.1
安　徽	5.7	14.0	11.4	6.5	2.2
福　建	5.6	12.8	9.8	4.7	2.0
江　西	5.8	13.1	11.1	5.0	2.5
山　东	7.3	14.0	11.2	7.5	2.5
河　南	7.9	11.0	11.5	8.4	2.7
湖　北	5.8	11.9	11.1	8.9	2.2
湖　南	6.5	13.2	15.9	6.4	2.0
广　东	6.0	14.7	10.8	4.6	3.0
广　西	6.0	13.1	11.6	6.2	1.7
海　南	5.0	13.6	10.2	7.4	1.8
重　庆	7.0	12.2	10.6	8.1	2.1
四　川	6.3	13.1	9.7	6.9	2.8
贵　州	6.6	14.0	13.0	5.5	2.0
云　南	6.1	15.0	11.9	8.2	2.2
西　藏	5.1	11.3	4.7	3.0	3.1
陕　西	7.1	12.7	12.8	10.4	2.1
甘　肃	6.8	12.9	11.9	8.1	2.5
青　海	6.3	14.7	11.3	8.4	2.9
宁　夏	6.1	19.1	11.9	9.2	2.7
新　疆	7.3	14.5	11.3	9.1	2.7

2-2-4-7　2016年分地区城镇居民现金消费支出

单位：元/人

地　区	现金消费支出	一、食品烟酒支出	二、衣着支出	三、居住支出
全　国	**19284.1**	**6627.7**	**1738.4**	**1810.4**
北　京	27871.8	7926.7	2642.6	2629.8
天　津	23644.8	8497.5	2113.5	2185.2
河　北	16047.4	4969.0	1613.5	1630.2
山　西	14485.7	3817.2	1602.7	1591.6
内蒙古	20412.9	6427.6	2543.2	1963.6
辽　宁	21571.3	6681.7	2320.8	1965.8
吉　林	16765.9	4852.0	1818.8	1684.4
黑龙江	16081.3	4981.9	1804.3	1545.9
上　海	27854.0	9807.9	1834.1	2824.0
江　苏	21475.1	7243.1	1808.9	1833.4
浙　江	24012.8	8224.3	1903.3	2055.1
安　徽	16704.8	6219.5	1490.4	1508.6
福　建	20336.1	8160.3	1443.1	2305.4
江　西	14909.8	5611.3	1472.2	1306.0
山　东	18329.7	5862.2	1976.9	1575.0
河　南	15567.2	5019.6	1746.1	1580.7
湖　北	16699.7	6145.1	1556.9	1432.1
湖　南	18795.6	6261.1	1665.2	1646.4
广　东	24209.2	9158.3	1582.3	2482.5
广　西	14654.2	5785.3	885.6	1554.7
海　南	16312.4	7314.1	859.6	1341.0
重　庆	18088.6	6713.6	1938.2	1333.2
四　川	17975.5	6927.2	1767.1	1557.4
贵　州	16892.3	5937.0	1524.3	1673.6
云　南	15626.8	5402.0	1195.4	1210.9
西　藏	17180.8	8727.0	1812.5	1409.4
陕　西	16962.9	5360.1	1541.4	1855.6
甘　肃	17022.2	5739.6	1776.8	1519.0
青　海	18686.0	5934.6	1963.5	2058.6
宁　夏	18028.1	4835.8	1726.7	1890.2
新　疆	18926.7	6115.6	1965.9	1664.8

2-2-4-7 续表 单位：元/人

地　区	四、生活用品及服务支出	五、交通通信支出	六、教育文化娱乐支出	七、医疗保健支出	八、其他用品及服务支出
全　国	**1417.8**	**3166.5**	**2636.3**	**1298.7**	**588.3**
北　京	2508.5	5076.6	4054.4	1896.9	1136.4
天　津	1661.8	3940.4	2641.3	1722.9	882.2
河　北	1347.9	2658.7	1990.0	1380.9	457.2
山　西	944.4	2400.9	2438.7	1242.3	447.9
内蒙古	1564.9	3045.2	2598.9	1570.6	698.9
辽　宁	1548.9	3427.4	3017.3	1825.2	784.2
吉　林	1101.8	2665.8	2366.9	1742.0	534.3
黑龙江	1018.7	2462.6	2010.7	1789.0	468.2
上　海	1866.0	4424.6	4532.6	1467.6	1097.2
江　苏	1597.8	3949.8	3163.5	1145.9	732.8
浙　江	1400.5	5097.8	3449.1	1247.9	634.8
安　徽	1112.7	2740.4	2233.2	972.3	427.6
福　建	1386.5	3202.2	2460.3	889.4	488.8
江　西	1028.2	2309.0	1963.8	773.9	445.3
山　东	1562.4	3000.4	2398.4	1432.1	522.5
河　南	1427.6	1992.8	2078.5	1230.8	491.2
湖　北	1157.1	2355.4	2228.2	1395.4	429.6
湖　南	1380.2	2833.8	3405.5	1168.1	435.3
广　东	1697.0	4188.1	3097.0	1153.1	851.1
广　西	1023.4	2250.4	2002.4	860.4	292.0
海　南	948.1	2581.4	1929.9	1000.6	337.7
重　庆	1456.7	2569.0	2231.6	1419.2	427.1
四　川	1304.4	2697.4	2007.8	1142.1	572.0
贵　州	1268.3	2681.5	2493.5	940.1	374.0
云　南	1128.5	2790.7	2216.8	1272.0	410.5
西　藏	983.0	2198.4	922.5	531.6	596.5
陕　西	1364.8	2454.6	2470.7	1511.3	404.4
甘　肃	1323.1	2517.7	2321.9	1352.0	472.1
青　海	1320.7	3063.2	2352.9	1377.9	614.6
宁　夏	1238.1	3895.3	2415.2	1483.9	542.9
新　疆	1541.5	3072.9	2404.3	1591.4	570.3

2-2-4-8　2016年分地区城镇居民现金消费支出构成

单位：%

地　区	现金消费支出	一、食品烟酒支出	二、衣着支出	三、居住支出
全　国	**100.0**	**34.4**	**9.0**	**9.4**
北　京	100.0	28.4	9.5	9.4
天　津	100.0	35.9	8.9	9.2
河　北	100.0	31.0	10.1	10.2
山　西	100.0	26.4	11.1	11.0
内蒙古	100.0	31.5	12.5	9.6
辽　宁	100.0	31.0	10.8	9.1
吉　林	100.0	28.9	10.8	10.0
黑龙江	100.0	31.0	11.2	9.6
上　海	100.0	35.2	6.6	10.1
江　苏	100.0	33.7	8.4	8.5
浙　江	100.0	34.2	7.9	8.6
安　徽	100.0	37.2	8.9	9.0
福　建	100.0	40.1	7.1	11.3
江　西	100.0	37.6	9.9	8.8
山　东	100.0	32.0	10.8	8.6
河　南	100.0	32.2	11.2	10.2
湖　北	100.0	36.8	9.3	8.6
湖　南	100.0	33.3	8.9	8.8
广　东	100.0	37.8	6.5	10.3
广　西	100.0	39.5	6.0	10.6
海　南	100.0	44.8	5.3	8.2
重　庆	100.0	37.1	10.7	7.4
四　川	100.0	38.5	9.8	8.7
贵　州	100.0	35.1	9.0	9.9
云　南	100.0	34.6	7.6	7.7
西　藏	100.0	50.8	10.5	8.2
陕　西	100.0	31.6	9.1	10.9
甘　肃	100.0	33.7	10.4	8.9
青　海	100.0	31.8	10.5	11.0
宁　夏	100.0	26.8	9.6	10.5
新　疆	100.0	32.3	10.4	8.8

2-2-4-8 续表　　　　单位：%

地　区	四、生活用品及服务支出	五、交通通信支出	六、教育文化娱乐支出	七、医疗保健支出	八、其他用品及服务支出
全　国	**7.4**	**16.4**	**13.7**	**6.7**	**3.1**
北　京	9.0	18.2	14.5	6.8	4.1
天　津	7.0	16.7	11.2	7.3	3.7
河　北	8.4	16.6	12.4	8.6	2.8
山　西	6.5	16.6	16.8	8.6	3.1
内蒙古	7.7	14.9	12.7	7.7	3.4
辽　宁	7.2	15.9	14.0	8.5	3.6
吉　林	6.6	15.9	14.1	10.4	3.2
黑龙江	6.3	15.3	12.5	11.1	2.9
上　海	6.7	15.9	16.3	5.3	3.9
江　苏	7.4	18.4	14.7	5.3	3.4
浙　江	5.8	21.2	14.4	5.2	2.6
安　徽	6.7	16.4	13.4	5.8	2.6
福　建	6.8	15.7	12.1	4.4	2.4
江　西	6.9	15.5	13.2	5.2	3.0
山　东	8.5	16.4	13.1	7.8	2.9
河　南	9.2	12.8	13.4	7.9	3.2
湖　北	6.9	14.1	13.3	8.4	2.6
湖　南	7.3	15.1	18.1	6.2	2.3
广　东	7.0	17.3	12.8	4.8	3.5
广　西	7.0	15.4	13.7	5.9	2.0
海　南	5.8	15.8	11.8	6.1	2.1
重　庆	8.1	14.2	12.3	7.8	2.4
四　川	7.3	15.0	11.2	6.4	3.2
贵　州	7.5	15.9	14.8	5.6	2.2
云　南	7.2	17.9	14.2	8.1	2.6
西　藏	5.7	12.8	5.4	3.1	3.5
陕　西	8.0	14.5	14.6	8.9	2.4
甘　肃	7.8	14.8	13.6	7.9	2.8
青　海	7.1	16.4	12.6	7.4	3.3
宁　夏	6.9	21.6	13.4	8.2	3.0
新　疆	8.1	16.2	12.7	8.4	3.0

2-2-4-9　2016年分地区城镇居民家庭主要食品消费量

单位：公斤/人

地　区	粮食(原粮)	谷物	食用油	植物油	蔬菜	肉类	猪肉
全　国	**111.9**	**100.5**	**11.0**	**10.6**	**107.5**	**29.0**	**20.4**
北　京	81.0	71.6	9.7	9.7	95.8	24.4	12.8
天　津	117.3	107.1	10.6	10.6	123.2	27.4	16.5
河　北	121.9	110.5	10.9	10.8	108.3	23.4	13.7
山　西	109.0	96.3	8.0	7.9	87.6	16.2	10.1
内蒙古	146.3	132.5	10.0	9.8	111.2	38.2	16.3
辽　宁	126.3	110.8	12.1	12.0	123.7	30.0	18.6
吉　林	124.4	112.8	12.4	12.4	107.5	22.3	14.4
黑龙江	131.6	117.4	13.8	13.8	103.4	24.5	15.2
上　海	102.4	90.3	8.9	8.7	105.1	28.9	19.8
江　苏	107.4	95.1	12.3	12.2	111.9	28.0	20.1
浙　江	121.5	108.9	11.9	11.6	97.2	26.6	20.8
安　徽	109.1	96.6	9.8	9.3	100.8	25.6	19.2
福　建	104.3	94.7	9.6	9.0	91.5	32.5	25.5
江　西	118.5	107.7	14.0	13.6	114.4	30.1	23.1
山　东	114.5	103.9	9.1	9.1	106.5	24.7	14.5
河　南	122.8	110.5	9.4	9.3	102.8	20.5	13.0
湖　北	97.0	84.0	12.9	12.6	116.8	28.1	20.3
湖　南	101.3	92.6	13.0	11.0	102.7	33.3	26.6
广　东	96.5	88.5	9.2	8.9	97.9	36.3	28.2
广　西	102.2	93.3	8.5	7.9	100.1	36.3	29.0
海　南	93.9	87.2	7.9	7.3	111.9	36.5	30.3
重　庆	111.9	97.0	15.1	14.0	137.0	42.4	34.1
四　川	120.0	106.8	13.7	12.7	139.2	43.0	35.2
贵　州	105.4	93.3	11.1	9.7	94.4	33.4	27.7
云　南	109.3	98.1	9.7	8.0	112.6	30.4	23.2
西　藏	148.7	145.0	16.4	12.8	63.0	41.8	9.9
陕　西	112.7	99.2	10.6	10.5	97.1	16.3	11.4
甘　肃	124.5	113.1	11.0	10.9	108.9	21.0	11.8
青　海	100.9	93.9	9.0	8.9	84.4	26.5	11.4
宁　夏	103.4	95.3	8.3	8.2	101.3	18.0	6.8
新　疆	138.4	131.5	14.3	14.3	123.8	26.0	6.8

2-2-4-9 续表 单位：公斤/人

地　区			禽类	水产品	蛋类	奶类	干鲜瓜果类	食糖
	牛肉	羊肉						
全　国	**2.5**	**1.8**	**10.2**	**14.8**	**10.7**	**16.5**	**58.1**	**1.3**
北　京	3.1	3.1	5.9	9.0	12.1	24.8	65.0	1.2
天　津	3.2	3.5	5.9	17.9	18.3	18.3	81.5	1.2
河　北	2.4	2.1	5.5	8.2	14.9	23.0	70.1	1.2
山　西	1.2	2.0	2.6	3.1	10.6	18.9	57.8	0.8
内蒙古	5.9	11.0	6.5	6.7	11.0	29.5	68.1	1.7
辽　宁	3.6	2.3	6.3	18.8	14.8	19.9	79.4	1.4
吉　林	3.1	1.4	4.8	9.4	11.2	13.8	62.3	1.3
黑龙江	2.5	2.1	5.8	10.3	11.8	13.8	68.4	1.9
上　海	3.0	1.1	13.2	26.1	11.2	22.0	56.6	1.4
江　苏	2.2	1.1	12.3	20.2	10.9	18.6	49.5	1.1
浙　江	2.2	0.7	11.3	26.0	8.3	13.6	54.2	1.4
安　徽	2.5	1.3	12.0	12.8	11.6	13.6	48.3	0.8
福　建	2.4	1.0	11.3	29.6	9.4	13.5	45.4	1.6
江　西	2.7	0.5	10.5	16.3	8.0	14.4	49.9	1.1
山　东	1.9	1.7	6.9	15.9	17.9	22.9	80.3	1.0
河　南	1.9	1.9	7.1	5.7	14.9	17.9	66.3	1.2
湖　北	2.3	1.0	7.4	18.8	8.6	10.6	47.2	0.9
湖　南	2.7	0.9	11.2	15.9	7.6	8.4	60.6	1.3
广　东	2.2	0.9	19.1	23.5	7.3	9.7	43.5	1.3
广　西	3.0	1.2	20.8	14.1	6.4	9.8	50.7	1.7
海　南	2.7	1.0	24.4	30.9	6.0	7.0	42.2	1.3
重　庆	2.0	1.0	14.1	12.0	9.7	22.5	49.9	2.5
四　川	2.3	0.9	12.9	9.4	8.7	16.3	49.0	1.9
贵　州	2.2	0.3	8.5	4.2	5.9	11.5	45.4	1.2
云　南	3.1	0.6	8.5	6.1	5.6	10.1	44.8	1.4
西　藏	28.0	3.5	3.4	1.7	6.6	16.7	21.7	2.8
陕　西	1.0	1.7	3.8	3.5	9.0	19.6	60.2	0.9
甘　肃	2.5	3.6	4.8	3.9	9.2	24.6	78.7	1.8
青　海	5.4	7.7	4.1	3.4	6.8	23.1	44.3	1.1
宁　夏	3.7	5.8	6.4	4.3	6.9	20.3	80.3	1.3
新　疆	5.3	11.6	8.0	6.6	8.6	28.7	74.1	1.6

2-2-4-10　2016年分地区城镇居民年末主要耐用消费品拥有量

单位：平均每百户

地　区	家用汽车(辆)	摩托车(辆)	电动助力车(辆)	洗衣机(台)	电冰箱(柜)(台)	微波炉(台)	彩色电视机(台)
全　国	**35.5**	**20.9**	**49.7**	**94.2**	**96.4**	**55.3**	**122.3**
北　京	48.6	2.4	19.3	95.1	97.2	80.5	126.8
天　津	42.5	3.4	36.5	96.6	99.5	73.3	110.9
河　北	40.6	13.0	75.8	98.9	99.1	59.7	110.0
山　西	35.3	16.8	43.2	98.9	95.4	42.3	104.8
内蒙古	38.5	19.3	49.7	95.6	97.2	37.1	101.5
辽　宁	27.9	8.9	15.0	94.6	98.7	59.5	108.5
吉　林	23.0	14.7	9.0	95.5	95.8	45.4	103.5
黑龙江	16.0	9.5	8.3	92.6	93.7	35.6	100.5
上　海	30.2	3.6	56.5	94.8	99.9	89.0	184.9
江　苏	45.8	14.7	110.7	100.4	103.0	89.8	173.9
浙　江	53.3	11.1	74.3	90.2	97.9	60.2	173.8
安　徽	26.6	14.9	71.0	95.5	98.2	62.7	129.2
福　建	33.2	45.3	48.5	87.6	97.4	63.8	140.8
江　西	29.5	30.7	59.9	94.9	97.4	55.5	137.1
山　东	55.6	18.1	89.3	97.1	100.1	51.5	106.7
河　南	30.3	19.6	105.7	100.2	98.0	44.3	121.3
湖　北	23.6	30.5	27.4	94.2	98.1	50.3	117.7
湖　南	32.0	34.4	22.6	99.2	101.4	45.1	117.2
广　东	34.7	41.4	24.0	75.3	79.2	41.5	99.6
广　西	36.1	43.8	81.0	96.5	98.0	65.4	112.9
海　南	27.0	34.7	82.5	85.4	93.0	36.9	105.6
重　庆	25.4	16.8	6.2	97.2	101.4	64.6	129.8
四　川	30.1	19.9	25.0	97.9	98.8	48.1	123.8
贵　州	33.6	14.8	8.0	98.4	97.1	46.0	107.2
云　南	45.7	34.5	33.7	97.4	95.0	55.5	108.6
西　藏	36.0	9.0	17.5	92.1	99.6	43.3	134.2
陕　西	26.3	12.8	26.1	96.2	92.2	36.6	103.5
甘　肃	23.6	18.8	20.7	100.0	96.6	50.1	105.7
青　海	30.3	12.5	6.9	96.1	94.7	53.8	100.9
宁　夏	35.7	16.2	48.3	98.2	96.6	52.0	102.4
新　疆	31.6	9.7	26.7	98.1	102.3	37.3	101.6

2-2-4-10 续表 单位：平均每百户

地　区	空调(台)	热水器(台)	排油烟机(台)	移动电话(部)	计算机(台)	照相机(台)
全　国	**123.7**	**88.7**	**71.5**	**231.4**	**80.0**	**28.5**
北　京	166.3	92.7	85.9	223.4	103.4	58.4
天　津	140.6	92.3	84.2	228.3	78.0	32.7
河　北	123.8	91.2	79.5	223.4	76.1	31.2
山　西	39.6	68.1	73.8	224.9	76.6	22.7
内蒙古	12.8	59.7	63.7	222.2	61.6	23.1
辽　宁	35.3	76.9	78.4	210.7	71.3	29.5
吉　林	11.6	56.4	71.8	223.3	66.2	19.9
黑龙江	10.2	50.1	69.4	204.3	59.9	17.2
上　海	205.2	94.6	82.4	230.2	140.5	52.1
江　苏	206.0	106.0	82.8	241.0	94.2	34.9
浙　江	199.0	94.7	81.2	234.8	93.0	32.9
安　徽	156.0	101.8	69.6	221.9	71.2	20.6
福　建	165.5	100.2	65.6	249.1	89.2	23.0
江　西	134.4	94.7	66.9	228.5	75.5	21.1
山　东	121.6	95.5	81.6	222.4	80.2	38.9
河　南	155.1	87.4	68.8	234.4	74.6	21.8
湖　北	139.6	92.7	63.7	233.5	74.4	18.8
湖　南	155.0	96.0	70.1	249.5	78.3	24.8
广　东	156.0	85.3	59.3	228.2	87.0	32.2
广　西	128.6	100.4	62.3	260.1	88.7	25.0
海　南	120.4	93.9	59.6	255.0	76.0	14.7
重　庆	181.1	95.1	62.5	251.9	75.9	27.1
四　川	122.7	93.5	61.9	241.3	66.9	20.1
贵　州	31.1	87.9	53.8	248.4	62.7	16.1
云　南	3.9	93.6	68.1	248.8	66.8	27.1
西　藏	9.4	41.6	51.1	223.2	59.9	30.4
陕　西	93.1	78.3	67.0	224.1	66.8	23.4
甘　肃	11.7	75.9	75.6	237.2	69.3	26.9
青　海	1.3	49.9	75.2	220.3	56.8	19.8
宁　夏	14.0	91.5	77.3	248.8	71.2	21.3
新　疆	24.2	86.1	79.4	215.4	64.6	26.8

(五)2017年分地区城镇居民收支主要数据

2-2-5-1　2017年分地区城镇居民可支配收入

单位：元/人

地　区	可支配收入	一、工资性收入	二、经营净收入	三、财产净收入	四、转移净收入
全　国	**36396.2**	**22200.9**	**4064.7**	**3606.9**	**6523.6**
北　京	62406.3	37883.2	1293.4	10519.7	12710.0
天　津	40277.5	25302.5	2771.9	4037.4	8165.8
河　北	30547.8	19496.0	2139.2	2724.1	6188.5
山　西	29131.8	17831.0	2443.4	2190.1	6667.3
内蒙古	35670.0	21707.4	6349.3	1824.0	5789.3
辽　宁	34993.4	19256.7	4405.8	1874.1	9456.8
吉　林	28318.7	16917.1	2494.0	1402.1	7505.5
黑龙江	27446.0	15782.6	2896.6	1314.4	7452.3
上　海	62595.7	35995.0	1551.1	9975.7	15074.0
江　苏	43621.8	26298.3	4655.4	4625.0	8043.0
浙　江	51260.7	28817.7	7668.7	6911.3	7863.1
安　徽	31640.3	19756.2	4720.7	2310.9	4852.5
福　建	39001.4	23886.0	5159.0	4579.5	5376.9
江　西	31198.1	19794.9	2605.5	2630.5	6167.2
山　东	36789.4	23431.0	5193.9	3033.5	5130.9
河　南	29557.9	16833.5	4356.8	2545.0	5822.6
湖　北	31889.4	17915.2	4497.7	2594.5	6882.1
湖　南	33947.9	18765.9	4605.8	3204.1	7372.2
广　东	40975.1	30087.3	4560.8	5077.2	1249.8
广　西	30502.1	17943.2	4904.2	2390.0	5264.7
海　南	30817.4	20395.7	3180.6	2375.4	4865.7
重　庆	32193.2	18335.8	3685.3	2375.6	7796.6
四　川	30726.9	17299.3	3586.2	2626.8	7214.6
贵　州	29079.8	16552.6	4721.8	2184.9	5620.6
云　南	30995.9	16923.2	3814.9	4346.4	5911.4
西　藏	30671.1	23897.6	763.9	2469.7	3540.0
陕　西	30810.3	18105.7	2029.1	2155.7	8519.8
甘　肃	27763.4	18459.6	2132.1	2378.7	4793.0
青　海	29168.9	20568.3	1899.2	1612.5	5088.8
宁　夏	29472.3	19568.7	3062.3	1269.8	5571.6
新　疆	30774.8	20716.3	3179.7	1351.8	5527.0

2-2-5-2 2017年分地区城镇居民可支配收入构成

单位：%

地 区	可支配收入	一、工资性收入	二、经营净收入	三、财产净收入	四、转移净收入
全 国	**100.0**	**61.0**	**11.2**	**9.9**	**17.9**
北 京	100.0	60.7	2.1	16.9	20.4
天 津	100.0	62.8	6.9	10.0	20.3
河 北	100.0	63.8	7.0	8.9	20.3
山 西	100.0	61.2	8.4	7.5	22.9
内蒙古	100.0	60.9	17.8	5.1	16.2
辽 宁	100.0	55.0	12.6	5.4	27.0
吉 林	100.0	59.7	8.8	5.0	26.5
黑龙江	100.0	57.5	10.6	4.8	27.2
上 海	100.0	57.5	2.5	15.9	24.1
江 苏	100.0	60.3	10.7	10.6	18.4
浙 江	100.0	56.2	15.0	13.5	15.3
安 徽	100.0	62.4	14.9	7.3	15.3
福 建	100.0	61.2	13.2	11.7	13.8
江 西	100.0	63.4	8.4	8.4	19.8
山 东	100.0	63.7	14.1	8.2	13.9
河 南	100.0	57.0	14.7	8.6	19.7
湖 北	100.0	56.2	14.1	8.1	21.6
湖 南	100.0	55.3	13.6	9.4	21.7
广 东	100.0	73.4	11.1	12.4	3.1
广 西	100.0	58.8	16.1	7.8	17.3
海 南	100.0	66.2	10.3	7.7	15.8
重 庆	100.0	57.0	11.4	7.4	24.2
四 川	100.0	56.3	11.7	8.5	23.5
贵 州	100.0	56.9	16.2	7.5	19.3
云 南	100.0	54.6	12.3	14.0	19.1
西 藏	100.0	77.9	2.5	8.1	11.5
陕 西	100.0	58.8	6.6	7.0	27.7
甘 肃	100.0	66.5	7.7	8.6	17.3
青 海	100.0	70.5	6.5	5.5	17.4
宁 夏	100.0	66.4	10.4	4.3	18.9
新 疆	100.0	67.3	10.3	4.4	18.0

2-2-5-3 2017年分地区城镇居民现金可支配收入

单位：元/人

地　区	现金可支配收入	一、工资性收入	二、经营净收入	三、财产净收入	四、转移净收入
全　国	**33757.3**	**22072.7**	**4321.9**	**1234.1**	**6128.5**
北　京	52458.0	37716.4	1354.2	1817.6	11569.8
天　津	36803.4	25054.4	3036.9	1128.9	7583.1
河　北	28335.3	19462.8	2282.0	594.1	5996.5
山　西	27437.8	17780.8	2534.6	885.9	6236.5
内蒙古	34520.8	21702.6	6574.8	682.2	5561.2
辽　宁	33004.4	18968.2	4713.8	341.0	8981.4
吉　林	26975.7	16784.9	2718.1	306.5	7166.3
黑龙江	26597.1	15716.7	3376.2	305.2	7198.9
上　海	52061.8	35779.2	1623.0	950.6	13708.9
江　苏	39983.9	26178.2	4895.4	1368.6	7541.6
浙　江	47256.7	28531.9	8141.2	3250.1	7333.6
安　徽	29699.6	19602.1	5085.6	573.1	4438.8
福　建	35775.8	23753.0	5476.2	1471.7	5075.0
江　西	29285.6	19750.2	2765.3	758.9	6011.2
山　东	34781.3	23371.7	5478.8	1029.2	4901.6
河　南	27756.2	16802.1	4480.6	1032.7	5440.8
湖　北	29604.0	17809.3	4853.1	539.7	6401.8
湖　南	32524.4	18666.1	4957.4	1795.2	7105.6
广　东	37790.6	29755.0	4908.8	2121.2	1005.7
广　西	29200.1	17868.9	5250.5	1157.7	4922.9
海　南	28984.8	20367.2	3286.5	929.6	4401.4
重　庆	30452.5	18237.5	3818.4	935.4	7461.2
四　川	29190.6	17209.8	3808.8	1261.3	6910.7
贵　州	28062.6	16523.8	5115.3	916.3	5507.1
云　南	29181.8	16900.9	3904.1	2826.5	5550.2
西　藏	28899.0	23878.3	792.3	786.8	3441.7
陕　西	29261.1	18047.6	2111.1	1177.3	7925.2
甘　肃	26200.5	18425.1	2333.0	926.0	4516.4
青　海	27927.3	20533.3	2156.0	613.3	4624.7
宁　夏	28188.2	19536.6	3270.9	284.6	5096.0
新　疆	29407.0	20648.8	3380.1	182.6	5195.5

2-2-5-4　2017年分地区城镇居民现金可支配收入构成

单位：%

地　区	现金可支配收入	一、工资性收入	二、经营净收入	三、财产净收入	四、转移净收入
全　国	**100.0**	**65.4**	**12.8**	**3.7**	**18.2**
北　京	100.0	71.9	2.6	3.5	22.1
天　津	100.0	68.1	8.3	3.1	20.6
河　北	100.0	68.7	8.1	2.1	21.2
山　西	100.0	64.8	9.2	3.2	22.7
内蒙古	100.0	62.9	19.0	2.0	16.1
辽　宁	100.0	57.5	14.3	1.0	27.2
吉　林	100.0	62.2	10.1	1.1	26.6
黑龙江	100.0	59.1	12.7	1.1	27.1
上　海	100.0	68.7	3.1	1.8	26.3
江　苏	100.0	65.5	12.2	3.4	18.9
浙　江	100.0	60.4	17.2	6.9	15.5
安　徽	100.0	66.0	17.1	1.9	14.9
福　建	100.0	66.4	15.3	4.1	14.2
江　西	100.0	67.4	9.4	2.6	20.5
山　东	100.0	67.2	15.8	3.0	14.1
河　南	100.0	60.5	16.1	3.7	19.6
湖　北	100.0	60.2	16.4	1.8	21.6
湖　南	100.0	57.4	15.2	5.5	21.8
广　东	100.0	78.7	13.0	5.6	2.7
广　西	100.0	61.2	18.0	4.0	16.9
海　南	100.0	70.3	11.3	3.2	15.2
重　庆	100.0	59.9	12.5	3.1	24.5
四　川	100.0	59.0	13.0	4.3	23.7
贵　州	100.0	58.9	18.2	3.3	19.6
云　南	100.0	57.9	13.4	9.7	19.0
西　藏	100.0	82.6	2.7	2.7	11.9
陕　西	100.0	61.7	7.2	4.0	27.1
甘　肃	100.0	70.3	8.9	3.5	17.2
青　海	100.0	73.5	7.7	2.2	16.6
宁　夏	100.0	69.3	11.6	1.0	18.1
新　疆	100.0	70.2	11.5	0.6	17.7

2-2-5-5 2017年分地区城镇居民消费支出

单位：元/人

地区	消费支出	一、食品烟酒支出	二、衣着支出	三、居住支出
全国	**24445.0**	**7001.0**	**1757.9**	**5564.0**
北京	40346.3	8003.3	2428.7	13347.4
天津	30283.6	9456.2	2118.9	6469.9
河北	20600.3	5067.1	1688.8	5047.6
山西	18404.0	4244.2	1774.4	3866.6
内蒙古	23637.8	6468.8	2576.7	4108.0
辽宁	25379.4	6988.3	2167.9	4510.6
吉林	20051.2	5168.7	1954.1	3800.0
黑龙江	19269.8	5247.0	1920.8	3644.1
上海	42304.3	10456.5	1827.0	14749.0
江苏	27726.3	7616.2	1838.5	6773.5
浙江	31924.2	8906.1	1925.7	8413.5
安徽	20740.2	6665.3	1544.1	4234.6
福建	25980.5	8551.6	1438.0	6829.1
江西	19244.5	5994.0	1531.2	4588.8
山东	23072.1	6179.6	2033.6	4894.8
河南	19422.3	5187.8	1779.3	4226.6
湖北	21275.6	6542.5	1544.8	4669.4
湖南	23162.6	6585.0	1682.4	4353.2
广东	30197.9	9711.7	1587.1	7127.8
广西	18348.6	6098.5	908.1	3884.6
海南	20371.9	7575.3	895.7	3855.9
重庆	22759.2	7305.3	1950.9	3960.4
四川	21990.6	7329.3	1723.3	3906.2
贵州	20347.8	6242.6	1570.0	3819.8
云南	19559.7	5665.1	1144.2	3904.8
西藏	21087.5	9253.6	1973.3	4183.6
陕西	20388.2	5798.6	1627.0	3796.5
甘肃	20659.4	6032.6	1905.8	3828.3
青海	21473.0	6060.8	1901.1	3836.8
宁夏	20219.5	4952.2	1768.1	3680.3
新疆	22796.9	6359.6	2025.3	3954.7

2-2-5-5 续表 单位：元/人

地　区	四、生活用品及服务支出	五、交通通信支出	六、教育文化娱乐支出	七、医疗保健支出	八、其他用品及服务支出
全　国	**1525.0**	**3321.5**	**2846.6**	**1777.4**	**651.5**
北　京	2633.0	5395.5	4325.2	3088.0	1125.1
天　津	1773.8	3924.2	2979.0	2599.5	962.2
河　北	1485.1	2923.3	2172.7	1737.3	478.4
山　西	1093.8	2658.2	2559.4	1741.4	465.9
内蒙古	1670.2	3511.3	2636.7	1907.3	758.8
辽　宁	1536.8	3770.7	3164.3	2380.1	860.6
吉　林	1114.9	2785.2	2445.4	2164.0	619.0
黑龙江	1030.8	2563.9	2289.5	1966.7	606.9
上　海	1927.9	4253.5	5087.2	2734.7	1268.5
江　苏	1708.6	3971.6	3450.5	1573.7	793.6
浙　江	1617.4	4955.8	3521.1	1871.8	713.0
安　徽	1215.0	2914.3	2372.2	1274.5	520.1
福　建	1478.1	3353.0	2483.5	1235.1	612.1
江　西	1196.2	2156.9	2235.4	1044.3	497.7
山　东	1736.5	3284.4	2622.5	1780.6	540.2
河　南	1572.1	2269.6	2226.9	1611.5	548.5
湖　北	1287.2	2131.7	2420.9	2165.5	513.6
湖　南	1492.6	2904.6	3972.9	1693.0	478.9
广　东	1782.8	4285.5	3284.3	1503.6	915.1
广　西	1093.3	2607.3	2151.5	1254.2	351.0
海　南	1102.8	2811.5	2236.1	1505.1	389.5
重　庆	1592.1	2992.0	2528.5	1882.5	547.5
四　川	1403.8	3198.3	2221.9	1595.6	612.1
贵　州	1359.2	2889.0	2731.3	1244.0	491.9
云　南	1162.7	3113.6	2363.1	1786.6	419.5
西　藏	1161.8	2312.5	1044.0	639.7	519.0
陕　西	1486.6	2394.7	2617.9	2140.8	526.1
甘　肃	1358.0	2952.6	2341.9	1741.2	499.1
青　海	1398.8	3241.3	2528.3	1948.6	557.2
宁　夏	1257.1	3470.9	2629.7	1936.6	524.5
新　疆	1590.0	3545.2	2629.5	2065.6	627.1

2-2-5-6 2017年分地区城镇居民消费支出构成

单位：%

地区	消费支出	一、食品烟酒支出	二、衣着支出	三、居住支出
全国	**100.0**	**28.6**	**7.2**	**22.8**
北京	100.0	19.8	6.0	33.1
天津	100.0	31.2	7.0	21.4
河北	100.0	24.6	8.2	24.5
山西	100.0	23.1	9.6	21.0
内蒙古	100.0	27.4	10.9	17.4
辽宁	100.0	27.5	8.5	17.8
吉林	100.0	25.8	9.7	19.0
黑龙江	100.0	27.2	10.0	18.9
上海	100.0	24.7	4.3	34.9
江苏	100.0	27.5	6.6	24.4
浙江	100.0	27.9	6.0	26.4
安徽	100.0	32.1	7.4	20.4
福建	100.0	32.9	5.5	26.3
江西	100.0	31.1	8.0	23.8
山东	100.0	26.8	8.8	21.2
河南	100.0	26.7	9.2	21.8
湖北	100.0	30.8	7.3	21.9
湖南	100.0	28.4	7.3	18.8
广东	100.0	32.2	5.3	23.6
广西	100.0	33.2	4.9	21.2
海南	100.0	37.2	4.4	18.9
重庆	100.0	32.1	8.6	17.4
四川	100.0	33.3	7.8	17.8
贵州	100.0	30.7	7.7	18.8
云南	100.0	29.0	5.8	20.0
西藏	100.0	43.9	9.4	19.8
陕西	100.0	28.4	8.0	18.6
甘肃	100.0	29.2	9.2	18.5
青海	100.0	28.2	8.9	17.9
宁夏	100.0	24.5	8.7	18.2
新疆	100.0	27.9	8.9	17.3

2-2-5-6 续表

单位：%

地区	四、生活用品及服务支出	五、交通通信支出	六、教育文化娱乐支出	七、医疗保健支出	八、其他用品及服务支出
全　国	**6.2**	**13.6**	**11.6**	**7.3**	**2.7**
北　京	6.5	13.4	10.7	7.7	2.8
天　津	5.9	13.0	9.8	8.6	3.2
河　北	7.2	14.2	10.5	8.4	2.3
山　西	5.9	14.4	13.9	9.5	2.5
内蒙古	7.1	14.9	11.2	8.1	3.2
辽　宁	6.1	14.9	12.5	9.4	3.4
吉　林	5.6	13.9	12.2	10.8	3.1
黑龙江	5.3	13.3	11.9	10.2	3.1
上　海	4.6	10.1	12.0	6.5	3.0
江　苏	6.2	14.3	12.4	5.7	2.9
浙　江	5.1	15.5	11.0	5.9	2.2
安　徽	5.9	14.1	11.4	6.1	2.5
福　建	5.7	12.9	9.6	4.8	2.4
江　西	6.2	11.2	11.6	5.4	2.6
山　东	7.5	14.2	11.4	7.7	2.3
河　南	8.1	11.7	11.5	8.3	2.8
湖　北	6.1	10.0	11.4	10.2	2.4
湖　南	6.4	12.5	17.2	7.3	2.1
广　东	5.9	14.2	10.9	5.0	3.0
广　西	6.0	14.2	11.7	6.8	1.9
海　南	5.4	13.8	11.0	7.4	1.9
重　庆	7.0	13.1	11.1	8.3	2.4
四　川	6.4	14.5	10.1	7.3	2.8
贵　州	6.7	14.2	13.4	6.1	2.4
云　南	5.9	15.9	12.1	9.1	2.1
西　藏	5.5	11.0	5.0	3.0	2.5
陕　西	7.3	11.7	12.8	10.5	2.6
甘　肃	6.6	14.3	11.3	8.4	2.4
青　海	6.5	15.1	11.8	9.1	2.6
宁　夏	6.2	17.2	13.0	9.6	2.6
新　疆	7.0	15.6	11.5	9.1	2.8

2-2-5-7　2017年分地区城镇居民现金消费支出

单位：元/人

地　区	现金消费支出	一、食品烟酒支出	二、衣着支出	三、居住支出
全　国	**20329.4**	**6861.2**	**1757.3**	**1986.8**
北　京	28481.6	7871.3	2428.2	2752.0
天　津	25211.8	9260.1	2118.5	2194.6
河　北	17233.1	5039.3	1688.8	1903.7
山　西	15825.9	4179.4	1773.9	1772.5
内蒙古	21271.0	6450.3	2576.6	1986.3
辽　宁	21975.8	6761.0	2167.0	1839.6
吉　林	17597.6	5034.8	1951.8	1824.0
黑龙江	17090.2	5181.7	1920.8	1775.6
上　海	28780.8	10268.5	1826.9	2809.5
江　苏	22349.1	7461.5	1838.1	2051.9
浙　江	25581.8	8618.0	1924.8	2905.0
安　徽	17440.5	6480.4	1543.3	1529.2
福　建	20969.3	8398.3	1437.7	2285.4
江　西	16277.3	5940.7	1531.1	1838.6
山　东	19655.8	6105.5	2033.5	1779.7
河　南	16641.0	5144.9	1779.1	1869.3
湖　北	17618.6	6399.0	1543.8	1634.5
湖　南	20385.8	6438.1	1682.0	1992.7
广　东	25221.1	9471.8	1586.2	2648.0
广　西	15559.7	5914.2	907.8	1614.7
海　南	17559.6	7490.0	895.7	1573.3
重　庆	19692.1	7103.5	1950.1	1432.7
四　川	19118.4	7126.8	1721.0	1534.1
贵　州	18016.9	6182.9	1569.9	1656.6
云　南	16364.2	5530.9	1144.2	1201.8
西　藏	18216.1	9219.8	1972.4	1429.0
陕　西	17853.7	5747.4	1626.6	1910.7
甘　肃	18078.3	5983.5	1905.3	1566.5
青　海	19145.3	6022.7	1901.1	2010.0
宁　夏	17763.9	4894.0	1768.1	1761.1
新　疆	20362.2	6286.4	2024.7	1922.4

2-2-5-7 续表　　　　单位：元/人

地　区	四、生活用品及服务支出	五、交通通信支出	六、教育文化娱乐支出	七、医疗保健支出	八、其他用品及服务支出
全　国	**1514.5**	**3315.6**	**2845.4**	**1403.7**	**644.8**
北　京	2632.0	5394.7	4325.0	1954.0	1124.6
天　津	1772.0	3881.7	2977.4	2055.0	952.6
河　北	1482.6	2917.8	2172.5	1552.5	476.0
山　西	1091.0	2656.7	2559.4	1331.6	461.4
内蒙古	1670.1	3511.3	2636.7	1681.4	758.4
辽　宁	1525.4	3748.2	3164.0	1935.8	834.8
吉　林	1111.7	2772.8	2444.9	1839.1	618.4
黑龙江	1030.4	2563.5	2289.5	1722.6	606.1
上　海	1926.8	4237.0	5085.5	1374.3	1252.2
江　苏	1686.3	3970.2	3449.1	1104.3	787.8
浙　江	1602.3	4947.7	3515.0	1367.5	701.4
安　徽	1209.2	2912.2	2371.9	878.1	516.1
福　建	1469.1	3345.9	2481.5	941.2	610.2
江　西	1195.7	2153.2	2235.2	893.8	489.0
山　东	1711.2	3282.9	2622.2	1586.0	534.7
河　南	1570.0	2268.1	2226.9	1237.1	545.7
湖　北	1285.6	2124.2	2417.9	1707.2	506.4
湖　南	1489.0	2902.4	3972.3	1433.0	476.4
广　东	1760.2	4273.4	3281.5	1292.2	907.8
广　西	1075.7	2599.4	2150.8	956.1	341.1
海　南	1099.8	2810.2	2236.1	1065.1	389.2
重　庆	1576.3	2988.1	2527.7	1577.6	536.1
四　川	1394.2	3197.2	2220.3	1321.9	602.9
贵　州	1356.0	2887.3	2731.3	1145.8	487.1
云　南	1146.6	3113.6	2363.1	1450.6	413.6
西　藏	1161.3	2312.5	1040.8	563.7	516.4
陕　西	1467.0	2393.6	2617.1	1576.8	514.5
甘　肃	1348.8	2951.7	2341.2	1490.1	491.2
青　海	1396.5	3239.6	2528.3	1490.8	556.4
宁　夏	1252.2	3465.3	2629.7	1471.5	522.1
新　疆	1589.3	3543.1	2629.5	1742.2	624.6

2-2-5-8　2017年分地区城镇居民现金消费支出构成

单位：%

地　区	现金消费支出	一、食品烟酒支出	二、衣着支出	三、居住支出
全　国	**100.0**	**33.8**	**8.6**	**9.8**
北　京	100.0	27.6	8.5	9.7
天　津	100.0	36.7	8.4	8.7
河　北	100.0	29.2	9.8	11.0
山　西	100.0	26.4	11.2	11.2
内蒙古	100.0	30.3	12.1	9.3
辽　宁	100.0	30.8	9.9	8.4
吉　林	100.0	28.6	11.1	10.4
黑龙江	100.0	30.3	11.2	10.4
上　海	100.0	35.7	6.3	9.8
江　苏	100.0	33.4	8.2	9.2
浙　江	100.0	33.7	7.5	11.4
安　徽	100.0	37.2	8.8	8.8
福　建	100.0	40.1	6.9	10.9
江　西	100.0	36.5	9.4	11.3
山　东	100.0	31.1	10.3	9.1
河　南	100.0	30.9	10.7	11.2
湖　北	100.0	36.3	8.8	9.3
湖　南	100.0	31.6	8.3	9.8
广　东	100.0	37.6	6.3	10.5
广　西	100.0	38.0	5.8	10.4
海　南	100.0	42.7	5.1	9.0
重　庆	100.0	36.1	9.9	7.3
四　川	100.0	37.3	9.0	8.0
贵　州	100.0	34.3	8.7	9.2
云　南	100.0	33.8	7.0	7.3
西　藏	100.0	50.6	10.8	7.8
陕　西	100.0	32.2	9.1	10.7
甘　肃	100.0	33.1	10.5	8.7
青　海	100.0	31.5	9.9	10.5
宁　夏	100.0	27.6	10.0	9.9
新　疆	100.0	30.9	9.9	9.4

2-2-5-8 续表

单位：%

地区	四、生活用品及服务支出	五、交通通信支出	六、教育文化娱乐支出	七、医疗保健支出	八、其他用品及服务支出
全国	**7.4**	**16.3**	**14.0**	**6.9**	**3.2**
北京	9.2	18.9	15.2	6.9	3.9
天津	7.0	15.4	11.8	8.2	3.8
河北	8.6	16.9	12.6	9.0	2.8
山西	6.9	16.8	16.2	8.4	2.9
内蒙古	7.9	16.5	12.4	7.9	3.6
辽宁	6.9	17.1	14.4	8.8	3.8
吉林	6.3	15.8	13.9	10.5	3.5
黑龙江	6.0	15.0	13.4	10.1	3.5
上海	6.7	14.7	17.7	4.8	4.4
江苏	7.5	17.8	15.4	4.9	3.5
浙江	6.3	19.3	13.7	5.3	2.7
安徽	6.9	16.7	13.6	5.0	3.0
福建	7.0	16.0	11.8	4.5	2.9
江西	7.3	13.2	13.7	5.5	3.0
山东	8.7	16.7	13.3	8.1	2.7
河南	9.4	13.6	13.4	7.4	3.3
湖北	7.3	12.1	13.7	9.7	2.9
湖南	7.3	14.2	19.5	7.0	2.3
广东	7.0	16.9	13.0	5.1	3.6
广西	6.9	16.7	13.8	6.1	2.2
海南	6.3	16.0	12.7	6.1	2.2
重庆	8.0	15.2	12.8	8.0	2.7
四川	7.3	16.7	11.6	6.9	3.2
贵州	7.5	16.0	15.2	6.4	2.7
云南	7.0	19.0	14.4	8.9	2.5
西藏	6.4	12.7	5.7	3.1	2.8
陕西	8.2	13.4	14.7	8.8	2.9
甘肃	7.5	16.3	13.0	8.2	2.7
青海	7.3	16.9	13.2	7.8	2.9
宁夏	7.0	19.5	14.8	8.3	2.9
新疆	7.8	17.4	12.9	8.6	3.1

2-2-5-9　2017年分地区城镇居民家庭主要食品消费量

单位：公斤/人

地　区	粮食(原粮)	谷物	食用油	植物油	蔬菜	肉类	猪肉
全　国	**109.7**	**98.6**	**10.7**	**10.3**	**106.7**	**29.2**	**20.6**
北　京	72.4	64.0	8.2	8.2	92.4	23.1	12.4
天　津	112.9	102.6	10.5	10.4	120.0	27.5	16.2
河　北	114.8	104.0	9.1	9.1	100.4	23.0	13.7
山　西	114.3	100.8	8.3	8.3	88.7	16.8	10.5
内蒙古	140.8	127.6	9.6	9.4	99.8	35.3	15.5
辽　宁	119.9	105.2	11.7	11.6	122.7	29.9	18.5
吉　林	127.8	116.1	12.6	12.5	104.5	23.0	14.9
黑龙江	132.6	118.5	13.9	13.8	104.9	25.5	15.9
上　海	94.8	83.7	8.6	8.5	101.4	27.7	18.9
江　苏	103.9	92.0	12.2	12.1	113.8	28.4	20.5
浙　江	118.2	105.6	11.8	11.5	97.4	27.3	21.2
安　徽	107.0	94.9	9.8	9.4	103.5	26.1	19.7
福　建	99.7	90.7	8.9	8.3	88.8	32.3	25.5
江　西	112.4	102.1	14.4	14.2	115.9	31.9	23.9
山　东	111.2	101.4	8.6	8.6	102.8	24.5	14.5
河　南	119.7	107.9	9.3	9.2	99.2	20.5	12.9
湖　北	92.1	80.0	11.0	10.8	119.5	28.9	21.0
湖　南	103.5	94.6	13.2	11.2	106.7	35.0	27.9
广　东	93.8	85.9	9.0	8.7	100.8	36.6	28.2
广　西	97.7	89.1	8.8	8.1	99.1	36.6	29.3
海　南	89.9	84.0	9.7	9.0	108.4	33.8	27.6
重　庆	116.3	101.9	15.6	14.4	136.3	42.5	34.0
四　川	130.7	117.3	13.2	12.4	139.3	43.8	35.8
贵　州	100.8	89.1	10.7	9.4	91.2	33.7	28.2
云　南	105.7	93.9	9.5	7.9	106.5	31.0	23.6
西　藏	185.3	178.3	23.7	19.2	74.9	50.0	14.1
陕　西	122.4	107.1	10.9	10.7	107.4	17.4	11.8
甘　肃	119.6	108.1	10.6	10.5	104.3	20.9	12.1
青　海	95.4	88.5	9.3	9.2	79.6	25.4	11.6
宁　夏	95.9	89.2	7.6	7.6	96.6	17.1	6.6
新　疆	132.5	126.2	14.0	14.0	117.1	24.3	6.5

2-2-5-9 续表 单位：公斤/人

地 区			禽类	水产品	蛋类	奶类	干鲜瓜果类	食糖
	牛肉	羊肉						
全 国	**2.6**	**1.6**	**9.7**	**14.8**	**10.9**	**16.5**	**59.9**	**1.3**
北 京	3.1	2.8	5.7	9.0	12.1	24.0	65.8	1.0
天 津	3.5	3.3	6.0	17.8	18.6	18.4	86.1	1.4
河 北	2.4	1.9	5.1	7.9	15.1	20.8	70.6	1.0
山 西	1.3	1.7	2.9	3.4	11.5	19.9	64.0	0.9
内蒙古	5.3	9.6	5.9	6.2	10.4	28.4	69.4	1.6
辽 宁	3.6	1.9	6.1	18.3	15.3	20.1	78.7	1.4
吉 林	3.3	1.1	5.0	9.4	11.9	14.0	62.8	1.3
黑龙江	2.6	1.9	5.7	10.2	12.7	14.6	71.1	1.9
上 海	3.1	0.9	12.7	25.5	10.7	21.8	57.7	1.3
江 苏	2.3	0.9	11.3	20.3	11.3	18.1	51.6	1.1
浙 江	2.3	0.7	11.5	26.4	8.8	13.4	56.3	1.4
安 徽	2.6	1.1	10.3	12.4	12.0	14.1	53.4	0.9
福 建	2.4	0.9	10.7	28.8	9.2	13.2	46.9	1.6
江 西	3.1	0.6	10.2	17.0	8.2	15.7	51.2	1.2
山 东	1.9	1.5	6.5	15.8	17.9	21.9	80.5	0.9
河 南	1.8	1.8	6.5	5.4	15.9	18.3	68.1	1.2
湖 北	2.4	0.8	6.5	18.5	7.9	9.5	49.8	0.8
湖 南	3.0	0.9	10.5	15.0	8.1	8.9	62.1	1.4
广 东	2.5	0.9	19.3	24.5	7.6	9.7	45.5	1.3
广 西	3.2	1.2	20.1	14.3	6.4	9.6	51.6	1.6
海 南	2.7	1.0	22.9	29.4	5.5	6.6	40.5	1.2
重 庆	2.1	1.0	14.1	12.7	9.8	22.6	50.2	2.4
四 川	2.7	0.7	11.9	9.5	8.9	16.9	51.2	1.8
贵 州	2.1	0.3	7.4	4.2	5.6	11.1	46.5	1.2
云 南	3.0	0.6	8.1	5.8	5.2	10.4	45.1	1.6
西 藏	21.5	14.0	5.1	3.0	8.5	21.2	32.7	1.1
陕 西	1.1	1.5	3.8	4.0	10.3	21.5	70.3	1.0
甘 肃	2.6	3.0	5.2	4.2	9.3	24.5	78.0	1.9
青 海	5.4	6.4	4.2	3.3	6.7	24.8	42.5	1.1
宁 夏	3.9	5.1	6.1	3.8	6.8	18.7	77.9	1.4
新 疆	5.5	10.0	7.7	6.1	9.0	30.4	71.8	1.5

2-2-5-10　2017年分地区城镇居民年末主要耐用消费品拥有量

单位：平均每百户

地　区	家用汽车(辆)	摩托车(辆)	电动助力车(辆)	洗衣机(台)	电冰箱(柜)(台)	微波炉(台)	彩色电视机(台)
全　国	**37.5**	**20.8**	**53.1**	**95.7**	**98.0**	**56.9**	**123.8**
北　京	49.2	2.5	20.6	96.1	97.8	81.2	127.8
天　津	43.1	2.6	38.3	97.5	100.3	74.5	111.1
河　北	42.6	13.0	78.9	99.4	99.1	60.2	110.2
山　西	36.1	16.6	43.7	99.9	96.0	43.9	105.2
内蒙古	41.0	18.8	51.3	96.4	98.6	38.3	101.7
辽　宁	29.2	8.8	16.0	95.7	99.9	60.0	109.2
吉　林	24.8	15.1	9.3	96.2	96.3	45.8	104.1
黑龙江	16.8	9.3	9.4	94.3	95.4	36.1	100.9
上　海	31.5	3.5	58.6	96.1	101.3	90.1	187.6
江　苏	47.5	14.1	115.3	101.2	104.1	91.5	176.5
浙　江	55.5	11.8	79.3	92.5	100.3	61.8	179.1
安　徽	28.6	14.7	77.8	97.3	100.2	65.9	133.8
福　建	36.3	44.6	52.9	89.7	98.6	65.5	142.5
江　西	33.2	29.8	64.7	95.8	98.4	58.1	138.3
山　东	59.2	17.4	93.5	98.0	101.5	53.4	106.8
河　南	31.6	18.9	110.3	101.6	99.2	46.1	121.6
湖　北	25.2	31.5	29.4	95.8	100.3	51.6	118.8
湖　南	34.3	35.3	25.6	100.8	102.5	46.5	119.1
广　东	36.7	42.6	28.1	78.1	83.2	43.7	102.0
广　西	38.5	41.8	87.2	98.8	99.8	66.4	113.9
海　南	30.1	34.0	86.0	87.6	94.7	38.3	107.2
重　庆	28.1	17.5	6.4	98.2	102.3	65.2	129.5
四　川	33.6	19.8	27.4	98.8	100.4	51.7	125.3
贵　州	35.0	14.0	10.1	99.6	98.6	46.9	108.4
云　南	46.9	34.3	37.5	99.2	96.4	57.6	109.3
西　藏	41.4	11.5	18.6	95.0	102.5	42.3	135.3
陕　西	26.9	13.1	28.6	98.0	94.4	38.3	105.1
甘　肃	26.9	17.5	20.5	101.2	97.3	50.4	106.0
青　海	31.8	12.7	7.4	96.5	96.2	55.8	100.6
宁　夏	37.6	14.5	52.5	99.1	97.0	54.6	103.5
新　疆	35.7	9.7	29.0	99.8	104.0	39.2	102.7

2-2-5-10 续表 单位：平均每百户

地　区	空调（台）	热水器（台）	排油烟机（台）	移动电话（部）	计算机（台）	照相机（台）
全　国	**128.6**	**90.7**	**73.7**	**235.4**	**80.8**	**29.1**
北　京	169.8	93.5	86.6	226.1	104.8	59.4
天　津	145.3	93.9	86.1	229.2	79.2	33.8
河　北	126.2	91.7	79.9	226.5	76.4	32.0
山　西	41.9	68.7	74.8	228.6	77.9	22.3
内蒙古	13.9	61.0	65.1	224.3	62.2	22.9
辽　宁	39.3	78.9	81.5	212.8	72.3	30.4
吉　林	12.7	58.1	73.0	225.1	66.7	21.5
黑龙江	11.3	52.0	72.0	207.7	59.8	17.6
上　海	210.2	96.6	84.8	232.8	140.2	51.6
江　苏	211.1	107.8	85.5	243.5	96.8	38.3
浙　江	206.0	98.4	83.4	242.3	95.6	32.4
安　徽	164.6	103.9	72.3	229.8	71.2	20.3
福　建	171.1	102.5	68.7	252.0	89.2	23.1
江　西	141.9	96.9	70.4	234.6	77.3	20.5
山　东	128.1	96.6	83.3	226.0	81.1	41.3
河　南	161.4	89.3	69.8	236.5	73.1	20.3
湖　北	141.9	94.3	66.6	234.6	73.8	21.8
湖　南	159.8	98.2	74.2	254.0	79.6	24.4
广　东	164.9	88.8	61.9	234.8	88.3	32.0
广　西	133.8	103.3	64.4	267.7	88.3	23.5
海　南	126.5	95.2	63.6	263.3	76.8	14.6
重　庆	183.9	95.5	62.1	256.7	74.8	26.9
四　川	130.4	96.4	65.2	245.3	67.6	20.6
贵　州	34.5	90.7	55.0	256.7	64.4	16.6
云　南	4.5	95.9	70.0	253.9	67.0	27.6
西　藏	10.1	41.3	50.3	225.5	60.5	31.2
陕　西	98.1	80.3	68.6	223.3	71.0	26.7
甘　肃	12.7	77.9	77.8	240.1	70.8	26.5
青　海	1.4	53.3	76.5	222.7	57.5	18.2
宁　夏	14.9	93.6	80.7	253.5	72.7	20.0
新　疆	26.2	85.7	80.8	226.7	65.1	27.7

（六）2018年分地区城镇居民收支主要数据

2-2-6-1　2018年分地区城镇居民可支配收入

单位：元/人

地　区	可支配收入	一、工资性收入	二、经营净收入	三、财产净收入	四、转移净收入
全　国	**39250.8**	**23792.2**	**4442.6**	**4027.7**	**6988.3**
北　京	67989.9	40489.3	1072.9	11982.4	14445.3
天　津	42976.3	27557.0	2923.8	4149.8	8345.6
河　北	32977.2	20988.0	2436.2	2966.0	6587.0
山　西	31034.8	18572.4	2574.3	2286.1	7602.0
内蒙古	38304.7	23302.3	7127.6	2070.2	5804.5
辽　宁	37341.9	20626.2	4638.9	1845.7	10231.1
吉　林	30171.9	18978.2	2789.5	1603.7	6800.5
黑龙江	29191.3	16705.7	3301.8	1386.8	7797.1
上　海	68033.6	39145.5	1828.6	10653.1	16406.4
江　苏	47200.0	28136.3	5053.4	5317.4	8692.9
浙　江	55574.3	31148.0	8316.1	7586.4	8523.9
安　徽	34393.1	20974.0	5548.1	2708.3	5162.8
福　建	42121.3	25890.9	5573.9	4983.2	5673.3
江　西	33819.4	21451.1	2824.2	2950.5	6593.6
山　东	39549.4	25040.7	5583.9	3337.0	5587.8
河　南	31874.2	18049.3	4531.7	3161.6	6131.6
湖　北	34454.6	18997.1	4796.6	2953.9	7707.1
湖　南	36698.3	20021.5	5252.5	3715.3	7708.9
广　东	44341.0	32180.1	4872.6	5816.6	1471.7
广　西	32436.1	18083.9	5594.9	2889.6	5867.6
海　南	33348.7	21506.3	3348.6	3244.3	5249.4
重　庆	34889.3	20054.0	3973.1	2536.2	8326.1
四　川	33215.9	19032.7	3899.5	2696.3	7587.4
贵　州	31591.9	17392.1	5262.4	3066.0	5871.4
云　南	33487.9	18743.9	3855.1	4518.4	6370.5
西　藏	33797.4	25499.8	912.0	2989.0	4396.6
陕　西	33319.3	19352.5	2581.9	2450.9	8933.9
甘　肃	29957.0	19930.1	2333.8	2527.5	5165.6
青　海	31514.5	21718.7	2089.2	1673.6	6033.1
宁　夏	31895.2	21337.5	3354.2	1348.8	5854.7
新　疆	32763.5	21953.0	3414.0	1433.6	5963.1

2-2-6-2 2018年分地区城镇居民可支配收入构成

单位：%

地 区	可支配收入	一、工资性收入	二、经营净收入	三、财产净收入	四、转移净收入
全 国	**100.0**	**60.6**	**11.3**	**10.3**	**17.8**
北 京	100.0	59.6	1.6	17.6	21.2
天 津	100.0	64.1	6.8	9.7	19.4
河 北	100.0	63.6	7.4	9.0	20.0
山 西	100.0	59.8	8.3	7.4	24.5
内蒙古	100.0	60.8	18.6	5.4	15.2
辽 宁	100.0	55.2	12.4	4.9	27.4
吉 林	100.0	62.9	9.2	5.3	22.5
黑龙江	100.0	57.2	11.3	4.8	26.7
上 海	100.0	57.5	2.7	15.7	24.1
江 苏	100.0	59.6	10.7	11.3	18.4
浙 江	100.0	56.0	15.0	13.7	15.3
安 徽	100.0	61.0	16.1	7.9	15.0
福 建	100.0	61.5	13.2	11.8	13.5
江 西	100.0	63.4	8.4	8.7	19.5
山 东	100.0	63.3	14.1	8.4	14.1
河 南	100.0	56.6	14.2	9.9	19.2
湖 北	100.0	55.1	13.9	8.6	22.4
湖 南	100.0	54.6	14.3	10.1	21.0
广 东	100.0	72.6	11.0	13.1	3.3
广 西	100.0	55.8	17.2	8.9	18.1
海 南	100.0	64.5	10.0	9.7	15.7
重 庆	100.0	57.5	11.4	7.3	23.9
四 川	100.0	57.3	11.7	8.1	22.8
贵 州	100.0	55.1	16.7	9.7	18.6
云 南	100.0	56.0	11.5	13.5	19.0
西 藏	100.0	75.4	2.7	8.8	13.0
陕 西	100.0	58.1	7.7	7.4	26.8
甘 肃	100.0	66.5	7.8	8.4	17.2
青 海	100.0	68.9	6.6	5.3	19.1
宁 夏	100.0	66.9	10.5	4.2	18.4
新 疆	100.0	67.0	10.4	4.4	18.2

2-2-6-3 2018年分地区城镇居民现金可支配收入

单位：元/人

地区	现金可支配收入	一、工资性收入	二、经营净收入	三、财产净收入	四、转移净收入
全国	**36316.2**	**23670.9**	**4808.0**	**1311.6**	**6525.7**
北京	56676.7	40408.1	1320.2	1900.2	13048.2
天津	38931.2	27393.2	3144.8	874.9	7518.3
河北	30261.1	20944.0	2666.2	266.4	6384.6
山西	29400.3	18538.8	2710.3	975.4	7175.9
内蒙古	37133.5	23285.4	7483.1	909.3	5455.7
辽宁	35484.8	20381.3	5032.1	427.8	9643.6
吉林	28974.9	18925.7	3076.3	531.2	6441.7
黑龙江	28305.1	16648.5	3681.8	511.2	7463.5
上海	57110.1	38951.9	1943.8	1371.3	14843.2
江苏	42460.8	28004.8	5223.2	1242.2	7990.6
浙江	51211.7	30981.2	8828.9	3493.4	7908.2
安徽	32885.9	20847.7	6579.3	622.5	4836.3
福建	38242.1	25619.9	5862.0	1410.1	5350.2
江西	31789.8	21395.3	2935.3	1080.3	6379.0
山东	37480.0	24963.0	6166.9	1067.3	5282.7
河南	29474.2	17973.1	4731.5	1090.6	5679.0
湖北	32094.9	18838.1	5483.0	645.7	7128.2
湖南	34797.8	19864.9	5622.1	1986.8	7324.0
广东	40758.5	31947.0	5379.2	2131.2	1301.1
广西	30856.3	17973.6	5965.8	1501.7	5415.2
海南	30870.1	21429.3	3472.6	1225.7	4742.5
重庆	33081.8	19925.7	4183.8	1022.8	7949.4
四川	31514.9	18936.0	4126.0	1217.9	7235.0
贵州	30787.4	17353.1	5864.4	2043.4	5526.5
云南	31424.6	18719.5	4117.6	2553.3	6034.2
西藏	31697.5	25482.6	954.7	962.4	4297.7
陕西	31867.2	19281.5	2752.7	1368.5	8464.6
甘肃	27755.3	19887.3	2533.4	638.3	4696.2
青海	30200.1	21649.9	2546.6	590.2	5413.3
宁夏	30773.5	21287.7	3835.9	620.6	5029.4
新疆	31402.4	21880.0	3741.6	290.7	5490.1

2-2-6-4　2018年分地区城镇居民现金可支配收入构成

单位：%

地　区	现金可支配收入	一、工资性收入	二、经营净收入	三、财产净收入	四、转移净收入
全　国	**100.0**	**65.2**	**13.2**	**3.6**	**18.0**
北　京	100.0	71.3	2.3	3.4	23.0
天　津	100.0	70.4	8.1	2.2	19.3
河　北	100.0	69.2	8.8	0.9	21.1
山　西	100.0	63.1	9.2	3.3	24.4
内蒙古	100.0	62.7	20.2	2.4	14.7
辽　宁	100.0	57.4	14.2	1.2	27.2
吉　林	100.0	65.3	10.6	1.8	22.2
黑龙江	100.0	58.8	13.0	1.8	26.4
上　海	100.0	68.2	3.4	2.4	26.0
江　苏	100.0	66.0	12.3	2.9	18.8
浙　江	100.0	60.5	17.2	6.8	15.4
安　徽	100.0	63.4	20.0	1.9	14.7
福　建	100.0	67.0	15.3	3.7	14.0
江　西	100.0	67.3	9.2	3.4	20.1
山　东	100.0	66.6	16.5	2.8	14.1
河　南	100.0	61.0	16.1	3.7	19.3
湖　北	100.0	58.7	17.1	2.0	22.2
湖　南	100.0	57.1	16.2	5.7	21.0
广　东	100.0	78.4	13.2	5.2	3.2
广　西	100.0	58.2	19.3	4.9	17.5
海　南	100.0	69.4	11.2	4.0	15.4
重　庆	100.0	60.2	12.6	3.1	24.0
四　川	100.0	60.1	13.1	3.9	23.0
贵　州	100.0	56.4	19.0	6.6	18.0
云　南	100.0	59.6	13.1	8.1	19.2
西　藏	100.0	80.4	3.0	3.0	13.6
陕　西	100.0	60.5	8.6	4.3	26.6
甘　肃	100.0	71.7	9.1	2.3	16.9
青　海	100.0	71.7	8.4	2.0	17.9
宁　夏	100.0	69.2	12.5	2.0	16.3
新　疆	100.0	69.7	11.9	0.9	17.5

2-2-6-5　2018年分地区城镇居民消费支出

单位：元/人

地　区	消费支出	一、食品烟酒支出	二、衣着支出	三、居住支出
全　国	**26112.3**	**7239.0**	**1808.2**	**6255.0**
北　京	42925.6	8576.9	2346.1	15390.6
天　津	32655.1	9420.8	2200.7	7037.6
河　北	22127.4	5555.6	1799.0	5577.1
山　西	19789.8	4702.6	1821.5	4246.8
内蒙古	24437.1	6583.5	2455.8	4594.4
辽　宁	26447.9	7081.1	2121.7	5146.1
吉　林	22393.7	5563.8	2023.2	4417.2
黑龙江	21035.5	5630.1	1920.2	4089.2
上　海	46015.2	11103.9	2139.4	15376.6
江　苏	29461.9	7686.7	1925.8	8103.9
浙　江	34597.9	9370.7	2231.5	9154.0
安　徽	21522.7	6672.1	1661.1	4909.9
福　建	28145.1	9000.7	1554.1	7716.3
江　西	20760.0	6232.6	1628.8	4561.7
山　东	24798.4	6528.8	2008.4	5302.3
河　南	20989.2	5399.5	1705.0	5021.0
湖　北	23995.9	6737.5	1741.2	5392.0
湖　南	25064.2	6848.9	1823.5	5060.9
广　东	30924.3	9780.2	1415.3	8147.8
广　西	20159.4	6180.4	967.7	4235.9
海　南	22971.2	8184.7	938.4	5055.5
重　庆	24154.2	7597.5	2010.1	4325.4
四　川	23483.9	7571.0	1712.6	4390.7
贵　州	20787.9	5604.8	1588.2	3717.6
云　南	21626.4	5845.8	1392.1	4803.9
西　藏	23029.4	8975.0	2168.5	4726.5
陕　西	21966.4	5928.7	1728.2	4300.9
甘　肃	22606.0	6491.3	1906.3	5060.8
青　海	22997.5	6351.2	2004.0	4235.4
宁　夏	21976.7	5374.4	1952.9	4032.2
新　疆	24191.4	6899.7	2233.1	4287.2

2-2-6-5 续表

单位：元/人

地区	四、生活用品及服务支出	五、交通通信支出	六、教育文化娱乐支出	七、医疗保健支出	八、其他用品及服务支出
全国	**1629.4**	**3473.5**	**2974.1**	**2045.7**	**687.4**
北京	2496.2	5032.6	4401.6	3475.8	1205.9
天津	1915.7	4636.7	3598.1	2825.1	1020.4
河北	1508.0	2982.0	2305.0	1883.7	517.0
山西	1219.5	2497.4	2638.2	2138.4	525.4
内蒙古	1631.0	3736.4	2592.1	2105.7	738.2
辽宁	1610.2	3551.2	3410.2	2626.9	900.4
吉林	1301.7	3057.6	2830.8	2469.2	730.2
黑龙江	1173.2	2605.4	2472.9	2466.5	678.0
上海	2204.6	5107.8	5490.9	3221.8	1370.2
江苏	1785.8	3819.8	3129.0	2273.3	737.8
浙江	1967.1	5010.5	3684.2	2286.6	893.4
安徽	1321.3	2630.3	2372.4	1419.3	536.3
福建	1516.2	3630.7	2727.6	1374.8	624.7
江西	1493.7	2537.6	2490.5	1218.9	596.2
山东	1901.2	3604.7	2902.7	1966.3	584.0
河南	1489.4	2510.6	2429.9	1925.2	508.5
湖北	1572.9	3103.2	2694.6	2162.8	591.5
湖南	1635.6	3220.3	3924.5	2034.4	516.0
广东	1726.2	4107.3	3335.7	1591.3	820.5
广西	1254.1	2902.8	2466.9	1699.3	452.2
海南	1086.0	2592.9	2855.7	1669.8	588.2
重庆	1712.7	3248.3	2588.8	2054.5	616.9
四川	1562.0	3365.5	2383.8	1832.2	666.2
贵州	1344.7	3971.0	2413.5	1657.8	490.3
云南	1293.0	3227.9	2664.1	1875.0	524.6
西藏	1389.6	3123.9	1175.8	871.1	599.0
陕西	1740.5	2752.7	2729.7	2233.4	552.4
甘肃	1446.8	2448.9	2440.3	2207.4	604.2
青海	1385.6	3611.9	2393.6	2371.1	644.6
宁夏	1416.7	3528.6	2888.7	2152.0	631.1
新疆	1641.8	3425.2	2651.4	2272.6	780.3

2-2-6-6　2018年分地区城镇居民消费支出构成

单位：%

地　　区	消费支出	一、食品烟酒支出	二、衣着支出	三、居住支出
全　　国	**100.0**	**27.7**	**6.9**	**24.0**
北　　京	100.0	20.0	5.5	35.9
天　　津	100.0	28.8	6.7	21.6
河　　北	100.0	25.1	8.1	25.2
山　　西	100.0	23.8	9.2	21.5
内 蒙 古	100.0	26.9	10.0	18.8
辽　　宁	100.0	26.8	8.0	19.5
吉　　林	100.0	24.8	9.0	19.7
黑 龙 江	100.0	26.8	9.1	19.4
上　　海	100.0	24.1	4.6	33.4
江　　苏	100.0	26.1	6.5	27.5
浙　　江	100.0	27.1	6.4	26.5
安　　徽	100.0	31.0	7.7	22.8
福　　建	100.0	32.0	5.5	27.4
江　　西	100.0	30.0	7.8	22.0
山　　东	100.0	26.3	8.1	21.4
河　　南	100.0	25.7	8.1	23.9
湖　　北	100.0	28.1	7.3	22.5
湖　　南	100.0	27.3	7.3	20.2
广　　东	100.0	31.6	4.6	26.3
广　　西	100.0	30.7	4.8	21.0
海　　南	100.0	35.6	4.1	22.0
重　　庆	100.0	31.5	8.3	17.9
四　　川	100.0	32.2	7.3	18.7
贵　　州	100.0	27.0	7.6	17.9
云　　南	100.0	27.0	6.4	22.2
西　　藏	100.0	39.0	9.4	20.5
陕　　西	100.0	27.0	7.9	19.6
甘　　肃	100.0	28.7	8.4	22.4
青　　海	100.0	27.6	8.7	18.4
宁　　夏	100.0	24.5	8.9	18.3
新　　疆	100.0	28.5	9.2	17.7

2-2-6-6 续表

单位：%

地　　区	四、生活用品及服务支出	五、交通通信支出	六、教育文化娱乐支出	七、医疗保健支出	八、其他用品及服务支出
全　　国	**6.2**	**13.3**	**11.4**	**7.8**	**2.6**
北　　京	5.8	11.7	10.3	8.1	2.8
天　　津	5.9	14.2	11.0	8.7	3.1
河　　北	6.8	13.5	10.4	8.5	2.3
山　　西	6.2	12.6	13.3	10.8	2.7
内 蒙 古	6.7	15.3	10.6	8.6	3.0
辽　　宁	6.1	13.4	12.9	9.9	3.4
吉　　林	5.8	13.7	12.6	11.0	3.3
黑 龙 江	5.6	12.4	11.8	11.7	3.2
上　　海	4.8	11.1	11.9	7.0	3.0
江　　苏	6.1	13.0	10.6	7.7	2.5
浙　　江	5.7	14.5	10.6	6.6	2.6
安　　徽	6.1	12.2	11.0	6.6	2.5
福　　建	5.4	12.9	9.7	4.9	2.2
江　　西	7.2	12.2	12.0	5.9	2.9
山　　东	7.7	14.5	11.7	7.9	2.4
河　　南	7.1	12.0	11.6	9.2	2.4
湖　　北	6.6	12.9	11.2	9.0	2.5
湖　　南	6.5	12.8	15.7	8.1	2.1
广　　东	5.6	13.3	10.8	5.1	2.7
广　　西	6.2	14.4	12.2	8.4	2.2
海　　南	4.7	11.3	12.4	7.3	2.6
重　　庆	7.1	13.4	10.7	8.5	2.6
四　　川	6.7	14.3	10.2	7.8	2.8
贵　　州	6.5	19.1	11.6	8.0	2.4
云　　南	6.0	14.9	12.3	8.7	2.4
西　　藏	6.0	13.6	5.1	3.8	2.6
陕　　西	7.9	12.5	12.4	10.2	2.5
甘　　肃	6.4	10.8	10.8	9.8	2.7
青　　海	6.0	15.7	10.4	10.3	2.8
宁　　夏	6.4	16.1	13.1	9.8	2.9
新　　疆	6.8	14.2	11.0	9.4	3.2

2-2-6-7　2018年分地区城镇居民现金消费支出

单位：元/人

地　　区	现金消费支出	一、食品烟酒支出	二、衣着支出	三、居住支出
全　　国	**21287.1**	**7099.2**	**1807.5**	**2045.2**
北　　京	29028.3	8518.7	2343.9	2983.1
天　　津	27068.7	9289.0	2200.3	2441.8
河　　北	17844.7	5507.7	1798.8	1548.7
山　　西	16992.7	4658.1	1820.9	1941.3
内 蒙 古	21466.0	6529.5	2455.1	2026.0
辽　　宁	22495.5	6875.6	2121.4	2039.4
吉　　林	19582.3	5499.4	2023.1	2033.5
黑 龙 江	18554.8	5570.9	1920.0	2016.5
上　　海	32647.1	10926.3	2138.8	3762.3
江　　苏	22667.1	7523.7	1925.2	2194.6
浙　　江	27319.5	9180.3	2230.8	2703.3
安　　徽	17578.5	6513.0	1660.6	1460.8
福　　建	22161.1	8753.8	1552.7	2340.8
江　　西	17302.1	6146.1	1628.7	1431.5
山　　东	20615.0	6445.6	2007.9	1529.3
河　　南	17251.3	5339.0	1704.4	1793.3
湖　　北	19554.8	6573.1	1739.8	1699.3
湖　　南	21528.6	6633.9	1822.3	2125.1
广　　东	25221.1	9569.7	1413.0	2839.9
广　　西	16966.2	5968.4	967.1	1729.2
海　　南	19020.2	8087.7	938.2	1727.8
重　　庆	20785.2	7401.6	2008.8	1531.5
四　　川	20141.0	7353.7	1712.3	1609.8
贵　　州	18225.4	5485.3	1588.0	1608.1
云　　南	17700.9	5756.3	1392.1	1304.0
西　　藏	19651.7	8951.4	2161.4	1475.2
陕　　西	19129.2	5841.4	1727.5	2014.9
甘　　肃	19181.5	6419.7	1906.1	2178.5
青　　海	20155.8	6284.1	2003.8	2096.1
宁　　夏	18916.1	5314.6	1952.3	1847.2
新　　疆	21222.5	6789.2	2232.9	1904.9

2-2-6-7 续表 单位：元/人

地区	四、生活用品及服务支出	五、交通通信支出	六、教育文化娱乐支出	七、医疗保健支出	八、其他用品及服务支出
全国	**1617.5**	**3466.0**	**2972.1**	**1604.0**	**675.5**
北京	2491.1	5022.2	4399.9	2075.7	1193.8
天津	1866.5	4620.5	3597.9	2137.4	915.4
河北	1502.5	2977.4	2304.9	1688.5	516.2
山西	1216.9	2497.1	2638.2	1699.7	520.5
内蒙古	1630.5	3736.2	2592.0	1760.2	736.5
辽宁	1597.7	3537.9	3407.0	2043.6	873.0
吉林	1298.6	3051.5	2830.8	2115.6	729.8
黑龙江	1172.7	2603.6	2472.8	2122.4	676.0
上海	2198.6	5091.3	5486.5	1678.0	1365.1
江苏	1771.6	3814.3	3127.4	1577.1	733.2
浙江	1955.8	5004.5	3680.2	1679.0	885.5
安徽	1311.3	2606.4	2370.7	1129.5	526.1
福建	1509.9	3620.0	2725.0	1041.0	617.7
江西	1490.9	2536.8	2490.5	993.9	583.7
山东	1882.2	3602.1	2902.1	1686.7	559.2
河南	1486.9	2507.9	2427.6	1494.9	497.4
湖北	1571.3	3085.1	2694.5	1622.0	569.7
湖南	1631.0	3203.1	3922.8	1682.9	507.6
广东	1702.0	4102.0	3330.6	1455.9	807.9
广西	1211.4	2898.9	2465.2	1284.0	442.1
海南	1067.5	2591.9	2855.2	1164.3	587.6
重庆	1704.7	3245.6	2587.8	1697.5	607.7
四川	1543.4	3362.3	2379.7	1521.2	658.5
贵州	1337.8	3962.0	2413.2	1343.8	487.2
云南	1282.4	3227.6	2663.8	1552.4	522.2
西藏	1386.7	3118.6	1174.0	786.1	598.4
陕西	1723.5	2737.2	2727.6	1812.0	545.0
甘肃	1443.5	2435.2	2436.4	1766.7	595.4
青海	1381.8	3611.1	2393.4	1756.4	629.1
宁夏	1413.2	3526.5	2888.5	1343.6	630.3
新疆	1636.7	3423.8	2644.0	1835.0	756.0

2-2-6-8　2018年分地区城镇居民现金消费支出构成

单位：%

地　区	现金消费支出	一、食品烟酒支出	二、衣着支出	三、居住支出
全　国	**100.0**	**33.3**	**8.5**	**9.6**
北　京	100.0	29.3	8.1	10.3
天　津	100.0	34.3	8.1	9.0
河　北	100.0	30.9	10.1	8.7
山　西	100.0	27.4	10.7	11.4
内蒙古	100.0	30.4	11.4	9.4
辽　宁	100.0	30.6	9.4	9.1
吉　林	100.0	28.1	10.3	10.4
黑龙江	100.0	30.0	10.3	10.9
上　海	100.0	33.5	6.6	11.5
江　苏	100.0	33.2	8.5	9.7
浙　江	100.0	33.6	8.2	9.9
安　徽	100.0	37.1	9.4	8.3
福　建	100.0	39.5	7.0	10.6
江　西	100.0	35.5	9.4	8.3
山　东	100.0	31.3	9.7	7.4
河　南	100.0	30.9	9.9	10.4
湖　北	100.0	33.6	8.9	8.7
湖　南	100.0	30.8	8.5	9.9
广　东	100.0	37.9	5.6	11.3
广　西	100.0	35.2	5.7	10.2
海　南	100.0	42.5	4.9	9.1
重　庆	100.0	35.6	9.7	7.4
四　川	100.0	36.5	8.5	8.0
贵　州	100.0	30.1	8.7	8.8
云　南	100.0	32.5	7.9	7.4
西　藏	100.0	45.6	11.0	7.5
陕　西	100.0	30.5	9.0	10.5
甘　肃	100.0	33.5	9.9	11.4
青　海	100.0	31.2	9.9	10.4
宁　夏	100.0	28.1	10.3	9.8
新　疆	100.0	32.0	10.5	9.0

2-2-6-8 续表 单位：%

地区	四、生活用品及服务支出	五、交通通信支出	六、教育文化娱乐支出	七、医疗保健支出	八、其他用品及服务支出
全　国	**7.6**	**16.3**	**14.0**	**7.5**	**3.2**
北　京	8.6	17.3	15.2	7.2	4.1
天　津	6.9	17.1	13.3	7.9	3.4
河　北	8.4	16.7	12.9	9.5	2.9
山　西	7.2	14.7	15.5	10.0	3.1
内蒙古	7.6	17.4	12.1	8.2	3.4
辽　宁	7.1	15.7	15.1	9.1	3.9
吉　林	6.6	15.6	14.5	10.8	3.7
黑龙江	6.3	14.0	13.3	11.4	3.6
上　海	6.7	15.6	16.8	5.1	4.2
江　苏	7.8	16.8	13.8	7.0	3.2
浙　江	7.2	18.3	13.5	6.1	3.2
安　徽	7.5	14.8	13.5	6.4	3.0
福　建	6.8	16.3	12.3	4.7	2.8
江　西	8.6	14.7	14.4	5.7	3.4
山　东	9.1	17.5	14.1	8.2	2.7
河　南	8.6	14.5	14.1	8.7	2.9
湖　北	8.0	15.8	13.8	8.3	2.9
湖　南	7.6	14.9	18.2	7.8	2.4
广　东	6.7	16.3	13.2	5.8	3.2
广　西	7.1	17.1	14.5	7.6	2.6
海　南	5.6	13.6	15.0	6.1	3.1
重　庆	8.2	15.6	12.5	8.2	2.9
四　川	7.7	16.7	11.8	7.6	3.3
贵　州	7.3	21.7	13.2	7.4	2.7
云　南	7.2	18.2	15.0	8.8	2.9
西　藏	7.1	15.9	6.0	4.0	3.0
陕　西	9.0	14.3	14.3	9.5	2.8
甘　肃	7.5	12.7	12.7	9.2	3.1
青　海	6.9	17.9	11.9	8.7	3.1
宁　夏	7.5	18.6	15.3	7.1	3.3
新　疆	7.7	16.1	12.5	8.6	3.6

2-2-6-9　2018年分地区城镇居民家庭主要食品消费量

单位：公斤/人

地　区	粮食(原粮)	谷物	食用油	植物油	蔬菜	肉类	猪肉
全　国	**110.0**	**98.8**	**9.4**	**8.9**	**103.1**	**31.2**	**22.7**
北　京	89.1	79.0	6.9	6.7	106.3	25.7	15.8
天　津	109.5	99.4	9.4	9.3	118.5	27.1	16.5
河　北	123.0	110.7	7.6	7.3	107.5	27.1	17.5
山　西	114.9	100.5	7.0	6.8	93.0	17.8	11.6
内蒙古	133.6	120.9	8.3	8.1	102.1	35.0	17.4
辽　宁	118.8	104.0	10.2	10.0	115.9	28.2	17.9
吉　林	116.5	103.8	10.7	10.6	96.9	24.5	16.3
黑龙江	124.7	111.7	12.0	11.9	107.2	27.3	17.6
上　海	106.2	93.6	7.8	7.2	104.0	30.5	21.4
江　苏	111.6	99.5	8.5	8.1	107.1	30.5	22.2
浙　江	119.2	106.9	11.1	10.5	91.2	29.6	22.7
安　徽	118.3	105.3	8.7	7.9	96.5	29.9	22.5
福　建	100.2	91.3	8.7	7.9	86.2	34.7	28.0
江　西	121.2	109.6	14.4	13.7	107.0	34.5	27.4
山　东	106.8	96.4	7.5	7.3	102.3	26.7	17.0
河　南	121.7	109.6	8.9	8.8	101.0	21.9	14.3
湖　北	90.8	80.3	9.1	8.7	109.4	29.6	22.5
湖　南	109.0	99.4	11.6	9.2	102.3	36.8	30.1
广　东	93.9	86.3	8.2	7.8	98.5	40.7	33.1
广　西	97.1	89.5	7.6	6.8	92.8	38.3	31.6
海　南	83.3	77.3	9.0	8.2	98.9	35.8	29.7
重　庆	100.8	88.2	13.6	12.4	123.4	43.8	37.0
四　川	108.8	96.1	12.2	11.3	129.3	45.7	36.1
贵　州	100.9	89.5	8.3	6.9	79.5	33.5	28.7
云　南	95.8	86.0	8.4	7.0	96.5	30.2	22.7
西　藏	207.3	192.0	19.9	15.3	86.8	54.0	12.4
陕　西	120.0	105.9	10.5	10.2	98.4	19.3	13.0
甘　肃	137.8	125.2	11.2	11.0	103.7	24.3	15.5
青　海	90.0	84.4	8.7	8.6	61.8	25.5	10.2
宁　夏	88.8	82.4	6.4	6.3	92.8	17.3	7.3
新　疆	140.0	134.9	14.8	14.6	107.5	26.8	6.5

2-2-6-9 续表　　　　单位：公斤/人

地　区			禽类	水产品	蛋类	奶类	干鲜瓜果类	食糖
	牛肉	羊肉						
全　国	**2.7**	**1.5**	**9.8**	**14.3**	**10.8**	**16.5**	**62.0**	**1.3**
北　京	3.4	2.6	5.9	9.3	14.6	27.6	76.0	1.1
天　津	3.3	2.8	6.0	17.3	18.2	20.2	88.1	1.3
河　北	2.4	2.2	5.9	7.6	15.6	21.5	78.8	1.0
山　西	1.1	1.5	3.0	3.8	12.3	19.7	69.4	1.0
内蒙古	4.3	8.5	6.1	6.2	10.6	28.8	70.1	1.3
辽　宁	3.5	1.6	6.1	17.2	13.8	19.8	75.5	1.3
吉　林	3.4	1.0	4.9	10.0	10.8	14.1	67.1	1.3
黑龙江	2.9	1.6	5.5	11.0	12.5	14.3	73.6	1.7
上　海	3.1	1.1	12.1	24.5	11.9	21.7	64.2	1.5
江　苏	2.5	1.1	11.9	20.1	11.2	17.3	52.0	1.1
浙　江	2.9	0.7	11.4	25.2	8.7	15.1	59.0	1.4
安　徽	2.9	1.1	12.5	13.2	11.9	14.3	58.5	1.0
福　建	2.5	0.8	10.7	26.0	8.8	14.5	52.1	1.4
江　西	3.3	0.6	10.4	16.0	8.4	15.7	54.1	1.2
山　东	1.8	1.3	6.5	16.0	17.1	21.0	85.1	0.9
河　南	1.9	1.6	7.0	5.6	14.6	19.3	68.0	1.3
湖　北	2.7	0.8	6.3	17.2	7.4	8.9	51.3	0.8
湖　南	2.7	0.8	10.9	14.5	7.8	10.1	67.8	1.3
广　东	2.5	0.8	19.8	23.1	7.6	10.8	45.1	1.4
广　西	2.9	0.9	19.8	12.9	6.5	9.2	50.9	1.4
海　南	2.7	1.3	19.4	29.4	5.6	7.1	38.0	1.2
重　庆	2.0	0.7	11.4	11.3	9.5	15.9	50.5	2.3
四　川	2.6	0.6	11.6	9.4	8.5	17.4	52.2	1.7
贵　州	1.7	0.3	6.8	3.6	4.7	8.0	46.9	0.8
云　南	3.2	0.5	7.2	5.3	4.9	9.3	46.0	1.3
西　藏	35.2	5.5	4.6	1.8	8.4	21.0	12.8	3.5
陕　西	1.6	1.3	4.0	4.7	10.1	20.3	65.5	1.2
甘　肃	2.1	2.7	6.0	4.5	12.6	24.2	79.0	1.9
青　海	8.5	5.0	3.4	2.9	5.3	22.9	34.9	1.0
宁　夏	3.9	4.7	5.9	3.6	7.1	18.0	84.7	1.3
新　疆	6.5	11.1	6.6	5.5	8.1	30.2	65.4	1.3

2-2-6-10 2018年分地区城镇居民年末主要耐用消费品拥有量

单位：平均每百户

地 区	家用汽车(辆)	摩托车(辆)	电动助力车(辆)	洗衣机(台)	电冰箱(柜)(台)	微波炉(台)	彩色电视机(台)
全 国	**41.0**	**19.5**	**55.0**	**97.7**	**100.9**	**55.2**	**121.3**
北 京	53.6	2.8	18.2	100.3	102.9	78.0	123.6
天 津	55.0	1.9	32.7	99.4	103.2	76.1	109.6
河 北	51.4	10.5	88.3	100.2	99.6	69.4	108.2
山 西	38.3	11.9	47.8	99.5	96.7	42.2	102.2
内蒙古	48.1	15.2	40.8	99.2	104.1	44.1	102.8
辽 宁	31.5	6.3	14.1	95.1	100.5	57.3	104.7
吉 林	33.9	9.5	8.2	96.7	98.7	47.2	99.9
黑龙江	18.4	6.6	11.2	95.5	98.0	34.2	99.5
上 海	37.9	2.8	60.8	94.4	100.1	86.5	174.7
江 苏	46.0	12.5	116.4	102.3	107.3	87.0	171.3
浙 江	52.4	7.8	77.1	93.9	103.2	58.3	171.9
安 徽	32.0	15.2	89.5	97.8	101.2	61.6	132.9
福 建	30.9	35.1	53.6	85.6	96.1	51.8	120.7
江 西	38.7	29.8	71.9	94.8	99.2	50.7	133.0
山 东	58.2	14.4	89.8	100.0	105.0	53.6	106.0
河 南	37.9	14.2	107.3	100.6	99.4	43.3	115.4
湖 北	36.3	36.1	37.6	97.6	104.8	46.6	122.8
湖 南	33.1	36.9	26.4	103.7	104.1	42.6	119.8
广 东	42.9	46.4	34.1	91.8	95.0	44.3	105.9
广 西	40.3	32.7	89.4	98.6	102.8	65.0	110.3
海 南	39.6	31.2	86.0	90.3	96.7	33.1	103.6
重 庆	31.0	16.7	10.9	98.4	103.0	59.8	128.3
四 川	33.8	19.4	28.2	99.7	100.9	46.3	121.0
贵 州	39.9	25.5	14.8	101.6	101.2	39.9	106.6
云 南	52.7	32.9	38.3	100.3	97.5	58.9	107.4
西 藏	45.7	14.7	20.7	99.6	103.6	46.4	121.5
陕 西	36.6	20.1	30.9	98.3	97.0	42.1	104.0
甘 肃	30.0	12.6	24.9	99.8	97.6	49.8	102.2
青 海	40.4	13.0	8.2	98.0	99.4	53.0	96.4
宁 夏	42.8	14.2	51.1	100.4	99.6	53.2	101.6
新 疆	38.3	10.0	30.0	99.6	103.0	41.2	100.2

2-2-6-10 续表　　　　单位：平均每百户

地　　区	空调（台）	热水器（台）	排油烟机（台）	移动电话（部）	计算机（台）	照相机（台）
全　　国	**142.2**	**97.2**	**79.1**	**243.1**	**73.1**	**20.2**
北　　京	188.7	98.6	92.9	225.6	95.0	46.1
天　　津	156.6	97.2	92.4	233.0	77.4	24.0
河　　北	126.3	94.8	70.6	229.3	87.6	26.1
山　　西	49.3	81.1	80.0	234.9	64.3	16.5
内 蒙 古	20.7	78.1	81.2	227.6	62.9	18.3
辽　　宁	48.7	86.6	86.9	205.2	57.6	22.2
吉　　林	18.1	76.2	85.5	227.0	65.5	13.8
黑 龙 江	13.7	71.4	86.1	211.8	54.3	11.6
上　　海	207.0	96.0	85.1	222.9	106.7	36.0
江　　苏	219.7	111.6	85.0	248.9	77.6	19.9
浙　　江	220.5	105.3	88.3	243.1	86.4	23.2
安　　徽	175.4	104.8	77.3	246.0	66.2	14.8
福　　建	175.9	108.7	64.0	245.1	76.4	16.0
江　　西	151.8	99.8	75.0	259.4	68.8	13.4
山　　东	145.3	102.4	90.6	233.1	80.0	30.2
河　　南	176.7	93.9	76.0	247.4	65.6	13.6
湖　　北	166.2	102.0	75.1	259.2	74.2	15.8
湖　　南	180.0	103.3	77.6	272.7	74.9	17.9
广　　东	202.4	101.7	72.5	258.9	83.7	20.5
广　　西	158.5	103.4	65.2	269.1	79.7	20.5
海　　南	152.0	96.9	64.2	274.3	65.3	13.7
重　　庆	209.4	100.2	76.7	259.6	64.4	17.6
四　　川	140.1	97.5	72.1	249.1	58.0	13.4
贵　　州	34.5	94.3	56.1	282.3	54.6	9.3
云　　南	7.2	99.5	76.1	253.1	64.0	15.5
西　　藏	14.5	47.9	45.9	210.1	43.7	13.7
陕　　西	115.1	86.1	72.0	236.6	55.9	19.0
甘　　肃	13.8	82.6	84.2	246.1	59.6	20.5
青　　海	1.7	73.6	79.0	234.9	51.9	13.7
宁　　夏	20.0	98.0	89.0	249.7	67.0	13.8
新　　疆	29.7	92.1	86.4	220.8	55.0	15.1

三、农村居民数据

（一）2013年分地区农村居民收支主要数据

2-3-1-1　2013年分地区农村居民可支配收入

单位：元/人

地　区	可支配收入	一、工资性收入	二、经营净收入	三、财产净收入	四、转移净收入
全　国	**9429.6**	**3652.5**	**3934.9**	**194.7**	**1647.5**
北　京	17101.2	12751.7	1730.7	788.4	1830.5
天　津	15352.6	8898.0	4403.9	694.2	1356.5
河　北	9187.7	4453.0	3165.5	166.4	1402.8
山　西	7949.5	4150.2	2190.0	111.3	1497.9
内蒙古	8984.9	1850.7	5402.0	397.4	1334.7
辽　宁	10161.2	3728.4	5628.6	197.7	606.6
吉　林	9780.7	1327.4	7091.0	151.6	1210.6
黑龙江	9369.0	1790.6	6020.8	377.8	1179.8
上　海	19208.3	14903.5	1280.7	535.6	2488.5
江　苏	13521.3	6358.4	4538.4	512.7	2111.8
浙　江	17493.9	10416.1	4934.9	457.2	1685.7
安　徽	8850.0	3240.8	3589.3	100.5	1919.5
福　建	11404.8	5054.2	4684.6	160.0	1506.0
江　西	9088.8	3399.7	3760.2	126.7	1802.2
山　东	10686.9	4189.2	4979.4	242.4	1275.8
河　南	8969.1	2856.2	3927.8	126.4	2058.8
湖　北	9691.8	2920.7	4668.1	98.3	2004.7
湖　南	9028.6	3671.6	3255.5	130.7	1970.7
广　东	11067.8	5671.2	3047.9	392.0	1956.7
广　西	7793.1	2134.6	3794.3	50.9	1813.2
海　南	8801.7	3003.8	4465.6	166.7	1165.7
重　庆	8492.5	2744.1	3173.3	226.8	2348.3
四　川	8380.7	2784.7	3616.8	148.2	1831.0
贵　州	5897.8	2090.1	2451.1	41.9	1314.7
云　南	6723.6	1670.4	3967.3	121.5	964.4
西　藏	6553.4	1346.1	3940.8	104.1	1162.3
陕　西	7092.2	2887.2	2529.6	90.3	1585.1
甘　肃	5588.8	1478.1	2492.2	64.8	1553.7
青　海	6461.6	1774.2	2788.5	133.1	1765.7
宁　夏	7598.7	3030.9	3481.0	111.9	974.8
新　疆	7846.6	1242.8	5200.5	205.3	1197.9

2-3-1-2 2013年分地区农村居民可支配收入构成

单位：%

地区	可支配收入	一、工资性收入	二、经营净收入	三、财产净收入	四、转移净收入
全国	**100.0**	**38.7**	**41.7**	**2.1**	**17.5**
北京	100.0	74.6	10.1	4.6	10.7
天津	100.0	58.0	28.7	4.5	8.8
河北	100.0	48.5	34.5	1.8	15.3
山西	100.0	52.2	27.5	1.4	18.8
内蒙古	100.0	20.6	60.1	4.4	14.9
辽宁	100.0	36.7	55.4	1.9	6.0
吉林	100.0	13.6	72.5	1.5	12.4
黑龙江	100.0	19.1	64.3	4.0	12.6
上海	100.0	77.6	6.7	2.8	13.0
江苏	100.0	47.0	33.6	3.8	15.6
浙江	100.0	59.5	28.2	2.6	9.6
安徽	100.0	36.6	40.6	1.1	21.7
福建	100.0	44.3	41.1	1.4	13.2
江西	100.0	37.4	41.4	1.4	19.8
山东	100.0	39.2	46.6	2.3	11.9
河南	100.0	31.8	43.8	1.4	23.0
湖北	100.0	30.1	48.2	1.0	20.7
湖南	100.0	40.7	36.1	1.4	21.8
广东	100.0	51.2	27.5	3.5	17.7
广西	100.0	27.4	48.7	0.7	23.3
海南	100.0	34.1	50.7	1.9	13.2
重庆	100.0	32.3	37.4	2.7	27.7
四川	100.0	33.2	43.2	1.8	21.8
贵州	100.0	35.4	41.6	0.7	22.3
云南	100.0	24.8	59.0	1.8	14.3
西藏	100.0	20.5	60.2	1.6	17.7
陕西	100.0	40.7	35.7	1.3	22.4
甘肃	100.0	26.4	44.6	1.2	27.8
青海	100.0	27.5	43.2	2.1	27.3
宁夏	100.0	39.9	45.8	1.5	12.8
新疆	100.0	15.8	66.3	2.6	15.3

2-3-1-3 2013年分地区农村居民现金可支配收入

单位：元/人

地区	现金可支配收入	一、工资性收入	二、经营净收入	三、财产净收入	四、转移净收入
全国	**8747.1**	**3639.7**	**3378.0**	**194.2**	**1535.2**
北京	17440.1	12616.1	2299.2	788.4	1736.4
天津	15518.0	8884.6	4722.7	697.4	1213.2
河北	8868.9	4446.3	2968.1	171.3	1283.2
山西	7545.4	4140.2	2005.7	113.9	1285.6
内蒙古	8161.7	1848.9	4637.4	397.4	1278.0
辽宁	10343.5	3707.8	5958.1	202.1	475.5
吉林	8267.1	1326.6	5648.7	151.7	1140.1
黑龙江	8158.0	1789.9	4842.4	387.0	1138.7
上海	18737.8	14704.1	1487.8	541.1	2004.8
江苏	12927.6	6313.5	4165.1	524.4	1924.5
浙江	17533.7	10375.2	5194.5	455.2	1508.8
安徽	8400.6	3229.2	3239.9	108.9	1822.6
福建	11035.1	5021.1	4447.2	160.5	1406.3
江西	8125.0	3397.5	2878.5	127.0	1722.0
山东	10312.0	4180.5	4693.3	248.4	1189.7
河南	7766.1	2852.0	2863.6	126.9	1923.7
湖北	8770.5	2910.8	3869.3	99.3	1891.1
湖南	8258.8	3655.9	2608.0	132.1	1862.9
广东	10387.0	5648.1	2508.7	336.7	1893.4
广西	6959.2	2131.6	3108.1	52.0	1667.6
海南	8545.2	2985.6	4402.7	167.8	989.1
重庆	7385.6	2734.9	2121.3	229.5	2299.9
四川	7182.5	2773.4	2563.9	148.5	1696.7
贵州	5125.8	2089.1	1739.3	41.1	1256.3
云南	6054.7	1668.8	3354.3	119.7	911.9
西藏	5924.7	1344.9	3348.8	104.1	1126.9
陕西	6749.1	2880.5	2295.1	91.8	1481.7
甘肃	5224.5	1475.9	2200.8	67.1	1480.7
青海	6037.7	1774.2	2575.9	140.9	1546.7
宁夏	7111.6	3026.7	3245.5	114.0	725.5
新疆	7276.5	1239.5	4790.9	206.4	1039.8

2-3-1-4　2013年分地区农村居民现金可支配收入构成

单位：%

地　区	现金可支配收入	一、工资性收入	二、经营净收入	三、财产净收入	四、转移净收入
全　国	**100.0**	**41.6**	**38.6**	**2.2**	**17.6**
北　京	100.0	72.3	13.2	4.5	10.0
天　津	100.0	57.3	30.4	4.5	7.8
河　北	100.0	50.1	33.5	1.9	14.5
山　西	100.0	54.9	26.6	1.5	17.0
内蒙古	100.0	22.7	56.8	4.9	15.7
辽　宁	100.0	35.8	57.6	2.0	4.6
吉　林	100.0	16.0	68.3	1.8	13.8
黑龙江	100.0	21.9	59.4	4.7	14.0
上　海	100.0	78.5	7.9	2.9	10.7
江　苏	100.0	48.8	32.2	4.1	14.9
浙　江	100.0	59.2	29.6	2.6	8.6
安　徽	100.0	38.4	38.6	1.3	21.7
福　建	100.0	45.5	40.3	1.5	12.7
江　西	100.0	41.8	35.4	1.6	21.2
山　东	100.0	40.5	45.5	2.4	11.5
河　南	100.0	36.7	36.9	1.6	24.8
湖　北	100.0	33.2	44.1	1.1	21.6
湖　南	100.0	44.3	31.6	1.6	22.6
广　东	100.0	54.4	24.2	3.2	18.2
广　西	100.0	30.6	44.7	0.7	24.0
海　南	100.0	34.9	51.5	2.0	11.6
重　庆	100.0	37.0	28.7	3.1	31.1
四　川	100.0	38.6	35.7	2.1	23.6
贵　州	100.0	40.8	33.9	0.8	24.5
云　南	100.0	27.6	55.4	2.0	15.1
西　藏	100.0	22.7	56.5	1.8	19.0
陕　西	100.0	42.7	34.0	1.4	22.0
甘　肃	100.0	28.2	42.1	1.3	28.3
青　海	100.0	29.4	42.7	2.3	25.6
宁　夏	100.0	42.6	45.6	1.6	10.2
新　疆	100.0	17.0	65.8	2.8	14.3

2-3-1-5　2013年分地区农村居民消费支出

单位：元/人

地　区	消费支出	一、食品烟酒支出	二、衣着支出	三、居住支出
全　国	**7485.2**	**2554.4**	**453.8**	**1579.8**
北　京	13563.9	3786.3	879.7	4346.6
天　津	12491.1	3859.0	950.7	2784.3
河　北	7377.1	2205.2	521.6	1628.3
山　西	6457.7	1838.8	497.9	1419.8
内蒙古	9079.6	2803.1	661.7	1647.8
辽　宁	7032.1	2143.3	512.6	1375.9
吉　林	7523.4	2225.9	498.9	1517.0
黑龙江	7191.7	2141.7	525.6	1469.0
上　海	13016.2	4611.6	831.3	2984.6
江　苏	10759.0	3209.0	680.6	2282.3
浙　江	12803.3	4076.1	806.0	2829.1
安　徽	7200.3	2642.0	433.0	1538.0
福　建	9986.2	3884.9	528.0	2331.0
江　西	6807.4	2530.7	339.5	1709.2
山　东	6877.3	2190.3	420.8	1319.4
河　南	6358.7	1942.9	506.4	1414.7
湖　北	7849.5	2566.9	418.4	1854.6
湖　南	7832.6	2708.9	403.1	1764.6
广　东	8937.8	3761.2	280.2	1892.3
广　西	6035.3	2215.0	194.8	1368.8
海　南	6376.2	2831.6	197.7	1139.0
重　庆	6970.7	2657.3	437.1	1242.9
四　川	7364.8	2947.8	498.9	1338.6
贵　州	5291.1	2115.4	281.9	991.1
云　南	5246.6	2050.7	232.1	1002.1
西　藏	4101.6	1953.9	399.4	666.5
陕　西	6487.6	1771.9	418.0	1432.0
甘　肃	5653.9	1949.1	375.4	971.0
青　海	7505.9	2494.2	557.0	1240.9
宁　夏	6739.8	2027.0	496.5	1172.2
新　疆	7103.1	2469.3	597.2	1412.2

2-3-1-5 续表 单位：元/人

地区	四、生活用品及服务支出	五、交通通信支出	六、教育文化娱乐支出	七、医疗保健支出	八、其他用品及服务支出
全国	**455.1**	**874.9**	**754.6**	**668.2**	**144.2**
北京	883.9	1460.8	922.7	1103.0	180.9
天津	767.3	2084.4	833.0	952.8	259.6
河北	470.5	931.9	648.7	795.3	175.6
山西	339.6	701.6	842.7	647.0	170.4
内蒙古	393.9	1280.7	1162.9	942.2	187.4
辽宁	298.2	887.0	934.6	739.7	140.9
吉林	298.8	930.7	951.0	937.2	163.9
黑龙江	322.2	861.4	894.0	832.5	145.3
上海	674.1	1670.3	708.6	1204.5	331.2
江苏	621.8	1597.6	1264.2	818.0	285.4
浙江	658.0	1998.2	1221.5	967.6	246.9
安徽	484.7	711.8	640.6	625.0	125.2
福建	596.4	917.5	937.3	562.9	228.1
江西	370.7	676.7	591.0	466.1	123.5
山东	436.8	1003.8	683.8	710.7	111.6
河南	460.0	676.6	639.1	620.3	98.7
湖北	519.0	738.7	864.0	729.5	158.5
湖南	511.6	747.1	798.8	733.8	164.6
广东	523.0	907.8	791.9	598.2	183.2
广西	366.7	641.2	624.2	525.9	98.8
海南	332.9	689.4	704.3	359.5	121.8
重庆	530.6	642.9	784.2	564.3	111.2
四川	534.1	763.7	532.0	641.2	108.4
贵州	319.6	541.6	599.2	351.7	90.5
云南	290.6	655.1	538.2	413.5	64.3
西藏	290.0	483.1	99.2	81.3	128.2
陕西	405.5	659.9	863.2	803.1	134.0
甘肃	358.6	696.9	666.1	539.6	97.3
青海	438.0	1232.2	527.8	888.6	127.2
宁夏	462.5	847.4	735.0	785.5	213.8
新疆	340.2	929.4	576.6	678.3	100.0

2-3-1-6 2013年分地区农村居民消费支出构成

单位：%

地 区	消费支出	一、食品烟酒支出	二、衣着支出	三、居住支出
全 国	**100.0**	**34.1**	**6.1**	**21.1**
北 京	100.0	27.9	6.5	32.0
天 津	100.0	30.9	7.6	22.3
河 北	100.0	29.9	7.1	22.1
山 西	100.0	28.5	7.7	22.0
内蒙古	100.0	30.9	7.3	18.1
辽 宁	100.0	30.5	7.3	19.6
吉 林	100.0	29.6	6.6	20.2
黑龙江	100.0	29.8	7.3	20.4
上 海	100.0	35.4	6.4	22.9
江 苏	100.0	29.8	6.3	21.2
浙 江	100.0	31.8	6.3	22.1
安 徽	100.0	36.7	6.0	21.4
福 建	100.0	38.9	5.3	23.3
江 西	100.0	37.2	5.0	25.1
山 东	100.0	31.8	6.1	19.2
河 南	100.0	30.6	8.0	22.2
湖 北	100.0	32.7	5.3	23.6
湖 南	100.0	34.6	5.1	22.5
广 东	100.0	42.1	3.1	21.2
广 西	100.0	36.7	3.2	22.7
海 南	100.0	44.4	3.1	17.9
重 庆	100.0	38.1	6.3	17.8
四 川	100.0	40.0	6.8	18.2
贵 州	100.0	40.0	5.3	18.7
云 南	100.0	39.1	4.4	19.1
西 藏	100.0	47.6	9.7	16.3
陕 西	100.0	27.3	6.4	22.1
甘 肃	100.0	34.5	6.6	17.2
青 海	100.0	33.2	7.4	16.5
宁 夏	100.0	30.1	7.4	17.4
新 疆	100.0	34.8	8.4	19.9

2-3-1-6 续表

单位：%

地 区	四、生活用品及服务支出	五、交通通信支出	六、教育文化娱乐支出	七、医疗保健支出	八、其他用品及服务支出
全 国	**6.1**	**11.7**	**10.1**	**8.9**	**1.9**
北 京	6.5	10.8	6.8	8.1	1.3
天 津	6.1	16.7	6.7	7.6	2.1
河 北	6.4	12.6	8.8	10.8	2.4
山 西	5.3	10.9	13.0	10.0	2.6
内蒙古	4.3	14.1	12.8	10.4	2.1
辽 宁	4.2	12.6	13.3	10.5	2.0
吉 林	4.0	12.4	12.6	12.5	2.2
黑龙江	4.5	12.0	12.4	11.6	2.0
上 海	5.2	12.8	5.4	9.3	2.5
江 苏	5.8	14.8	11.8	7.6	2.7
浙 江	5.1	15.6	9.5	7.6	1.9
安 徽	6.7	9.9	8.9	8.7	1.7
福 建	6.0	9.2	9.4	5.6	2.3
江 西	5.4	9.9	8.7	6.8	1.8
山 东	6.4	14.6	9.9	10.3	1.6
河 南	7.2	10.6	10.1	9.8	1.6
湖 北	6.6	9.4	11.0	9.3	2.0
湖 南	6.5	9.5	10.2	9.4	2.1
广 东	5.9	10.2	8.9	6.7	2.0
广 西	6.1	10.6	10.3	8.7	1.6
海 南	5.2	10.8	11.0	5.6	1.9
重 庆	7.6	9.2	11.3	8.1	1.6
四 川	7.3	10.4	7.2	8.7	1.5
贵 州	6.0	10.2	11.3	6.6	1.7
云 南	5.5	12.5	10.3	7.9	1.2
西 藏	7.1	11.8	2.4	2.0	3.1
陕 西	6.2	10.2	13.3	12.4	2.1
甘 肃	6.3	12.3	11.8	9.5	1.7
青 海	5.8	16.4	7.0	11.8	1.7
宁 夏	6.9	12.6	10.9	11.7	3.2
新 疆	4.8	13.1	8.1	9.5	1.4

2-3-1-7 2013年分地区农村居民现金消费支出

单位：元/人

地 区	现金消费支出	一、食品烟酒支出	二、衣着支出	三、居住支出
全 国	**5978.8**	**2038.8**	**453.1**	**692.4**
北 京	10771.1	3634.9	878.9	1764.7
天 津	10828.2	3769.2	950.4	1347.1
河 北	6345.0	2018.4	520.8	899.6
山 西	5320.6	1529.7	496.3	718.8
内 蒙 古	7613.6	2163.1	661.5	875.1
辽 宁	5987.3	1866.8	512.5	735.3
吉 林	6255.7	1950.3	498.9	595.1
黑 龙 江	6196.7	1920.1	525.4	736.6
上 海	10560.6	4278.7	825.1	1359.9
江 苏	8831.1	2802.1	679.5	950.5
浙 江	10637.0	3814.2	805.6	1101.0
安 徽	5783.7	2260.7	429.5	600.2
福 建	7706.7	3288.5	527.9	768.9
江 西	4875.4	1835.0	339.4	551.3
山 东	5904.7	1967.2	420.1	649.3
河 南	5192.3	1692.8	506.0	632.3
湖 北	5939.8	1786.9	415.8	836.1
湖 南	5969.8	1948.0	402.7	770.6
广 东	7259.6	3188.1	280.1	846.8
广 西	4447.6	1571.4	194.8	546.5
海 南	5244.3	2506.7	197.5	380.7
重 庆	5105.0	1724.2	436.6	356.4
四 川	5343.3	1901.5	498.3	499.2
贵 州	3802.4	1208.9	281.7	456.4
云 南	3828.9	1294.2	232.0	387.5
西 藏	2706.3	1086.0	398.0	179.4
陕 西	5312.3	1486.5	417.9	641.1
甘 肃	4577.3	1357.3	375.1	533.2
青 海	5905.4	1570.8	556.8	746.4
宁 夏	5614.1	1524.6	496.5	779.4
新 疆	5905.8	1923.7	594.9	801.8

2-3-1-7 续表 单位：元/人

地区	四、生活用品及服务支出	五、交通通信支出	六、教育文化娱乐支出	七、医疗保健支出	八、其他用品及服务支出
全国	**451.0**	**874.7**	**754.4**	**573.2**	**141.2**
北京	874.6	1460.0	922.3	1063.7	171.9
天津	766.9	2083.8	833.0	819.4	258.2
河北	469.3	931.9	648.5	681.7	174.9
山西	329.9	701.4	842.3	559.6	142.6
内蒙古	393.9	1280.6	1162.6	890.4	186.3
辽宁	297.7	887.0	934.5	614.0	139.4
吉林	296.6	930.2	951.0	870.4	163.3
黑龙江	320.3	861.2	893.9	794.3	144.8
上海	654.4	1665.5	705.6	746.7	324.6
江苏	618.1	1597.1	1263.3	637.9	282.6
浙江	651.2	1996.9	1220.9	802.2	244.9
安徽	482.2	711.7	640.2	534.9	124.2
福建	564.5	917.4	937.0	476.6	225.9
江西	370.0	676.7	590.8	389.1	123.1
山东	434.1	1003.8	683.7	637.7	108.8
河南	459.8	676.6	639.2	487.1	98.5
湖北	518.1	738.4	863.9	622.2	158.4
湖南	511.4	746.5	798.7	629.3	162.6
广东	520.6	907.7	791.4	544.4	180.5
广西	358.3	641.2	623.8	420.1	91.6
海南	310.5	689.3	704.3	334.7	120.6
重庆	527.1	642.9	785.1	524.7	107.9
四川	522.4	763.5	531.7	520.2	106.4
贵州	318.2	541.5	599.2	313.4	83.2
云南	289.2	655.1	538.2	370.9	61.8
西藏	285.9	483.1	99.2	46.6	128.2
陕西	403.9	659.7	862.0	707.3	133.9
甘肃	355.3	696.9	666.1	499.4	93.9
青海	437.5	1232.2	527.7	707.0	127.1
宁夏	450.9	847.0	734.3	630.6	150.9
新疆	331.5	929.3	576.4	649.0	99.3

2-3-1-8　2013年分地区农村居民现金消费支出构成

单位：%

地　区	现金消费支出	一、食品烟酒支出	二、衣着支出	三、居住支出
全　国	**100.0**	**34.1**	**7.6**	**11.6**
北　京	100.0	33.7	8.2	16.4
天　津	100.0	34.8	8.8	12.4
河　北	100.0	31.8	8.2	14.2
山　西	100.0	28.8	9.3	13.5
内蒙古	100.0	28.4	8.7	11.5
辽　宁	100.0	31.2	8.6	12.3
吉　林	100.0	31.2	8.0	9.5
黑龙江	100.0	31.0	8.5	11.9
上　海	100.0	40.5	7.8	12.9
江　苏	100.0	31.7	7.7	10.8
浙　江	100.0	35.9	7.6	10.4
安　徽	100.0	39.1	7.4	10.4
福　建	100.0	42.7	6.8	10.0
江　西	100.0	37.6	7.0	11.3
山　东	100.0	33.3	7.1	11.0
河　南	100.0	32.6	9.7	12.2
湖　北	100.0	30.1	7.0	14.1
湖　南	100.0	32.6	6.7	12.9
广　东	100.0	43.9	3.9	11.7
广　西	100.0	35.3	4.4	12.3
海　南	100.0	47.8	3.8	7.3
重　庆	100.0	33.8	8.6	7.0
四　川	100.0	35.6	9.3	9.3
贵　州	100.0	31.8	7.4	12.0
云　南	100.0	33.8	6.1	10.1
西　藏	100.0	40.1	14.7	6.6
陕　西	100.0	28.0	7.9	12.1
甘　肃	100.0	29.7	8.2	11.6
青　海	100.0	26.6	9.4	12.6
宁　夏	100.0	27.2	8.8	13.9
新　疆	100.0	32.6	10.1	13.6

2-3-1-8 续表 单位：%

地区	四、生活用品及服务支出	五、交通通信支出	六、教育文化娱乐支出	七、医疗保健支出	八、其他用品及服务支出
全国	**7.5**	**14.6**	**12.6**	**9.6**	**2.4**
北京	8.1	13.6	8.6	9.9	1.6
天津	7.1	19.2	7.7	7.6	2.4
河北	7.4	14.7	10.2	10.7	2.8
山西	6.2	13.2	15.8	10.5	2.7
内蒙古	5.2	16.8	15.3	11.7	2.4
辽宁	5.0	14.8	15.6	10.3	2.3
吉林	4.7	14.9	15.2	13.9	2.6
黑龙江	5.2	13.9	14.4	12.8	2.3
上海	6.2	15.8	6.7	7.1	3.1
江苏	7.0	18.1	14.3	7.2	3.2
浙江	6.1	18.8	11.5	7.5	2.3
安徽	8.3	12.3	11.1	9.2	2.1
福建	7.3	11.9	12.2	6.2	2.9
江西	7.6	13.9	12.1	8.0	2.5
山东	7.4	17.0	11.6	10.8	1.8
河南	8.9	13.0	12.3	9.4	1.9
湖北	8.7	12.4	14.5	10.5	2.7
湖南	8.6	12.5	13.4	10.5	2.7
广东	7.2	12.5	10.9	7.5	2.5
广西	8.1	14.4	14.0	9.4	2.1
海南	5.9	13.1	13.4	6.4	2.3
重庆	10.3	12.6	15.4	10.3	2.1
四川	9.8	14.3	10.0	9.7	2.0
贵州	8.4	14.2	15.8	8.2	2.2
云南	7.6	17.1	14.1	9.7	1.6
西藏	10.6	17.9	3.7	1.7	4.7
陕西	7.6	12.4	16.2	13.3	2.5
甘肃	7.8	15.2	14.6	10.9	2.1
青海	7.4	20.9	8.9	12.0	2.2
宁夏	8.0	15.1	13.1	11.2	2.7
新疆	5.6	15.7	9.8	11.0	1.7

(二)2014年分地区农村居民收支主要数据

2-3-2-1　2014年分地区农村居民可支配收入

单位：元/人

地　区	可支配收入	一、工资性收入	二、经营净收入	三、财产净收入	四、转移净收入
全　国	**10488.9**	**4152.2**	**4237.4**	**222.1**	**1877.2**
北　京	18867.3	14260.2	1854.3	817.8	1935.0
天　津	17014.2	9941.1	4791.4	799.1	1482.6
河　北	10186.1	5133.3	3435.5	204.0	1413.4
山　西	8809.4	4569.6	2482.3	123.2	1634.4
内蒙古	9976.3	2070.8	5872.4	388.7	1644.4
辽　宁	11191.5	4362.3	5252.4	234.7	1342.1
吉　林	10780.1	1937.6	7445.6	181.8	1215.0
黑龙江	10453.2	2188.5	6596.7	512.2	1155.8
上　海	21191.6	16177.0	1440.6	686.1	2887.9
江　苏	14958.4	7170.3	5030.5	472.0	2285.6
浙　江	19373.3	11772.5	5236.7	542.8	1821.2
安　徽	9916.4	3554.9	3985.9	149.1	2226.6
福　建	12650.2	5655.2	5093.6	201.3	1700.1
江　西	10116.6	3937.4	4106.5	153.3	1919.3
山　东	11882.3	4713.1	5431.0	287.2	1450.9
河　南	9966.1	3260.2	4277.6	146.1	2282.1
湖　北	10849.1	3298.6	5009.3	125.4	2415.7
湖　南	10060.2	4088.1	3638.9	165.6	2167.5
广　东	12245.6	6220.3	3272.4	295.5	2457.3
广　西	8683.2	2335.4	4047.8	75.2	2224.9
海　南	9912.6	3596.0	4753.5	176.7	1386.4
重　庆	9489.8	3196.5	3401.9	252.4	2639.1
四　川	9347.7	3156.5	3877.9	184.7	2128.5
贵　州	6671.2	2521.5	2643.1	71.0	1435.7
云　南	7456.1	1975.8	4242.4	134.7	1103.3
西　藏	7359.2	1571.1	4361.8	129.8	1296.5
陕　西	7932.2	3216.8	2750.7	120.1	1844.5
甘　肃	6276.6	1755.8	2761.6	112.3	1646.9
青　海	7282.7	2041.4	3021.4	287.8	1932.1
宁　夏	8410.0	3391.0	3644.6	148.9	1225.4
新　疆	8723.8	1848.0	5179.4	228.7	1467.7

2-3-2-2　2014年分地区农村居民可支配收入构成

单位：%

地　区	可支配收入	一、工资性收入	二、经营净收入	三、财产净收入	四、转移净收入
全　国	**100.0**	**39.6**	**40.4**	**2.1**	**17.9**
北　京	100.0	75.6	9.8	4.3	10.3
天　津	100.0	58.4	28.2	4.7	8.7
河　北	100.0	50.4	33.7	2.0	13.9
山　西	100.0	51.9	28.2	1.4	18.6
内蒙古	100.0	20.8	58.9	3.9	16.5
辽　宁	100.0	39.0	46.9	2.1	12.0
吉　林	100.0	18.0	69.1	1.7	11.3
黑龙江	100.0	20.9	63.1	4.9	11.1
上　海	100.0	76.3	6.8	3.2	13.6
江　苏	100.0	47.9	33.6	3.2	15.3
浙　江	100.0	60.8	27.0	2.8	9.4
安　徽	100.0	35.8	40.2	1.5	22.5
福　建	100.0	44.7	40.3	1.6	13.4
江　西	100.0	38.9	40.6	1.5	19.0
山　东	100.0	39.7	45.7	2.4	12.2
河　南	100.0	32.7	42.9	1.5	22.9
湖　北	100.0	30.4	46.2	1.2	22.3
湖　南	100.0	40.6	36.2	1.6	21.5
广　东	100.0	50.8	26.7	2.4	20.1
广　西	100.0	26.9	46.6	0.9	25.6
海　南	100.0	36.3	48.0	1.8	14.0
重　庆	100.0	33.7	35.8	2.7	27.8
四　川	100.0	33.8	41.5	2.0	22.8
贵　州	100.0	37.8	39.6	1.1	21.5
云　南	100.0	26.5	56.9	1.8	14.8
西　藏	100.0	21.3	59.3	1.8	17.6
陕　西	100.0	40.6	34.7	1.5	23.3
甘　肃	100.0	28.0	44.0	1.8	26.2
青　海	100.0	28.0	41.5	4.0	26.5
宁　夏	100.0	40.3	43.3	1.8	14.6
新　疆	100.0	21.2	59.4	2.6	16.8

2-3-2-3　2014年分地区农村居民现金可支配收入

单位：元/人

地　区	现金可支配收入				
		一、工资性收入	二、经营净收入	三、财产净收入	四、转移净收入
全　国	**9698.2**	**4137.5**	**3620.1**	**224.7**	**1715.9**
北　京	18911.2	14117.1	2261.5	824.7	1707.8
天　津	16802.3	9926.9	4750.1	801.8	1323.4
河　北	9855.5	5125.1	3237.9	212.3	1280.3
山　西	8349.2	4557.7	2343.6	130.6	1317.2
内蒙古	9909.8	2069.7	5946.2	389.1	1504.8
辽　宁	11142.2	4333.9	5375.0	239.0	1194.2
吉　林	9585.3	1935.2	6389.5	181.9	1078.8
黑龙江	9861.1	2188.3	6116.2	513.3	1043.2
上　海	20333.6	15903.1	1377.3	714.0	2339.2
江　苏	14373.9	7104.5	4696.0	473.6	2099.9
浙　江	19381.0	11737.7	5509.8	542.9	1590.6
安　徽	9279.0	3543.0	3562.0	156.4	2017.6
福　建	12087.7	5621.7	4688.3	203.4	1574.2
江　西	9125.7	3935.4	3208.6	153.4	1828.3
山　东	11286.2	4707.2	5014.6	287.5	1276.9
河　南	8832.7	3255.4	3278.8	146.8	2151.7
湖　北	9697.7	3282.6	4078.2	126.7	2210.4
湖　南	9036.6	4067.0	2775.5	169.4	2024.8
广　东	11280.3	6201.5	2456.8	294.9	2327.2
广　西	7364.6	2330.6	2930.5	76.2	2027.4
海　南	9584.6	3573.0	4591.9	196.4	1223.3
重　庆	8193.2	3188.7	2209.4	252.6	2542.5
四　川	8065.3	3143.9	2785.8	190.2	1945.4
贵　州	5717.7	2519.8	1789.0	73.9	1335.1
云　南	6657.4	1974.0	3580.0	134.8	968.6
西　藏	6383.1	1571.1	3420.6	134.4	1257.0
陕　西	7286.4	3209.3	2246.2	120.6	1710.3
甘　肃	5495.3	1753.8	2116.5	114.1	1511.0
青　海	6618.0	2037.1	2605.0	301.9	1674.0
宁　夏	7807.6	3387.7	3327.3	148.9	943.6
新　疆	8067.9	1844.0	4728.1	229.2	1266.6

2-3-2-4 2014年分地区农村居民现金可支配收入构成

单位：%

地　区	现金可支配收入	一、工资性收入	二、经营净收入	三、财产净收入	四、转移净收入
全　国	**100.0**	**42.7**	**37.3**	**2.3**	**17.7**
北　京	100.0	74.6	12.0	4.4	9.0
天　津	100.0	59.1	28.3	4.8	7.9
河　北	100.0	52.0	32.9	2.2	13.0
山　西	100.0	54.6	28.1	1.6	15.8
内蒙古	100.0	20.9	60.0	3.9	15.2
辽　宁	100.0	38.9	48.2	2.1	10.7
吉　林	100.0	20.2	66.7	1.9	11.3
黑龙江	100.0	22.2	62.0	5.2	10.6
上　海	100.0	78.2	6.8	3.5	11.5
江　苏	100.0	49.4	32.7	3.3	14.6
浙　江	100.0	60.6	28.4	2.8	8.2
安　徽	100.0	38.2	38.4	1.7	21.7
福　建	100.0	46.5	38.8	1.7	13.0
江　西	100.0	43.1	35.2	1.7	20.0
山　东	100.0	41.7	44.4	2.5	11.3
河　南	100.0	36.9	37.1	1.7	24.4
湖　北	100.0	33.8	42.1	1.3	22.8
湖　南	100.0	45.0	30.7	1.9	22.4
广　东	100.0	55.0	21.8	2.6	20.6
广　西	100.0	31.6	39.8	1.0	27.5
海　南	100.0	37.3	47.9	2.0	12.8
重　庆	100.0	38.9	27.0	3.1	31.0
四　川	100.0	39.0	34.5	2.4	24.1
贵　州	100.0	44.1	31.3	1.3	23.4
云　南	100.0	29.7	53.8	2.0	14.5
西　藏	100.0	24.6	53.6	2.1	19.7
陕　西	100.0	44.0	30.8	1.7	23.5
甘　肃	100.0	31.9	38.5	2.1	27.5
青　海	100.0	30.8	39.4	4.6	25.3
宁　夏	100.0	43.4	42.6	1.9	12.1
新　疆	100.0	22.9	58.6	2.8	15.7

2-3-2-5 2014年分地区农村居民消费支出

单位：元/人

地区	消费支出			
		一、食品烟酒支出	二、衣着支出	三、居住支出
全国	**8382.6**	**2814.0**	**510.4**	**1762.7**
北京	14535.1	4048.0	917.8	4360.7
天津	13738.6	4314.4	1013.1	3200.4
河北	8248.0	2421.2	581.6	1858.5
山西	6991.7	2054.3	539.7	1480.5
内蒙古	9972.2	3039.0	728.1	1675.7
辽宁	7800.7	2210.9	531.7	1491.7
吉林	8139.8	2411.2	552.6	1650.9
黑龙江	7830.0	2210.2	597.4	1602.1
上海	14820.1	5332.7	860.4	3615.7
江苏	11820.3	3711.9	758.9	2467.0
浙江	14497.8	4618.5	881.8	3302.1
安徽	7980.8	2842.3	474.0	1686.0
福建	11055.9	4222.5	572.4	2607.8
江西	7548.3	2755.1	380.6	1877.3
山东	7962.2	2464.5	489.3	1547.1
河南	7277.2	2153.8	600.7	1542.6
湖北	8680.9	2724.1	495.7	1944.6
湖南	9024.8	3095.2	468.0	1982.4
广东	10043.2	3968.9	328.2	2238.8
广西	6675.1	2462.9	208.6	1550.8
海南	7029.0	3037.2	247.9	1328.5
重庆	7982.6	3229.0	490.5	1294.2
四川	8301.1	3299.3	548.1	1486.5
贵州	5970.3	2223.5	341.6	1202.1
云南	6030.3	2145.9	267.2	1147.8
西藏	4822.1	2534.9	458.1	688.4
陕西	7252.4	2112.2	457.3	1627.0
甘肃	6147.8	2145.7	411.2	1079.8
青海	8235.1	2626.0	615.5	1416.3
宁夏	7676.5	2296.0	602.0	1388.1
新疆	7365.3	2540.2	650.7	1412.8

2-3-2-5 续表 单位：元/人

地　区	四、生活用品及服务支出	五、交通通信支出	六、教育文化娱乐支出	七、医疗保健支出	八、其他用品及服务支出
全　国	**506.5**	**1012.6**	**859.5**	**753.9**	**163.0**
北　京	994.6	1813.0	1097.3	1088.6	215.1
天　津	891.0	1979.4	1041.4	979.7	319.2
河　北	508.0	1146.5	758.7	788.7	184.7
山　西	343.9	706.5	928.5	770.2	168.2
内蒙古	427.9	1467.5	1318.0	1114.4	201.5
辽　宁	331.7	1049.7	1014.5	1026.4	144.2
吉　林	355.7	931.2	1042.2	1008.0	188.0
黑龙江	348.0	966.2	984.2	992.1	129.7
上　海	689.5	1830.3	782.7	1330.3	378.3
江　苏	719.0	1788.5	1215.5	845.3	314.3
浙　江	746.6	2256.8	1355.3	1068.3	268.4
安　徽	498.7	811.7	735.1	778.8	154.1
福　建	642.7	1097.7	940.7	735.9	236.2
江　西	406.8	759.4	711.9	525.2	132.0
山　东	523.9	1225.8	801.4	776.4	133.8
河　南	505.9	859.6	757.8	731.4	125.4
湖　北	574.3	816.4	1010.2	907.3	208.3
湖　南	541.9	871.9	1112.1	771.4	181.9
广　东	599.7	1068.7	918.2	686.9	233.8
广　西	394.8	709.7	682.5	553.5	112.4
海　南	392.8	661.8	760.3	454.1	146.4
重　庆	569.4	780.4	805.1	677.0	137.1
四　川	629.8	884.9	599.8	723.7	129.1
贵　州	355.1	636.5	746.4	373.0	92.1
云　南	359.6	856.8	664.9	514.0	74.1
西　藏	252.9	517.0	129.1	91.6	149.9
陕　西	444.2	690.5	900.6	883.7	136.8
甘　肃	383.4	730.4	753.4	546.2	97.7
青　海	487.5	1392.3	610.6	944.5	142.5
宁　夏	496.1	961.4	866.6	856.9	209.2
新　疆	340.8	1010.4	600.7	717.2	92.4

2-3-2-6 2014年分地区农村居民消费支出构成

单位：%

地区	消费支出	一、食品烟酒支出	二、衣着支出	三、居住支出
全国	**100.0**	**33.6**	**6.1**	**21.0**
北京	100.0	27.8	6.3	30.0
天津	100.0	31.4	7.4	23.3
河北	100.0	29.4	7.1	22.5
山西	100.0	29.4	7.7	21.2
内蒙古	100.0	30.5	7.3	16.8
辽宁	100.0	28.3	6.8	19.1
吉林	100.0	29.6	6.8	20.3
黑龙江	100.0	28.2	7.6	20.5
上海	100.0	36.0	5.8	24.4
江苏	100.0	31.4	6.4	20.9
浙江	100.0	31.9	6.1	22.8
安徽	100.0	35.6	5.9	21.1
福建	100.0	38.2	5.2	23.6
江西	100.0	36.5	5.0	24.9
山东	100.0	31.0	6.1	19.4
河南	100.0	29.6	8.3	21.2
湖北	100.0	31.4	5.7	22.4
湖南	100.0	34.3	5.2	22.0
广东	100.0	39.5	3.3	22.3
广西	100.0	36.9	3.1	23.2
海南	100.0	43.2	3.5	18.9
重庆	100.0	40.5	6.1	16.2
四川	100.0	39.7	6.6	17.9
贵州	100.0	37.2	5.7	20.1
云南	100.0	35.6	4.4	19.0
西藏	100.0	52.6	9.5	14.3
陕西	100.0	29.1	6.3	22.4
甘肃	100.0	34.9	6.7	17.6
青海	100.0	31.9	7.5	17.2
宁夏	100.0	29.9	7.8	18.1
新疆	100.0	34.5	8.8	19.2

2-3-2-6 续表 单位：%

地区	四、生活用品及服务支出	五、交通通信支出	六、教育文化娱乐支出	七、医疗保健支出	八、其他用品及服务支出
全　国	**6.0**	**12.1**	**10.3**	**9.0**	**1.9**
北　京	6.8	12.5	7.5	7.5	1.5
天　津	6.5	14.4	7.6	7.1	2.3
河　北	6.2	13.9	9.2	9.6	2.2
山　西	4.9	10.1	13.3	11.0	2.4
内蒙古	4.3	14.7	13.2	11.2	2.0
辽　宁	4.3	13.5	13.0	13.2	1.8
吉　林	4.4	11.4	12.8	12.4	2.3
黑龙江	4.4	12.3	12.6	12.7	1.7
上　海	4.7	12.4	5.3	9.0	2.6
江　苏	6.1	15.1	10.3	7.2	2.7
浙　江	5.1	15.6	9.3	7.4	1.9
安　徽	6.2	10.2	9.2	9.8	1.9
福　建	5.8	9.9	8.5	6.7	2.1
江　西	5.4	10.1	9.4	7.0	1.7
山　东	6.6	15.4	10.1	9.8	1.7
河　南	7.0	11.8	10.4	10.1	1.7
湖　北	6.6	9.4	11.6	10.5	2.4
湖　南	6.0	9.7	12.3	8.5	2.0
广　东	6.0	10.6	9.1	6.8	2.3
广　西	5.9	10.6	10.2	8.3	1.7
海　南	5.6	9.4	10.8	6.5	2.1
重　庆	7.1	9.8	10.1	8.5	1.7
四　川	7.6	10.7	7.2	8.7	1.6
贵　州	5.9	10.7	12.5	6.2	1.5
云　南	6.0	14.2	11.0	8.5	1.2
西　藏	5.2	10.7	2.7	1.9	3.1
陕　西	6.1	9.5	12.4	12.2	1.9
甘　肃	6.2	11.9	12.3	8.9	1.6
青　海	5.9	16.9	7.4	11.5	1.7
宁　夏	6.5	12.5	11.3	11.2	2.7
新　疆	4.6	13.7	8.2	9.7	1.3

2-3-2-7 2014年分地区农村居民现金消费支出

单位：元/人

地　区	现金消费支出	一、食品烟酒支出	二、衣着支出	三、居住支出
全　国	**6716.7**	**2301.3**	**509.7**	**758.5**
北　京	11721.9	3894.2	917.4	1893.7
天　津	11850.0	4176.8	1012.7	1603.6
河　北	7091.3	2238.1	580.7	1014.7
山　西	5670.7	1748.4	536.0	699.4
内蒙古	8598.0	2476.7	727.1	991.8
辽　宁	6671.1	1942.2	531.7	763.3
吉　林	6750.5	2133.9	552.6	673.7
黑龙江	6719.9	2095.7	595.0	717.1
上　海	11741.7	4897.9	860.0	1531.1
江　苏	9836.4	3285.2	758.3	1081.9
浙　江	11797.8	4309.8	881.4	1135.4
安　徽	6380.7	2481.8	471.7	634.5
福　建	8626.9	3630.5	572.3	892.2
江　西	5547.8	2082.3	380.0	640.9
山　东	6822.2	2265.3	488.4	775.3
河　南	6113.7	1986.0	600.5	675.0
湖　北	6738.2	2036.1	494.0	874.8
湖　南	6943.5	2285.3	467.7	855.7
广　东	7983.1	3262.7	328.0	1008.1
广　西	4715.1	1645.7	208.4	566.0
海　南	5721.1	2687.6	247.7	452.8
重　庆	5974.3	2255.4	490.2	359.3
四　川	6151.3	2294.5	547.7	511.8
贵　州	4231.8	1330.8	341.5	458.7
云　南	4476.5	1435.2	267.2	430.1
西　藏	2908.4	1176.2	457.0	176.5
陕　西	5897.9	1798.5	457.1	713.6
甘　肃	4988.2	1597.1	411.1	570.1
青　海	6636.4	1788.6	615.5	887.0
宁　夏	6531.7	1894.4	602.0	886.6
新　疆	6098.6	1996.7	647.8	856.6

2-3-2-7 续表　　　　单位：元/人

地　区	四、生活用品及服务支出	五、交通通信支出	六、教育文化娱乐支出	七、医疗保健支出	八、其他用品及服务支出
全　国	**500.1**	**1012.5**	**859.2**	**614.9**	**160.5**
北　京	985.7	1812.7	1096.9	914.6	206.8
天　津	888.8	1979.4	1041.1	831.1	316.6
河　北	504.9	1146.5	758.4	664.2	183.8
山　西	334.2	706.5	927.8	563.6	154.8
内蒙古	427.8	1467.5	1318.0	996.1	192.9
辽　宁	324.2	1049.7	1013.7	903.8	142.5
吉　林	351.6	930.7	1042.0	878.1	187.9
黑龙江	346.9	966.2	984.2	885.1	129.7
上　海	680.6	1825.6	782.7	793.4	370.5
江　苏	706.4	1788.1	1215.2	688.8	312.3
浙　江	735.0	2256.0	1354.2	860.2	265.7
安　徽	496.1	811.7	735.0	597.2	152.8
福　建	633.8	1097.6	939.8	625.5	235.1
江　西	406.7	759.4	711.9	435.0	131.7
山　东	518.5	1225.7	801.3	615.6	132.0
河　南	505.7	859.5	757.8	603.7	125.4
湖　北	571.5	816.4	1009.8	728.2	207.3
湖　南	538.3	871.4	1112.0	634.9	178.2
广　东	593.4	1068.4	917.1	573.7	231.7
广　西	385.4	709.7	682.5	407.6	109.7
海　南	367.1	661.8	759.9	399.2	145.0
重　庆	564.5	780.4	805.0	583.7	135.8
四　川	615.3	884.8	599.5	572.9	124.9
贵　州	327.0	636.4	746.1	301.1	90.1
云　南	352.7	856.8	664.9	397.5	72.3
西　藏	251.2	517.0	129.1	51.5	149.9
陕　西	443.3	690.4	900.5	758.9	135.6
甘　肃	381.0	730.2	753.3	450.5	94.8
青　海	484.2	1392.3	610.6	717.3	141.0
宁　夏	476.5	961.4	866.3	675.2	169.2
新　疆	340.0	1010.4	599.0	556.4	91.6

2-3-2-8 2014年分地区农村居民现金消费支出构成

单位：%

地区	现金消费支出	一、食品烟酒支出	二、衣着支出	三、居住支出
全国	**100.0**	**34.3**	**7.6**	**11.3**
北京	100.0	33.2	7.8	16.2
天津	100.0	35.2	8.5	13.5
河北	100.0	31.6	8.2	14.3
山西	100.0	30.8	9.5	12.3
内蒙古	100.0	28.8	8.5	11.5
辽宁	100.0	29.1	8.0	11.4
吉林	100.0	31.6	8.2	10.0
黑龙江	100.0	31.2	8.9	10.7
上海	100.0	41.7	7.3	13.0
江苏	100.0	33.4	7.7	11.0
浙江	100.0	36.5	7.5	9.6
安徽	100.0	38.9	7.4	9.9
福建	100.0	42.1	6.6	10.3
江西	100.0	37.5	6.9	11.6
山东	100.0	33.2	7.2	11.4
河南	100.0	32.5	9.8	11.0
湖北	100.0	30.2	7.3	13.0
湖南	100.0	32.9	6.7	12.3
广东	100.0	40.9	4.1	12.6
广西	100.0	34.9	4.4	12.0
海南	100.0	47.0	4.3	7.9
重庆	100.0	37.8	8.2	6.0
四川	100.0	37.3	8.9	8.3
贵州	100.0	31.4	8.1	10.8
云南	100.0	32.1	6.0	9.6
西藏	100.0	40.4	15.7	6.1
陕西	100.0	30.5	7.7	12.1
甘肃	100.0	32.0	8.2	11.4
青海	100.0	27.0	9.3	13.4
宁夏	100.0	29.0	9.2	13.6
新疆	100.0	32.7	10.6	14.0

2-3-2-8 续表 单位：%

地区	四、生活用品及服务支出	五、交通通信支出	六、教育文化娱乐支出	七、医疗保健支出	八、其他用品及服务支出
全国	**7.4**	**15.1**	**12.8**	**9.2**	**2.4**
北京	8.4	15.5	9.4	7.8	1.8
天津	7.5	16.7	8.8	7.0	2.7
河北	7.1	16.2	10.7	9.4	2.6
山西	5.9	12.5	16.4	9.9	2.7
内蒙古	5.0	17.1	15.3	11.6	2.2
辽宁	4.9	15.7	15.2	13.5	2.1
吉林	5.2	13.8	15.4	13.0	2.8
黑龙江	5.2	14.4	14.6	13.2	1.9
上海	5.8	15.5	6.7	6.8	3.2
江苏	7.2	18.2	12.4	7.0	3.2
浙江	6.2	19.1	11.5	7.3	2.3
安徽	7.8	12.7	11.5	9.4	2.4
福建	7.3	12.7	10.9	7.3	2.7
江西	7.3	13.7	12.8	7.8	2.4
山东	7.6	18.0	11.7	9.0	1.9
河南	8.3	14.1	12.4	9.9	2.1
湖北	8.5	12.1	15.0	10.8	3.1
湖南	7.8	12.6	16.0	9.1	2.6
广东	7.4	13.4	11.5	7.2	2.9
广西	8.2	15.1	14.5	8.6	2.3
海南	6.4	11.6	13.3	7.0	2.5
重庆	9.4	13.1	13.5	9.8	2.3
四川	10.0	14.4	9.7	9.3	2.0
贵州	7.7	15.0	17.6	7.1	2.1
云南	7.9	19.1	14.9	8.9	1.6
西藏	8.6	17.8	4.4	1.8	5.2
陕西	7.5	11.7	15.3	12.9	2.3
甘肃	7.6	14.6	15.1	9.0	1.9
青海	7.3	21.0	9.2	10.8	2.1
宁夏	7.3	14.7	13.3	10.3	2.6
新疆	5.6	16.6	9.8	9.1	1.5

（三）2015年分地区农村居民收支主要数据

2-3-3-1 2015年分地区农村居民可支配收入

单位：元/人

地区	可支配收入	一、工资性收入	二、经营净收入	三、财产净收入	四、转移净收入
全国	**11421.7**	**4600.3**	**4503.6**	**251.5**	**2066.3**
北京	20568.7	15491.1	1958.5	1203.8	1915.3
天津	18481.6	11031.4	4949.4	775.0	1725.8
河北	11050.5	5811.9	3682.7	235.9	1320.0
山西	9453.9	4921.8	2624.4	141.8	1766.0
内蒙古	10775.9	2249.7	6185.4	425.3	1915.5
辽宁	12056.9	4730.1	5573.7	231.7	1521.3
吉林	11326.2	2097.4	7878.1	198.6	1152.1
黑龙江	11095.2	2247.0	7049.8	524.9	1273.5
上海	23205.2	17482.5	1462.3	775.2	3485.1
江苏	16256.7	8014.9	5045.6	545.2	2651.0
浙江	21125.0	13086.9	5364.3	607.9	2065.9
安徽	10820.7	3983.1	4214.4	161.8	2461.4
福建	13792.7	6187.0	5455.6	232.5	1917.7
江西	11139.1	4393.0	4431.3	184.6	2130.2
山东	12930.4	5139.5	5856.4	326.3	1608.1
河南	10852.9	3728.4	4462.2	157.0	2505.3
湖北	11843.9	3682.9	5281.4	160.8	2718.8
湖南	10992.5	4515.2	3911.7	174.1	2391.5
广东	13360.4	6724.0	3590.1	337.0	2709.3
广西	9466.6	2549.1	4359.4	116.0	2442.1
海南	10857.6	4251.1	5013.2	194.8	1398.5
重庆	10504.7	3583.4	3774.7	278.1	2868.6
四川	10247.4	3463.5	4197.3	223.6	2363.0
贵州	7386.9	2897.1	2878.7	83.7	1527.3
云南	8242.1	2315.5	4600.8	147.9	1177.9
西藏	8243.7	1872.9	4937.7	146.9	1286.3
陕西	8688.9	3548.3	2908.6	152.4	2079.5
甘肃	6936.2	1974.9	3025.2	128.0	1808.1
青海	7933.4	2234.7	3058.5	325.7	2314.6
宁夏	9118.7	3614.3	3837.0	189.9	1477.5
新疆	9425.1	2131.4	5397.5	209.5	1686.7

2-3-3-2 2015年分地区农村居民可支配收入构成

单位：%

地 区	可支配收入	一、工资性收入	二、经营净收入	三、财产净收入	四、转移净收入
全 国	**100.0**	**40.3**	**39.4**	**2.2**	**18.1**
北 京	100.0	75.3	9.5	5.9	9.3
天 津	100.0	59.7	26.8	4.2	9.3
河 北	100.0	52.6	33.3	2.1	11.9
山 西	100.0	52.1	27.8	1.5	18.7
内蒙古	100.0	20.9	57.4	3.9	17.8
辽 宁	100.0	39.2	46.2	1.9	12.6
吉 林	100.0	18.5	69.6	1.8	10.2
黑龙江	100.0	20.3	63.5	4.7	11.5
上 海	100.0	75.3	6.3	3.3	15.0
江 苏	100.0	49.3	31.0	3.4	16.3
浙 江	100.0	62.0	25.4	2.9	9.8
安 徽	100.0	36.8	38.9	1.5	22.7
福 建	100.0	44.9	39.6	1.7	13.9
江 西	100.0	39.4	39.8	1.7	19.1
山 东	100.0	39.7	45.3	2.5	12.4
河 南	100.0	34.4	41.1	1.4	23.1
湖 北	100.0	31.1	44.6	1.4	23.0
湖 南	100.0	41.1	35.6	1.6	21.8
广 东	100.0	50.3	26.9	2.5	20.3
广 西	100.0	26.9	46.1	1.2	25.8
海 南	100.0	39.2	46.2	1.8	12.9
重 庆	100.0	34.1	35.9	2.6	27.3
四 川	100.0	33.8	41.0	2.2	23.1
贵 州	100.0	39.2	39.0	1.1	20.7
云 南	100.0	28.1	55.8	1.8	14.3
西 藏	100.0	22.7	59.9	1.8	15.6
陕 西	100.0	40.8	33.5	1.8	23.9
甘 肃	100.0	28.5	43.6	1.8	26.1
青 海	100.0	28.2	38.6	4.1	29.2
宁 夏	100.0	39.6	42.1	2.1	16.2
新 疆	100.0	22.6	57.3	2.2	17.9

2-3-3-3 2015年分地区农村居民现金可支配收入

单位：元/人

地区	现金可支配收入	一、工资性收入	二、经营净收入	三、财产净收入	四、转移净收入
全国	**10577.8**	**4583.9**	**3861.3**	**251.5**	**1881.2**
北京	20392.5	15326.7	2208.6	1203.8	1653.4
天津	18383.4	11004.5	5032.5	775.0	1571.4
河北	10446.0	5802.5	3255.8	235.9	1151.8
山西	8869.8	4910.8	2268.9	141.8	1548.3
内蒙古	10697.7	2247.1	6336.7	425.3	1688.5
辽宁	11800.6	4698.9	5549.6	231.7	1320.4
吉林	9672.3	2093.7	6399.2	198.6	980.8
黑龙江	10974.8	2246.8	7023.3	524.9	1179.8
上海	22395.9	17211.5	1510.3	775.2	2898.9
江苏	15458.1	7942.5	4563.2	545.2	2407.2
浙江	20971.9	13030.0	5570.9	607.9	1763.1
安徽	9952.0	3963.8	3544.3	161.8	2282.2
福建	13307.0	6167.9	5115.4	232.5	1791.3
江西	10030.9	4390.4	3424.7	184.6	2031.2
山东	12291.1	5129.5	5478.4	326.3	1356.9
河南	9795.2	3724.6	3555.8	157.0	2357.9
湖北	10408.5	3664.0	4114.1	160.8	2469.6
湖南	10020.3	4499.9	3100.9	174.1	2245.4
广东	12391.7	6705.9	2785.9	337.0	2562.9
广西	8329.7	2538.8	3438.6	116.0	2236.3
海南	10582.2	4240.7	4931.4	194.8	1215.4
重庆	9362.2	3571.7	2745.9	278.1	2766.5
四川	8955.8	3447.7	3152.8	223.6	2131.7
贵州	6490.6	2895.3	2107.8	83.7	1403.8
云南	7257.3	2312.5	3785.0	147.9	1012.0
西藏	7036.0	1872.9	3773.8	146.9	1242.4
陕西	8124.4	3544.2	2499.4	152.4	1928.3
甘肃	6242.7	1972.1	2511.1	127.4	1632.1
青海	7263.2	2233.0	2709.7	325.7	1994.8
宁夏	8655.5	3602.9	3704.1	189.9	1158.5
新疆	8695.1	2129.5	4819.5	209.5	1536.6

2-3-3-4　2015年分地区农村居民现金可支配收入构成

单位：%

地　区	现金可支配收入	一、工资性收入	二、经营净收入	三、财产净收入	四、转移净收入
全　国	**100.0**	**43.3**	**36.5**	**2.4**	**17.8**
北　京	100.0	75.2	10.8	5.9	8.1
天　津	100.0	59.9	27.4	4.2	8.5
河　北	100.0	55.5	31.2	2.3	11.0
山　西	100.0	55.4	25.6	1.6	17.5
内蒙古	100.0	21.0	59.2	4.0	15.8
辽　宁	100.0	39.8	47.0	2.0	11.2
吉　林	100.0	21.6	66.2	2.1	10.1
黑龙江	100.0	20.5	64.0	4.8	10.7
上　海	100.0	76.9	6.7	3.5	12.9
江　苏	100.0	51.4	29.5	3.5	15.6
浙　江	100.0	62.1	26.6	2.9	8.4
安　徽	100.0	39.8	35.6	1.6	22.9
福　建	100.0	46.4	38.4	1.7	13.5
江　西	100.0	43.8	34.1	1.8	20.2
山　东	100.0	41.7	44.6	2.7	11.0
河　南	100.0	38.0	36.3	1.6	24.1
湖　北	100.0	35.2	39.5	1.5	23.7
湖　南	100.0	44.9	30.9	1.7	22.4
广　东	100.0	54.1	22.5	2.7	20.7
广　西	100.0	30.5	41.3	1.4	26.8
海　南	100.0	40.1	46.6	1.8	11.5
重　庆	100.0	38.1	29.3	3.0	29.5
四　川	100.0	38.5	35.2	2.5	23.8
贵　州	100.0	44.6	32.5	1.3	21.6
云　南	100.0	31.9	52.2	2.0	13.9
西　藏	100.0	26.6	53.6	2.1	17.7
陕　西	100.0	43.6	30.8	1.9	23.7
甘　肃	100.0	31.6	40.2	2.0	26.1
青　海	100.0	30.7	37.3	4.5	27.5
宁　夏	100.0	41.6	42.8	2.2	13.4
新　疆	100.0	24.5	55.4	2.4	17.7

2-3-3-5 2015年分地区农村居民消费支出

单位：元/人

地区	消费支出	一、食品烟酒支出	二、衣着支出	三、居住支出
全国	**9222.6**	**3048.0**	**550.5**	**1926.2**
北京	15811.2	4372.1	996.1	4636.0
天津	14739.4	4346.3	1060.5	3278.8
河北	9022.8	2578.1	625.3	2014.2
山西	7421.2	2150.2	558.5	1536.8
内蒙古	10637.4	3123.0	765.1	1817.1
辽宁	8872.8	2498.8	598.6	1666.4
吉林	8783.3	2550.8	594.6	1698.3
黑龙江	8391.5	2306.7	639.9	1554.8
上海	16152.3	5660.0	857.1	4161.3
江苏	12882.5	4078.3	777.9	2649.9
浙江	16107.7	5008.4	950.8	3732.3
安徽	8975.2	3212.0	503.4	1899.8
福建	11960.8	4493.8	610.6	2907.6
江西	8485.6	3071.8	431.9	2026.3
山东	8747.6	2661.6	540.0	1626.6
河南	7887.4	2301.3	655.2	1643.3
湖北	9803.1	2952.7	549.1	2150.3
湖南	9690.6	3188.9	494.5	2191.0
广东	11103.0	4511.3	367.1	2494.8
广西	7582.0	2680.6	237.1	1729.9
海南	8210.3	3506.3	281.7	1470.0
重庆	8937.7	3571.1	530.2	1481.8
四川	9250.6	3618.4	580.4	1675.4
贵州	6644.9	2270.2	355.4	1442.0
云南	6830.1	2486.7	304.9	1228.6
西藏	5579.7	2912.0	506.9	701.9
陕西	7900.7	2199.5	496.3	1785.5
甘肃	6829.8	2244.1	466.3	1221.1
青海	8566.5	2564.2	626.9	1461.7
宁夏	8414.9	2452.7	664.0	1561.2
新疆	7697.9	2622.5	691.3	1486.5

2-3-3-5 续表

单位：元/人

地　区	四、生活用品及服务支出	五、交通通信支出	六、教育文化娱乐支出	七、医疗保健支出	八、其他用品及服务支出
全　国	**545.6**	**1163.1**	**969.3**	**846.0**	**174.0**
北　京	992.9	2140.0	1144.9	1336.0	193.2
天　津	1153.7	2196.2	1245.3	1159.9	298.7
河　北	527.5	1298.5	870.4	920.5	188.4
山　西	382.4	820.3	1017.1	794.3	161.5
内蒙古	475.0	1646.8	1457.7	1117.7	235.1
辽　宁	396.5	1351.2	1122.0	1064.5	174.8
吉　林	353.5	1203.6	1117.7	1058.1	206.8
黑龙江	357.5	1162.2	1097.9	1112.8	159.8
上　海	722.5	2046.1	893.3	1464.3	347.6
江　苏	754.0	1879.9	1319.9	1088.2	334.5
浙　江	804.8	2565.7	1486.4	1246.3	313.0
安　徽	498.5	1056.3	834.4	808.2	162.6
福　建	620.6	1248.6	1003.9	826.9	248.9
江　西	491.5	865.7	882.9	569.7	145.8
山　东	553.5	1393.0	912.1	919.2	141.8
河　南	560.6	970.3	851.4	769.0	136.4
湖　北	599.9	1218.4	1118.1	985.1	229.5
湖　南	604.7	920.2	1276.4	844.1	170.7
广　东	654.6	1160.4	952.4	723.1	239.1
广　西	455.5	821.8	841.7	709.7	105.7
海　南	404.6	836.0	904.1	634.5	173.0
重　庆	651.7	888.2	923.5	745.9	145.4
四　川	659.9	1019.8	699.4	839.8	157.5
贵　州	379.8	784.2	872.7	449.5	91.2
云　南	383.1	987.0	782.3	577.6	79.9
西　藏	290.2	718.5	179.3	136.4	134.5
陕　西	491.2	793.2	1036.6	958.2	140.2
甘　肃	445.0	811.7	853.7	669.8	118.1
青　海	444.6	1278.1	806.6	1190.9	193.6
宁　夏	571.8	1070.9	995.4	926.0	172.9
新　疆	396.0	1031.6	632.0	731.8	106.1

2-3-3-6　2015年分地区农村居民消费支出构成

单位：%

地　区	消费支出	一、食品烟酒支出	二、衣着支出	三、居住支出
全　国	**100.0**	**33.0**	**6.0**	**20.9**
北　京	100.0	27.7	6.3	29.3
天　津	100.0	29.5	7.2	22.2
河　北	100.0	28.6	6.9	22.3
山　西	100.0	29.0	7.5	20.7
内蒙古	100.0	29.4	7.2	17.1
辽　宁	100.0	28.2	6.7	18.8
吉　林	100.0	29.0	6.8	19.3
黑龙江	100.0	27.5	7.6	18.5
上　海	100.0	35.0	5.3	25.8
江　苏	100.0	31.7	6.0	20.6
浙　江	100.0	31.1	5.9	23.2
安　徽	100.0	35.8	5.6	21.2
福　建	100.0	37.6	5.1	24.3
江　西	100.0	36.2	5.1	23.9
山　东	100.0	30.4	6.2	18.6
河　南	100.0	29.2	8.3	20.8
湖　北	100.0	30.1	5.6	21.9
湖　南	100.0	32.9	5.1	22.6
广　东	100.0	40.6	3.3	22.5
广　西	100.0	35.4	3.1	22.8
海　南	100.0	42.7	3.4	17.9
重　庆	100.0	40.0	5.9	16.6
四　川	100.0	39.1	6.3	18.1
贵　州	100.0	34.2	5.3	21.7
云　南	100.0	36.4	4.5	18.0
西　藏	100.0	52.2	9.1	12.6
陕　西	100.0	27.8	6.3	22.6
甘　肃	100.0	32.9	6.8	17.9
青　海	100.0	29.9	7.3	17.1
宁　夏	100.0	29.1	7.9	18.6
新　疆	100.0	34.1	9.0	19.3

2-3-3-6 续表

单位：%

地区	四、生活用品及服务支出	五、交通通信支出	六、教育文化娱乐支出	七、医疗保健支出	八、其他用品及服务支出
全　国	**5.9**	**12.6**	**10.5**	**9.2**	**1.9**
北　京	6.3	13.5	7.2	8.4	1.2
天　津	7.8	14.9	8.4	7.9	2.0
河　北	5.8	14.4	9.6	10.2	2.1
山　西	5.2	11.1	13.7	10.7	2.2
内蒙古	4.5	15.5	13.7	10.5	2.2
辽　宁	4.5	15.2	12.6	12.0	2.0
吉　林	4.0	13.7	12.7	12.0	2.4
黑龙江	4.3	13.8	13.1	13.3	1.9
上　海	4.5	12.7	5.5	9.1	2.2
江　苏	5.9	14.6	10.2	8.4	2.6
浙　江	5.0	15.9	9.2	7.7	1.9
安　徽	5.6	11.8	9.3	9.0	1.8
福　建	5.2	10.4	8.4	6.9	2.1
江　西	5.8	10.2	10.4	6.7	1.7
山　东	6.3	15.9	10.4	10.5	1.6
河　南	7.1	12.3	10.8	9.7	1.7
湖　北	6.1	12.4	11.4	10.0	2.3
湖　南	6.2	9.5	13.2	8.7	1.8
广　东	5.9	10.5	8.6	6.5	2.2
广　西	6.0	10.8	11.1	9.4	1.4
海　南	4.9	10.2	11.0	7.7	2.1
重　庆	7.3	9.9	10.3	8.3	1.6
四　川	7.1	11.0	7.6	9.1	1.7
贵　州	5.7	11.8	13.1	6.8	1.4
云　南	5.6	14.5	11.5	8.5	1.2
西　藏	5.2	12.9	3.2	2.4	2.4
陕　西	6.2	10.0	13.1	12.1	1.8
甘　肃	6.5	11.9	12.5	9.8	1.7
青　海	5.2	14.9	9.4	13.9	2.3
宁　夏	6.8	12.7	11.8	11.0	2.1
新　疆	5.1	13.4	8.2	9.5	1.4

2-3-3-7　2015年分地区农村居民现金消费支出

单位：元/人

地　区	现金消费支出	一、食品烟酒支出	二、衣着支出	三、居住支出
全　国	**7392.1**	**2540.0**	**549.9**	**779.0**
北　京	12581.5	4186.8	996.1	1807.7
天　津	12786.2	4225.7	1060.5	1599.6
河　北	7703.8	2415.8	624.0	1024.1
山　西	6106.6	1833.9	558.1	715.1
内蒙古	9198.2	2635.0	765.0	1016.4
辽　宁	7491.8	2192.0	598.4	775.3
吉　林	7292.2	2252.3	594.6	676.8
黑龙江	7331.8	2178.5	639.9	716.3
上　海	12769.6	5341.8	857.0	1680.8
江　苏	10626.0	3693.2	777.3	1016.3
浙　江	13020.6	4672.0	948.9	1276.6
安　徽	7213.5	2833.1	502.1	683.4
福　建	9320.1	3976.1	610.4	920.2
江　西	6359.4	2394.9	431.6	676.1
山　东	7446.4	2477.2	539.0	759.3
河　南	6635.1	2135.6	655.2	701.5
湖　北	7612.8	2276.9	548.4	881.6
湖　南	7492.2	2415.3	493.9	915.4
广　东	8665.6	3830.9	367.0	882.5
广　西	5577.4	1931.5	236.9	634.5
海　南	6681.6	3152.5	280.3	452.3
重　庆	6836.0	2578.2	530.2	473.3
四　川	6795.2	2488.5	580.1	570.4
贵　州	4848.1	1486.4	355.1	533.1
云　南	5111.3	1691.3	304.8	465.7
西　藏	3575.1	1507.0	506.1	149.0
陕　西	6483.0	1956.5	496.0	756.8
甘　肃	5554.0	1726.6	466.1	606.4
青　海	7058.6	1973.9	626.8	808.2
宁　夏	7167.9	2111.0	664.0	957.6
新　疆	6332.4	2029.1	688.4	857.0

2-3-3-7 续表

单位：元/人

地区	四、生活用品及服务支出	五、交通通信支出	六、教育文化娱乐支出	七、医疗保健支出	八、其他用品及服务支出
全国	**538.3**	**1162.6**	**969.0**	**681.4**	**172.0**
北京	988.3	2140.0	1144.8	1132.0	185.9
天津	1147.8	2190.8	1241.8	1026.9	293.1
河北	525.0	1297.1	869.7	761.2	187.1
山西	377.6	819.1	1017.1	629.6	156.2
内蒙古	474.9	1646.8	1456.5	973.4	230.1
辽宁	387.4	1350.8	1119.8	893.8	174.4
吉林	349.8	1203.5	1117.7	890.7	206.8
黑龙江	356.8	1162.2	1097.9	1020.3	159.8
上海	717.8	2044.1	892.9	891.2	344.2
江苏	740.6	1878.7	1318.6	868.1	333.2
浙江	789.9	2564.1	1486.0	972.4	310.6
安徽	494.6	1056.1	834.2	648.6	161.4
福建	615.0	1247.7	1003.9	698.3	248.7
江西	491.2	865.7	882.9	471.4	145.6
山东	541.9	1393.0	911.8	685.7	138.6
河南	560.4	970.3	851.4	624.3	136.4
湖北	598.1	1218.2	1118.0	745.3	226.4
湖南	600.8	920.1	1276.2	703.0	167.5
广东	648.2	1160.0	952.3	585.8	238.9
广西	445.9	819.0	841.7	563.4	104.5
海南	383.9	835.8	903.7	500.5	172.6
重庆	647.5	888.2	923.4	651.2	144.1
四川	630.3	1019.4	698.8	653.3	154.4
贵州	373.5	784.2	872.7	354.5	88.6
云南	378.4	986.8	782.3	423.6	78.5
西藏	287.9	718.5	179.3	93.2	134.1
陕西	489.0	793.1	1036.4	816.4	138.8
甘肃	433.1	811.7	853.6	543.6	112.9
青海	442.1	1278.1	806.6	930.5	192.5
宁夏	554.9	1066.5	995.3	678.2	140.5
新疆	394.5	1031.6	632.0	594.4	105.3

2-3-3-8 2015年分地区农村居民现金消费支出构成

单位：%

地区	现金消费支出	一、食品烟酒支出	二、衣着支出	三、居住支出
全国	**100.0**	**34.4**	**7.4**	**10.5**
北京	100.0	33.3	7.9	14.4
天津	100.0	33.0	8.3	12.5
河北	100.0	31.4	8.1	13.3
山西	100.0	30.0	9.1	11.7
内蒙古	100.0	28.6	8.3	11.0
辽宁	100.0	29.3	8.0	10.3
吉林	100.0	30.9	8.2	9.3
黑龙江	100.0	29.7	8.7	9.8
上海	100.0	41.8	6.7	13.2
江苏	100.0	34.8	7.3	9.6
浙江	100.0	35.9	7.3	9.8
安徽	100.0	39.3	7.0	9.5
福建	100.0	42.7	6.5	9.9
江西	100.0	37.7	6.8	10.6
山东	100.0	33.3	7.2	10.2
河南	100.0	32.2	9.9	10.6
湖北	100.0	29.9	7.2	11.6
湖南	100.0	32.2	6.6	12.2
广东	100.0	44.2	4.2	10.2
广西	100.0	34.6	4.2	11.4
海南	100.0	47.2	4.2	6.8
重庆	100.0	37.7	7.8	6.9
四川	100.0	36.6	8.5	8.4
贵州	100.0	30.7	7.3	11.0
云南	100.0	33.1	6.0	9.1
西藏	100.0	42.2	14.2	4.2
陕西	100.0	30.2	7.7	11.7
甘肃	100.0	31.1	8.4	10.9
青海	100.0	28.0	8.9	11.4
宁夏	100.0	29.5	9.3	13.4
新疆	100.0	32.0	10.9	13.5

2-3-3-8 续表

单位：%

地　　区	四、生活用品及服务支出	五、交通通信支出	六、教育文化娱乐支出	七、医疗保健支出	八、其他用品及服务支出
全　　国	**7.3**	**15.7**	**13.1**	**9.2**	**2.3**
北　　京	7.9	17.0	9.1	9.0	1.5
天　　津	9.0	17.1	9.7	8.0	2.3
河　　北	6.8	16.8	11.3	9.9	2.4
山　　西	6.2	13.4	16.7	10.3	2.6
内 蒙 古	5.2	17.9	15.8	10.6	2.5
辽　　宁	5.2	18.0	14.9	11.9	2.3
吉　　林	4.8	16.5	15.3	12.2	2.8
黑 龙 江	4.9	15.9	15.0	13.9	2.2
上　　海	5.6	16.0	7.0	7.0	2.7
江　　苏	7.0	17.7	12.4	8.2	3.1
浙　　江	6.1	19.7	11.4	7.5	2.4
安　　徽	6.9	14.6	11.6	9.0	2.2
福　　建	6.6	13.4	10.8	7.5	2.7
江　　西	7.7	13.6	13.9	7.4	2.3
山　　东	7.3	18.7	12.2	9.2	1.9
河　　南	8.4	14.6	12.8	9.4	2.1
湖　　北	7.9	16.0	14.7	9.8	3.0
湖　　南	8.0	12.3	17.0	9.4	2.2
广　　东	7.5	13.4	11.0	6.8	2.8
广　　西	8.0	14.7	15.1	10.1	1.9
海　　南	5.7	12.5	13.5	7.5	2.6
重　　庆	9.5	13.0	13.5	9.5	2.1
四　　川	9.3	15.0	10.3	9.6	2.3
贵　　州	7.7	16.2	18.0	7.3	1.8
云　　南	7.4	19.3	15.3	8.3	1.5
西　　藏	8.1	20.1	5.0	2.6	3.8
陕　　西	7.5	12.2	16.0	12.6	2.1
甘　　肃	7.8	14.6	15.4	9.8	2.0
青　　海	6.3	18.1	11.4	13.2	2.7
宁　　夏	7.7	14.9	13.9	9.5	2.0
新　　疆	6.2	16.3	10.0	9.4	1.7

2-3-3-9 2015年分地区农村居民家庭主要食品消费量

单位：公斤/人

地 区	粮食(原粮)	谷物	食用油	植物油	蔬菜	肉类	猪肉
全 国	**159.5**	**150.2**	**10.1**	**9.2**	**90.3**	**23.1**	**19.5**
北 京	105.6	95.9	9.4	9.4	91.0	23.0	15.3
天 津	168.2	158.7	12.5	12.5	107.8	20.9	14.7
河 北	145.4	137.6	9.7	9.6	82.4	15.7	11.3
山 西	153.6	138.4	7.6	7.5	66.2	10.5	8.3
内蒙古	170.4	159.6	5.7	5.4	69.4	26.7	17.5
辽 宁	150.4	139.8	10.5	10.2	120.1	19.7	16.9
吉 林	140.4	130.7	10.4	10.3	89.8	17.9	15.6
黑龙江	142.7	132.7	13.5	13.4	66.4	14.8	11.8
上 海	131.3	120.4	11.5	11.2	89.0	30.0	23.3
江 苏	147.2	135.7	13.0	12.8	93.4	22.7	17.9
浙 江	151.5	137.6	11.2	10.5	85.3	26.4	22.5
安 徽	173.2	160.0	10.3	9.4	92.9	21.0	17.4
福 建	157.5	148.4	9.4	7.6	87.4	29.9	25.8
江 西	181.5	174.5	11.7	11.0	103.8	20.1	17.6
山 东	142.2	133.9	8.4	8.4	76.7	15.1	10.7
河 南	132.5	125.5	7.6	7.5	67.7	12.8	9.7
湖 北	152.1	141.8	16.0	15.2	123.1	26.9	24.1
湖 南	187.9	179.6	11.7	7.9	103.9	27.2	25.1
广 东	161.4	153.8	9.0	8.3	101.7	36.0	31.7
广 西	172.2	167.0	7.4	5.3	87.4	27.7	26.1
海 南	112.8	110.0	6.7	4.7	74.7	24.2	21.9
重 庆	197.1	181.8	13.4	12.0	134.7	36.0	33.6
四 川	187.6	177.3	12.2	10.9	125.0	36.2	34.4
贵 州	152.7	141.7	7.1	5.3	92.3	33.0	31.6
云 南	149.4	140.5	5.9	4.0	89.7	29.3	27.6
西 藏	313.3	304.8	15.1	9.2	13.4	41.7	5.7
陕 西	149.1	141.3	10.8	10.6	64.9	11.1	9.4
甘 肃	181.3	169.3	8.5	8.4	55.4	15.8	12.5
青 海	138.9	130.8	10.7	9.9	53.3	21.7	10.1
宁 夏	148.7	142.4	8.6	8.5	75.4	15.0	6.8
新 疆	204.1	203.0	13.9	13.8	90.0	20.7	1.6

2-3-3-9 续表 单位：公斤/人

地 区			禽类	水产品	蛋类	奶类	干鲜瓜果类	食糖
	牛肉	羊肉						
全 国	**0.8**	**0.9**	**7.1**	**7.2**	**8.3**	**6.3**	**32.3**	**1.3**
北 京	1.5	2.6	4.2	5.6	11.7	13.9	52.1	1.0
天 津	0.9	2.1	3.4	12.3	15.1	11.0	66.7	1.6
河 北	0.4	0.8	2.9	3.4	11.5	7.5	45.3	1.1
山 西	0.2	0.6	1.4	1.0	9.1	8.4	33.1	1.0
内蒙古	2.0	6.0	3.9	2.6	7.3	12.5	32.5	1.2
辽 宁	0.5	0.5	2.7	6.0	9.2	4.8	32.9	0.9
吉 林	0.6	0.3	3.7	4.9	8.5	4.6	34.4	1.0
黑龙江	0.5	0.4	3.5	4.9	6.5	4.5	37.6	1.4
上 海	1.3	0.9	12.9	20.4	10.0	12.3	34.4	1.6
江 苏	1.0	0.7	8.1	13.7	9.5	11.5	28.9	1.1
浙 江	1.1	0.4	8.3	19.6	6.8	9.0	34.0	1.5
安 徽	1.0	0.5	10.8	9.4	10.2	7.6	33.9	1.1
福 建	0.8	0.4	12.2	20.1	7.3	6.9	28.8	1.8
江 西	0.7	0.1	6.1	7.9	6.3	5.8	24.7	1.2
山 东	0.2	0.5	5.2	6.4	14.1	11.6	45.6	0.8
河 南	0.7	0.5	3.9	2.5	10.7	5.0	39.1	1.1
湖 北	0.8	0.4	4.3	11.7	8.3	3.6	22.4	0.8
湖 南	0.7	0.3	9.1	8.7	7.3	2.9	42.3	2.1
广 东	0.8	0.2	20.0	18.7	6.2	2.6	23.3	1.9
广 西	0.4	0.2	17.6	7.0	5.2	2.0	27.9	1.2
海 南	0.8	0.3	16.3	21.5	3.8	1.3	14.3	1.0
重 庆	0.4	0.3	6.4	7.1	10.3	7.6	28.3	3.4
四 川	0.4	0.2	9.2	4.9	8.4	6.2	23.8	1.9
贵 州	0.8	0.3	3.6	1.1	3.5	1.5	20.5	1.0
云 南	0.7	0.5	6.8	2.3	4.4	2.0	16.8	1.1
西 藏	29.4	6.4			1.9	23.1	2.0	3.5
陕 西	0.2	0.6	1.4	0.8	6.2	6.5	24.6	0.7
甘 肃	0.6	2.0	3.5	0.8	6.4	6.5	35.1	1.7
青 海	4.1	7.0	2.7	0.7	2.5	10.5	17.0	1.5
宁 夏	3.0	4.7	5.8	1.2	4.8	8.2	52.4	1.2
新 疆	4.0	14.8	3.4	0.9	5.4	12.9	48.5	0.8

2-3-3-10 2015年分地区农村居民年末主要耐用消费品拥有量

单位：平均每百户

地区	家用汽车（辆）	摩托车（辆）	电动助力车（辆）	洗衣机（台）	电冰箱(柜)（台）	微波炉（台）	彩色电视机（台）
全国	**13.3**	**67.5**	**50.1**	**78.8**	**82.6**	**15.0**	**116.9**
北京	32.0	11.6	64.4	90.3	94.7	50.5	131.0
天津	39.9	41.5	91.7	101.7	100.1	32.6	121.6
河北	23.6	66.4	91.1	96.7	90.1	15.8	120.8
山西	10.1	57.5	34.8	82.0	57.9	5.7	104.7
内蒙古	23.1	75.2	31.8	85.7	89.6	6.0	104.6
辽宁	11.6	63.9	33.3	80.1	86.0	8.7	111.0
吉林	16.9	74.1	12.7	89.4	89.1	6.5	111.7
黑龙江	9.0	58.9	11.9	86.7	86.3	6.0	105.4
上海	13.8	11.4	121.0	70.2	84.0	64.8	148.5
江苏	18.0	43.7	119.5	91.9	95.2	61.5	146.8
浙江	25.4	31.3	78.7	74.7	94.5	32.3	161.3
安徽	8.5	47.0	79.4	73.6	90.6	15.4	121.3
福建	12.9	91.5	25.7	73.2	93.8	33.5	139.3
江西	10.0	77.1	52.9	42.1	84.0	8.0	126.1
山东	23.6	68.9	103.3	86.8	90.8	12.3	109.5
河南	12.0	65.2	87.6	92.9	79.1	9.0	112.6
湖北	7.2	77.9	23.5	65.0	84.8	9.2	118.5
湖南	8.1	75.0	11.4	71.9	87.4	6.9	112.6
广东	10.7	117.0	30.8	64.8	78.3	19.1	117.2
广西	6.8	100.5	31.3	54.7	79.6	15.4	111.1
海南	6.2	102.3	41.1	23.6	55.8	12.3	104.9
重庆	8.0	40.2	8.4	74.8	90.3	16.3	111.3
四川	8.6	51.5	19.7	82.1	82.7	9.5	112.4
贵州	9.2	54.9	6.0	85.5	69.2	8.3	101.8
云南	11.8	76.1	11.8	68.1	52.3	10.7	101.7
西藏	15.9	80.3	8.4	45.4	45.3	1.3	103.9
陕西	9.1	66.2	36.7	88.0	68.8	6.0	113.2
甘肃	10.0	88.6	28.0	86.0	55.3	6.1	109.0
青海	23.5	90.5	13.4	97.1	95.0	6.5	111.1
宁夏	18.4	83.0	54.5	98.2	85.2	9.0	117.5
新疆	12.6	87.9	43.0	87.8	85.6	5.9	99.9

2-3-3-10 续表 单位：平均每百户

地区	空调（台）	热水器（台）	排油烟机（台）	移动电话（部）	计算机（台）	照相机（台）
全国	**38.8**	**52.5**	**15.3**	**226.1**	**25.7**	**4.1**
北京	118.4	92.6	66.6	230.0	69.4	20.8
天津	85.4	95.2	44.1	219.6	38.2	8.2
河北	55.3	56.4	17.2	226.2	37.8	4.5
山西	9.6	18.1	7.1	195.5	28.7	2.1
内蒙古	0.8	16.7	12.1	220.6	20.8	4.5
辽宁	2.1	16.3	12.5	191.2	28.9	4.1
吉林	0.3	9.5	8.3	240.6	31.8	2.9
黑龙江	0.5	6.5	10.4	202.8	24.4	3.2
上海	100.7	66.2	37.7	187.3	46.5	12.1
江苏	107.7	87.7	31.6	217.6	42.3	9.5
浙江	100.2	80.1	55.1	216.4	45.5	8.1
安徽	58.4	66.4	10.9	205.3	19.4	3.5
福建	54.3	81.6	27.4	246.4	34.9	6.3
江西	38.6	54.7	13.3	232.7	22.3	3.4
山东	38.8	72.1	22.8	207.8	34.8	5.1
河南	54.8	48.3	6.3	221.0	26.6	3.1
湖北	43.5	61.7	14.9	232.2	26.2	3.8
湖南	36.2	44.6	14.6	242.1	19.8	4.3
广东	62.2	77.7	29.5	267.2	33.9	4.5
广西	16.9	50.5	6.3	262.0	17.3	1.8
海南	23.7	41.4	6.6	235.7	11.6	2.1
重庆	42.8	54.4	8.6	225.0	18.9	2.9
四川	22.4	50.0	6.2	216.5	13.2	2.6
贵州	2.5	29.0	3.9	245.4	9.7	1.5
云南	0.3	57.0	3.3	235.9	6.2	1.4
西藏	0.1	1.5	0.2	172.1	0.3	0.9
陕西	23.1	41.5	6.9	251.3	22.0	3.8
甘肃	0.7	20.3	5.8	244.6	14.2	2.5
青海	0.3	23.8	9.0	262.3	11.9	2.4
宁夏	0.8	54.3	9.8	281.5	22.0	2.5
新疆	1.1	21.5	9.0	174.4	14.3	2.6

(四)2016年分地区农村居民收支主要数据

2-3-4-1　2016年分地区农村居民可支配收入

单位：元/人

地　区	可支配收入	一、工资性收入	二、经营净收入	三、财产净收入	四、转移净收入
全　国	**12363.4**	**5021.8**	**4741.3**	**272.1**	**2328.2**
北　京	22309.5	16637.5	2061.9	1350.1	2260.0
天　津	20075.6	12048.1	5309.4	893.7	1824.4
河　北	11919.4	6263.2	3970.0	257.5	1428.6
山　西	10082.5	5204.4	2729.9	149.0	1999.1
内蒙古	11609.0	2448.9	6215.7	452.6	2491.7
辽　宁	12880.7	5071.2	5635.5	257.6	1916.4
吉　林	12122.9	2363.1	7558.9	231.8	1969.1
黑龙江	11831.9	2430.5	6425.9	572.7	2402.6
上　海	25520.4	18947.9	1387.9	859.6	4325.0
江　苏	17605.6	8731.7	5283.1	606.0	2984.8
浙　江	22866.1	14204.3	5621.9	661.8	2378.1
安　徽	11720.5	4291.4	4596.1	186.7	2646.2
福　建	14999.2	6785.2	5821.5	255.7	2136.9
江　西	12137.7	4954.7	4692.3	204.4	2286.4
山　东	13954.1	5569.1	6266.6	358.7	1759.7
河　南	11696.7	4228.0	4643.2	168.0	2657.6
湖　北	12725.0	4023.0	5534.0	158.6	3009.3
湖　南	11930.4	4946.2	4138.6	143.1	2702.5
广　东	14512.2	7255.3	3883.6	365.8	3007.5
广　西	10359.5	2848.1	4759.2	149.2	2603.0
海　南	11842.9	4764.9	5315.7	139.1	1623.1
重　庆	11548.8	3965.6	4150.1	295.8	3137.3
四　川	11203.1	3737.6	4525.2	268.5	2671.8
贵　州	8090.3	3211.0	3115.8	67.1	1696.3
云　南	9019.8	2553.9	5043.7	152.2	1270.1
西　藏	9093.8	2204.9	5237.9	148.7	1502.3
陕　西	9396.4	3916.0	3057.9	159.0	2263.6
甘　肃	7456.9	2125.0	3261.4	128.4	1942.0
青　海	8664.4	2464.3	3197.0	325.2	2677.8
宁　夏	9851.6	3906.1	3937.5	291.8	1716.3
新　疆	10183.2	2527.1	5642.0	222.8	1791.3

2-3-4-2 2016年分地区农村居民可支配收入构成

单位：%

地 区	可支配收入	一、工资性收入	二、经营净收入	三、财产净收入	四、转移净收入
全 国	**100.0**	**40.6**	**38.3**	**2.2**	**18.8**
北 京	100.0	74.6	9.2	6.1	10.1
天 津	100.0	60.0	26.4	4.5	9.1
河 北	100.0	52.5	33.3	2.2	12.0
山 西	100.0	51.6	27.1	1.5	19.8
内蒙古	100.0	21.1	53.5	3.9	21.5
辽 宁	100.0	39.4	43.8	2.0	14.9
吉 林	100.0	19.5	62.4	1.9	16.2
黑龙江	100.0	20.5	54.3	4.8	20.3
上 海	100.0	74.2	5.4	3.4	16.9
江 苏	100.0	49.6	30.0	3.4	17.0
浙 江	100.0	62.1	24.6	2.9	10.4
安 徽	100.0	36.6	39.2	1.6	22.6
福 建	100.0	45.2	38.8	1.7	14.2
江 西	100.0	40.8	38.7	1.7	18.8
山 东	100.0	39.9	44.9	2.6	12.6
河 南	100.0	36.1	39.7	1.4	22.7
湖 北	100.0	31.6	43.5	1.2	23.6
湖 南	100.0	41.5	34.7	1.2	22.7
广 东	100.0	50.0	26.8	2.5	20.7
广 西	100.0	27.5	45.9	1.4	25.1
海 南	100.0	40.2	44.9	1.2	13.7
重 庆	100.0	34.3	35.9	2.6	27.2
四 川	100.0	33.4	40.4	2.4	23.8
贵 州	100.0	39.7	38.5	0.8	21.0
云 南	100.0	28.3	55.9	1.7	14.1
西 藏	100.0	24.2	57.6	1.6	16.5
陕 西	100.0	41.7	32.5	1.7	24.1
甘 肃	100.0	28.5	43.7	1.7	26.0
青 海	100.0	28.4	36.9	3.8	30.9
宁 夏	100.0	39.6	40.0	3.0	17.4
新 疆	100.0	24.8	55.4	2.2	17.6

2-3-4-3 2016年分地区农村居民现金可支配收入

单位：元/人

地　区	现金可支配收入	一、工资性收入	二、经营净收入	三、财产净收入	四、转移净收入
全　国	**11600.6**	**5000.8**	**4203.9**	**272.1**	**2123.8**
北　京	22200.1	16499.3	2412.5	1350.1	1938.2
天　津	20114.5	12003.7	5545.8	893.7	1671.3
河　北	11774.2	6257.7	3980.9	257.5	1278.1
山　西	9587.9	5174.9	2475.2	149.0	1788.7
内蒙古	11108.8	2444.9	6150.4	452.6	2060.8
辽　宁	12612.3	5020.1	5602.9	257.6	1731.7
吉　林	11166.1	2354.3	6796.8	231.8	1783.2
黑龙江	11654.9	2430.2	6362.3	572.7	2289.6
上　海	24647.6	18768.7	1326.3	859.6	3693.0
江　苏	16900.3	8662.2	4906.1	606.0	2725.9
浙　江	22581.0	14134.2	5652.0	661.8	2132.9
安　徽	10578.5	4261.1	3646.8	186.7	2483.8
福　建	14578.9	6753.0	5611.9	255.7	1958.3
江　西	11191.0	4947.1	3876.9	204.4	2162.7
山　东	13520.1	5557.0	6126.3	358.7	1478.1
河　南	10752.1	4223.6	3849.2	168.0	2511.3
湖　北	11481.0	4000.5	4631.9	158.6	2690.0
湖　南	10998.5	4926.9	3386.6	143.1	2541.8
广　东	13589.9	7223.6	3160.5	365.8	2840.0
广　西	9378.4	2834.1	4015.4	149.2	2379.8
海　南	11545.0	4753.7	5194.8	139.1	1457.4
重　庆	10232.0	3953.4	2982.9	295.8	2999.9
四　川	9973.5	3709.3	3604.1	268.5	2391.6
贵　州	7374.2	3207.4	2534.7	67.1	1565.0
云　南	7946.2	2551.3	4136.8	152.2	1105.9
西　藏	7866.4	2204.9	4060.8	148.7	1451.9
陕　西	8833.3	3905.7	2683.7	159.0	2084.9
甘　肃	6892.9	2118.4	2944.7	128.4	1701.4
青　海	7991.5	2463.4	2911.1	325.2	2291.8
宁　夏	9816.1	3891.0	4294.9	291.8	1338.4
新　疆	9399.8	2523.5	5066.0	222.8	1587.5

2-3-4-4 2016年分地区农村居民现金可支配收入构成

单位：%

地 区	现金可支配收入	一、工资性收入	二、经营净收入	三、财产净收入	四、转移净收入
全 国	**100.0**	**43.1**	**36.2**	**2.3**	**18.3**
北 京	100.0	74.3	10.9	6.1	8.7
天 津	100.0	59.7	27.6	4.4	8.3
河 北	100.0	53.1	33.8	2.2	10.9
山 西	100.0	54.0	25.8	1.6	18.7
内蒙古	100.0	22.0	55.4	4.1	18.6
辽 宁	100.0	39.8	44.4	2.0	13.7
吉 林	100.0	21.1	60.9	2.1	16.0
黑龙江	100.0	20.9	54.6	4.9	19.6
上 海	100.0	76.1	5.4	3.5	15.0
江 苏	100.0	51.3	29.0	3.6	16.1
浙 江	100.0	62.6	25.0	2.9	9.4
安 徽	100.0	40.3	34.5	1.8	23.5
福 建	100.0	46.3	38.5	1.8	13.4
江 西	100.0	44.2	34.6	1.8	19.3
山 东	100.0	41.1	45.3	2.7	10.9
河 南	100.0	39.3	35.8	1.6	23.4
湖 北	100.0	34.8	40.3	1.4	23.4
湖 南	100.0	44.8	30.8	1.3	23.1
广 东	100.0	53.2	23.3	2.7	20.9
广 西	100.0	30.2	42.8	1.6	25.4
海 南	100.0	41.2	45.0	1.2	12.6
重 庆	100.0	38.6	29.2	2.9	29.3
四 川	100.0	37.2	36.1	2.7	24.0
贵 州	100.0	43.5	34.4	0.9	21.2
云 南	100.0	32.1	52.1	1.9	13.9
西 藏	100.0	28.0	51.6	1.9	18.5
陕 西	100.0	44.2	30.4	1.8	23.6
甘 肃	100.0	30.7	42.7	1.9	24.7
青 海	100.0	30.8	36.4	4.1	28.7
宁 夏	100.0	39.6	43.8	3.0	13.6
新 疆	100.0	26.8	53.9	2.4	16.9

2-3-4-5　2016年分地区农村居民消费支出

单位：元/人

地　区	消费支出	一、食品烟酒支出	二、衣着支出	三、居住支出
全　国	**10129.8**	**3266.1**	**575.4**	**2147.1**
北　京	17329.0	4667.1	1095.0	5198.8
天　津	15912.1	4980.9	1088.4	3198.3
河　北	9798.3	2745.4	650.2	2206.9
山　西	8028.8	2272.4	565.3	1798.3
内蒙古	11462.6	3362.9	814.0	1995.9
辽　宁	9953.1	2678.6	636.7	1906.5
吉　林	9521.4	2721.9	606.2	1817.1
黑龙江	9423.8	2609.1	647.5	1618.4
上　海	17070.8	5731.9	877.1	4170.7
江　苏	14428.2	4254.7	815.7	3257.7
浙　江	17358.9	5520.2	952.8	3881.8
安　徽	10287.3	3523.0	538.8	2248.3
福　建	12910.8	4818.3	567.5	3203.9
江　西	9128.3	3221.7	453.7	2319.5
山　东	9518.9	2832.8	576.4	1766.8
河　南	8586.6	2447.3	677.4	1767.8
湖　北	10938.3	3295.3	568.7	2407.9
湖　南	10629.9	3370.7	508.3	2369.4
广　东	12414.8	5010.5	412.0	2761.9
广　西	8351.2	2880.4	252.0	1903.8
海　南	8921.2	3854.3	299.4	1652.3
重　庆	9954.4	3850.7	591.1	1660.2
四　川	10191.6	3886.6	640.6	1918.5
贵　州	7533.3	2316.5	378.2	1746.9
云　南	7330.5	2586.0	302.6	1396.1
西　藏	6070.3	3183.3	642.6	851.5
陕　西	8567.7	2307.0	510.9	2026.5
甘　肃	7487.0	2342.6	482.5	1341.1
青　海	9222.2	2715.4	635.6	1486.6
宁　夏	9138.4	2419.1	672.9	1631.4
新　疆	8277.0	2624.2	710.3	1643.4

2-3-4-5 续表　　单位：元/人

地　区	四、生活用品及服务支出	五、交通通信支出	六、教育文化娱乐支出	七、医疗保健支出	八、其他用品及服务支出
全　国	**595.7**	**1359.9**	**1070.3**	**929.2**	**186.0**
北　京	1156.5	2305.9	1341.7	1347.0	217.0
天　津	1091.0	2646.6	1298.9	1334.5	273.5
河　北	597.2	1511.1	952.8	928.2	206.5
山　西	385.9	961.8	1132.3	769.6	143.2
内蒙古	506.8	1790.3	1553.0	1187.7	252.1
辽　宁	459.2	1663.9	1274.2	1139.2	194.9
吉　林	375.6	1334.5	1231.7	1230.5	203.9
黑龙江	386.7	1468.1	1249.4	1269.9	174.7
上　海	794.9	2366.6	1123.1	1707.1	299.5
江　苏	910.2	2333.6	1352.2	1148.0	356.0
浙　江	870.3	3076.0	1610.8	1173.2	273.9
安　徽	643.2	1276.3	949.1	931.9	176.8
福　建	687.9	1452.1	1071.3	866.9	242.8
江　西	519.7	893.9	922.2	650.0	147.5
山　东	604.4	1545.1	1012.9	1027.3	153.3
河　南	588.1	1210.9	948.8	797.8	148.5
湖　北	669.0	1381.4	1156.6	1213.5	245.9
湖　南	639.9	1083.1	1477.3	986.5	194.6
广　东	718.6	1370.5	1057.8	803.9	279.8
广　西	455.8	972.0	1000.8	781.8	104.7
海　南	422.2	835.7	1108.5	593.0	155.7
重　庆	702.5	1066.6	1072.5	852.3	158.5
四　川	692.7	1174.0	707.2	972.5	199.5
贵　州	437.4	961.0	1063.4	527.8	102.1
云　南	388.7	1032.2	920.0	620.1	85.0
西　藏	346.0	602.1	192.9	152.6	99.4
陕　西	542.9	879.8	1102.9	1044.1	153.5
甘　肃	458.7	954.6	965.5	821.3	120.9
青　海	464.4	1577.0	851.4	1278.8	212.9
宁　夏	578.6	1509.6	1077.5	1040.6	208.7
新　疆	400.6	1226.5	716.4	846.8	108.8

2-3-4-6　2016年分地区农村居民消费支出构成

单位：%

地　区	消费支出	一、食品烟酒支出	二、衣着支出	三、居住支出
全　国	**100.0**	**32.2**	**5.7**	**21.2**
北　京	100.0	26.9	6.3	30.0
天　津	100.0	31.3	6.8	20.1
河　北	100.0	28.0	6.6	22.5
山　西	100.0	28.3	7.0	22.4
内蒙古	100.0	29.3	7.1	17.4
辽　宁	100.0	26.9	6.4	19.2
吉　林	100.0	28.6	6.4	19.1
黑龙江	100.0	27.7	6.9	17.2
上　海	100.0	33.6	5.1	24.4
江　苏	100.0	29.5	5.7	22.6
浙　江	100.0	31.8	5.5	22.4
安　徽	100.0	34.2	5.2	21.9
福　建	100.0	37.3	4.4	24.8
江　西	100.0	35.3	5.0	25.4
山　东	100.0	29.8	6.1	18.6
河　南	100.0	28.5	7.9	20.6
湖　北	100.0	30.1	5.2	22.0
湖　南	100.0	31.7	4.8	22.3
广　东	100.0	40.4	3.3	22.2
广　西	100.0	34.5	3.0	22.8
海　南	100.0	43.2	3.4	18.5
重　庆	100.0	38.7	5.9	16.7
四　川	100.0	38.1	6.3	18.8
贵　州	100.0	30.8	5.0	23.2
云　南	100.0	35.3	4.1	19.0
西　藏	100.0	52.4	10.6	14.0
陕　西	100.0	26.9	6.0	23.7
甘　肃	100.0	31.3	6.4	17.9
青　海	100.0	29.4	6.9	16.1
宁　夏	100.0	26.5	7.4	17.9
新　疆	100.0	31.7	8.6	19.9

2-3-4-6 续表 单位：%

地区	四、生活用品及服务支出	五、交通通信支出	六、教育文化娱乐支出	七、医疗保健支出	八、其他用品及服务支出
全国	**5.9**	**13.4**	**10.6**	**9.2**	**1.8**
北京	6.7	13.3	7.7	7.8	1.3
天津	6.9	16.6	8.2	8.4	1.7
河北	6.1	15.4	9.7	9.5	2.1
山西	4.8	12.0	14.1	9.6	1.8
内蒙古	4.4	15.6	13.5	10.4	2.2
辽宁	4.6	16.7	12.8	11.4	2.0
吉林	3.9	14.0	12.9	12.9	2.1
黑龙江	4.1	15.6	13.3	13.5	1.9
上海	4.7	13.9	6.6	10.0	1.8
江苏	6.3	16.2	9.4	8.0	2.5
浙江	5.0	17.7	9.3	6.8	1.6
安徽	6.3	12.4	9.2	9.1	1.7
福建	5.3	11.2	8.3	6.7	1.9
江西	5.7	9.8	10.1	7.1	1.6
山东	6.3	16.2	10.6	10.8	1.6
河南	6.8	14.1	11.0	9.3	1.7
湖北	6.1	12.6	10.6	11.1	2.2
湖南	6.0	10.2	13.9	9.3	1.8
广东	5.8	11.0	8.5	6.5	2.3
广西	5.5	11.6	12.0	9.4	1.3
海南	4.7	9.4	12.4	6.6	1.7
重庆	7.1	10.7	10.8	8.6	1.6
四川	6.8	11.5	6.9	9.5	2.0
贵州	5.8	12.8	14.1	7.0	1.4
云南	5.3	14.1	12.5	8.5	1.2
西藏	5.7	9.9	3.2	2.5	1.6
陕西	6.3	10.3	12.9	12.2	1.8
甘肃	6.1	12.8	12.9	11.0	1.6
青海	5.0	17.1	9.2	13.9	2.3
宁夏	6.3	16.5	11.8	11.4	2.3
新疆	4.8	14.8	8.7	10.2	1.3

2-3-4-7　2016年分地区农村居民现金消费支出

单位：元/人

地　区	现金消费支出	一、食品烟酒支出	二、衣着支出	三、居住支出
全　国	**8127.3**	**2763.4**	**575.0**	**832.8**
北　京	13379.0	4497.6	1094.9	1697.3
天　津	13879.9	4877.5	1088.3	1417.7
河　北	8426.8	2636.4	649.5	1091.5
山　西	6562.3	1942.9	565.0	796.0
内蒙古	9666.2	2802.5	813.8	939.6
辽　宁	8539.1	2384.1	636.6	937.9
吉　林	7867.7	2428.2	606.2	641.9
黑龙江	8351.4	2474.3	647.5	792.6
上　海	13510.1	5406.9	876.4	1570.1
江　苏	11919.2	3913.1	815.6	1336.9
浙　江	14011.0	5048.3	952.4	1252.7
安　徽	8299.6	3164.4	537.9	765.1
福　建	9949.5	4279.1	567.4	972.3
江　西	6732.3	2583.8	453.5	685.0
山　东	8134.5	2673.2	575.0	819.5
河　南	7167.2	2296.0	677.3	645.2
湖　北	8364.8	2547.7	568.0	888.8
湖　南	8271.4	2612.5	507.8	929.3
广　东	9835.6	4380.5	411.8	977.7
广　西	6277.2	2150.5	251.9	737.7
海　南	7354.4	3510.0	299.4	526.8
重　庆	7669.9	2833.8	591.0	528.9
四　川	7474.8	2693.6	640.1	638.2
贵　州	5648.7	1648.5	376.7	633.1
云　南	5460.6	1781.6	302.5	482.2
西　藏	4165.6	1893.2	642.3	288.5
陕　西	6983.2	2089.2	510.6	828.3
甘　肃	6065.7	1834.6	482.4	628.6
青　海	7594.5	2011.7	635.6	849.9
宁　夏	7764.9	2118.1	672.7	894.7
新　疆	6855.6	2084.8	707.4	929.9

2-3-4-7 续表　　　　单位：元/人

地　区	四、生活用品及服务支出	五、交通通信支出	六、教育文化娱乐支出	七、医疗保健支出	八、其他用品及服务支出
全　国	**589.7**	**1357.8**	**1069.9**	**755.8**	**183.0**
北　京	1150.3	2304.2	1341.7	1081.6	211.4
天　津	1087.1	2644.7	1298.7	1197.0	268.8
河　北	591.4	1511.0	952.8	788.2	206.0
山　西	378.0	961.7	1131.5	649.5	137.6
内蒙古	506.7	1790.3	1553.0	1009.4	251.0
辽　宁	453.1	1662.9	1267.8	1006.9	189.8
吉　林	371.8	1334.4	1231.7	1049.8	203.7
黑龙江	386.6	1468.1	1249.4	1158.2	174.7
上　海	789.5	2365.5	1122.8	1088.6	290.4
江　苏	897.5	2332.5	1351.5	918.6	353.5
浙　江	857.0	3073.3	1609.5	948.8	268.9
安　徽	639.9	1275.4	949.0	792.0	175.9
福　建	678.8	1451.9	1071.3	690.0	238.8
江　西	518.5	893.9	922.2	528.5	146.7
山　东	592.3	1544.2	1012.7	765.6	152.0
河　南	587.1	1210.4	948.7	654.2	148.4
湖　北	665.2	1350.2	1156.5	944.3	244.2
湖　南	638.3	1083.1	1477.2	830.7	192.6
广　东	713.5	1369.8	1056.9	646.2	279.1
广　西	448.6	964.8	1000.5	622.5	100.7
海　南	415.2	835.0	1108.2	507.6	152.2
重　庆	695.7	1066.5	1072.5	725.6	155.9
四　川	681.6	1173.3	706.9	749.4	191.8
贵　州	431.5	960.9	1063.4	438.7	96.1
云　南	382.6	1032.1	919.6	479.3	80.7
西　藏	345.4	602.1	192.9	102.3	98.9
陕　西	538.8	879.5	1102.5	882.9	151.3
甘　肃	453.9	954.5	964.9	627.7	119.1
青　海	460.5	1577.0	851.4	995.8	212.7
宁　夏	563.4	1509.1	1077.4	768.5	160.9
新　疆	398.5	1226.5	716.4	696.9	95.2

2-3-4-8　2016年分地区农村居民现金消费支出构成

单位：%

地　区	现金消费支出	一、食品烟酒支出	二、衣着支出	三、居住支出
全　国	**100.0**	**34.0**	**7.1**	**10.2**
北　京	100.0	33.6	8.2	12.7
天　津	100.0	35.1	7.8	10.2
河　北	100.0	31.3	7.7	13.0
山　西	100.0	29.6	8.6	12.1
内蒙古	100.0	29.0	8.4	9.7
辽　宁	100.0	27.9	7.5	11.0
吉　林	100.0	30.9	7.7	8.2
黑龙江	100.0	29.6	7.8	9.5
上　海	100.0	40.0	6.5	11.6
江　苏	100.0	32.8	6.8	11.2
浙　江	100.0	36.0	6.8	8.9
安　徽	100.0	38.1	6.5	9.2
福　建	100.0	43.0	5.7	9.8
江　西	100.0	38.4	6.7	10.2
山　东	100.0	32.9	7.1	10.1
河　南	100.0	32.0	9.4	9.0
湖　北	100.0	30.5	6.8	10.6
湖　南	100.0	31.6	6.1	11.2
广　东	100.0	44.5	4.2	9.9
广　西	100.0	34.3	4.0	11.8
海　南	100.0	47.7	4.1	7.2
重　庆	100.0	36.9	7.7	6.9
四　川	100.0	36.0	8.6	8.5
贵　州	100.0	29.2	6.7	11.2
云　南	100.0	32.6	5.5	8.8
西　藏	100.0	45.4	15.4	6.9
陕　西	100.0	29.9	7.3	11.9
甘　肃	100.0	30.2	8.0	10.4
青　海	100.0	26.5	8.4	11.2
宁　夏	100.0	27.3	8.7	11.5
新　疆	100.0	30.4	10.3	13.6

2-3-4-8 续表　　　　单位：%

地　区	四、生活用品及服务支出	五、交通通信支出	六、教育文化娱乐支出	七、医疗保健支出	八、其他用品及服务支出
全　国	**7.3**	**16.7**	**13.2**	**9.3**	**2.3**
北　京	8.6	17.2	10.0	8.1	1.6
天　津	7.8	19.1	9.4	8.6	1.9
河　北	7.0	17.9	11.3	9.4	2.4
山　西	5.8	14.7	17.2	9.9	2.1
内蒙古	5.2	18.5	16.1	10.4	2.6
辽　宁	5.3	19.5	14.8	11.8	2.2
吉　林	4.7	17.0	15.7	13.3	2.6
黑龙江	4.6	17.6	15.0	13.9	2.1
上　海	5.8	17.5	8.3	8.1	2.1
江　苏	7.5	19.6	11.3	7.7	3.0
浙　江	6.1	21.9	11.5	6.8	1.9
安　徽	7.7	15.4	11.4	9.5	2.1
福　建	6.8	14.6	10.8	6.9	2.4
江　西	7.7	13.3	13.7	7.8	2.2
山　东	7.3	19.0	12.4	9.4	1.9
河　南	8.2	16.9	13.2	9.1	2.1
湖　北	8.0	16.1	13.8	11.3	2.9
湖　南	7.7	13.1	17.9	10.0	2.3
广　东	7.3	13.9	10.7	6.6	2.8
广　西	7.1	15.4	15.9	9.9	1.6
海　南	5.6	11.4	15.1	6.9	2.1
重　庆	9.1	13.9	14.0	9.5	2.0
四　川	9.1	15.7	9.5	10.0	2.6
贵　州	7.6	17.0	18.8	7.8	1.7
云　南	7.0	18.9	16.8	8.8	1.5
西　藏	8.3	14.5	4.6	2.5	2.4
陕　西	7.7	12.6	15.8	12.6	2.2
甘　肃	7.5	15.7	15.9	10.3	2.0
青　海	6.1	20.8	11.2	13.1	2.8
宁　夏	7.3	19.4	13.9	9.9	2.1
新　疆	5.8	17.9	10.4	10.2	1.4

2-3-4-9　2016年分地区农村居民家庭主要食品消费量

单位：公斤/人

地区	粮食(原粮)	谷物	食用油	植物油	蔬菜	肉类	猪肉
全国	**157.2**	**147.1**	**10.2**	**9.3**	**91.5**	**22.7**	**18.7**
北京	102.1	91.9	9.7	9.7	92.7	22.9	14.9
天津	171.1	155.2	12.8	12.6	147.2	21.6	14.0
河北	138.5	130.3	9.5	9.3	81.7	15.4	10.7
山西	162.2	145.4	7.8	7.8	68.5	10.4	7.8
内蒙古	169.9	157.9	8.8	8.5	83.8	28.6	16.8
辽宁	150.9	137.4	11.2	10.9	110.9	21.4	17.8
吉林	153.3	142.1	11.1	11.0	93.8	16.8	13.9
黑龙江	157.4	142.6	14.9	14.9	71.1	16.8	12.8
上海	130.8	119.3	10.1	9.9	83.9	30.4	23.6
江苏	133.9	121.9	11.8	11.6	92.0	22.3	17.2
浙江	160.9	146.3	12.1	11.3	90.9	26.6	22.6
安徽	169.8	157.5	10.0	9.1	94.7	20.5	16.6
福建	164.5	154.7	10.1	8.2	92.1	30.5	26.3
江西	172.0	164.4	12.3	11.5	110.1	19.9	17.0
山东	138.6	129.5	8.3	8.2	80.5	16.0	10.8
河南	126.9	118.9	7.5	7.4	73.7	12.4	9.0
湖北	137.2	126.4	15.5	14.9	123.2	24.5	21.4
湖南	183.3	175.2	10.9	7.7	100.3	26.0	23.7
广东	164.3	155.8	10.3	9.7	100.4	35.8	31.0
广西	168.3	162.6	6.8	4.9	80.0	27.4	25.5
海南	105.5	102.4	6.6	4.7	76.6	25.7	23.2
重庆	205.3	190.0	13.1	11.3	142.2	35.9	32.8
四川	184.4	171.9	12.2	10.7	122.6	33.2	31.3
贵州	144.1	132.8	7.1	5.4	86.1	29.4	28.1
云南	151.8	142.9	7.0	4.4	89.5	29.9	28.1
西藏	326.5	319.2	20.6	14.7	16.0	41.0	9.1
陕西	149.3	139.9	10.5	10.4	66.8	10.3	8.6
甘肃	179.0	166.2	7.8	7.7	60.0	15.6	11.9
青海	144.8	133.5	9.6	8.9	47.7	26.7	13.2
宁夏	144.3	136.8	8.3	8.3	76.7	15.2	6.5
新疆	192.0	190.8	14.8	14.7	90.5	20.6	1.4

2-3-4-9 续表 单位：公斤/人

地区			禽类	水产品	蛋类	奶类	干鲜瓜果类	食糖
	牛肉	羊肉						
全国	**0.9**	**1.1**	**7.9**	**7.5**	**8.5**	**6.6**	**36.8**	**1.4**
北京	1.6	3.1	4.4	5.7	11.8	13.3	51.5	1.3
天津	0.8	2.4	4.3	12.6	15.5	10.9	78.0	1.8
河北	0.4	0.9	3.4	3.9	11.8	8.0	49.3	1.2
山西	0.2	0.9	1.7	1.2	9.3	8.9	35.7	1.1
内蒙古	2.0	8.4	4.9	3.0	6.8	13.1	37.2	1.3
辽宁	0.7	0.8	3.4	7.1	10.2	5.1	39.3	1.1
吉林	0.8	0.5	4.7	5.1	9.2	4.3	36.9	1.1
黑龙江	0.8	0.8	5.1	5.4	7.2	4.4	42.3	1.8
上海	1.5	1.0	14.1	22.2	10.2	11.8	40.0	1.7
江苏	1.1	0.8	9.1	14.0	9.2	10.8	33.2	1.1
浙江	1.2	0.5	9.2	18.5	7.6	9.1	38.3	1.7
安徽	1.1	0.7	11.8	9.7	11.0	7.8	39.2	1.1
福建	1.1	0.5	13.6	21.9	8.0	7.3	32.2	1.9
江西	0.9	0.1	6.7	8.3	5.7	6.0	27.2	0.9
山东	0.3	0.8	5.6	6.8	15.5	11.8	54.4	1.0
河南	0.7	0.5	4.5	2.8	11.3	5.8	46.4	1.3
湖北	0.8	0.5	4.6	12.2	8.1	4.1	26.3	0.9
湖南	0.9	0.4	10.3	9.0	7.6	2.7	44.5	1.4
广东	0.9	0.4	22.0	18.8	6.4	2.9	26.7	2.1
广西	0.5	0.4	18.4	7.6	4.5	2.2	31.0	1.1
海南	0.9	0.4	18.2	22.0	3.8	1.5	16.2	1.0
重庆	0.4	0.5	7.4	7.2	10.1	8.5	29.9	3.2
四川	0.5	0.4	10.0	5.6	8.6	6.9	28.5	1.9
贵州	0.6	0.2	3.6	1.2	3.3	1.9	22.9	0.9
云南	0.9	0.5	7.6	2.5	4.3	2.2	18.9	1.3
西藏	19.8	11.5	0.1	0.0	1.7	21.6	2.1	3.7
陕西	0.2	0.7	1.7	0.8	5.1	7.3	29.7	0.8
甘肃	0.6	2.2	3.7	0.9	5.7	6.7	41.1	1.8
青海	4.6	8.3	2.5	0.7	2.6	13.8	18.8	1.5
宁夏	3.2	4.9	5.7	1.2	4.0	8.1	63.0	1.4
新疆	4.3	14.4	4.1	1.0	5.0	13.8	55.1	0.9

2-3-4-10　2016年分地区农村居民年末主要耐用消费品拥有量

单位：平均每百户

地　区	家用汽车(辆)	摩托车(辆)	电动助力车(辆)	洗衣机(台)	电冰箱(柜)(台)	微波炉(台)	彩色电视机(台)
全　国	**17.4**	**65.1**	**57.7**	**84.0**	**89.5**	**16.1**	**118.8**
北　京	37.8	9.7	73.7	93.9	100.7	55.0	138.2
天　津	46.4	34.1	94.7	102.3	104.3	31.3	125.6
河　北	29.4	58.7	100.0	97.8	94.8	17.0	120.3
山　西	13.2	50.9	43.6	87.3	67.8	5.9	104.8
内蒙古	27.3	73.0	39.2	90.7	97.2	5.8	105.9
辽　宁	16.6	63.2	41.2	85.9	97.3	11.7	112.0
吉　林	19.1	70.0	14.5	92.2	93.7	7.0	108.3
黑龙江	11.5	56.1	14.0	89.0	91.4	5.2	106.0
上　海	21.0	9.6	138.9	81.3	90.9	73.3	166.3
江　苏	23.7	42.1	131.8	96.2	101.5	67.7	154.5
浙　江	30.2	30.7	90.6	79.3	100.7	33.5	170.4
安　徽	11.2	41.2	91.0	79.1	94.8	19.5	124.6
福　建	16.2	91.8	32.4	79.3	100.1	35.3	141.1
江　西	13.2	75.5	61.1	48.4	89.5	8.5	129.1
山　东	29.4	59.7	113.5	91.7	96.2	13.2	109.1
河　南	18.1	58.1	101.6	95.1	87.6	8.7	115.1
湖　北	10.2	78.5	29.9	73.1	93.0	10.1	120.1
湖　南	11.2	77.8	13.8	77.0	91.6	7.6	114.3
广　东	14.6	122.3	36.0	74.4	84.9	21.1	119.5
广　西	10.0	101.8	39.9	65.4	86.2	16.6	112.3
海　南	7.1	98.6	55.7	31.8	67.2	11.7	106.7
重　庆	11.8	38.3	11.8	78.1	93.6	17.5	112.8
四　川	12.5	49.5	26.7	87.5	92.4	11.3	114.6
贵　州	12.4	55.7	7.8	89.8	77.6	7.9	103.1
云　南	15.5	81.5	15.2	75.4	62.4	10.6	102.8
西　藏	16.7	80.2	9.6	61.3	54.4	1.3	108.5
陕　西	12.6	63.5	41.6	92.3	78.5	5.1	114.3
甘　肃	13.5	83.8	33.6	91.4	67.8	5.9	109.6
青　海	30.7	86.9	14.3	98.6	100.8	5.3	107.3
宁　夏	22.4	79.2	60.0	100.0	91.6	9.2	115.0
新　疆	17.9	79.9	54.3	94.4	94.5	5.4	101.2

2-3-4-10 续表 单位：平均每百户

地 区	空调（台）	热水器（台）	排油烟机（台）	移动电话（部）	计算机（台）	照相机（台）
全 国	**47.6**	**59.7**	**18.4**	**240.7**	**27.9**	**3.4**
北 京	135.4	98.5	72.9	243.1	73.7	19.6
天 津	99.9	92.4	49.5	241.0	47.0	4.9
河 北	65.9	62.7	21.7	236.3	39.2	4.2
山 西	11.7	20.3	8.9	208.3	31.1	1.5
内蒙古	1.3	21.5	13.7	232.0	22.9	3.8
辽 宁	3.5	21.1	16.6	208.8	34.5	3.9
吉 林	0.9	9.2	8.4	241.6	33.7	2.3
黑龙江	0.4	7.3	11.6	212.8	25.6	2.7
上 海	128.6	76.3	44.0	208.3	51.4	12.3
江 苏	125.2	92.7	36.2	236.2	45.0	8.3
浙 江	113.6	86.9	57.8	230.0	49.3	7.0
安 徽	72.3	74.7	14.2	221.6	20.3	2.8
福 建	62.3	88.9	32.9	250.1	34.5	4.9
江 西	44.0	63.5	16.6	240.6	20.5	1.7
山 东	51.8	80.1	27.1	218.6	37.5	5.2
河 南	70.4	57.9	10.4	242.1	31.1	2.3
湖 北	56.5	68.6	14.9	236.3	27.0	3.0
湖 南	42.4	54.5	18.7	260.0	20.7	2.8
广 东	81.2	84.9	34.3	279.9	37.7	4.1
广 西	24.4	62.3	8.6	274.1	20.2	1.2
海 南	34.6	53.3	7.5	254.0	11.8	1.1
重 庆	45.2	57.9	9.6	237.8	21.5	3.1
四 川	33.3	60.8	9.6	238.2	16.2	2.5
贵 州	4.3	37.4	5.6	274.3	13.0	1.2
云 南	0.6	66.9	4.4	257.1	7.0	1.3
西 藏		1.7	0.2	187.2	0.3	0.6
陕 西	29.8	49.1	8.8	266.6	24.7	3.1
甘 肃	0.8	24.4	7.9	263.8	15.9	1.8
青 海	1.5	28.2	14.8	281.2	14.1	2.3
宁 夏	1.2	70.0	14.7	288.1	20.5	1.3
新 疆	1.7	28.8	12.8	188.6	17.0	1.9

（五）2017年分地区农村居民收支主要数据

2-3-5-1 2017年分地区农村居民可支配收入

单位：元/人

地 区	可支配收入	一、工资性收入	二、经营净收入	三、财产净收入	四、转移净收入
全 国	**13432.4**	**5498.4**	**5027.8**	**303.0**	**2603.2**
北 京	24240.5	18222.8	2140.4	1570.5	2306.8
天 津	21753.7	13138.7	5561.9	1007.6	2045.4
河 北	12880.9	6840.9	4227.9	274.2	1537.9
山 西	10787.5	5462.4	2824.0	163.9	2337.2
内蒙古	12584.3	2649.3	6384.6	514.8	3035.6
辽 宁	13746.8	5423.1	5819.1	296.9	2207.7
吉 林	12950.4	3018.3	7399.8	289.1	2243.2
黑龙江	12664.8	2840.3	6692.8	553.0	2578.6
上 海	27825.0	20289.2	1372.8	862.4	5300.7
江 苏	19158.0	9513.0	5619.4	680.3	3345.3
浙 江	24955.8	15457.1	6112.2	717.8	2668.6
安 徽	12758.2	4624.0	5026.2	218.9	2889.1
福 建	16334.8	7415.9	6275.8	290.0	2353.0
江 西	13241.8	5609.2	4868.8	214.2	2549.6
山 东	15117.5	6068.9	6729.7	390.8	1928.2
河 南	12719.2	4770.4	4747.2	199.5	3002.1
湖 北	13812.1	4389.6	5963.9	165.8	3292.8
湖 南	12935.8	5340.8	4368.9	148.2	3077.9
广 东	15779.7	7854.6	4118.6	414.8	3391.7
广 西	11325.5	3242.4	5103.1	185.1	2794.9
海 南	12901.8	5167.5	5576.3	185.9	1972.0
重 庆	12637.9	4394.5	4491.4	308.0	3444.0
四 川	12226.9	4016.1	4821.4	322.5	3066.9
贵 州	8869.1	3635.7	3285.2	92.0	1856.2
云 南	9862.2	2794.9	5412.5	176.5	1478.2
西 藏	10330.2	2428.1	5735.4	175.0	1991.6
陕 西	10264.5	4271.5	3241.5	185.1	2566.3
甘 肃	8076.1	2275.4	3556.2	142.3	2102.2
青 海	9462.3	2704.1	3763.6	326.4	2668.2
宁 夏	10737.9	4224.0	4252.0	323.8	1938.0
新 疆	11045.3	2796.5	6037.0	232.9	1979.0

2-3-5-2　2017年分地区农村居民可支配收入构成

单位：%

地　区	可支配收入	一、工资性收入	二、经营净收入	三、财产净收入	四、转移净收入
全　国	**100.0**	**40.9**	**37.4**	**2.3**	**19.4**
北　京	100.0	75.2	8.8	6.5	9.5
天　津	100.0	60.4	25.6	4.6	9.4
河　北	100.0	53.1	32.8	2.1	11.9
山　西	100.0	50.6	26.2	1.5	21.7
内蒙古	100.0	21.1	50.7	4.1	24.1
辽　宁	100.0	39.4	42.3	2.2	16.1
吉　林	100.0	23.3	57.1	2.2	17.3
黑龙江	100.0	22.4	52.8	4.4	20.4
上　海	100.0	72.9	4.9	3.1	19.1
江　苏	100.0	49.7	29.3	3.6	17.5
浙　江	100.0	61.9	24.5	2.9	10.7
安　徽	100.0	36.2	39.4	1.7	22.6
福　建	100.0	45.4	38.4	1.8	14.4
江　西	100.0	42.4	36.8	1.6	19.3
山　东	100.0	40.1	44.5	2.6	12.8
河　南	100.0	37.5	37.3	1.6	23.6
湖　北	100.0	31.8	43.2	1.2	23.8
湖　南	100.0	41.3	33.8	1.1	23.8
广　东	100.0	49.8	26.1	2.6	21.5
广　西	100.0	28.6	45.1	1.6	24.7
海　南	100.0	40.1	43.2	1.4	15.3
重　庆	100.0	34.8	35.5	2.4	27.3
四　川	100.0	32.8	39.4	2.6	25.1
贵　州	100.0	41.0	37.0	1.0	20.9
云　南	100.0	28.3	54.9	1.8	15.0
西　藏	100.0	23.5	55.5	1.7	19.3
陕　西	100.0	41.6	31.6	1.8	25.0
甘　肃	100.0	28.2	44.0	1.8	26.0
青　海	100.0	28.6	39.8	3.5	28.2
宁　夏	100.0	39.3	39.6	3.0	18.0
新　疆	100.0	25.3	54.7	2.1	17.9

2-3-5-3　2017年分地区农村居民现金可支配收入

单位：元/人

地　区	现金可支配收入	一、工资性收入	二、经营净收入	三、财产净收入	四、转移净收入
全　国	**12703.9**	**5470.9**	**4547.0**	**303.0**	**2383.0**
北　京	24182.4	18050.5	2532.0	1570.5	2029.4
天　津	21567.2	13078.2	5586.8	1007.6	1894.6
河　北	12701.4	6833.6	4239.9	274.2	1353.6
山　西	10258.2	5428.4	2581.7	163.9	2084.2
内蒙古	12325.8	2647.7	6339.4	514.8	2823.9
辽　宁	13605.5	5361.7	5916.3	296.9	2030.6
吉　林	12604.9	3013.2	7302.4	289.1	2000.2
黑龙江	13068.1	2839.3	7221.3	553.0	2454.4
上　海	26913.4	20099.6	1339.3	862.4	4612.1
江　苏	18725.4	9400.1	5553.9	680.3	3091.1
浙　江	24644.3	15385.2	6182.1	717.8	2359.3
安　徽	12163.4	4591.2	4655.1	218.9	2698.2
福　建	15897.9	7370.4	6031.2	290.0	2206.4
江　西	12462.9	5597.5	4200.5	214.2	2450.7
山　东	14298.5	6047.6	6183.4	390.8	1676.7
河　南	11609.6	4762.6	3804.9	199.5	2842.6
湖　北	12544.6	4370.5	5087.6	165.8	2920.7
湖　南	11761.3	5314.9	3413.3	148.0	2885.1
广　东	14896.2	7805.7	3513.5	414.8	3162.3
广　西	10320.7	3219.2	4397.4	185.1	2519.1
海　南	12627.4	5152.7	5476.9	185.9	1811.8
重　庆	11130.2	4372.9	3157.5	308.0	3291.8
四　川	10989.9	3981.5	3928.5	322.5	2757.5
贵　州	8208.1	3629.6	2796.5	92.0	1689.9
云　南	8991.2	2792.7	4699.6	176.5	1322.4
西　藏	8931.6	2428.1	4647.5	175.0	1680.9
陕　西	9863.9	4264.7	3060.3	185.1	2353.8
甘　肃	7496.7	2267.1	3264.1	142.3	1823.2
青　海	8963.0	2703.1	3534.3	326.4	2399.1
宁　夏	10637.3	4209.7	4483.8	323.8	1619.9
新　疆	10309.7	2790.6	5495.0	232.9	1791.2

2-3-5-4　2017年分地区农村居民现金可支配收入构成

单位：%

地　　区	现金可支配收入	一、工资性收入	二、经营净收入	三、财产净收入	四、转移净收入
全　　国	**100.0**	**43.1**	**35.8**	**2.4**	**18.8**
北　　京	100.0	74.6	10.5	6.5	8.4
天　　津	100.0	60.6	25.9	4.7	8.8
河　　北	100.0	53.8	33.4	2.2	10.7
山　　西	100.0	52.9	25.2	1.6	20.3
内 蒙 古	100.0	21.5	51.4	4.2	22.9
辽　　宁	100.0	39.4	43.5	2.2	14.9
吉　　林	100.0	23.9	57.9	2.3	15.9
黑 龙 江	100.0	21.7	55.3	4.2	18.8
上　　海	100.0	74.7	5.0	3.2	17.1
江　　苏	100.0	50.2	29.7	3.6	16.5
浙　　江	100.0	62.4	25.1	2.9	9.6
安　　徽	100.0	37.7	38.3	1.8	22.2
福　　建	100.0	46.4	37.9	1.8	13.9
江　　西	100.0	44.9	33.7	1.7	19.7
山　　东	100.0	42.3	43.2	2.7	11.7
河　　南	100.0	41.0	32.8	1.7	24.5
湖　　北	100.0	34.8	40.6	1.3	23.3
湖　　南	100.0	45.2	29.0	1.3	24.5
广　　东	100.0	52.4	23.6	2.8	21.2
广　　西	100.0	31.2	42.6	1.8	24.4
海　　南	100.0	40.8	43.4	1.5	14.3
重　　庆	100.0	39.3	28.4	2.8	29.6
四　　川	100.0	36.2	35.7	2.9	25.1
贵　　州	100.0	44.2	34.1	1.1	20.6
云　　南	100.0	31.1	52.3	2.0	14.7
西　　藏	100.0	27.2	52.0	2.0	18.8
陕　　西	100.0	43.2	31.0	1.9	23.9
甘　　肃	100.0	30.2	43.5	1.9	24.3
青　　海	100.0	30.2	39.4	3.6	26.8
宁　　夏	100.0	39.6	42.2	3.0	15.2
新　　疆	100.0	27.1	53.3	2.3	17.4

2-3-5-5　2017年分地区农村居民消费支出

单位：元/人

地　区	消费支出	一、食品烟酒支出	二、衣着支出	三、居住支出
全　国	**10954.5**	**3415.4**	**611.6**	**2353.5**
北　京	18810.5	4653.2	1024.6	5587.8
天　津	16385.9	4851.5	1128.2	3354.4
河　北	10535.9	2817.2	684.4	2380.8
山　西	8424.0	2308.3	577.5	1901.9
内蒙古	12184.4	3384.7	842.3	2194.3
辽　宁	10787.3	2883.4	694.7	2200.9
吉　林	10279.4	2903.2	682.5	1837.3
黑龙江	10523.9	2788.3	776.6	1722.7
上　海	18089.8	6114.1	925.3	4722.9
江　苏	15611.5	4510.7	892.0	3395.2
浙　江	18093.4	5608.2	955.8	4358.4
安　徽	11106.1	3726.0	565.6	2618.2
福　建	14003.4	5162.2	630.8	3547.9
江　西	9870.4	3314.4	502.0	2558.2
山　东	10342.1	2960.4	585.2	1973.5
河　南	9211.5	2495.9	712.4	2005.5
湖　北	11632.5	3332.4	626.4	2512.3
湖　南	11533.6	3521.2	527.2	2562.5
广　东	13199.6	5303.9	459.5	2902.4
广　西	9436.6	3042.8	286.7	2119.8
海　南	9599.4	4021.3	321.9	1839.2
重　庆	10936.1	3993.1	598.2	1967.3
四　川	11396.7	4235.2	682.9	2157.1
贵　州	8299.0	2505.2	416.1	1942.6
云　南	8027.3	2612.8	320.6	1509.1
西　藏	6691.5	3283.9	735.7	947.5
陕　西	9305.6	2417.3	530.6	2144.9
甘　肃	8029.7	2438.2	507.9	1561.5
青　海	9902.7	2944.7	670.0	1739.1
宁　夏	9982.1	2522.2	718.6	1958.7
新　疆	8712.6	2667.3	710.3	1659.8

2-3-5-5 续表

单位：元/人

地区	四、生活用品及服务支出	五、交通通信支出	六、教育文化娱乐支出	七、医疗保健支出	八、其他用品及服务支出
全 国	**634.0**	**1509.1**	**1171.3**	**1058.7**	**200.9**
北 京	1596.1	2729.9	1313.7	1699.3	205.8
天 津	1100.5	2902.0	1343.2	1407.2	298.9
河 北	668.5	1689.4	1014.1	1072.6	208.9
山 西	393.0	1028.0	1127.2	937.5	150.6
内蒙古	522.1	2055.6	1638.6	1288.4	258.4
辽 宁	512.6	1745.5	1295.0	1251.4	203.8
吉 林	409.3	1531.0	1302.5	1399.6	214.1
黑龙江	428.1	1667.7	1362.1	1551.2	227.2
上 海	935.2	2365.9	1219.8	1456.4	350.2
江 苏	954.3	2619.5	1450.5	1395.0	394.4
浙 江	842.1	3102.5	1590.9	1370.2	265.3
安 徽	589.0	1346.0	1075.0	1006.8	179.5
福 建	721.0	1555.0	1174.6	906.5	305.4
江 西	537.4	1067.4	1004.1	718.2	168.6
山 东	690.2	1710.4	1140.9	1129.3	152.1
河 南	647.2	1245.4	1030.3	909.0	166.0
湖 北	706.2	1384.7	1330.7	1438.3	301.6
湖 南	642.8	1234.5	1710.2	1171.8	163.4
广 东	722.8	1423.6	1186.0	921.7	279.7
广 西	495.2	1288.5	1127.9	931.0	144.8
海 南	379.3	1041.5	1197.0	629.5	169.7
重 庆	749.0	1334.1	1226.2	883.9	184.2
四 川	782.3	1378.2	847.7	1093.6	219.6
贵 州	449.9	1080.6	1183.3	602.5	118.9
云 南	459.6	1308.6	1044.0	681.5	91.1
西 藏	433.6	794.2	238.6	147.5	110.6
陕 西	577.1	1114.4	1082.8	1260.4	178.0
甘 肃	484.9	1016.0	993.7	890.6	136.8
青 海	488.3	1629.3	897.1	1270.4	263.8
宁 夏	574.4	1675.2	1212.4	1131.2	189.3
新 疆	408.5	1421.4	747.5	970.7	127.1

2-3-5-6　2017年分地区农村居民消费支出构成

单位：%

地　区	消费支出	一、食品烟酒支出	二、衣着支出	三、居住支出
全　国	**100.0**	**31.2**	**5.6**	**21.5**
北　京	100.0	24.7	5.4	29.7
天　津	100.0	29.6	6.9	20.5
河　北	100.0	26.7	6.5	22.6
山　西	100.0	27.4	6.9	22.6
内蒙古	100.0	27.8	6.9	18.0
辽　宁	100.0	26.7	6.4	20.4
吉　林	100.0	28.2	6.6	17.9
黑龙江	100.0	26.5	7.4	16.4
上　海	100.0	33.8	5.1	26.1
江　苏	100.0	28.9	5.7	21.7
浙　江	100.0	31.0	5.3	24.1
安　徽	100.0	33.5	5.1	23.6
福　建	100.0	36.9	4.5	25.3
江　西	100.0	33.6	5.1	25.9
山　东	100.0	28.6	5.7	19.1
河　南	100.0	27.1	7.7	21.8
湖　北	100.0	28.6	5.4	21.6
湖　南	100.0	30.5	4.6	22.2
广　东	100.0	40.2	3.5	22.0
广　西	100.0	32.2	3.0	22.5
海　南	100.0	41.9	3.4	19.2
重　庆	100.0	36.5	5.5	18.0
四　川	100.0	37.2	6.0	18.9
贵　州	100.0	30.2	5.0	23.4
云　南	100.0	32.5	4.0	18.8
西　藏	100.0	49.1	11.0	14.2
陕　西	100.0	26.0	5.7	23.0
甘　肃	100.0	30.4	6.3	19.4
青　海	100.0	29.7	6.8	17.6
宁　夏	100.0	25.3	7.2	19.6
新　疆	100.0	30.6	8.2	19.1

2-3-5-6 续表

单位：%

地区	四、生活用品及服务支出	五、交通通信支出	六、教育文化娱乐支出	七、医疗保健支出	八、其他用品及服务支出
全　国	**5.8**	**13.8**	**10.7**	**9.7**	**1.8**
北　京	8.5	14.5	7.0	9.0	1.1
天　津	6.7	17.7	8.2	8.6	1.8
河　北	6.3	16.0	9.6	10.2	2.0
山　西	4.7	12.2	13.4	11.1	1.8
内蒙古	4.3	16.9	13.4	10.6	2.1
辽　宁	4.8	16.2	12.0	11.6	1.9
吉　林	4.0	14.9	12.7	13.6	2.1
黑龙江	4.1	15.8	12.9	14.7	2.2
上　海	5.2	13.1	6.7	8.1	1.9
江　苏	6.1	16.8	9.3	8.9	2.5
浙　江	4.7	17.1	8.8	7.6	1.5
安　徽	5.3	12.1	9.7	9.1	1.6
福　建	5.1	11.1	8.4	6.5	2.2
江　西	5.4	10.8	10.2	7.3	1.7
山　东	6.7	16.5	11.0	10.9	1.5
河　南	7.0	13.5	11.2	9.9	1.8
湖　北	6.1	11.9	11.4	12.4	2.6
湖　南	5.6	10.7	14.8	10.2	1.4
广　东	5.5	10.8	9.0	7.0	2.1
广　西	5.2	13.7	12.0	9.9	1.5
海　南	4.0	10.8	12.5	6.6	1.8
重　庆	6.8	12.2	11.2	8.1	1.7
四　川	6.9	12.1	7.4	9.6	1.9
贵　州	5.4	13.0	14.3	7.3	1.4
云　南	5.7	16.3	13.0	8.5	1.1
西　藏	6.5	11.9	3.6	2.2	1.7
陕　西	6.2	12.0	11.6	13.5	1.9
甘　肃	6.0	12.7	12.4	11.1	1.7
青　海	4.9	16.5	9.1	12.8	2.7
宁　夏	5.8	16.8	12.1	11.3	1.9
新　疆	4.7	16.3	8.6	11.1	1.5

2-3-5-7　2017年分地区农村居民现金消费支出

单位：元/人

地　区	现金消费支出	一、食品烟酒支出	二、衣着支出	三、居住支出
全　国	**8856.5**	**2921.2**	**610.9**	**956.0**
北　京	14442.5	4469.1	1024.5	1649.6
天　津	14173.8	4755.5	1128.2	1378.2
河　北	9121.0	2714.9	683.7	1247.1
山　西	6926.1	1992.4	577.2	930.3
内蒙古	10513.5	2822.4	842.3	1282.9
辽　宁	9261.7	2606.6	694.6	1115.3
吉　林	8543.0	2525.4	681.6	716.7
黑龙江	9360.9	2645.6	776.5	825.6
上　海	14325.8	5815.0	924.8	1947.1
江　苏	13045.6	4137.6	891.6	1444.0
浙　江	14476.3	5159.2	954.8	1488.6
安　徽	8936.3	3399.2	565.1	953.8
福　建	10796.9	4551.4	630.5	1121.5
江　西	7473.0	2719.1	501.9	856.3
山　东	8927.1	2815.8	584.5	951.1
河　南	7762.6	2349.1	712.2	863.3
湖　北	9026.6	2700.7	625.1	909.7
湖　南	8997.0	2710.9	526.7	1028.9
广　东	10466.1	4670.8	459.2	1015.3
广　西	7118.9	2247.8	285.0	834.0
海　南	7951.1	3702.1	321.7	620.3
重　庆	8445.8	2912.2	598.2	716.3
四　川	8595.0	3084.6	679.4	776.1
贵　州	6234.1	1844.2	416.0	679.1
云　南	6070.2	1834.2	320.5	481.7
西　藏	4767.4	1990.1	735.2	374.2
陕　西	7697.0	2241.5	530.0	900.5
甘　肃	6513.2	1973.0	507.7	746.9
青　海	8448.7	2443.7	669.8	1050.4
宁　夏	8558.2	2228.4	718.5	1109.4
新　疆	7337.0	2160.3	709.8	955.9

2-3-5-7 续表 单位：元/人

地区	四、生活用品及服务支出	五、交通通信支出	六、教育文化娱乐支出	七、医疗保健支出	八、其他用品及服务支出
全国	**624.9**	**1508.1**	**1170.7**	**868.2**	**196.3**
北京	1589.5	2725.7	1312.8	1467.5	203.8
天津	1099.6	2897.3	1343.0	1280.2	291.9
河北	665.9	1688.4	1014.1	899.7	207.1
山西	383.1	1028.0	1126.5	742.9	145.7
内蒙古	522.0	2055.6	1638.6	1091.6	258.2
辽宁	504.6	1744.3	1294.9	1099.6	201.7
吉林	405.3	1531.0	1302.5	1166.6	213.9
黑龙江	427.2	1667.7	1362.1	1429.0	227.1
上海	930.6	2365.9	1219.7	775.9	346.9
江苏	939.9	2619.1	1450.5	1170.9	392.1
浙江	834.4	3099.7	1590.2	1089.0	260.5
安徽	584.2	1345.6	1074.7	835.7	178.1
福建	710.9	1554.8	1174.6	753.2	299.9
江西	536.8	1067.3	1004.1	621.9	165.7
山东	663.8	1709.4	1140.8	911.0	150.6
河南	646.9	1245.3	1030.2	749.7	165.8
湖北	704.0	1380.1	1330.4	1082.6	294.0
湖南	641.0	1233.6	1709.9	984.9	161.2
广东	714.4	1421.8	1185.0	720.9	278.6
广西	462.8	1284.0	1127.3	748.0	129.9
海南	374.8	1041.5	1196.9	524.2	169.6
重庆	730.4	1334.1	1226.1	748.0	180.7
四川	769.1	1377.5	847.3	855.7	205.3
贵州	439.5	1079.4	1183.3	482.1	110.5
云南	446.5	1308.5	1043.9	553.4	81.5
西藏	430.5	794.1	238.5	94.9	109.9
陕西	568.4	1114.4	1079.0	1086.9	176.3
甘肃	475.1	1015.9	992.2	672.8	129.5
青海	486.3	1629.0	897.1	1008.9	263.8
宁夏	560.7	1675.2	1212.4	872.7	180.8
新疆	407.5	1421.3	736.2	835.5	110.6

2-3-5-8 2017年分地区农村居民现金消费支出构成

单位：%

地区	现金消费支出	一、食品烟酒支出	二、衣着支出	三、居住支出
全 国	**100.0**	**33.0**	**6.9**	**10.8**
北 京	100.0	30.9	7.1	11.4
天 津	100.0	33.6	8.0	9.7
河 北	100.0	29.8	7.5	13.7
山 西	100.0	28.8	8.3	13.4
内蒙古	100.0	26.8	8.0	12.2
辽 宁	100.0	28.1	7.5	12.0
吉 林	100.0	29.6	8.0	8.4
黑龙江	100.0	28.3	8.3	8.8
上 海	100.0	40.6	6.5	13.6
江 苏	100.0	31.7	6.8	11.1
浙 江	100.0	35.6	6.6	10.3
安 徽	100.0	38.0	6.3	10.7
福 建	100.0	42.2	5.8	10.4
江 西	100.0	36.4	6.7	11.5
山 东	100.0	31.5	6.5	10.7
河 南	100.0	30.3	9.2	11.1
湖 北	100.0	29.9	6.9	10.1
湖 南	100.0	30.1	5.9	11.4
广 东	100.0	44.6	4.4	9.7
广 西	100.0	31.6	4.0	11.7
海 南	100.0	46.6	4.0	7.8
重 庆	100.0	34.5	7.1	8.5
四 川	100.0	35.9	7.9	9.0
贵 州	100.0	29.6	6.7	10.9
云 南	100.0	30.2	5.3	7.9
西 藏	100.0	41.7	15.4	7.8
陕 西	100.0	29.1	6.9	11.7
甘 肃	100.0	30.3	7.8	11.5
青 海	100.0	28.9	7.9	12.4
宁 夏	100.0	26.0	8.4	13.0
新 疆	100.0	29.4	9.7	13.0

2-3-5-8 续表

单位：%

地区	四、生活用品及服务支出	五、交通通信支出	六、教育文化娱乐支出	七、医疗保健支出	八、其他用品及服务支出
全　国	**7.1**	**17.0**	**13.2**	**9.8**	**2.2**
北　京	11.0	18.9	9.1	10.2	1.4
天　津	7.8	20.4	9.5	9.0	2.1
河　北	7.3	18.5	11.1	9.9	2.3
山　西	5.5	14.8	16.3	10.7	2.1
内蒙古	5.0	19.6	15.6	10.4	2.5
辽　宁	5.4	18.8	14.0	11.9	2.2
吉　林	4.7	17.9	15.2	13.7	2.5
黑龙江	4.6	17.8	14.6	15.3	2.4
上　海	6.5	16.5	8.5	5.4	2.4
江　苏	7.2	20.1	11.1	9.0	3.0
浙　江	5.8	21.4	11.0	7.5	1.8
安　徽	6.5	15.1	12.0	9.4	2.0
福　建	6.6	14.4	10.9	7.0	2.8
江　西	7.2	14.3	13.4	8.3	2.2
山　东	7.4	19.1	12.8	10.2	1.7
河　南	8.3	16.0	13.3	9.7	2.1
湖　北	7.8	15.3	14.7	12.0	3.3
湖　南	7.1	13.7	19.0	10.9	1.8
广　东	6.8	13.6	11.3	6.9	2.7
广　西	6.5	18.0	15.8	10.5	1.8
海　南	4.7	13.1	15.1	6.6	2.1
重　庆	8.6	15.8	14.5	8.9	2.1
四　川	8.9	16.0	9.9	10.0	2.4
贵　州	7.1	17.3	19.0	7.7	1.8
云　南	7.4	21.6	17.2	9.1	1.3
西　藏	9.0	16.7	5.0	2.0	2.3
陕　西	7.4	14.5	14.0	14.1	2.3
甘　肃	7.3	15.6	15.2	10.3	2.0
青　海	5.8	19.3	10.6	11.9	3.1
宁　夏	6.6	19.6	14.2	10.2	2.1
新　疆	5.6	19.4	10.0	11.4	1.5

2-3-5-9　2017年分地区农村居民家庭主要食品消费量

单位：公斤/人

地　区	粮食(原粮)	谷物	食用油	植物油	蔬菜	肉类	猪肉
全　国	**154.6**	**144.8**	**10.1**	**9.2**	**90.2**	**23.6**	**19.5**
北　京	96.7	86.9	9.0	9.0	88.7	22.2	14.4
天　津	153.9	142.9	12.8	12.7	99.0	22.0	14.4
河　北	134.3	125.8	9.5	9.3	75.1	15.9	10.9
山　西	159.4	142.5	7.8	7.7	64.9	10.6	8.2
内蒙古	168.8	157.5	6.5	6.1	69.8	31.6	19.2
辽　宁	145.6	132.0	11.3	10.9	96.4	22.3	18.4
吉　林	159.6	148.0	11.7	11.6	115.4	19.5	16.7
黑龙江	152.9	140.0	15.1	15.1	75.6	19.1	14.9
上　海	126.0	115.6	10.1	9.9	86.4	31.1	24.1
江　苏	134.9	123.5	12.1	12.0	97.8	23.1	17.7
浙　江	163.8	148.7	12.8	12.2	94.8	27.2	23.1
安　徽	165.5	154.1	10.2	9.4	96.3	21.3	17.2
福　建	156.2	147.1	9.5	7.7	90.6	30.9	26.6
江　西	167.3	159.9	12.0	11.4	104.3	21.1	17.4
山　东	136.6	127.6	7.5	7.4	82.7	16.4	11.3
河　南	128.3	120.7	7.5	7.5	72.6	12.7	9.2
湖　北	136.9	127.4	14.1	13.5	113.0	23.5	20.3
湖　南	187.0	178.9	11.6	8.3	103.2	28.8	26.3
广　东	166.6	158.5	9.8	9.1	100.7	36.3	31.0
广　西	163.3	157.5	8.0	5.9	78.1	28.4	26.3
海　南	103.1	100.2	7.8	5.5	75.1	24.0	21.8
重　庆	204.4	189.1	13.8	10.8	152.2	36.1	33.6
四　川	184.5	172.1	12.4	10.9	126.8	38.9	36.5
贵　州	134.0	123.1	6.6	5.1	81.3	28.4	27.1
云　南	141.0	132.3	6.6	4.7	79.7	30.8	29.0
西　藏	318.0	310.7	20.0	13.0	17.7	23.0	5.4
陕　西	142.6	133.0	11.0	10.8	64.4	10.8	8.6
甘　肃	172.2	159.7	7.1	7.0	55.2	14.7	11.0
青　海	136.9	126.7	9.5	9.1	45.1	24.9	11.2
宁　夏	128.1	121.2	7.7	7.7	76.9	14.1	6.0
新　疆	181.1	179.8	14.3	14.2	82.6	19.3	1.8

2-3-5-9 续表 单位：公斤/人

地 区	牛肉	羊肉	禽类	水产品	蛋类	奶类	干鲜瓜果类	食糖
全 国	**0.9**	**1.0**	**7.9**	**7.4**	**8.9**	**6.9**	**38.4**	**1.4**
北 京	1.7	3.0	4.0	5.6	11.8	12.9	51.7	1.2
天 津	0.9	2.3	4.1	12.6	16.7	12.0	81.8	1.7
河 北	0.5	0.9	3.2	3.7	13.0	8.3	51.5	1.2
山 西	0.2	0.9	1.7	1.2	10.2	9.6	37.1	1.2
内蒙古	2.8	8.0	4.4	3.0	7.2	14.6	37.3	1.3
辽 宁	0.7	0.6	3.4	7.0	10.3	4.9	38.5	1.1
吉 林	0.9	0.4	5.0	4.7	9.8	4.3	36.4	1.1
黑龙江	0.8	0.7	5.9	5.5	8.9	4.8	45.2	1.7
上 海	1.7	1.0	13.4	22.3	10.0	12.0	44.0	1.5
江 苏	1.1	0.7	8.5	14.2	9.6	11.1	36.2	1.1
浙 江	1.3	0.5	9.0	18.6	8.1	9.4	40.2	1.8
安 徽	1.2	0.7	10.1	9.3	11.2	8.1	43.3	1.2
福 建	1.1	0.6	13.6	21.3	8.0	7.1	32.6	2.1
江 西	1.1	0.2	6.7	8.4	5.8	6.6	28.0	0.9
山 东	0.3	0.7	5.1	6.5	16.3	11.7	56.9	1.0
河 南	0.7	0.6	4.2	2.5	13.0	6.1	49.2	1.2
湖 北	0.9	0.4	4.0	11.1	7.3	3.7	28.7	0.9
湖 南	1.0	0.5	10.9	8.9	7.9	2.8	44.4	1.3
广 东	1.1	0.4	23.5	19.2	6.8	3.3	28.6	2.1
广 西	0.6	0.4	19.2	7.7	4.9	2.4	31.1	1.1
海 南	0.9	0.4	17.5	21.2	3.4	1.3	16.3	0.8
重 庆	0.4	0.5	7.9	7.3	9.9	9.5	31.8	3.2
四 川	0.6	0.4	10.1	6.1	8.9	8.5	32.0	2.1
贵 州	0.5	0.3	3.4	1.2	3.2	1.8	23.2	0.9
云 南	0.9	0.4	7.2	2.4	3.9	1.9	18.9	1.3
西 藏	11.3	5.8	0.1	0.0	2.0	22.9	2.5	1.0
陕 西	0.2	0.8	1.7	1.0	5.7	7.6	32.0	0.9
甘 肃	0.6	2.0	3.8	0.9	5.9	6.6	39.3	1.9
青 海	5.2	7.8	2.8	0.8	2.9	11.4	18.2	1.5
宁 夏	3.3	4.2	5.9	1.3	4.1	7.5	63.9	1.2
新 疆	3.8	13.1	4.5	1.0	4.5	13.2	49.7	1.0

2-3-5-10　2017年分地区农村居民年末主要耐用消费品拥有量

单位：平均每百户

地　区	家用汽车(辆)	摩托车(辆)	电动助力车(辆)	洗衣机(台)	电冰箱(柜)(台)	微波炉(台)	彩色电视机(台)
全　国	**19.3**	**64.1**	**61.1**	**86.3**	**91.7**	**17.3**	**120.0**
北　京	39.3	9.4	76.7	95.4	101.7	56.0	138.1
天　津	48.6	27.7	102.3	102.0	104.9	35.1	128.8
河　北	31.3	57.7	102.7	99.0	95.8	17.9	121.1
山　西	13.1	50.3	45.7	87.1	67.5	6.3	105.1
内蒙古	28.5	70.6	41.6	91.4	98.1	5.9	106.2
辽　宁	17.5	62.1	45.2	87.9	99.2	12.5	112.4
吉　林	20.9	70.3	16.9	93.4	94.5	7.4	107.4
黑龙江	13.9	52.8	16.5	89.7	93.0	5.1	105.5
上　海	24.5	7.6	139.7	82.6	93.2	72.8	169.2
江　苏	26.6	39.7	138.0	97.9	104.1	70.1	158.7
浙　江	33.3	29.0	93.3	82.0	102.7	36.0	176.4
安　徽	14.6	40.0	97.2	83.5	97.9	23.0	127.4
福　建	17.8	90.4	36.7	82.1	100.6	35.6	140.1
江　西	15.6	75.7	65.4	54.2	91.2	9.8	130.5
山　东	32.4	58.1	119.5	93.6	97.6	17.0	110.2
河　南	19.3	55.3	104.8	95.9	88.2	8.8	116.3
湖　北	11.3	80.2	32.2	75.5	95.8	11.0	121.7
湖　南	12.5	76.4	15.8	80.2	93.7	7.9	115.4
广　东	17.6	123.6	38.5	78.5	87.9	22.9	120.5
广　西	12.2	100.5	46.2	68.1	88.8	18.8	113.3
海　南	6.3	95.9	61.4	34.9	69.5	10.3	107.2
重　庆	12.0	36.5	11.9	79.8	94.8	17.3	113.8
四　川	13.4	49.5	28.5	89.9	96.2	12.6	117.1
贵　州	15.2	54.2	10.0	92.0	82.3	7.9	104.0
云　南	18.0	82.4	17.0	79.8	67.6	11.0	103.7
西　藏	17.7	87.7	10.9	61.7	56.9	1.3	110.7
陕　西	13.9	61.6	44.0	93.0	80.2	5.1	114.6
甘　肃	14.0	79.7	36.7	92.1	71.1	6.2	109.0
青　海	36.2	85.9	16.3	100.0	102.4	8.4	105.6
宁　夏	27.8	72.2	66.2	101.6	95.2	9.7	112.9
新　疆	20.1	78.9	62.6	95.7	97.6	5.6	102.6

2-3-5-10 续表 单位：平均每百户

地　区	空调（台）	热水器（台）	排油烟机（台）	移动电话（部）	计算机（台）	照相机（台）
全　国	**52.6**	**62.5**	**20.4**	**246.1**	**29.2**	**3.9**
北　京	141.4	100.7	75.5	245.4	74.7	19.5
天　津	109.0	93.0	55.5	246.0	46.1	6.2
河　北	70.4	64.5	24.0	240.5	40.3	4.5
山　西	12.5	20.3	9.6	211.4	31.4	1.3
内蒙古	1.4	23.2	15.5	236.9	24.2	4.1
辽　宁	4.6	23.0	19.3	213.4	36.2	3.7
吉　林	1.4	9.8	10.0	243.8	33.2	3.9
黑龙江	0.7	8.5	13.2	213.0	27.6	4.8
上　海	136.2	78.6	46.4	209.6	52.6	13.6
江　苏	134.7	94.7	39.0	241.8	45.4	10.7
浙　江	118.8	89.3	60.0	235.2	52.2	6.9
安　徽	79.8	79.0	18.0	230.1	22.3	3.9
福　建	65.3	90.4	34.4	252.6	34.0	4.3
江　西	52.0	66.7	18.5	248.7	22.9	1.7
山　东	63.7	82.1	31.7	225.3	39.8	6.6
河　南	74.8	59.5	11.6	244.9	31.2	2.6
湖　北	62.7	71.2	17.3	238.7	27.9	3.7
湖　南	45.9	59.0	20.9	267.2	22.2	3.1
广　东	91.3	88.5	37.3	287.1	41.6	4.2
广　西	28.9	68.3	10.4	284.3	21.8	1.2
海　南	37.0	56.2	7.9	261.2	12.3	1.1
重　庆	50.3	59.2	9.5	241.8	20.0	1.9
四　川	40.3	65.8	11.2	242.0	17.7	2.9
贵　州	5.9	45.4	7.0	288.9	15.7	1.3
云　南	1.3	71.3	5.2	264.1	7.3	1.5
西　藏		2.3	0.2	191.9	0.2	0.7
陕　西	33.7	50.2	10.3	270.1	25.2	3.3
甘　肃	0.9	26.4	9.0	268.7	16.8	1.4
青　海	1.4	31.5	17.3	291.6	14.5	2.9
宁　夏	1.7	82.8	17.6	290.8	23.3	1.6
新　疆	1.8	30.1	13.1	187.1	16.6	1.7

（六）2018年分地区农村居民收支主要数据

2-3-6-1　2018年分地区农村居民可支配收入

单位：元/人

地　区	可支配收入	一、工资性收入	二、经营净收入	三、财产净收入	四、转移净收入
全　国	**14617.0**	**5996.1**	**5358.4**	**342.1**	**2920.5**
北　京	26490.3	19826.7	2021.7	1876.8	2765.0
天　津	23065.2	13568.1	5334.6	921.6	3241.0
河　北	14030.9	7454.1	4611.5	298.7	1666.5
山　西	11750.0	5735.8	3075.2	192.9	2746.1
内蒙古	13802.6	2896.6	7180.7	520.4	3204.8
辽　宁	14656.3	5644.8	6263.8	334.5	2413.2
吉　林	13748.2	3521.5	7756.2	256.5	2213.9
黑龙江	13803.7	3009.1	7053.3	679.0	3062.2
上　海	30374.7	19503.5	1753.2	1003.2	8114.8
江　苏	20845.1	10221.6	6016.6	767.5	3839.3
浙　江	27302.4	16898.4	6677.0	784.1	2942.9
安　徽	13996.0	5058.0	5411.5	256.0	3270.5
福　建	17821.2	8214.7	6705.6	322.5	2578.4
江　西	14459.9	6121.0	5271.9	235.5	2831.6
山　东	16297.0	6550.0	7193.6	429.0	2124.4
河　南	13830.7	5335.6	4790.7	221.4	3483.0
湖　北	14977.8	4886.8	6270.8	185.9	3634.2
湖　南	14092.5	5769.3	4785.7	179.3	3358.2
广　东	17167.7	8510.7	4432.7	448.9	3775.5
广　西	12434.8	3691.4	5393.4	241.4	3108.6
海　南	13988.9	5611.4	5806.1	253.7	2317.8
重　庆	13781.2	4847.8	4812.9	334.8	3785.8
四　川	13331.4	4311.0	5117.2	379.5	3523.7
贵　州	9716.1	4276.2	3226.7	126.2	2086.9
云　南	10767.9	3259.9	5599.0	187.2	1721.8
西　藏	11449.8	3037.2	5888.9	427.2	2096.6
陕　西	11212.8	4620.8	3508.0	196.6	2887.5
甘　肃	8804.1	2534.7	3823.7	211.5	2234.1
青　海	10393.3	3047.3	3904.6	463.1	2978.4
宁　夏	11707.6	4547.8	4638.5	362.8	2158.5
新　疆	11974.5	2945.2	6623.9	235.1	2170.3

2-3-6-2 2018年分地区农村居民可支配收入构成

单位：%

地　区	可支配收入	一、工资性收入	二、经营净收入	三、财产净收入	四、转移净收入
全　国	**100.0**	**41.0**	**36.7**	**2.3**	**20.0**
北　京	100.0	74.8	7.6	7.1	10.4
天　津	100.0	58.8	23.1	4.0	14.1
河　北	100.0	53.1	32.9	2.1	11.9
山　西	100.0	48.8	26.2	1.6	23.4
内蒙古	100.0	21.0	52.0	3.8	23.2
辽　宁	100.0	38.5	42.7	2.3	16.5
吉　林	100.0	25.6	56.4	1.9	16.1
黑龙江	100.0	21.8	51.1	4.9	22.2
上　海	100.0	64.2	5.8	3.3	26.7
江　苏	100.0	49.0	28.9	3.7	18.4
浙　江	100.0	61.9	24.5	2.9	10.8
安　徽	100.0	36.1	38.7	1.8	23.4
福　建	100.0	46.1	37.6	1.8	14.5
江　西	100.0	42.3	36.5	1.6	19.6
山　东	100.0	40.2	44.1	2.6	13.0
河　南	100.0	38.6	34.6	1.6	25.2
湖　北	100.0	32.6	41.9	1.2	24.3
湖　南	100.0	40.9	34.0	1.3	23.8
广　东	100.0	49.6	25.8	2.6	22.0
广　西	100.0	29.7	43.4	1.9	25.0
海　南	100.0	40.1	41.5	1.8	16.6
重　庆	100.0	35.2	34.9	2.4	27.5
四　川	100.0	32.3	38.4	2.8	26.4
贵　州	100.0	44.0	33.2	1.3	21.5
云　南	100.0	30.3	52.0	1.7	16.0
西　藏	100.0	26.5	51.4	3.7	18.3
陕　西	100.0	41.2	31.3	1.8	25.8
甘　肃	100.0	28.8	43.4	2.4	25.4
青　海	100.0	29.3	37.6	4.5	28.7
宁　夏	100.0	38.8	39.6	3.1	18.4
新　疆	100.0	24.6	55.3	2.0	18.1

2-3-6-3　2018年分地区农村居民现金可支配收入

单位：元/人

地　　区	现金可支配收入	一、工资性收入	二、经营净收入	三、财产净收入	四、转移净收入
全　　国	**13912.8**	**5961.3**	**4969.5**	**342.1**	**2639.9**
北　　京	25922.3	19787.3	2231.7	1876.8	2026.4
天　　津	22994.6	13441.0	5940.9	921.6	2691.1
河　　北	13924.7	7446.5	4723.4	298.7	1456.0
山　　西	11351.4	5715.8	2933.8	192.9	2508.9
内 蒙 古	13450.1	2892.9	7114.2	520.4	2922.6
辽　　宁	14581.4	5591.0	6453.4	334.5	2202.6
吉　　林	12204.0	3506.2	6428.2	256.5	2013.1
黑 龙 江	11149.5	3001.8	4640.1	679.0	2828.5
上　　海	29213.1	19303.8	1692.7	1003.2	7213.4
江　　苏	19985.2	10166.5	5549.9	767.5	3501.2
浙　　江	27068.5	16831.4	6789.6	784.1	2663.3
安　　徽	13595.2	5000.4	5263.2	256.0	3075.7
福　　建	17141.2	8146.4	6289.0	322.5	2383.4
江　　西	13892.3	6114.2	4856.5	235.5	2686.1
山　　东	16346.1	6522.3	7554.0	429.0	1840.9
河　　南	12988.6	5330.8	4214.4	221.4	3222.0
湖　　北	14221.6	4866.9	5941.4	185.9	3227.4
湖　　南	13258.1	5729.6	4263.4	179.3	3085.7
广　　东	16209.1	8358.5	4014.4	448.9	3387.3
广　　西	11534.1	3674.3	4953.7	241.4	2664.8
海　　南	13698.3	5583.2	5741.6	253.7	2119.8
重　　庆	12498.9	4831.0	3716.2	334.8	3616.8
四　　川	12126.0	4263.5	4316.9	379.5	3166.2
贵　　州	9212.5	4256.9	2940.1	126.2	1889.4
云　　南	10064.7	3252.7	5123.8	187.2	1501.0
西　　藏	10561.5	3036.2	5166.7	427.2	1931.4
陕　　西	10625.5	4597.9	3183.1	196.6	2647.8
甘　　肃	7967.8	2526.2	3315.3	211.5	1914.8
青　　海	10268.2	3042.2	4111.9	463.1	2651.0
宁　　夏	11637.4	4534.0	4918.7	362.8	1822.0
新　　疆	10737.3	2934.7	5681.1	235.1	1886.4

2-3-6-4 2018年分地区农村居民现金可支配收入构成

单位：%

地 区	现金可支配收入	一、工资性收入	二、经营净收入	三、财产净收入	四、转移净收入
全 国	**100.0**	**42.8**	**35.7**	**2.5**	**19.0**
北 京	100.0	76.3	8.6	7.2	7.8
天 津	100.0	58.5	25.8	4.0	11.7
河 北	100.0	53.5	33.9	2.1	10.5
山 西	100.0	50.4	25.8	1.7	22.1
内蒙古	100.0	21.5	52.9	3.9	21.7
辽 宁	100.0	38.3	44.3	2.3	15.1
吉 林	100.0	28.7	52.7	2.1	16.5
黑龙江	100.0	26.9	41.6	6.1	25.4
上 海	100.0	66.1	5.8	3.4	24.7
江 苏	100.0	50.9	27.8	3.8	17.5
浙 江	100.0	62.2	25.1	2.9	9.8
安 徽	100.0	36.8	38.7	1.9	22.6
福 建	100.0	47.5	36.7	1.9	13.9
江 西	100.0	44.0	35.0	1.7	19.3
山 东	100.0	39.9	46.2	2.6	11.3
河 南	100.0	41.0	32.4	1.7	24.8
湖 北	100.0	34.2	41.8	1.3	22.7
湖 南	100.0	43.2	32.2	1.4	23.3
广 东	100.0	51.6	24.8	2.8	20.9
广 西	100.0	31.9	42.9	2.1	23.1
海 南	100.0	40.8	41.9	1.9	15.5
重 庆	100.0	38.7	29.7	2.7	28.9
四 川	100.0	35.2	35.6	3.1	26.1
贵 州	100.0	46.2	31.9	1.4	20.5
云 南	100.0	32.3	50.9	1.9	14.9
西 藏	100.0	28.7	48.9	4.0	18.3
陕 西	100.0	43.3	30.0	1.9	24.9
甘 肃	100.0	31.7	41.6	2.7	24.0
青 海	100.0	29.6	40.0	4.5	25.8
宁 夏	100.0	39.0	42.3	3.1	15.7
新 疆	100.0	27.3	52.9	2.2	17.6

2-3-6-5 2018年分地区农村居民消费支出

单位：元/人

地 区	消费支出	一、食品烟酒支出	二、衣着支出	三、居住支出
全 国	**12124.3**	**3645.6**	**647.7**	**2660.6**
北 京	20195.3	4802.4	1088.3	5950.9
天 津	16863.3	4983.7	991.5	3415.4
河 北	11382.8	3002.7	722.5	2542.3
山 西	9172.2	2539.8	626.4	2075.7
内蒙古	12661.5	3476.2	717.1	2337.8
辽 宁	11455.0	3063.0	656.2	2246.3
吉 林	10826.2	3010.2	628.4	1917.2
黑龙江	11416.8	3114.7	695.1	1916.5
上 海	19964.7	7429.8	1135.9	3953.8
江 苏	16567.0	4337.7	811.9	4130.2
浙 江	19706.8	5965.6	1017.6	4992.7
安 徽	12748.1	4208.3	635.0	3013.3
福 建	14942.8	5339.8	677.1	3649.1
江 西	10885.2	3403.0	526.1	3038.2
山 东	11270.1	3162.0	622.4	2214.3
河 南	10392.0	2778.3	736.1	2273.7
湖 北	13946.3	3928.2	783.1	2954.3
湖 南	12720.5	3713.9	624.1	2920.6
广 东	15411.3	5641.2	523.6	3355.8
广 西	10617.0	3194.8	326.7	2469.1
海 南	10955.8	4580.7	314.7	2160.4
重 庆	11976.8	4180.0	631.0	2273.5
四 川	12723.2	4551.7	716.4	2500.0
贵 州	9170.2	2593.3	502.1	2127.2
云 南	9122.9	2688.9	370.0	1883.7
西 藏	7452.1	2688.7	973.0	1175.1
陕 西	10070.8	2576.9	525.5	2431.2
甘 肃	9064.6	2694.5	557.9	1725.8
青 海	10352.4	3053.3	721.0	1790.1
宁 夏	10789.6	2949.9	752.2	1867.8
新 疆	9421.3	2824.0	798.7	1716.3

2-3-6-5 续表 单位：元/人

地　　区	四、生活用品及服务支出	五、交通通信支出	六、教育文化娱乐支出	七、医疗保健支出	八、其他用品及服务支出
全　　国	**720.5**	**1690.0**	**1301.6**	**1240.1**	**218.3**
北　　京	1580.3	3077.7	1436.2	1991.9	267.5
天　　津	1357.4	2595.2	1236.8	1974.9	308.5
河　　北	773.9	1736.5	1170.9	1201.6	232.4
山　　西	443.7	1106.9	1149.6	1065.2	165.0
内 蒙 古	578.9	2102.5	1736.5	1468.5	244.0
辽　　宁	568.5	1820.1	1325.2	1529.1	246.5
吉　　林	405.6	1770.5	1411.0	1450.9	232.4
黑 龙 江	490.8	1632.5	1419.4	1916.2	231.6
上　　海	1137.2	2892.2	1173.3	1739.5	502.9
江　　苏	939.3	2959.9	1547.3	1529.6	311.1
浙　　江	1053.2	2952.9	1787.9	1626.9	310.0
安　　徽	772.5	1556.1	1271.1	1036.7	255.2
福　　建	764.8	1817.1	1359.4	1015.8	319.8
江　　西	607.2	1214.7	1143.7	783.8	168.5
山　　东	761.9	1873.0	1265.6	1205.0	166.0
河　　南	697.5	1286.0	1226.8	1226.6	167.0
湖　　北	852.2	1933.1	1551.4	1588.0	356.0
湖　　南	756.8	1449.7	1678.6	1385.5	191.4
广　　东	817.0	1930.4	1473.0	1366.7	303.6
广　　西	604.1	1528.1	1246.9	1088.0	159.4
海　　南	513.2	1105.3	1376.0	712.4	193.0
重　　庆	784.8	1502.5	1345.2	1075.1	184.7
四　　川	859.8	1578.3	934.2	1344.8	237.9
贵　　州	569.2	1373.1	1161.2	703.2	140.9
云　　南	558.9	1507.3	1153.1	845.6	115.5
西　　藏	351.1	1396.6	409.0	314.9	143.7
陕　　西	634.7	1222.5	1252.9	1241.8	185.3
甘　　肃	513.9	1077.9	1201.9	1132.6	160.1
青　　海	495.0	1765.2	944.6	1332.3	250.8
宁　　夏	673.5	1818.7	1295.8	1248.6	183.1
新　　疆	610.0	1301.1	1010.7	1017.5	142.8

2-3-6-6　2018年分地区农村居民消费支出构成

单位：%

地　区	消费支出	一、食品烟酒支出	二、衣着支出	三、居住支出
全　国	**100.0**	**30.1**	**5.3**	**21.9**
北　京	100.0	23.8	5.4	29.5
天　津	100.0	29.6	5.9	20.3
河　北	100.0	26.4	6.3	22.3
山　西	100.0	27.7	6.8	22.6
内蒙古	100.0	27.5	5.7	18.5
辽　宁	100.0	26.7	5.7	19.6
吉　林	100.0	27.8	5.8	17.7
黑龙江	100.0	27.3	6.1	16.8
上　海	100.0	37.2	5.7	19.8
江　苏	100.0	26.2	4.9	24.9
浙　江	100.0	30.3	5.2	25.3
安　徽	100.0	33.0	5.0	23.6
福　建	100.0	35.7	4.5	24.4
江　西	100.0	31.3	4.8	27.9
山　东	100.0	28.1	5.5	19.6
河　南	100.0	26.7	7.1	21.9
湖　北	100.0	28.2	5.6	21.2
湖　南	100.0	29.2	4.9	23.0
广　东	100.0	36.6	3.4	21.8
广　西	100.0	30.1	3.1	23.3
海　南	100.0	41.8	2.9	19.7
重　庆	100.0	34.9	5.3	19.0
四　川	100.0	35.8	5.6	19.6
贵　州	100.0	28.3	5.5	23.2
云　南	100.0	29.5	4.1	20.6
西　藏	100.0	36.1	13.1	15.8
陕　西	100.0	25.6	5.2	24.1
甘　肃	100.0	29.7	6.2	19.0
青　海	100.0	29.5	7.0	17.3
宁　夏	100.0	27.3	7.0	17.3
新　疆	100.0	30.0	8.5	18.2

2-3-6-6 续表 单位：%

地 区	四、生活用品及服务支出	五、交通通信支出	六、教育文化娱乐支出	七、医疗保健支出	八、其他用品及服务支出
全 国	**5.9**	**13.9**	**10.7**	**10.2**	**1.8**
北 京	7.8	15.2	7.1	9.9	1.3
天 津	8.0	15.4	7.3	11.7	1.8
河 北	6.8	15.3	10.3	10.6	2.0
山 西	4.8	12.1	12.5	11.6	1.8
内蒙古	4.6	16.6	13.7	11.6	1.9
辽 宁	5.0	15.9	11.6	13.3	2.2
吉 林	3.7	16.4	13.0	13.4	2.1
黑龙江	4.3	14.3	12.4	16.8	2.0
上 海	5.7	14.5	5.9	8.7	2.5
江 苏	5.7	17.9	9.3	9.2	1.9
浙 江	5.3	15.0	9.1	8.3	1.6
安 徽	6.1	12.2	10.0	8.1	2.0
福 建	5.1	12.2	9.1	6.8	2.1
江 西	5.6	11.2	10.5	7.2	1.5
山 东	6.8	16.6	11.2	10.7	1.5
河 南	6.7	12.4	11.8	11.8	1.6
湖 北	6.1	13.9	11.1	11.4	2.6
湖 南	5.9	11.4	13.2	10.9	1.5
广 东	5.3	12.5	9.6	8.9	2.0
广 西	5.7	14.4	11.7	10.2	1.5
海 南	4.7	10.1	12.6	6.5	1.8
重 庆	6.6	12.5	11.2	9.0	1.5
四 川	6.8	12.4	7.3	10.6	1.9
贵 州	6.2	15.0	12.7	7.7	1.5
云 南	6.1	16.5	12.6	9.3	1.3
西 藏	4.7	18.7	5.5	4.2	1.9
陕 西	6.3	12.1	12.4	12.3	1.8
甘 肃	5.7	11.9	13.3	12.5	1.8
青 海	4.8	17.1	9.1	12.9	2.4
宁 夏	6.2	16.9	12.0	11.6	1.7
新 疆	6.5	13.8	10.7	10.8	1.5

2-3-6-7　2018年分地区农村居民现金消费支出

单位：元/人

地　区	现金消费支出	一、食品烟酒支出	二、衣着支出	三、居住支出
全　国	**9862.0**	**3226.3**	**647.2**	**1084.0**
北　京	15628.8	4710.1	1087.5	2128.6
天　津	14607.4	4838.7	991.1	1841.7
河　北	9873.7	2881.2	722.3	1363.4
山　西	7734.6	2305.2	625.9	1079.4
内蒙古	11010.3	3010.5	717.1	1411.2
辽　宁	9824.3	2775.8	656.0	1097.1
吉　林	9188.6	2671.0	628.3	815.8
黑龙江	10088.3	2952.2	695.0	983.1
上　海	16765.0	7086.8	1134.1	1979.6
江　苏	13703.2	4050.5	811.7	1894.6
浙　江	15423.5	5478.2	1017.5	1478.4
安　徽	10193.6	3941.1	634.3	918.9
福　建	11995.4	4828.3	676.7	1408.8
江　西	8235.5	3046.0	526.0	892.4
山　东	9711.4	3040.8	621.2	1063.7
河　南	8632.1	2688.4	736.0	850.6
湖　北	11300.6	3436.7	782.6	1200.0
湖　南	9992.5	3067.7	622.8	1108.4
广　东	12313.4	5051.3	523.0	1235.0
广　西	8201.0	2579.3	325.8	1021.3
海　南	9060.1	4263.6	314.6	763.7
重　庆	9467.7	3277.9	630.0	850.5
四　川	9848.0	3549.0	715.8	948.1
贵　州	7160.3	2006.9	501.9	872.3
云　南	6883.9	2010.9	369.8	534.7
西　藏	5708.4	2081.6	970.2	216.7
陕　西	8264.0	2357.3	525.0	1076.7
甘　肃	7516.0	2266.5	557.8	871.3
青　海	8858.1	2630.3	720.7	1039.2
宁　夏	9412.0	2660.9	751.8	1088.9
新　疆	7959.3	2296.3	796.4	1011.3

2-3-6-7 续表

单位：元/人

地　区	四、生活用品及服务支出	五、交通通信支出	六、教育文化娱乐支出	七、医疗保健支出	八、其他用品及服务支出
全　国	**709.0**	**1685.0**	**1300.5**	**997.4**	**212.7**
北　京	1569.2	3077.3	1435.7	1357.5	262.9
天　津	1114.3	2593.5	1236.7	1706.2	285.2
河　北	770.2	1735.1	1170.9	998.7	231.9
山　西	441.9	1106.8	1149.5	875.3	150.5
内蒙古	578.8	2102.5	1736.1	1210.1	244.0
辽　宁	562.3	1819.2	1325.2	1344.4	244.2
吉　林	403.1	1770.5	1411.0	1256.5	232.3
黑龙江	490.3	1632.5	1419.2	1685.6	230.3
上　海	1117.9	2872.0	1172.9	909.4	492.4
江　苏	931.7	2942.6	1547.2	1216.3	308.6
浙　江	1044.4	2951.8	1787.6	1363.7	302.0
安　徽	765.5	1527.8	1270.9	882.3	252.9
福　建	755.6	1810.9	1359.4	837.2	318.6
江　西	603.7	1214.7	1143.7	641.2	167.9
山　东	734.9	1869.5	1265.5	954.9	160.9
河　南	695.9	1285.9	1226.4	982.7	166.2
湖　北	850.4	1928.1	1551.4	1211.1	340.4
湖　南	753.9	1438.8	1678.2	1133.4	189.2
广　东	803.4	1925.3	1469.8	1013.3	292.4
广　西	555.0	1526.4	1246.3	802.0	145.1
海　南	494.2	1105.3	1376.0	556.5	186.3
重　庆	765.5	1501.9	1344.8	914.4	182.8
四　川	836.3	1577.7	931.9	1058.7	230.6
贵　州	563.2	1360.7	1161.1	557.3	136.8
云　南	554.4	1507.2	1152.8	641.0	113.1
西　藏	340.6	1396.3	409.0	150.5	143.4
陕　西	625.0	1212.7	1251.8	1032.1	183.5
甘　肃	510.4	1075.6	1191.3	884.4	158.8
青　海	494.3	1765.2	944.0	1017.6	246.8
宁　夏	658.9	1817.1	1295.5	970.6	168.2
新　疆	603.6	1300.2	996.8	861.6	93.3

2-3-6-8 2018年分地区农村居民现金消费支出构成

单位：%

地区	现金消费支出	一、食品烟酒支出	二、衣着支出	三、居住支出
全国	**100.0**	**32.7**	**6.6**	**11.0**
北京	100.0	30.1	7.0	13.6
天津	100.0	33.1	6.8	12.6
河北	100.0	29.2	7.3	13.8
山西	100.0	29.8	8.1	14.0
内蒙古	100.0	27.3	6.5	12.8
辽宁	100.0	28.3	6.7	11.2
吉林	100.0	29.1	6.8	8.9
黑龙江	100.0	29.3	6.9	9.7
上海	100.0	42.3	6.8	11.8
江苏	100.0	29.6	5.9	13.8
浙江	100.0	35.5	6.6	9.6
安徽	100.0	38.7	6.2	9.0
福建	100.0	40.3	5.6	11.7
江西	100.0	37.0	6.4	10.8
山东	100.0	31.3	6.4	11.0
河南	100.0	31.1	8.5	9.9
湖北	100.0	30.4	6.9	10.6
湖南	100.0	30.7	6.2	11.1
广东	100.0	41.0	4.2	10.0
广西	100.0	31.5	4.0	12.5
海南	100.0	47.1	3.5	8.4
重庆	100.0	34.6	6.7	9.0
四川	100.0	36.0	7.3	9.6
贵州	100.0	28.0	7.0	12.2
云南	100.0	29.2	5.4	7.8
西藏	100.0	36.5	17.0	3.8
陕西	100.0	28.5	6.4	13.0
甘肃	100.0	30.2	7.4	11.6
青海	100.0	29.7	8.1	11.7
宁夏	100.0	28.3	8.0	11.6
新疆	100.0	28.9	10.0	12.7

2-3-6-8 续表 单位：%

地　区	四、生活用品及服务支出	五、交通通信支出	六、教育文化娱乐支出	七、医疗保健支出	八、其他用品及服务支出
全　国	**7.2**	**17.1**	**13.2**	**10.1**	**2.2**
北　京	10.0	19.7	9.2	8.7	1.7
天　津	7.6	17.8	8.5	11.7	2.0
河　北	7.8	17.6	11.9	10.1	2.3
山　西	5.7	14.3	14.9	11.3	1.9
内蒙古	5.3	19.1	15.8	11.0	2.2
辽　宁	5.7	18.5	13.5	13.7	2.5
吉　林	4.4	19.3	15.4	13.7	2.5
黑龙江	4.9	16.2	14.1	16.7	2.3
上　海	6.7	17.1	7.0	5.4	2.9
江　苏	6.8	21.5	11.3	8.9	2.3
浙　江	6.8	19.1	11.6	8.8	2.0
安　徽	7.5	15.0	12.5	8.7	2.5
福　建	6.3	15.1	11.3	7.0	2.7
江　西	7.3	14.7	13.9	7.8	2.0
山　东	7.6	19.3	13.0	9.8	1.7
河　南	8.1	14.9	14.2	11.4	1.9
湖　北	7.5	17.1	13.7	10.7	3.0
湖　南	7.5	14.4	16.8	11.3	1.9
广　东	6.5	15.6	11.9	8.2	2.4
广　西	6.8	18.6	15.2	9.8	1.8
海　南	5.5	12.2	15.2	6.1	2.1
重　庆	8.1	15.9	14.2	9.7	1.9
四　川	8.5	16.0	9.5	10.8	2.3
贵　州	7.9	19.0	16.2	7.8	1.9
云　南	8.1	21.9	16.7	9.3	1.6
西　藏	6.0	24.5	7.2	2.6	2.5
陕　西	7.6	14.7	15.1	12.5	2.2
甘　肃	6.8	14.3	15.9	11.8	2.1
青　海	5.6	19.9	10.7	11.5	2.8
宁　夏	7.0	19.3	13.8	10.3	1.8
新　疆	7.6	16.3	12.5	10.8	1.2

2-3-6-9　2018年分地区农村居民家庭主要食品消费量

单位：公斤/人

地　区	粮食（原粮）	谷物	食用油	植物油	蔬菜	肉类	猪肉
全　国	**148.5**	**137.9**	**9.9**	**9.0**	**87.5**	**27.5**	**23.0**
北　京	110.2	98.8	9.5	9.3	106.6	27.7	19.1
天　津	159.7	148.4	12.2	11.9	108.7	25.8	18.2
河　北	138.6	128.5	7.7	7.4	83.7	19.0	14.2
山　西	163.4	144.9	8.0	7.7	73.1	12.4	9.9
内蒙古	181.4	168.1	6.6	6.3	82.2	33.4	23.8
辽　宁	145.6	131.7	10.4	10.1	91.7	24.6	21.0
吉　林	152.4	137.6	10.9	10.7	86.6	25.1	22.0
黑龙江	160.8	146.8	14.0	13.9	80.0	23.5	19.7
上　海	148.5	137.2	10.4	9.8	99.9	39.2	30.8
江　苏	141.4	126.8	10.4	10.1	86.9	25.0	19.5
浙　江	158.9	143.8	12.5	11.7	92.8	30.0	25.4
安　徽	159.7	146.0	10.2	9.1	94.0	26.8	21.7
福　建	164.1	154.4	9.9	7.7	98.1	34.8	30.9
江　西	147.6	140.1	12.8	12.1	87.1	26.7	23.5
山　东	130.2	120.5	7.7	7.6	80.9	20.4	14.6
河　南	124.8	115.9	7.9	7.9	71.4	15.7	11.7
湖　北	136.1	125.3	12.3	11.9	113.8	26.8	23.4
湖　南	165.5	156.7	11.9	8.8	86.6	32.3	29.5
广　东	141.0	133.4	11.3	10.4	105.0	41.6	36.1
广　西	154.0	148.4	8.4	6.6	78.8	33.6	31.0
海　南	108.8	105.0	8.6	6.4	80.8	31.7	28.7
重　庆	187.5	170.1	14.1	10.7	144.8	44.0	41.4
四　川	178.6	166.5	12.0	10.4	113.5	45.2	41.2
贵　州	118.1	107.2	5.6	4.0	72.4	30.6	29.3
云　南	132.2	124.3	6.2	4.3	75.1	33.1	30.9
西　藏	209.5	205.1	14.5	8.0	27.1	20.8	4.7
陕　西	143.9	132.6	10.8	10.6	68.0	13.0	10.6
甘　肃	161.6	149.1	8.2	8.0	63.4	17.3	13.4
青　海	135.5	130.4	9.8	9.2	43.2	28.4	9.5
宁　夏	138.3	131.3	8.2	8.0	81.6	15.0	6.6
新　疆	169.9	168.6	13.4	13.2	78.5	22.3	1.4

2-3-6-9 续表 单位：公斤/人

地　区	牛肉	羊肉	禽类	水产品	蛋类	奶类	干鲜瓜果类	食糖
全　国	**1.1**	**1.0**	**8.0**	**7.8**	**8.4**	**6.9**	**39.9**	**1.3**
北　京	2.2	3.1	5.3	7.0	14.4	16.0	66.0	1.2
天　津	1.0	2.2	4.7	13.9	15.3	11.0	77.3	1.7
河　北	0.5	0.7	3.9	4.2	11.8	7.5	55.0	1.1
山　西	0.2	0.7	1.7	1.3	10.1	11.0	40.7	1.1
内蒙古	1.8	6.0	4.9	3.8	7.2	12.5	40.2	1.4
辽　宁	0.9	0.6	3.1	6.8	8.7	5.2	34.9	1.0
吉　林	0.9	0.3	4.9	5.5	9.2	5.0	37.7	1.3
黑龙江	0.8	0.5	5.1	6.3	8.6	4.9	51.6	1.8
上　海	1.9	1.0	14.8	24.8	12.6	12.8	57.5	1.8
江　苏	1.4	0.7	8.5	13.5	9.2	11.0	31.9	1.1
浙　江	1.6	0.6	9.4	18.5	8.0	9.5	40.4	1.8
安　徽	1.5	0.8	11.6	10.9	10.8	9.2	46.9	1.1
福　建	1.1	0.5	12.8	20.7	8.4	7.5	39.5	2.1
江　西	1.2	0.2	7.1	9.5	6.0	5.9	29.2	1.0
山　东	0.5	0.6	5.5	7.2	14.6	10.7	60.6	0.9
河　南	0.7	0.6	5.2	2.7	11.3	7.0	46.2	1.2
湖　北	1.0	0.4	4.7	13.1	6.6	4.2	34.0	0.7
湖　南	1.1	0.5	10.7	9.3	7.7	3.3	47.5	1.3
广　东	1.4	0.4	23.9	19.8	7.0	4.0	27.0	1.9
广　西	1.0	0.5	17.5	7.3	4.6	2.6	29.1	1.0
海　南	1.3	0.6	18.0	24.1	3.9	1.7	16.7	0.9
重　庆	0.4	0.4	7.9	7.8	10.2	7.8	33.5	3.5
四　川	1.0	0.4	9.5	5.4	8.4	8.3	30.7	2.1
贵　州	0.6	0.2	3.2	1.3	2.5	2.0	24.1	0.8
云　南	1.2	0.4	6.4	2.3	3.9	2.2	18.3	1.0
西　藏	11.7	4.1	0.4	0.0	2.0	12.0	3.6	4.6
陕　西	0.3	1.0	1.7	0.8	5.4	6.9	26.9	0.9
甘　肃	0.6	2.1	4.0	1.0	5.9	6.3	73.2	1.9
青　海	10.2	8.2	2.5	0.6	2.2	12.5	15.1	1.9
宁　夏	4.4	3.5	7.7	1.4	4.6	8.5	72.0	1.6
新　疆	3.8	16.5	3.4	0.7	3.5	11.1	41.1	1.1

2-3-6-10 2018年分地区农村居民年末主要耐用消费品拥有量

单位：平均每百户

地 区	家用汽车（辆）	摩托车（辆）	电动助力车（辆）	洗衣机（台）	电冰箱(柜)（台）	微波炉（台）	彩色电视机（台）
全 国	**22.3**	**57.4**	**64.9**	**88.5**	**95.9**	**17.7**	**116.6**
北 京	49.8	9.4	73.7	100.0	111.2	63.7	135.6
天 津	42.5	17.7	112.9	100.8	104.2	31.9	121.1
河 北	37.6	48.8	103.7	99.4	98.6	18.5	115.2
山 西	17.0	44.6	57.9	85.3	75.1	6.0	102.4
内蒙古	26.6	60.8	50.7	93.3	103.0	6.7	105.7
辽 宁	18.3	58.3	49.3	89.2	99.0	12.4	108.8
吉 林	23.3	59.5	19.9	91.6	95.4	7.7	104.3
黑龙江	13.9	45.9	23.7	89.6	94.2	5.8	102.8
上 海	28.1	6.5	128.5	82.6	101.1	74.8	162.1
江 苏	23.3	27.2	133.0	96.9	110.4	62.5	149.9
浙 江	28.8	22.2	94.2	84.2	105.6	34.2	175.7
安 徽	22.8	35.0	111.5	86.2	101.1	25.7	129.1
福 建	15.1	76.2	42.1	84.1	101.5	30.2	133.7
江 西	20.1	67.2	66.5	61.3	94.0	12.8	125.6
山 东	31.5	45.9	118.1	95.4	99.5	17.3	107.2
河 南	22.3	44.2	114.7	97.3	94.0	11.4	113.2
湖 北	21.6	82.2	39.8	84.5	102.1	12.7	121.0
湖 南	12.5	78.4	17.4	86.5	99.7	8.9	113.4
广 东	22.7	116.7	35.8	84.7	92.9	27.0	116.5
广 西	15.5	91.3	54.1	73.1	94.6	20.9	104.0
海 南	9.8	93.1	66.3	43.1	76.8	12.5	102.4
重 庆	13.2	38.5	16.5	82.2	100.6	17.7	114.4
四 川	17.8	49.0	30.7	90.1	95.8	10.4	112.8
贵 州	19.6	53.1	13.1	93.6	86.4	6.4	100.0
云 南	25.3	76.4	18.5	83.2	79.7	11.5	102.6
西 藏	32.1	90.9	19.5	77.0	71.7	2.7	104.9
陕 西	17.4	58.2	43.4	89.7	81.7	7.1	104.7
甘 肃	20.9	60.0	48.8	96.9	84.4	7.3	111.6
青 海	36.9	74.5	14.0	91.9	95.7	9.8	94.2
宁 夏	32.0	63.7	68.2	102.8	97.7	10.8	108.6
新 疆	19.4	60.3	77.0	94.9	101.8	7.6	101.0

2-3-6-10 续表 单位：平均每百户

地　区	空调（台）	热水器（台）	排油烟机（台）	移动电话（部）	计算机（台）	照相机（台）
全　国	**65.2**	**68.7**	**26.0**	**257.0**	**26.9**	**2.5**
北　京	173.1	108.6	80.2	247.8	65.6	12.5
天　津	121.6	92.4	59.1	233.4	35.9	3.7
河　北	81.0	65.3	27.7	244.5	37.5	4.0
山　西	18.7	27.0	14.2	212.0	26.6	0.9
内蒙古	2.7	23.2	15.5	236.8	21.2	1.4
辽　宁	8.3	26.9	24.3	216.6	25.6	2.2
吉　林	0.9	11.7	11.9	245.9	28.7	1.1
黑龙江	0.5	7.8	11.2	221.6	20.6	0.8
上　海	142.0	85.4	48.8	196.7	37.1	7.1
江　苏	142.8	95.7	38.6	244.3	34.5	4.2
浙　江	139.6	95.4	66.5	244.5	45.5	5.8
安　徽	108.9	91.4	30.8	265.6	25.6	2.9
福　建	78.4	97.2	43.3	249.5	31.9	3.0
江　西	62.6	76.1	28.0	272.6	23.6	1.6
山　东	83.3	86.1	40.2	229.1	37.7	3.6
河　南	94.3	70.1	16.6	262.7	29.2	1.3
湖　北	86.2	84.7	30.4	268.1	31.9	2.6
湖　南	65.8	73.7	28.3	285.6	27.4	2.2
广　东	113.5	94.0	49.1	290.4	35.3	4.9
广　西	37.4	73.9	11.4	294.4	20.0	0.9
海　南	56.1	65.2	9.6	276.3	10.0	1.0
重　庆	65.5	69.7	18.0	264.0	17.8	2.3
四　川	49.4	69.3	14.5	255.3	17.0	2.4
贵　州	5.0	52.8	7.7	287.5	11.1	0.8
云　南	1.7	71.3	8.6	278.8	10.0	1.5
西　藏	0.5	8.4	0.7	250.4	3.4	1.4
陕　西	41.0	51.0	11.7	258.9	14.9	1.0
甘　肃	1.9	35.3	13.3	300.8	21.2	1.8
青　海	0.6	33.5	17.8	279.7	14.5	2.1
宁　夏	2.2	98.6	21.9	288.0	23.2	1.7
新　疆	3.0	44.1	14.1	202.7	13.6	0.9

3

历年城镇和农村住户调查主要数据（老口径）

一、全国城镇居民收支主要数据

3-1-1 城镇居民现金可支配收入和指数

年份	可支配收入（元/人）	比上年名义增长（%）	比上年实际增长（%）	指数 1978年=100	年均增长率（1978为基年）（%）
1978	343.4			100.0	
1979	405.0	17.9	15.7	115.7	15.7
1980	477.6	17.9	9.7	127.0	12.7
1981	500.4	4.8	2.2	129.9	9.1
1982	535.3	7.0	4.9	136.3	8.0
1983	564.6	5.5	3.9	141.5	7.2
1984	652.1	15.5	12.2	158.7	8.0
1985	739.1	13.3	1.1	160.4	7.0
1986	900.9	21.9	13.9	182.7	7.8
1987	1002.1	11.2	2.2	186.8	7.2
1988	1180.2	17.8	-2.4	182.3	6.2
1989	1373.9	16.4	0.1	182.5	5.6
1990	1510.2	9.9	8.5	198.1	5.9
1991	1700.6	12.6	7.1	212.4	6.0
1992	2026.6	19.2	9.7	232.9	6.2
1993	2577.4	27.2	9.5	255.1	6.4
1994	3496.2	35.6	8.5	276.8	6.6
1995	4283.0	22.5	4.9	290.3	6.5
1996	4838.9	13.0	3.8	301.6	6.3
1997	5160.3	6.6	3.4	311.9	6.2
1998	5425.1	5.1	5.8	329.9	6.2
1999	5854.0	7.9	9.3	360.6	6.3
2000	6280.0	7.3	6.4	383.7	6.3
2001	6859.6	9.2	8.5	416.3	6.4
2002	7702.8	12.3	13.4	472.1	6.7
2003	8472.2	10.0	9.0	514.6	6.8
2004	9421.6	11.2	7.7	554.2	6.8
2005	10493.0	11.4	9.6	607.4	6.9
2006	11759.5	12.1	10.4	670.7	7.0
2007	13785.8	17.2	12.2	752.5	7.2
2008	15780.8	14.5	8.4	815.7	7.2
2009	17174.7	8.8	9.8	895.4	7.3
2010	19109.4	11.3	7.8	965.2	7.3
2011	21809.8	14.1	8.4	1046.3	7.4
2012	24564.7	12.6	9.6	1146.7	7.4
2013	26955.1	9.7	7.0	1227.0	7.4
2014	29381.0	9.0	6.8	1310.5	7.4
2015	31790.3	8.2	6.6	1396.9	7.4

注：①本表1978-2012年数据来源于城镇住户调查，2013-2015年数据是按照可比口径、根据城乡一体化住户收支与生活状况调查数据推算获得。②收入绝对数按当年价格，指数按可比价计算。

3-1-2 城镇居民现金收入来源及构成

年份	可支配收入	总收入	工资性收入	经营净收入	财产性收入	转移性收入
收入来源(元/人)						
1985	739.1	821.4				
1990	1510.2	1516.2	1149.7	22.5	15.6	328.4
1995	4283.0	4288.1	3385.3	77.5	90.4	734.8
2000	6280.0	6295.9	4480.5	246.2	128.4	1440.8
2001	6859.6	6868.9	4829.9	274.1	134.6	1630.4
2002	7702.8	8177.4	5740.0	332.2	102.1	2003.2
2003	8472.2	9061.2	6410.2	403.8	135.0	2112.2
2004	9421.6	10128.5	7152.8	493.9	161.2	2320.7
2005	10493.0	11320.8	7797.5	679.6	192.9	2650.7
2006	11759.5	12719.2	8767.0	809.6	244.0	2898.7
2007	13785.8	14908.6	10234.8	940.7	348.5	3384.6
2008	15780.8	17067.8	11299.0	1453.6	387.0	3928.2
2009	17174.7	18858.1	12382.1	1528.7	431.8	4515.5
2010	19109.4	21033.4	13707.7	1713.5	520.3	5091.9
2011	21809.8	23979.2	15411.9	2209.7	649.0	5708.6
2012	24564.7	26959.0	17335.6	2548.3	707.0	6368.1
收入构成(%)						
1985		100.0				
1990		100.0	75.8	1.5	1.0	21.7
1995		100.0	78.9	1.8	2.1	17.1
2000		100.0	71.2	3.9	2.0	22.9
2001		100.0	70.3	4.0	2.0	23.7
2002		100.0	70.2	4.1	1.2	24.5
2003		100.0	70.7	4.5	1.5	23.3
2004		100.0	70.6	4.9	1.6	22.9
2005		100.0	68.9	6.0	1.7	23.4
2006		100.0	68.9	6.4	1.9	22.8
2007		100.0	68.6	6.3	2.3	22.7
2008		100.0	66.2	8.5	2.3	23.0
2009		100.0	65.7	8.1	2.3	23.9
2010		100.0	65.2	8.1	2.5	24.2
2011		100.0	64.3	9.2	2.7	23.8
2012		100.0	64.3	9.5	2.6	23.6

注：表3-1-2至表3-1-9数据来源于2012年及以前的城镇住户调查。

3-1-3 城镇居民现金消费支出及增长率

年 份	现金消费支 出(元/人)	比上年名义增长(%)	比上年实际增长(%)	指 数 1978年=100	年均增长率(1978为基年)(%)
1978	311.2			100.0	
1980	412.4			121.0	10.0
1981	456.8	10.8		130.9	9.4
1982	471.0	3.1	1.1	132.3	7.2
1983	505.9	7.4	5.3	139.3	6.9
1984	559.4	10.6	7.7	150.0	7.0
1985	673.2	20.3	7.5	161.2	7.1
1986	799.0	18.7	10.9	178.8	7.5
1987	884.4	10.7	1.7	182.0	6.9
1988	1104.0	24.8	3.4	188.1	6.5
1989	1211.0	9.7	-5.7	177.5	5.4
1990	1278.9	5.6	4.3	185.1	5.3
1991	1453.8	13.7	8.2	200.3	5.5
1992	1671.7	15.0	5.9	212.0	5.5
1993	2110.8	26.3	8.8	230.6	5.7
1994	2851.3	35.1	8.1	249.1	5.9
1995	3537.6	24.1	6.2	264.6	5.9
1996	3919.5	10.8	1.8	269.5	5.7
1997	4185.6	6.8	3.6	279.1	5.6
1998	4331.6	3.5	4.1	290.6	5.5
1999	4615.9	6.6	8.0	313.8	5.6
2000	4998.0	8.3	7.4	337.0	5.7
2001	5309.0	6.2	5.5	355.5	5.7
2002	6029.9	13.6	14.7	407.9	6.0
2003	6510.9	8.0	7.0	436.5	6.1
2004	7182.1	10.3	6.8	466.1	6.1
2005	7942.9	10.6	8.9	507.4	6.2
2006	8696.6	9.5	7.9	547.4	6.3
2007	9997.5	15.0	10.0	602.1	6.4
2008	11242.9	12.5	6.5	641.3	6.4
2009	12264.6	9.1	10.1	706.1	6.5
2010	13471.5	9.8	6.4	751.3	6.5
2011	15160.9	12.5	6.8	802.3	6.5
2012	16674.3	10.0	7.1	859.3	6.5

3-1-4 城镇居民现金消费支出

单位：元/人

年 份	现金消费支 出	食 品	衣 着	居 住	家庭设备及 用 品	交通通信	文教娱乐	医疗保健	其他
1979	311.2								
1980	412.4								
1985	673.2	358.8	103.0	23.6	74.7	8.8	69.3	5.4	29.6
1990	1278.9	693.8	170.9	60.9	108.5	40.5	112.3	25.7	66.6
1995	3537.6	1772.0	479.2	283.8	263.4	183.2	331.0	110.1	114.9
2000	4998.0	1971.3	500.5	565.3	374.5	427.0	669.6	318.1	171.8
2001	5309.0	2028.0	533.7	610.7	376.2	493.9	736.6	343.3	186.6
2002	6029.9	2271.8	590.9	624.4	388.7	626.0	902.3	430.1	195.8
2003	6510.9	2416.9	637.7	699.4	410.3	721.1	934.4	476.0	215.1
2004	7182.1	2709.6	686.8	733.5	407.4	843.6	1032.8	528.2	240.2
2005	7942.9	2914.4	800.5	808.7	446.5	996.7	1097.5	600.9	277.8
2006	8696.6	3111.9	901.8	904.2	498.5	1147.1	1203.0	620.5	309.5
2007	9997.5	3628.0	1042.0	982.3	601.8	1357.4	1329.2	699.1	357.7
2008	11242.9	4259.8	1165.9	1145.4	691.8	1417.1	1358.3	786.2	418.3
2009	12264.6	4478.5	1284.2	1228.9	786.9	1682.6	1472.8	856.4	474.2
2010	13471.5	4804.7	1444.3	1332.1	908.0	1983.7	1627.6	871.8	499.2
2011	15160.9	5506.3	1674.7	1405.0	1023.2	2149.7	1851.7	969.0	581.3
2012	16674.3	6040.9	1823.4	1484.3	1116.1	2455.5	2033.5	1063.7	657.1

3-1-5 城镇居民现金消费支出构成

单位：%

年 份	现金消费支 出	食 品	衣 着	居 住	家庭设备及 用 品	交通通信	文教娱乐	医疗保健	其他
1979	100.0								
1980	100.0								
1985	100.0	53.3	15.3	3.5	11.1	1.3	10.3	0.8	4.4
1990	100.0	54.2	13.4	4.8	8.5	3.2	8.8	2.0	5.2
1995	100.0	50.1	13.5	8.0	7.4	5.2	9.4	3.1	3.2
2000	100.0	39.4	10.0	11.3	7.5	8.5	13.4	6.4	3.4
2001	100.0	38.2	10.1	11.5	7.1	9.3	13.9	6.5	3.5
2002	100.0	37.7	9.8	10.4	6.4	10.4	15.0	7.1	3.2
2003	100.0	37.1	9.8	10.7	6.3	11.1	14.4	7.3	3.3
2004	100.0	37.7	9.6	10.2	5.7	11.7	14.4	7.4	3.3
2005	100.0	36.7	10.1	10.2	5.6	12.5	13.8	7.6	3.5
2006	100.0	35.8	10.4	10.4	5.7	13.2	13.8	7.1	3.6
2007	100.0	36.3	10.4	9.8	6.0	13.6	13.3	7.0	3.6
2008	100.0	37.9	10.4	10.2	6.2	12.6	12.1	7.0	3.7
2009	100.0	36.5	10.5	10.0	6.4	13.7	12.0	7.0	3.9
2010	100.0	35.7	10.7	9.9	6.7	14.7	12.1	6.5	3.7
2011	100.0	36.3	11.0	9.3	6.7	14.2	12.2	6.4	3.8
2012	100.0	36.2	10.9	8.9	6.7	14.7	12.2	6.4	3.9

3-1-6 按五等份分组的城镇居民人均可支配收入

单位：元/人

年 份	人均可支配收入	低收入户(20%)	中等偏下户(20%)	中等收入户(20%)	中等偏上户(20%)	高收入户(20%)
2000	6280.0	3132.0	4623.5	5897.9	7487.4	11299.0
2001	6859.6	3319.7	4946.6	6366.2	8164.2	12662.6
2002	7702.8	3032.1	4932.0	6656.8	8869.5	15459.5
2003	8472.2	3295.4	5377.3	7278.8	9763.4	17471.8
2004	9421.6	3642.2	6024.1	8166.5	11050.9	20101.6
2005	10493.0	4017.3	6710.6	9190.1	12603.4	22902.3
2006	11759.5	4567.1	7554.2	10269.7	14049.2	25410.8
2007	13785.8	5364.3	8900.5	12042.2	16385.8	29478.9
2008	15780.8	6074.9	10195.6	13984.2	19254.1	34667.8
2009	17174.7	6725.2	11243.6	15399.9	21018.0	37433.9
2010	19109.4	7605.2	12702.1	17224.0	23188.9	41158.0
2011	21809.8	8788.9	14498.3	19544.9	26420.0	47021.0
2012	24564.7	10353.8	16761.4	22419.1	29813.7	51456.4

3-1-7 按五等份分组的城镇居民人均可支配收入增长率

单位：%

年 份	人均可支配收入	低收入户(20%)	中等偏下户(20%)	中等收入户(20%)	中等偏上户(20%)	高收入户(20%)
2000						
2001	9.2	6.0	7.0	7.9	9.0	12.1
2002	12.3	-8.7	-0.3	4.6	8.6	22.1
2003	10.0	8.7	9.0	9.3	10.1	13.0
2004	11.2	10.5	12.0	12.2	13.2	15.1
2005	11.4	10.3	11.4	12.5	14.0	13.9
2006	12.1	13.7	12.6	11.7	11.5	11.0
2007	17.2	17.5	17.8	17.3	16.6	16.0
2008	14.5	13.2	14.6	16.1	17.5	17.6
2009	8.8	10.7	10.3	10.1	9.2	8.0
2010	11.3	13.1	13.0	11.8	10.3	9.9
2011	14.1	15.6	14.1	13.5	13.9	14.2
2012	12.6	17.8	15.6	14.7	12.8	9.4

注:本表可支配收入增长率均为名义增长率。

3-1-8 东、中、西部及东北地区城镇居民人均可支配收入

单位：元/人

年 份	全国	东部地区	中部地区	西部地区	东北地区
2005	10493.0	13374.9	8808.5	8783.2	8730.0
2006	11759.5	14967.4	9902.3	9728.5	9830.1
2007	13785.8	16974.2	11634.4	11309.5	11463.3
2008	15780.8	19203.5	13225.9	12971.2	13119.7
2009	17174.7	20953.2	14367.1	14213.5	14324.3
2010	19109.4	23272.8	15962.0	15806.5	15941.0
2011	21809.8	26406.0	18323.2	18159.4	18301.3
2012	24564.7	29621.6	20697.2	20600.2	20759.3

3-1-9 东、中、西部及东北地区城镇居民人均可支配收入增长率

单位：%

年 份	全国	东部地区	中部地区	西部地区	东北地区
2005	11.4				
2006	12.1	11.9	12.4	10.8	12.6
2007	17.2	13.4	17.5	16.3	16.6
2008	14.5	13.1	13.7	14.7	14.4
2009	8.8	9.1	8.6	9.6	9.2
2010	11.3	11.1	11.1	11.2	11.3
2011	14.1	13.5	14.8	14.9	14.8
2012	12.6	12.2	13.0	13.4	13.4

注:本表可支配收入增长率均为名义增长率。

3-1-10 城镇居民全年主要食品购买量

单位：公斤/人

年 份	粮食（加工粮）	鲜菜	食用植物油	猪肉	牛羊肉	禽类
1981	145.4	152.3	4.8	16.9	1.7	1.9
1982	144.6	159.1	5.8	16.9	1.8	2.3
1983	144.5	165.0	6.5	18.0	1.9	2.6
1984	142.1	149.0	7.1	17.1	2.8	2.9
1985	131.2	147.7	6.4	17.2	3.0	3.8
1986	137.9	148.3	6.2	19.0	2.6	3.7
1987	133.9	142.6	6.4	18.9	3.1	3.4
1988	137.2	147.0	7.0	16.9	2.8	4.0
1989	133.9	144.6	6.2	17.5	2.7	3.7
1990	130.7	138.7	6.4	18.5	3.3	3.4
1991	127.9	132.2	6.9	18.9	3.3	4.4
1992	111.5	124.9	6.7	17.7	3.7	5.1
1993	97.8	120.6	7.1	17.4	3.4	5.2
1994	101.7	120.7	7.5	17.1	3.1	4.1
1995	97.0	116.5	7.1	17.2	2.4	5.8
1996	94.7	118.5	7.1	17.1	3.3	5.4
1997	88.6	113.3	7.2	15.3	3.7	6.5
1998	86.7	113.8	7.6	15.9	3.3	6.3
1999	84.9	114.9	7.8	16.9	3.1	6.7
2000	82.3	114.7	8.2	16.7	3.3	7.4
2001	79.7	115.9	8.1	16.0	3.2	7.3
2002	78.5	116.5	8.5	20.3	3.0	9.2
2003	79.5	118.3	9.2	20.4	3.3	9.2
2004	78.2	122.3	9.3	19.2	3.7	6.4
2005	77.0	118.6	9.3	20.2	3.7	9.0
2006	75.9	117.6	9.4	20.0	3.8	8.3
2007	78.7	117.8	9.6	18.2	3.9	9.7
2008	63.6	123.2	10.3	19.3	3.4	8.5
2009	81.3	120.5	9.7	20.5	3.7	10.5
2010	81.5	116.1	8.8	20.7	3.8	10.2
2011	80.7	114.6	9.3	20.6	2.8	10.6
2012	78.8	112.3	9.1	21.2	3.7	10.8

注：1994年禽类的购买量只包括鸡和鸭的购买量，不包括其他禽类及制品的购买量。

3-1-10　续表　　　　单位：公斤/人

年　份	鲜蛋	水产品	鲜奶	水果(瓜果)	酒
1981	5.2	7.3	4.1	21.2	4.4
1982	5.9	7.7	4.5	27.7	4.5
1983	6.9	8.1	4.6	27.1	5.3
1984	7.6	7.8	5.2	32.1	6.8
1985	8.8	7.8	6.4	36.5	8.0
1986	7.1	8.2	4.7	40.2	9.4
1987	6.6	7.9			9.9
1988	6.9	7.1			9.5
1989	7.1	7.6	4.2	38.8	9.0
1990	7.3	7.7	4.6	41.1	9.3
1991	8.3	8.0	4.7	41.7	9.5
1992	9.5	8.2	5.5	47.4	9.9
1993	8.9	8.0	5.4	38.9	9.7
1994	9.7	8.5	5.3	40.0	10.0
1995	9.7	9.2	4.6	45.0	9.9
1996	9.6		4.8	46.2	9.7
1997	11.1		5.1	52.1	9.6
1998	10.2		6.2	54.8	9.7
1999	10.9	10.3	7.9	54.2	9.6
2000	11.2	11.7	9.9	57.5	10.0
2001	10.4		11.9	59.9	9.7
2002	10.6	13.2	15.7	56.5	9.1
2003	11.2	13.4	18.6	57.8	9.4
2004	10.4	12.5	18.8	56.5	8.9
2005	10.4	12.6	17.9	56.7	8.9
2006	10.4	13.0	18.3	60.2	9.1
2007	10.3	14.2	17.8	59.5	9.1
2008	10.7	11.9	15.2	54.5	7.7
2009	10.6	12.2	14.9	56.6	8.0
2010	10.0	15.2	14.0	54.2	7.0
2011	10.1	14.6	13.7	52.0	6.8
2012	10.5	15.2	14.0	56.1	6.9

注：2008、2009年水产品的购买量只包括鱼和虾的购买量，不包括其他水产品及制品的购买量。

3-1-11 城镇居民年末主要耐用消费品拥有量

单位：平均每百户

年 份	摩托车（辆）	洗衣机（台）	电冰箱（台）	彩色电视机（台）	组合音响（套）	照相机（架）	空调（台）
1985	1.0	52.8	9.6	18.4		12.1	0.1
1990	1.9	78.4	42.3	59.0		19.2	0.3
1991	2.3	80.6	48.7	68.4		21.3	0.7
1992	2.8	83.4	52.6	74.9	4.0	24.3	1.2
1993	3.5	86.4	56.7	79.5	5.7	26.5	2.3
1994	5.3	87.3	62.1	86.2	8.7	29.8	5.0
1995	6.3	89.0	66.2	89.8	10.5	30.6	8.1
1999	15.1	91.4	77.7	111.6	19.7	38.1	24.5
2000	18.8	90.5	80.1	116.6	22.2	38.4	30.8
2001	20.2	92.2	81.9	120.5	23.8	39.8	35.8
2002	22.2	92.9	87.4	126.4	25.2	44.1	51.1
2003	24.0	94.4	88.7	130.5	26.9	45.4	61.8
2004	24.8	95.9	90.2	133.4	28.3	47.0	69.8
2005	25.0	95.5	90.7	134.8	28.8	46.9	80.7
2006	25.3	96.8	91.8	137.4	29.1	48.0	87.8
2007	24.8	96.8	95.0	137.8	30.2	45.1	95.1
2008	21.4	94.7	93.6	132.9	27.4	39.1	100.3
2009	22.4	96.0	95.4	135.7	28.2	41.7	106.8
2010	22.5	96.9	96.6	137.4	28.1	43.7	112.1
2011	20.1	97.1	97.2	135.2	24.0	44.5	122.0
2012	20.3	98.0	98.5	136.1	23.6	46.4	126.8

3-1-11　续表　　　　　　　　　　　　　　　　　　单位：平均每百户

年　份	淋浴热水器（台）	计算机（台）	摄像机（架）	微波炉（台）	健身器材（套）	移动电话（部）	家用汽车（辆）
1985							
1990							
1991							
1992	13.0						
1993	17.7						
1994	25.2						
1995	30.1						
1999	45.5	5.9	1.1	12.2	3.8	7.1	0.3
2000	49.1	9.7	1.3	17.6	3.5	19.5	0.5
2001	52.0	13.3	1.6	22.3	4.0	34.0	0.6
2002	62.4	20.6	1.9	30.9	3.7	62.9	0.9
2003	66.6	27.8	2.5	37.0	4.1	90.1	1.4
2004	69.4	33.1	3.2	41.7	4.2	111.4	2.2
2005	72.7	41.5	4.3	47.6	4.7	137.0	3.4
2006	75.1	47.2	5.1	50.6	5.0	152.9	4.3
2007	79.5	53.8	6.2	53.4	4.4	165.2	6.1
2008	80.7	59.3	7.1	54.6	4.0	172.0	8.8
2009	83.4	65.7	7.8	57.2	4.1	181.0	10.9
2010	84.8	71.2	8.2	59.0	4.2	188.9	13.1
2011	89.1	81.9	9.4	60.7	4.1	205.3	18.6
2012	91.0	87.0	10.0	62.2	4.3	212.6	21.5

二、全国农村居民收支主要数据

3-2-1 农村居民纯收入和指数

年 份	纯收入 (元/人)	比上年 名义增长 (%)	比上年 实际增长 (%)	指 数 1978年=100	年均增长率 (1978为基年) (%)
1978	133.6			100.0	
1979	160.2	19.9	19.2	119.2	19.2
1980	191.3	19.5	16.6	139.0	17.9
1981	223.4	16.8	15.4	160.4	17.1
1982	270.1	20.9	19.9	192.3	17.8
1983	309.8	14.7	14.2	219.6	17.0
1984	355.3	14.7	13.6	249.5	16.5
1985	397.6	11.9	7.8	268.9	15.2
1986	423.8	6.6	3.2	277.6	13.6
1987	462.6	9.2	5.2	292.0	12.6
1988	544.9	17.8	6.4	310.7	12.0
1989	601.5	10.4	-1.6	305.7	10.7
1990	686.3	14.1	1.8	311.2	9.9
1991	708.6	3.2	2.0	317.4	9.3
1992	784.0	10.6	5.9	336.2	9.0
1993	921.6	17.6	3.2	346.9	8.6
1994	1221.0	32.5	5.0	364.3	8.4
1995	1577.7	29.2	5.3	383.6	8.2
1996	1926.1	22.1	9.0	418.1	8.3
1997	2090.1	8.5	4.6	437.3	8.1
1998	2162.0	3.4	4.3	456.1	7.9
1999	2210.3	2.2	3.8	473.5	7.7
2000	2253.4	1.9	2.1	483.4	7.4
2001	2366.4	5.0	4.2	503.7	7.3
2002	2475.6	4.6	4.8	527.9	7.2
2003	2622.2	5.9	4.3	550.6	7.1
2004	2936.4	12.0	6.8	588.0	7.1
2005	3254.9	10.8	6.2	624.5	7.0
2006	3587.0	10.2	7.4	670.7	7.0
2007	4140.4	15.4	9.5	734.4	7.1
2008	4760.6	15.0	8.0	793.2	7.1
2009	5153.2	8.2	8.5	860.6	7.2
2010	5919.0	14.9	10.9	954.4	7.3
2011	6977.3	17.9	11.4	1063.2	7.4
2012	7916.6	13.5	10.7	1176.9	7.5
2013	8895.9	12.4	9.3	1286.4	7.6
2014	9892.0	11.2	9.2	1404.7	7.6
2015	10772.0	8.9	7.5	1510.1	7.6

注：①本表1978-2012年数据来源于农村住户调查，2013-2015年数据是根据城乡一体化住户收支与生活状况调查数据，按可比口径推算获得。②收入绝对数按当年价格，指数按可比价计算。

3-2-2 农村居民纯收入

(按收入来源分)　　单位：元/人

年 份	纯收入	一、工资性收入	二、家庭经营纯收入	三、财产性收入	四、转移性收入
1978	133.6	88.3	35.8		9.5
1979	160.2	100.7	44.0		15.5
1980	191.3	106.4	62.6		22.4
1981	223.4	113.8	84.5		25.1
1982	270.1	142.9	102.8		24.5
1983	309.8	57.5	227.7		24.6
1984	355.3	66.5	261.7		27.2
1985	397.6	72.2	296.0		29.5
1986	423.8	81.6	313.3		28.9
1987	462.6	95.5	345.5		21.6
1988	544.9	117.8	403.2		24.0
1989	601.5	136.5	434.6		30.5
1990	686.3	138.8	518.6		29.0
1991	708.6	151.9	523.6		33.0
1992	784.0	184.4	561.6		38.0
1993	921.6	194.5	678.5	7.0	41.6
1994	1221.0	263.0	881.9	28.6	47.6
1995	1577.7	353.7	1125.8	41.0	57.3
1996	1926.1	450.8	1362.5	42.6	70.2
1997	2090.1	514.6	1472.7	23.6	79.3
1998	2162.0	573.6	1466.0	30.4	92.0
1999	2210.3	630.3	1448.4	31.6	100.2
2000	2253.4	702.3	1427.3	45.0	78.8
2001	2366.4	771.9	1459.6	47.0	87.9
2002	2475.6	840.2	1486.5	50.7	98.2
2003	2622.2	918.4	1541.3	65.8	96.8
2004	2936.4	998.5	1745.8	76.6	115.5
2005	3254.9	1174.5	1844.5	88.5	147.4
2006	3587.0	1374.8	1931.0	100.5	180.8
2007	4140.4	1596.2	2193.7	128.2	222.3
2008	4760.6	1853.7	2435.6	148.1	323.2
2009	5153.2	2061.3	2526.8	167.2	397.9
2010	5919.0	2431.1	2832.8	202.2	452.9
2011	6977.3	2963.4	3222.0	228.6	563.3
2012	7916.6	3447.5	3533.4	249.1	686.7

注：①表3-2-2至表5-2-48数据来源于2012年及以前的分农村或城镇住户调查。②本表1992年以前转移性收入为财产性收入和转移性收入合计。

3-2-3 农村居民纯收入构成

（按收入来源分）

单位：%

年 份	纯收入	一、工资性收入	二、家庭经营纯收入	三、财产性收入	四、转移性收入
1978	100.0	66.1	26.8		7.1
1979	100.0	62.9	27.5		9.7
1980	100.0	55.6	32.7		11.7
1981	100.0	50.9	37.8		11.2
1982	100.0	52.9	38.1		9.1
1983	100.0	18.6	73.5		7.9
1984	100.0	18.7	73.6		7.6
1985	100.0	18.1	74.4		7.4
1986	100.0	19.3	73.9		6.8
1987	100.0	20.6	74.7		4.7
1988	100.0	21.6	74.0		4.4
1989	100.0	22.7	72.2		5.1
1990	100.0	20.2	75.6		4.2
1991	100.0	21.4	73.9		4.7
1992	100.0	23.5	71.6		4.9
1993	100.0	21.1	73.6	0.8	4.5
1994	100.0	21.5	72.2	2.3	3.9
1995	100.0	22.4	71.4	2.6	3.6
1996	100.0	23.4	70.7	2.2	3.6
1997	100.0	24.6	70.5	1.1	3.8
1998	100.0	26.5	67.8	1.4	4.3
1999	100.0	28.5	65.5	1.4	4.5
2000	100.0	31.2	63.3	2.0	3.5
2001	100.0	32.6	61.7	2.0	3.7
2002	100.0	33.9	60.0	2.0	4.0
2003	100.0	35.0	58.8	2.5	3.7
2004	100.0	34.0	59.5	2.6	3.9
2005	100.0	36.1	56.7	2.7	4.5
2006	100.0	38.3	53.8	2.8	5.0
2007	100.0	38.6	53.0	3.1	5.4
2008	100.0	38.9	51.2	3.1	6.8
2009	100.0	40.0	49.0	3.2	7.7
2010	100.0	41.1	47.9	3.4	7.7
2011	100.0	42.5	46.2	3.3	8.1
2012	100.0	43.5	44.6	3.1	8.7

3-2-4 农村居民纯收入

（按收入形态分） 单位：元/人

年 份	纯收入	现金纯收入	实物纯收入
1978	133.6	56.0	77.6
1979	160.2	72.0	88.2
1980	191.3	94.4	97.0
1981	223.4	123.4	100.1
1982	270.1	153.6	116.6
1983	309.8	174.6	135.1
1984	355.3	202.4	153.0
1985	397.6	250.9	146.7
1986	423.8	269.9	153.9
1987	462.6	308.0	154.5
1988	544.9	386.4	158.5
1989	601.5	426.0	175.5
1990	686.3	439.7	246.6
1991	708.6	467.6	241.0
1992	784.0	508.5	275.5
1993	921.6	571.2	350.4
1994	1221.0	791.8	429.2
1995	1577.7	987.0	590.7
1996	1926.1	1218.7	707.4
1997	2090.1	1403.7	686.5
1998	2162.0	1455.7	706.3
1999	2210.3	1538.2	672.1
2000	2253.4	1648.7	604.8
2001	2366.4	1748.0	618.4
2002	2475.6	1899.8	575.9
2003	2622.2	2134.9	487.4
2004	2936.4	2317.4	619.0
2005	3254.9	2738.3	516.6
2006	3587.0	3067.8	519.2
2007	4140.4	3525.6	614.7
2008	4760.6	4029.7	730.9
2009	5153.2	4542.7	610.5
2010	5919.0	5143.7	775.3
2011	6977.3	6092.6	884.7
2012	7916.6	7014.9	901.7

3-2-5 农村居民纯收入构成

(按收入形态分)

单位: %

年 份	纯收入	现金纯收入	实物纯收入
1978	100.0	41.9	58.1
1979	100.0	45.0	55.0
1980	100.0	49.3	50.7
1981	100.0	55.2	44.8
1982	100.0	56.9	43.1
1983	100.0	56.4	43.6
1984	100.0	56.9	43.1
1985	100.0	63.1	36.9
1986	100.0	63.7	36.3
1987	100.0	66.6	33.4
1988	100.0	70.9	29.1
1989	100.0	70.8	29.2
1990	100.0	64.1	35.9
1991	100.0	66.0	34.0
1992	100.0	64.9	35.1
1993	100.0	62.0	38.0
1994	100.0	64.8	35.2
1995	100.0	62.6	37.4
1996	100.0	63.3	36.7
1997	100.0	67.2	32.8
1998	100.0	67.3	32.7
1999	100.0	69.6	30.4
2000	100.0	73.2	26.8
2001	100.0	73.9	26.1
2002	100.0	76.7	23.3
2003	100.0	81.4	18.6
2004	100.0	78.9	21.1
2005	100.0	84.1	15.9
2006	100.0	85.5	14.5
2007	100.0	85.2	14.8
2008	100.0	84.6	15.4
2009	100.0	88.2	11.8
2010	100.0	86.9	13.1
2011	100.0	87.3	12.7
2012	100.0	88.6	11.4

3-2-6 农村居民消费支出及增长率

年 份	消费支出（元/人）	比上年名义增长（%）	比上年实际增长（%）	指 数 1978年=100	年均增长率（1978为基年）（%）	恩格尔系数
1978	116.1			100.0		0.7
1979	134.5	15.9	13.6	113.6	13.6	0.6
1980	162.2	20.6	15.5	131.2	14.5	0.6
1981	190.8	17.6	15.2	151.2	14.8	0.6
1982	220.2	15.4	13.6	171.7	14.5	0.6
1983	248.3	12.7	11.4	191.3	13.9	0.6
1984	273.8	10.3	7.1	204.9	12.7	0.6
1985	317.4	15.9	7.7	220.6	12.0	0.6
1986	357.0	12.5	6.0	233.9	11.2	0.6
1987	398.3	11.6	5.1	245.8	10.5	0.6
1988	476.7	19.7	1.9	250.5	9.6	0.5
1989	535.4	12.3	-5.9	235.7	8.1	0.5
1990	584.6	9.2	4.5	246.3	7.8	0.6
1991	619.8	6.0	3.6	255.2	7.5	0.6
1992	659.0	6.3	1.6	259.3	7.0	0.6
1993	769.7	16.8	2.7	266.3	6.7	0.6
1994	1016.8	32.1	7.1	285.2	6.8	0.6
1995	1310.4	28.9	9.7	312.8	6.9	0.6
1996	1572.1	20.0	11.2	347.9	7.2	0.6
1997	1617.2	2.9	0.4	349.2	6.8	0.6
1998	1590.3	-1.7	-0.7	346.8	6.4	0.5
1999	1577.4	-0.8	0.7	349.2	6.1	0.5
2000	1670.1	5.9	6.0	370.2	6.1	0.5
2001	1741.1	4.2	3.4	382.8	6.0	0.5
2002	1834.3	5.4	5.8	405.0	6.0	0.5
2003	1943.3	5.9	4.3	422.4	5.9	0.5
2004	2184.7	12.4	7.3	453.2	6.0	0.5
2005	2555.4	17.0	11.5	505.3	6.2	0.5
2006	2829.0	10.7	9.1	551.3	6.3	0.4
2007	3223.9	14.0	8.1	596.0	6.3	0.4
2008	3660.7	13.6	6.6	635.3	6.4	0.4
2009	3993.5	9.1	9.4	695.1	6.5	0.4
2010	4381.8	9.7	5.9	736.2	6.4	0.4
2011	5221.1	19.2	12.6	828.9	6.6	0.4
2012	5908.0	13.2	10.4	915.1	6.7	0.4

3-2-7 农村居民消费支出

单位：元/人

年 份	消费支出	一、食品支出	二、衣着支出	三、居住支出	四、家庭设备及用品支出	五、交通通信支出	六、文教娱乐支出	七、医疗保健支出	八、其他支出
1978	116.1	78.6	14.7	12.0					
1979	134.5	86.0	17.6	16.0					
1980	162.2	100.2	20.0	22.5	4.1	0.6	8.3	3.4	3.2
1981	190.8	114.1	23.8	31.6	4.2	0.6	10.1	4.2	2.2
1982	220.2	133.5	25.0	35.6	9.4	0.6	7.5	4.7	4.0
1983	248.3	147.6	28.0	42.0	14.0	3.6	5.7	4.4	3.0
1984	273.8	162.3	28.9	48.4	14.8	3.4	8.2	5.0	2.7
1985	317.4	183.4	30.8	57.9	16.2	5.6	12.4	7.7	3.6
1986	357.0	201.5	33.0	70.3	19.6	6.2	14.4	8.7	3.3
1987	398.3	222.1	34.2	79.8	21.5	8.2	18.5	10.7	3.4
1988	476.7	257.4	41.1	96.3	30.0	8.9	25.7	13.4	3.9
1989	535.4	293.4	44.5	105.2	32.4	8.5	30.6	16.4	4.3
1990	584.6	343.8	45.4	101.4	30.9	8.4	31.4	19.0	4.3
1991	619.8	357.1	51.1	102.3	35.3	10.3	36.4	22.3	5.0
1992	659.0	379.3	52.5	104.9	36.7	12.2	43.8	24.2	5.5
1993	769.7	446.8	55.3	106.8	44.7	17.4	58.4	27.2	13.1
1994	1016.8	598.5	70.3	142.3	55.5	24.0	75.1	32.1	19.0
1995	1310.4	768.2	89.8	182.2	68.5	33.8	102.4	42.5	23.1
1996	1572.1	885.5	113.8	219.1	84.2	47.1	132.5	58.3	31.7
1997	1617.2	890.3	109.4	233.2	85.4	53.9	148.2	62.5	34.3
1998	1590.3	849.6	98.1	239.6	81.9	60.7	159.4	68.1	32.9
1999	1577.4	829.0	92.0	232.7	82.3	68.7	168.3	70.0	34.3
2000	1670.1	820.5	96.0	258.3	75.4	93.1	186.7	87.6	52.5
2001	1741.1	830.7	98.7	279.1	77.0	110.0	192.6	96.6	56.4
2002	1834.3	848.4	105.0	300.2	80.4	128.5	210.3	103.9	57.7
2003	1943.3	886.0	110.3	308.4	81.7	162.5	235.7	115.8	43.0
2004	2184.7	1031.9	120.2	324.3	89.2	192.6	247.6	130.6	48.3
2005	2555.4	1162.2	148.6	370.2	111.4	245.0	295.5	168.1	54.5
2006	2829.0	1217.0	168.0	469.0	126.6	288.8	305.1	191.5	63.1
2007	3223.9	1389.0	193.4	573.8	149.1	328.4	305.7	210.2	74.2
2008	3660.7	1598.7	211.8	678.8	174.0	360.2	314.5	246.0	76.7
2009	3993.5	1636.0	232.5	805.0	204.8	402.9	340.6	287.5	84.1
2010	4381.8	1800.7	264.0	835.2	234.1	461.1	366.7	326.0	94.0
2011	5221.1	2107.3	341.3	961.5	308.9	547.0	396.4	436.8	122.0
2012	5908.0	2323.9	396.4	1086.4	341.7	652.8	445.5	513.8	147.6

注：1979年及以前消费支出中的各细项均为其中项。

3-2-8　农村居民消费支出构成

单位：%

年　份	消费支出	一、食品支出	二、衣着支出	三、居住支出	四、家庭设备及用品支出	五、交通通信支出	六、文教娱乐支出	七、医疗保健支出	八、其他支出
1978	100.0	67.7	12.7	10.3					
1979	100.0	64.0	13.1	11.9					
1980	100.0	61.8	12.3	13.8	2.6	0.4	5.1	2.1	2.0
1981	100.0	59.8	12.5	16.6	2.2	0.3	5.3	2.2	1.2
1982	100.0	60.6	11.4	16.1	4.3	0.3	3.4	2.1	1.8
1983	100.0	59.4	11.3	16.9	5.7	1.4	2.3	1.8	1.2
1984	100.0	59.3	10.6	17.7	5.4	1.2	3.0	1.8	1.0
1985	100.0	57.8	9.7	18.2	5.1	1.8	3.9	2.4	1.1
1986	100.0	56.5	9.2	19.7	5.5	1.7	4.0	2.4	0.9
1987	100.0	55.8	8.6	20.0	5.4	2.1	4.6	2.7	0.9
1988	100.0	54.0	8.6	20.2	6.3	1.9	5.4	2.8	0.8
1989	100.0	54.8	8.3	19.7	6.0	1.6	5.7	3.1	0.8
1990	100.0	58.8	7.8	17.3	5.3	1.4	5.4	3.3	0.7
1991	100.0	57.6	8.2	16.5	5.7	1.7	5.9	3.6	0.8
1992	100.0	57.5	8.0	15.9	5.6	1.9	6.6	3.7	0.8
1993	100.0	58.1	7.2	13.9	5.8	2.3	7.6	3.5	1.7
1994	100.0	58.9	6.9	14.0	5.5	2.4	7.4	3.2	1.9
1995	100.0	58.6	6.9	13.9	5.2	2.6	7.8	3.2	1.8
1996	100.0	56.3	7.2	13.9	5.4	3.0	8.4	3.7	2.0
1997	100.0	55.1	6.8	14.4	5.3	3.3	9.2	3.9	2.1
1998	100.0	53.4	6.2	15.1	5.2	3.8	10.0	4.3	2.1
1999	100.0	52.6	5.8	14.8	5.2	4.4	10.7	4.4	2.2
2000	100.0	49.1	5.7	15.5	4.5	5.6	11.2	5.2	3.1
2001	100.0	47.7	5.7	16.0	4.4	6.3	11.1	5.5	3.2
2002	100.0	46.2	5.7	16.4	4.4	7.0	11.5	5.7	3.1
2003	100.0	45.6	5.7	15.9	4.2	8.4	12.1	6.0	2.2
2004	100.0	47.2	5.5	14.8	4.1	8.8	11.3	6.0	2.2
2005	100.0	45.5	5.8	14.5	4.4	9.6	11.6	6.6	2.1
2006	100.0	43.0	5.9	16.6	4.5	10.2	10.8	6.8	2.2
2007	100.0	43.1	6.0	17.8	4.6	10.2	9.5	6.5	2.3
2008	100.0	43.7	5.8	18.5	4.8	9.8	8.6	6.7	2.1
2009	100.0	41.0	5.8	20.2	5.1	10.1	8.5	7.2	2.1
2010	100.0	41.1	6.0	19.1	5.3	10.5	8.4	7.4	2.1
2011	100.0	40.4	6.5	18.4	5.9	10.5	7.6	8.4	2.3
2012	100.0	39.3	6.7	18.4	5.8	11.0	7.5	8.7	2.5

3-2-9 农村居民现金消费支出

单位：元/人

年 份	现金消费支出	一、食品支出	二、衣着支出	三、居住支出	四、家庭设备及用品支出	五、交通通信支出	六、文教娱乐支出	七、医疗保健支出	八、其他支出
1978	47.6								
1979	61.8								
1980	83.8	31.4	19.8	14.5	3.2	0.6	8.0	3.3	3.1
1981	108.9	42.0	23.5	20.8	4.1	0.6	9.9	4.1	3.9
1982	126.4	53.9	24.6	25.1	4.9	0.6	7.4	5.0	5.0
1983	148.3	59.8	27.8	30.9	14.0	3.3	5.7	4.0	2.8
1984	163.2	64.7	28.0	36.1	14.6	4.1	7.1	5.7	3.0
1985	194.7	76.6	30.1	42.8	16.1	5.6	12.3	7.7	3.5
1986	228.2	88.9	32.4	54.9	19.4	6.2	14.4	8.7	3.3
1987	263.8	104.3	33.5	64.0	21.4	8.2	18.4	10.7	3.4
1988	330.9	129.6	40.3	79.5	29.8	8.9	25.6	13.4	3.9
1989	378.5	155.4	43.5	87.7	32.2	8.5	30.6	16.4	4.2
1990	374.7	155.9	44.0	81.2	30.7	8.4	31.3	19.0	4.3
1991	404.7	164.4	49.7	81.8	34.8	10.3	36.3	22.3	5.1
1992	431.4	175.7	51.2	82.8	36.2	12.2	43.7	24.1	5.5
1993	490.1	198.0	54.8	78.2	44.4	17.4	58.3	26.1	13.1
1994	648.2	264.0	69.7	109.2	55.1	24.0	75.1	32.1	19.0
1995	859.4	353.2	88.7	147.9	68.1	33.7	102.4	42.5	23.1
1996	1076.2	423.8	112.7	186.2	84.0	47.1	132.5	58.3	31.7
1997	1126.3	435.7	108.3	198.3	85.2	53.9	148.2	62.5	34.3
1998	1128.2	428.9	97.0	199.4	81.8	60.7	159.4	68.1	32.9
1999	1144.6	426.0	91.5	203.6	82.1	68.7	168.3	70.0	34.3
2000	1284.7	464.3	95.2	231.1	74.4	93.1	186.7	87.6	52.5
2001	1364.1	484.5	98.0	249.8	76.2	110.0	192.6	96.6	56.4
2002	1467.6	511.0	104.5	271.5	80.2	128.5	210.3	103.9	57.7
2003	1576.6	551.2	109.5	278.1	81.3	162.5	235.7	115.8	42.6
2004	1754.5	629.9	119.6	297.2	89.0	192.6	247.6	130.6	48.1
2005	2134.6	770.7	147.9	342.3	110.9	245.0	295.5	168.1	54.1
2006	2415.5	835.5	167.3	438.3	126.1	288.8	305.1	191.5	62.9
2007	2767.1	967.6	192.6	540.1	148.7	328.4	305.7	210.2	73.9
2008	3159.4	1135.2	211.1	642.3	173.6	360.2	314.5	246.0	76.7
2009	3504.8	1180.7	231.9	772.6	204.5	402.9	340.6	287.5	84.1
2010	3859.3	1313.2	263.4	801.4	233.5	461.1	366.7	326.0	94.0
2011	4733.4	1651.3	341.1	930.2	308.6	547.0	396.4	436.8	122.0
2012	5414.5	1863.1	396.1	1054.2	341.4	652.8	445.5	513.8	147.5

3-2-10 农村居民现金消费支出构成

单位：%

年份	现金消费支出	一、食品支出	二、衣着支出	三、居住支出	四、家庭设备及用品支出	五、交通通信支出	六、文教娱乐支出	七、医疗保健支出	八、其他支出
1978	100.0								
1979	100.0								
1980	100.0	37.4	23.7	17.3	3.8	0.7	9.6	3.9	3.7
1981	100.0	38.5	21.6	19.1	3.7	0.5	9.1	3.8	3.6
1982	100.0	42.6	19.5	19.9	3.8	0.5	5.8	3.9	4.0
1983	100.0	40.3	18.8	20.8	9.5	2.2	3.8	2.7	1.9
1984	100.0	39.6	17.1	22.1	8.9	2.5	4.4	3.5	1.8
1985	100.0	39.3	15.5	22.0	8.2	2.9	6.3	3.9	1.8
1986	100.0	39.0	14.2	24.1	8.5	2.7	6.3	3.8	1.4
1987	100.0	39.5	12.7	24.2	8.1	3.1	7.0	4.0	1.3
1988	100.0	39.2	12.2	24.0	9.0	2.7	7.7	4.0	1.2
1989	100.0	41.0	11.5	23.2	8.5	2.3	8.1	4.3	1.1
1990	100.0	41.6	11.7	21.7	8.2	2.2	8.4	5.1	1.1
1991	100.0	40.6	12.3	20.2	8.6	2.5	9.0	5.5	1.3
1992	100.0	40.7	11.9	19.2	8.4	2.8	10.1	5.6	1.3
1993	100.0	40.4	11.2	16.0	9.0	3.6	11.9	5.3	2.7
1994	100.0	40.7	10.7	16.9	8.5	3.7	11.6	4.9	2.9
1995	100.0	41.1	10.3	17.2	7.9	3.9	11.9	4.9	2.7
1996	100.0	39.4	10.5	17.3	7.8	4.4	12.3	5.4	2.9
1997	100.0	38.7	9.6	17.6	7.6	4.8	13.2	5.5	3.0
1998	100.0	38.0	8.6	17.7	7.2	5.4	14.1	6.0	2.9
1999	100.0	37.2	8.0	17.8	7.2	6.0	14.7	6.1	3.0
2000	100.0	36.1	7.4	18.0	5.8	7.2	14.5	6.8	4.1
2001	100.0	35.5	7.2	18.3	5.6	8.1	14.1	7.1	4.1
2002	100.0	34.8	7.1	18.5	5.5	8.8	14.3	7.1	3.9
2003	100.0	35.0	6.9	17.6	5.2	10.3	14.9	7.3	2.7
2004	100.0	35.9	6.8	16.9	5.1	11.0	14.1	7.4	2.7
2005	100.0	36.1	6.9	16.0	5.2	11.5	13.8	7.9	2.5
2006	100.0	34.6	6.9	18.1	5.2	12.0	12.6	7.9	2.6
2007	100.0	35.0	7.0	19.5	5.4	11.9	11.0	7.6	2.7
2008	100.0	35.9	6.7	20.3	5.5	11.4	10.0	7.8	2.4
2009	100.0	33.7	6.6	22.0	5.8	11.5	9.7	8.2	2.4
2010	100.0	34.0	6.8	20.8	6.1	11.9	9.5	8.4	2.4
2011	100.0	34.9	7.2	19.7	6.5	11.6	8.4	9.2	2.6
2012	100.0	34.4	7.3	19.5	6.3	12.1	8.2	9.5	2.7

3-2-11 按五等份分组的农村居民人均纯收入

单位：元/人

年 份	人 均 纯收入	低收入户 (20%)	中等偏下户 (20%)	中等收入户 (20%)	中等偏上户 (20%)	高收入户 (20%)
2000	2253.4	802.0	1440.0	2004.0	2767.0	5190.0
2001	2366.4	818.0	1491.0	2081.0	2891.0	5534.0
2002	2475.6	857.0	1548.0	2164.0	3031.0	5903.0
2003	2622.2	865.9	1606.5	2273.1	3206.8	6346.9
2004	2936.4	1007.0	1842.2	2578.6	3608.0	6931.0
2005	3254.9	1067.2	2018.3	2851.0	4003.3	7747.4
2006	3587.0	1182.5	2222.0	3148.5	4446.6	8474.8
2007	4140.4	1346.9	2581.8	3658.8	5129.8	9790.7
2008	4760.6	1499.8	2935.0	4203.1	5928.6	11290.2
2009	5153.2	1549.3	3110.1	4502.1	6467.6	12319.1
2010	5919.0	1869.8	3621.2	5221.7	7440.6	14049.7
2011	6977.3	2000.5	4255.7	6207.7	8893.6	16783.1
2012	7916.6	2316.2	4807.5	7041.0	10142.1	19008.9

3-2-12 按五等份分组的农村居民人均纯收入增长率

单位：%

年 份	人 均 纯收入	低收入户 (20%)	中等偏下户 (20%)	中等收入户 (20%)	中等偏上户 (20%)	高收入户 (20%)
2000						
2001	5.0	2.0	3.5	3.8	4.5	6.6
2002	4.6	4.8	3.8	4.0	4.8	6.7
2003	5.9	1.0	3.8	5.0	5.8	7.5
2004	12.0	16.3	14.7	13.4	12.5	9.2
2005	10.8	6.0	9.6	10.6	11.0	11.8
2006	10.2	10.8	10.1	10.4	11.1	9.4
2007	15.4	13.9	16.2	16.2	15.4	15.5
2008	15.0	11.4	13.7	14.9	15.6	15.3
2009	8.2	3.3	6.0	7.1	9.1	9.1
2010	14.9	20.7	16.4	16.0	15.0	14.0
2011	17.9	7.0	17.5	18.9	19.5	19.5
2012	13.5	15.8	13.0	13.4	14.0	13.3

注：本表纯收入增长率均为名义增长率。

3-2-13 东、中、西部及东北地区农村居民人均纯收入

单位：元/人

年 份	全国	东部地区	中部地区	西部地区	东北地区
2000	2253.4	3271.3	2077.6	1661.0	2177.0
2001	2366.4	3450.5	2169.5	1721.2	2339.0
2002	2475.6	3629.2	2278.5	1820.9	2483.5
2003	2622.2	3864.2	2368.7	1935.9	2648.2
2004	2936.4	4253.8	2692.3	2157.9	3097.9
2005	3254.9	4720.3	2956.6	2378.9	3379.0
2006	3587.0	5188.2	3283.2	2588.4	3744.9
2007	4140.4	5855.0	3844.4	3028.4	4348.3
2008	4760.6	6598.2	4453.4	3517.7	5101.2
2009	5153.2	7155.5	4792.8	3816.5	5456.6
2010	5919.0	8142.8	5509.6	4417.9	6434.5
2011	6977.3	9585.0	6529.9	5246.7	7790.6
2012	7916.6	10817.5	7435.2	6026.6	8846.5

3-2-14 东、中、西部及东北地区农村居民人均纯收入增长率

单位：%

年 份	全国	东部地区	中部地区	西部地区	东北地区
2000					
2001	5.0	5.5	4.4	3.6	7.4
2002	4.6	5.2	5.0	5.8	6.2
2003	5.9	6.5	4.0	6.3	6.6
2004	12.0	10.1	13.7	11.5	17.0
2005	10.8	11.0	9.8	10.2	9.1
2006	10.2	9.9	11.0	8.8	10.8
2007	15.4	12.9	17.1	17.0	16.1
2008	15.0	12.7	15.8	16.2	17.3
2009	8.2	8.4	7.6	8.5	7.0
2010	14.9	13.8	15.0	15.8	17.9
2011	17.9	17.7	18.5	18.8	21.1
2012	13.5	12.9	13.9	14.9	13.6

注：本表纯收入增长率均为名义增长率。

3-2-15 农村居民全年主要食品消费量

单位：公斤/人

年份	粮食(原粮)	1. 细粮	2. 粗粮	食用油	1. 植物油	2. 动物油	蔬菜	食糖
1978	247.8	122.5	125.3	2.0	1.3	0.7	141.5	0.7
1979	256.7	139.4	117.3	2.4	1.5	0.9	131.2	0.8
1980	257.2	162.9	94.2	2.5	1.4	1.1	127.2	1.1
1981	256.1	172.4	83.7	3.1	1.9	1.2	124.0	1.1
1982	260.0	191.8	68.1	3.4	2.1	1.4	132.0	1.2
1983	259.9	196.3	63.6	3.5	2.2	1.3	131.0	1.3
1984	266.5	209.1	57.5	4.0	2.5	1.5	140.0	1.3
1985	257.5	208.8	48.6	4.0	2.6	1.4	131.1	1.5
1986	259.3	212.2	47.1	4.2	2.6	1.6	133.7	1.6
1987	259.4	211.4	48.0	4.7	3.1	1.6	130.4	1.7
1988	259.5	210.7	48.8	4.8	3.3	1.5	130.1	1.4
1989	262.3	213.5	48.8	4.8	3.3	1.5	133.4	1.5
1990	262.1	215.0	47.1	5.2	3.5	1.6	134.0	1.5
1991	255.6	213.8	41.8	5.7	3.9	1.8	127.0	1.4
1992	250.5	210.6	39.9	5.9	4.1	1.8	129.1	1.5
1993	251.8	221.0	30.8	5.7	4.1	1.6	107.4	1.4
1994	257.6	212.0	45.6	5.7	4.1	1.6	107.9	1.3
1995	256.1	210.7	45.3	5.8	4.3	1.6	104.6	1.3
1996	256.2	206.5	49.7	6.1	4.5	1.6	106.3	1.4
1997	250.7	208.9	41.8	6.2	4.7	1.4	107.2	1.4
1998	248.9	209.0	39.9	6.1	4.6	1.5	109.0	1.4
1999	247.5	206.2	41.3	6.2	4.6	1.6	108.9	1.5
2000	250.2	207.1	43.1	7.1	5.5	1.6	106.7	1.3
2001	238.6	199.7	38.9	7.0	5.5	1.5	109.3	1.4
2002	236.5	199.4	37.1	7.5	5.8	1.8	110.6	1.6
2003	222.4	192.5	29.9	6.3	5.3	1.0	107.4	1.2
2004	218.3	189.8	28.5	5.3	4.3	1.0	106.6	1.1
2005	208.9	181.8	27.1	6.0	4.9	1.1	102.3	1.1
2006	205.6	178.0	27.6	5.8	4.7	1.1	100.5	1.1
2007	199.5	173.8	25.7	6.0	5.1	0.9	99.0	1.1
2008	199.1	173.7	25.4	6.2	5.4	0.9	99.7	1.1
2009	189.3	165.2	24.0	6.3	5.4	0.8	98.4	1.1
2010	181.4	159.4	22.0	6.3	5.5	0.8	93.3	1.0
2011	170.7	151.8	18.9	7.5	6.6	0.9	89.4	1.0
2012	164.3	144.9	19.4	7.8	6.9	0.9	84.7	1.2

3-2-15 续表 单位：公斤/人

年 份	猪牛羊肉	1. 猪肉	2. 牛羊肉	禽类	禽蛋及制品	水产品	奶及制品	酒
1978	5.8	5.2	0.6	0.3	0.8	0.8		1.2
1979	6.5	6.1	0.4	0.3	0.9	0.7		1.4
1980	7.7	7.3	0.5	0.7	1.2	1.1		1.9
1981	8.7	8.2	0.5	0.7	1.3	1.3		2.3
1982	9.1	8.4	0.7	0.8	1.4	1.3	0.7	2.7
1983	10.0	9.3	0.7	0.8	1.6	1.6	0.8	3.2
1984	10.6	9.9	0.7	0.9	1.8	1.7	0.8	3.5
1985	11.0	10.3	0.7	1.0	2.1	1.6	0.8	4.4
1986	11.8	11.1	0.7	1.1	2.1	1.9	1.4	5.0
1987	11.7	11.0	0.7	1.2	2.3	2.0	1.1	5.5
1988	10.7	10.1	0.7	1.3	2.3	1.9	1.1	5.9
1989	11.0	10.3	0.7	1.3	2.4	2.1	1.0	6.0
1990	11.3	10.5	0.8	1.3	2.4	2.1	1.1	6.1
1991	12.2	11.2	1.0	1.3	2.7	2.2	1.3	6.4
1992	11.8	10.9	1.0	1.5	2.9	2.3	1.5	6.6
1993	11.7	10.9	0.8	1.6	2.9	2.8	0.9	6.5
1994	11.0	10.2	0.8	1.6	3.0	3.0	0.7	6.0
1995	11.3	10.6	0.7	1.8	3.2	3.4	0.6	6.5
1996	12.9	11.9	1.1	1.9	3.4	3.7	0.8	7.1
1997	12.7	11.5	1.3	2.4	4.1	3.8	1.0	7.1
1998	13.2	11.9	1.3	2.3	4.1	3.7	0.9	7.0
1999	13.9	12.7	1.2	2.5	4.3	3.8	1.0	7.0
2000	14.4	13.3	1.1	2.8	4.8	3.9	1.1	7.0
2001	14.5	13.4	1.2	2.9	4.7	4.1	1.2	7.1
2002	14.9	13.7	1.2	2.9	4.7	4.4	1.2	7.5
2003	15.0	13.8	1.3	3.2	4.8	4.7	1.7	7.7
2004	14.8	13.5	1.3	3.1	4.6	4.5	2.0	7.8
2005	17.1	15.6	1.5	3.7	4.7	4.9	2.9	9.6
2006	17.0	15.5	1.6	3.5	5.0	5.0	3.1	10.0
2007	14.9	13.4	1.5	3.9	4.7	5.4	3.5	10.2
2008	13.9	12.6	1.3	4.4	5.4	5.2	3.4	9.7
2009	15.3	14.0	1.4	4.2	5.3	5.3	3.6	10.1
2010	15.8	14.4	1.4	4.2	5.1	5.2	3.6	9.7
2011	16.3	14.4	1.9	4.5	5.4	5.4	5.2	10.2
2012	16.4	14.4	2.0	4.5	5.9	5.4	5.3	10.0

3-2-16 农村居民年末主要耐用消费品拥有量

单位：平均每百户

年 份	自行车（辆）	摩托车（辆）	洗衣机（台）	电冰箱（台）	空调（台）	抽油烟机（台）	热水器（台）
1978	30.8						
1979	36.2						
1980	36.9						
1981	44.4						
1982	51.5						
1983	63.4		0.4				
1984	74.5		1.0				
1985	80.6		1.9	0.1			
1986	90.3	0.6	3.2	0.2			
1987	98.5	0.6	4.8	0.3			
1988	107.5	0.9	6.8	0.6			
1989	113.4	1.0	8.2	0.9			
1990	118.3	0.9	9.1	1.2			
1991	121.6	1.1	11.0	1.6			
1992	125.7	1.4	12.2	2.2			
1993	133.4	2.1	13.8	3.1	0.1	0.3	
1994	136.5	3.2	15.3	4.0	0.1	0.4	
1995	147.0	4.9	16.9	5.2	0.2	0.6	
1996	139.1	8.4	20.5	7.3	0.3	0.9	
1997	142.0	10.9	21.9	8.5	0.4	2.3	
1998	137.2	13.5	22.8	9.3	0.6	1.7	
1999	136.9	16.5	24.3	10.6	0.7	2.3	
2000	120.5	21.9	28.6	12.3	1.3	2.8	5.1
2001	120.8	24.7	29.9	13.6	1.7	3.2	5.8
2002	121.3	28.1	31.8	14.8	2.3	3.6	6.7
2003	118.5	31.8	34.3	15.9	3.5	4.1	8.0
2004	118.2	36.2	37.3	17.8	4.7	4.8	9.4
2005	98.4	40.7	40.2	20.1	6.4	6.0	12.4
2006	98.7	44.6	43.0	22.5	7.3	7.0	14.7
2007	97.7	48.5	45.9	26.1	8.5	8.1	17.9
2008	97.6	52.5	49.1	30.2	9.8	8.5	19.8
2009	96.5	56.6	53.1	37.1	12.2	9.8	23.7
2010	96.0	59.0	57.3	45.2	16.0	11.1	28.3
2011	77.1	60.9	62.6	61.5	22.6	13.2	36.7
2012	79.0	62.2	67.2	67.3	25.4	14.7	40.8

3-2-16 续表 单位：平均每百户

年 份	黑白电视机(台)	彩色电视机(台)	照相机(架)	计算机(台)	固定电话机(部)	移动电话(部)	汽车(生活用)(辆)
1978							
1979							
1980	0.4						
1981	0.9						
1982	1.7						
1983	4.0						
1984	7.2						
1985	10.9	0.8	0.2				
1986	15.8	1.5	0.3				
1987	22.0	2.3	0.5				
1988	28.6	2.8	0.6				
1989	33.9	3.6	0.8				
1990	39.7	4.7	0.7				
1991	47.5	6.4	0.9				
1992	52.4	8.1	1.0				
1993	58.3	10.9	1.0				
1994	61.8	13.5	1.2				
1995	63.8	16.9	1.4				
1996	65.1	22.9	1.9				
1997	65.1	27.3	2.1				
1998	63.6	32.6	2.2				
1999	62.4	38.2	2.7				
2000	53.0	48.7	3.1	0.5	26.4	4.3	0.3
2001	50.7	54.4	3.2	0.7	34.1	8.1	0.4
2002	48.1	60.5	3.3	1.1	40.8	13.7	0.4
2003	42.8	67.8	3.4	1.4	49.1	23.7	0.5
2004	37.9	75.1	3.7	1.9	54.5	34.7	0.6
2005	21.8	84.1	4.1	2.1	58.4	50.2	0.8
2006	17.5	89.4	4.2	2.7	64.1	62.1	1.1
2007	12.1	94.4	4.3	3.7	68.4	77.8	1.2
2008	9.9	99.2	4.4	5.4	67.0	96.1	1.3
2009	7.7	108.9	4.8	7.5	62.7	115.2	2.1
2010	6.4	111.8	5.2	10.4	60.8	136.5	2.8
2011	1.7	115.5	4.5	18.0	43.1	179.7	5.5
2012	1.4	116.9	5.2	21.4	42.2	197.8	6.6

3-2-17 农村居民家庭经营总收入

单位：元/人

年份	家庭经营总收入	一、第一产业收入	1.农业收入	2.林业收入	3.牧业收入	4.渔业收入	二、第二产业收入	三、第三产业收入
1978	54.0	50.8	20.4		30.4			3.2
1979	63.7	58.5	20.6		37.8			5.2
1980	87.4	78.9	30.5		48.4			8.6
1981	115.1	99.7	41.1		58.6			15.4
1982	139.0	114.5	46.5		67.5	0.5		24.5
1983	330.0	311.7	234.4	4.1	71.6	1.6	4.2	14.1
1984	382.0	357.6	269.7	5.5	80.2	2.2	4.8	19.7
1985	445.3	400.6	283.4	7.4	104.0	5.7	12.3	32.4
1986	476.7	427.8	305.6	6.7	108.6	6.9	14.8	34.2
1987	530.9	472.7	334.6	7.4	122.6	8.1	19.4	38.8
1988	637.5	562.1	371.8	8.6	170.3	11.4	25.7	49.7
1989	704.7	622.1	418.8	9.0	183.6	10.8	27.8	54.8
1990	815.8	735.6	531.1	8.5	185.7	10.2	25.9	54.3
1991	854.7	771.2	545.4	9.8	204.5	11.5	25.7	57.9
1992	925.7	828.3	577.3	11.3	226.2	13.5	30.3	67.1
1993	1083.6	933.8	651.0	15.1	251.3	16.3	37.2	112.7
1994	1442.7	1264.7	891.6	15.8	336.4	21.0	47.8	130.1
1995	1877.4	1652.3	1188.1	16.5	420.8	26.9	65.4	159.7
1996	2233.7	1945.6	1419.6	19.1	475.2	31.7	87.3	200.8
1997	2346.7	2019.8	1407.9	21.9	555.4	34.5	101.3	225.7
1998	2286.8	1934.1	1362.3	21.1	512.0	38.7	102.9	249.8
1999	2211.6	1832.1	1305.2	24.6	460.0	42.4	110.3	269.1
2000	2251.3	1810.7	1231.7	27.9	502.8	48.3	133.7	306.9
2001	2325.2	1889.7	1269.1	27.4	541.4	51.9	134.2	301.3
2002	2380.5	1924.8	1279.8	31.4	553.4	60.1	144.6	311.2
2003	2455.0	1993.4	1328.3	36.2	571.7	57.2	150.5	311.1
2004	2804.5	2333.6	1570.0	39.9	662.7	61.0	153.2	317.7
2005	3164.4	2621.3	1704.1	53.2	786.0	78.0	167.1	376.1
2006	3310.0	2711.0	1827.1	65.0	738.1	80.7	186.2	412.8
2007	3776.7	3122.0	2053.8	69.6	903.6	95.0	210.4	444.3
2008	4302.1	3592.8	2305.8	76.6	1104.8	105.6	225.1	484.2
2009	4404.0	3622.9	2372.3	80.5	1059.5	110.7	248.9	532.2
2010	4937.5	4046.1	2728.4	100.0	1098.6	119.1	279.6	611.8
2011	5939.8	4766.5	3171.6	125.5	1348.0	121.5	343.5	829.8
2012	6461.0	5137.5	3497.7	130.3	1371.6	137.9	381.3	942.2

注：1982年以前的第三产业收入为第二产业收入和第三产业收入合计,以下各表同。

3-2-18　农村居民家庭经营纯收入

单位：元/人

年　份	家庭经营总收入	一、第一产业收入					二、第二产业收入	三、第三产业收入
			1.农业收入	2.林业收入	3.牧业收入	4.渔业收入		
1978	35.8	33.8	17.9		15.9			2.0
1979	44.0	40.0	18.0		21.9			4.1
1980	62.6	56.3	26.3		30.1			6.2
1981	84.5	71.8	34.1		37.7			12.8
1982	102.8	80.1	38.5		41.1	0.4	10.0	12.8
1983	227.7	212.7	173.9	3.7	33.9	1.2	4.2	10.8
1984	261.7	241.9	198.4	4.6	37.4	1.5	4.8	15.0
1985	296.0	263.8	202.1	6.2	52.0	3.6	9.6	22.6
1986	313.3	277.6	216.2	5.9	50.8	4.7	12.0	23.8
1987	345.5	300.8	220.2	6.6	68.5	5.6	15.7	29.1
1988	403.2	345.6	236.0	7.8	94.1	7.8	20.3	37.2
1989	434.6	371.7	253.9	8.1	102.2	7.4	22.2	40.7
1990	518.6	456.0	344.6	7.5	96.8	7.1	21.3	41.2
1991	523.6	460.6	338.7	8.5	105.2	8.2	20.5	42.6
1992	561.6	486.9	354.5	9.6	113.9	8.9	24.2	50.6
1993	678.5	567.0	448.4	12.6	96.8	9.2	26.3	85.2
1994	881.9	746.7	610.5	12.9	112.3	11.0	36.0	99.2
1995	1125.8	956.5	799.4	13.5	127.8	15.7	48.2	121.2
1996	1362.5	1147.3	955.1	16.1	158.6	17.5	64.6	150.6
1997	1472.7	1220.0	976.2	19.4	203.5	21.0	78.0	174.8
1998	1466.0	1192.4	962.8	18.7	188.5	22.4	80.1	193.5
1999	1448.4	1139.0	918.3	21.6	174.3	24.8	91.1	218.3
2000	1427.3	1090.7	833.9	22.4	207.4	27.0	99.4	237.2
2001	1459.6	1126.6	863.6	22.1	212.0	28.9	100.0	233.1
2002	1486.5	1135.0	866.7	25.5	210.6	32.2	108.6	243.0
2003	1541.3	1195.6	885.7	29.3	245.7	34.9	108.6	237.1
2004	1745.8	1398.0	1056.5	34.1	271.1	36.3	108.2	239.5
2005	1844.5	1469.6	1097.7	45.8	283.6	42.5	108.3	266.7
2006	1931.0	1521.3	1159.6	55.0	265.6	41.2	121.7	288.0
2007	2193.7	1745.1	1303.8	59.2	335.1	47.1	137.6	311.0
2008	2435.6	1945.9	1427.0	66.2	397.5	55.2	149.0	340.7
2009	2526.8	1988.2	1497.9	69.6	360.4	60.3	164.5	374.1
2010	2832.8	2231.0	1723.5	87.7	355.6	64.3	182.1	419.7
2011	3222.0	2519.9	1896.7	99.5	462.5	61.2	192.6	509.4
2012	3533.4	2722.2	2106.8	103.7	441.0	70.7	213.7	597.4

注：1982年以前的第三产业收入为第二产业收入和第三产业收入合计。

3-2-19　农村居民家庭经营费用支出

单位：元/人

年　份	家庭经营费用支出	一、第一产业收入	1.农业收入	2.林业收入	3.牧业收入	4.渔业收入	二、第二产业收入	三、第三产业收入
1978	16.8	14.6	1.6		13.1			2.2
1979	19.4	18.0	3.0		15.0			1.4
1980	25.3	23.6	5.9		17.6			1.8
1981	30.1	27.8	8.2		19.6			2.3
1982	35.6	33.3	7.8		25.4	0.1		2.3
1983	80.3	77.7	47.5	0.3	29.6	0.4		2.6
1984	95.7	92.0	56.7	0.7	34.1	0.5		3.7
1985	121.4	110.7	59.5	1.0	48.4	1.9	2.0	8.7
1986	132.7	121.3	67.8	0.8	50.6	2.2	2.4	9.0
1987	150.6	137.1	79.7	0.8	54.1	2.5	3.7	9.7
1988	194.6	176.8	96.1	0.9	76.2	3.7	5.4	12.5
1989	221.9	202.6	117.0	0.8	81.4	3.4	5.6	13.7
1990	241.1	223.4	130.4	1.0	88.9	3.1	4.6	13.2
1991	267.3	246.8	142.9	1.3	99.4	3.3	5.2	15.3
1992	292.3	269.6	151.0	1.7	112.4	4.6	6.2	16.5
1993	330.0	299.3	165.3	2.0	126.1	5.8	9.0	21.8
1994	458.6	423.6	229.9	2.3	183.2	8.2	9.7	25.3
1995	621.7	575.6	321.5	2.5	242.4	9.2	14.3	31.8
1996	709.4	650.0	378.2	2.4	257.8	11.6	18.5	40.9
1997	706.3	646.3	348.9	2.1	284.4	11.0	18.8	41.1
1998	652.5	589.6	317.6	1.9	257.1	12.9	18.1	44.7
1999	599.7	544.7	304.1	2.4	224.5	13.8	15.1	40.0
2000	654.3	571.7	315.8	4.3	234.6	16.9	27.2	55.3
2001	696.0	612.7	325.5	4.2	264.5	18.5	27.9	55.4
2002	731.0	643.5	336.6	4.8	279.3	22.8	30.3	57.3
2003	755.4	667.6	347.6	6.2	293.3	20.5	34.5	53.2
2004	923.9	829.2	435.0	5.4	365.7	23.1	36.8	57.9
2005	1189.7	1058.3	540.9	7.2	476.9	33.3	47.8	83.6
2006	1242.3	1093.5	598.9	9.8	447.6	37.2	52.6	96.2
2007	1432.7	1270.5	674.6	10.1	540.3	45.5	59.6	102.6
2008	1704.5	1531.5	798.3	10.0	675.4	47.9	62.6	110.4
2009	1700.1	1511.9	788.6	10.5	664.7	48.1	68.5	119.8
2010	1915.6	1685.4	914.4	12.0	706.8	52.2	79.3	150.9
2011	2431.1	2057.4	1149.5	25.3	824.6	58.1	125.4	248.2
2012	2626.0	2214.1	1255.4	25.7	868.2	64.8	140.3	271.6

3-2-20 农村居民家庭经营费用现金支出

单位：元/人

年　份	家庭经营费用现金支出	一、第一产业收入	1.农业收入	2.林业收入	3.牧业收入	4.渔业收入	二、第二产业收入	三、第三产业收入
1978	7.4							
1979	9.1							
1980	14.1							
1981	22.4							
1982	20.9							
1983	50.6	48.4	33.9	0.2	13.9	0.3		2.2
1984	61.1	57.7	39.7	0.6	16.9	0.5		3.5
1985	80.0	69.9	43.1	0.9	24.2	1.7	2.0	8.1
1986	86.9	76.1	49.4	0.7	24.0	2.0	2.3	8.6
1987	101.0	88.1	59.1	0.7	25.9	2.4	3.6	9.3
1988	137.8	121.2	72.8	0.7	44.2	3.5	4.8	11.7
1989	160.4	142.2	92.2	0.7	46.1	3.3	5.3	13.0
1990	162.9	146.4	99.5	0.8	43.2	3.0	4.2	12.3
1991	188.4	169.1	112.8	1.1	52.1	3.1	5.1	14.2
1992	206.5	185.0	118.8	1.0	61.0	4.2	5.9	15.6
1993	241.2	211.3	133.1	1.8	70.7	5.7	8.8	21.1
1994	327.8	294.4	182.8	2.0	101.8	7.9	9.5	24.0
1995	454.7	410.7	261.4	2.1	138.3	8.8	13.8	30.3
1996	524.0	468.4	313.7	2.1	141.6	11.1	17.8	37.7
1997	539.9	483.1	298.4	1.9	172.3	10.4	18.6	38.3
1998	511.7	451.6	277.4	1.8	159.8	12.5	17.5	42.6
1999	470.7	417.6	269.1	2.3	132.8	13.5	15.0	38.1
2000	544.5	462.9	286.5	4.2	155.7	16.5	27.0	54.6
2001	584.8	502.4	296.6	4.0	183.7	18.1	27.7	54.7
2002	617.4	530.7	309.7	4.6	194.2	22.2	30.2	56.5
2003	638.4	551.1	318.1	6.1	206.8	20.2	34.4	52.9
2004	788.6	694.3	402.2	5.2	264.0	22.9	36.6	57.6
2005	1052.5	921.5	510.5	6.5	371.8	32.6	47.6	83.4
2006	1104.1	955.6	569.5	9.0	340.2	36.8	52.6	95.9
2007	1287.2	1125.3	642.5	9.8	428.2	44.8	59.5	102.4
2008	1551.0	1378.2	765.6	9.6	555.9	47.1	62.6	110.2
2009	1554.6	1366.8	759.5	10.1	549.8	47.5	68.2	119.6
2010	1757.6	1527.6	880.3	11.4	584.3	51.6	79.3	150.7
2011	2269.2	1896.8	1116.1	24.9	698.1	57.7	124.9	247.5
2012	2483.0	2071.6	1228.4	25.4	753.2	64.5	140.2	271.2

4

2005-2012 年城镇和农村住户调查主要分组数据（老口径）

一、按收入等级分组

(一)城镇住户调查分组综合数据

4-1-1-1　2005年城镇居民家庭基本情况

指　标		全　国	最　低收入户(10%)	#困难户(5%)	较　低收入户(10%)	中　等偏下户(20%)	中　等收入户(20%)	中　等偏上户(20%)	较　高收入户(10%)	最　高收入户(10%)
调查户数	(户)	54496	5376	2666	5454	10943	10966	10920	5440	5398
调查户比重	(%)	100.0	9.9	4.9	10.0	20.1	20.1	20.0	10.0	9.9
平均每户家庭人口	(人)	2.96	3.34	3.38	3.22	3.10	2.95	2.79	2.68	2.64
平均每户就业人口	(人)	1.51	1.26	1.13	1.45	1.55	1.56	1.54	1.54	1.59
平均每户就业面	(%)	51.0	37.7	33.4	45.0	50.0	52.9	55.2	57.5	60.2
平均每一就业者负担人数										
(包括就业者本人)	(人)	2.0	2.7	3.0	2.2	2.0	1.9	1.8	1.7	1.7
平均每人全部年收入	(元)	11320.8	3377.7	2733.3	5202.1	7177.1	9887.0	13596.7	18687.7	31237.5
平均每人可支配收入	(元)	10493.0	3134.9	2495.8	4885.3	6710.6	9190.1	12603.4	17202.9	28773.1
平均每人总支出	(元)	10579.5	3696.5	3118.3	5158.8	6922.4	9350.4	12529.2	16847.9	28300.8
平均每人现金消费支出	(元)	7942.9	3111.5	2656.4	4295.4	5574.3	7308.1	9410.8	12102.5	19153.7
食品		2914.4	1475.7	1290.1	1926.0	2336.3	2838.8	3425.9	4151.1	5367.3
#粮食		242.2	219.2	213.5	226.8	232.8	241.9	254.4	264.8	267.1
肉禽及其制品		564.9	343.4	296.3	433.5	514.3	584.5	655.8	716.1	756.4
蛋类		71.5	51.7	46.1	63.8	68.9	74.2	78.2	84.4	79.9
水产品		188.8	70.3	57.8	101.1	133.2	176.0	234.2	314.6	403.7
奶及奶制品		138.6	50.8	39.4	82.7	110.8	140.4	173.2	206.8	248.3
衣着		800.5	243.7	189.8	408.6	565.1	784.6	1010.6	1256.0	1757.6
#服装		577.0	162.2	125.2	279.5	397.2	559.0	732.0	929.8	1312.7
居住		808.7	384.1	338.7	472.2	580.0	745.5	921.7	1195.5	1897.9
家庭设备及用品		446.5	109.2	90.4	171.6	268.8	397.2	546.1	754.9	1287.5
#耐用消费品		213.2	31.2	25.6	60.7	117.2	188.1	270.4	377.9	663.6
交通通信		996.7	228.4	180.9	375.9	536.2	764.7	1074.9	1590.3	3769.6
文教娱乐		1097.5	363.6	293.2	518.8	720.4	985.7	1336.8	1700.2	2908.0
#文化娱乐用品		280.2	43.3	33.5	84.4	152.5	236.6	364.9	493.0	874.9
医疗保健		600.9	232.5	206.5	308.1	408.1	561.8	764.9	997.6	1287.7
其他		277.8	74.4	66.9	114.1	159.3	229.8	329.9	457.0	878.2
现金消费支出构成	(%)	100.0	100.0	100.0	100.0	100.0	100.0	100.0	100.0	100.0
食品		36.7	47.4	48.6	44.8	41.9	38.8	36.4	34.3	28.0
衣着		10.1	7.8	7.1	9.5	10.1	10.7	10.7	10.4	9.2
居住		10.2	12.3	12.8	11.0	10.4	10.2	9.8	9.9	9.9
家庭设备及用品		5.6	3.5	3.4	4.0	4.8	5.4	5.8	6.2	6.7
交通通信		12.5	7.3	6.8	8.8	9.6	10.5	11.4	13.1	19.7
文教娱乐		13.8	11.7	11.0	12.1	12.9	13.5	14.2	14.0	15.2
医疗保健		7.6	7.5	7.8	7.2	7.3	7.7	8.1	8.2	6.7
其他		3.5	2.4	2.5	2.7	2.9	3.1	3.5	3.8	4.6

注:收入水平为所有城镇调查户按人均可支配收入由低到高排队,按10%,10%,20%,20%,20%,10%,10%的比例分为七组。

4-1-1-2　2006年城镇居民家庭基本情况

指　　标		全　国	最　低收入户(10%)	#困难户(5%)	较　低收入户(10%)	中　等偏下户(20%)	中　等收入户(20%)	中　等偏上户(20%)	较　高收入户(10%)	最　高收入户(10%)
调查户数	(户)	56094	5594	2801	5607	11251	11236	11225	5610	5571
调查户比重	(%)	100.0	10.0	5.0	10.0	20.1	20.0	20.0	10.0	9.9
平均每户家庭人口	(人)	2.95	3.31	3.33	3.20	3.09	2.92	2.79	2.69	2.62
平均每户就业人口	(人)	1.53	1.30	1.17	1.52	1.56	1.56	1.55	1.56	1.62
平均每户就业面	(%)	51.9	39.3	35.1	47.5	50.5	53.4	55.6	58.0	61.8
平均每一就业者负担人数										
(包括就业者本人)	(人)	1.9	2.5	2.8	2.1	2.0	1.9	1.8	1.7	1.6
平均每人全部年收入	(元)	12719.2	3871.4	3129.3	5946.1	8103.7	11052.1	15199.7	20699.6	34834.4
平均每人可支配收入	(元)	11759.5	3568.7	2838.9	5540.7	7554.2	10269.7	14049.2	19069.0	31967.3
平均每人总支出	(元)	11881.8	4121.2	3576.6	5885.1	7612.0	10230.6	13852.1	19029.9	32636.9
平均每人现金消费支出	(元)	8696.6	3423.0	2953.3	4765.6	6108.3	7905.4	10218.3	13169.8	21061.7
食品		3111.9	1586.0	1387.7	2073.5	2484.3	3019.4	3647.9	4392.4	5746.7
#粮食		246.5	219.1	213.4	229.8	239.4	246.4	257.7	270.0	272.6
肉禽及其制品		545.6	346.3	301.3	439.2	496.8	556.6	623.6	685.7	725.8
蛋类		67.6	49.5	44.6	57.9	65.6	70.6	74.2	78.7	76.1
水产品		202.9	79.0	64.2	111.2	143.8	188.4	257.6	327.1	417.6
奶及奶制品		150.2	60.9	46.5	95.1	121.6	153.2	183.7	217.9	260.3
衣着		901.8	286.1	225.0	470.0	665.7	884.7	1120.4	1350.8	1956.6
#服装		646.7	191.5	148.2	319.8	466.8	628.6	810.9	981.2	1454.7
居住		904.2	427.2	391.5	530.1	655.6	799.3	1009.6	1341.9	2196.6
家庭设备及用品		498.5	140.0	121.2	212.0	301.4	444.6	583.9	842.3	1415.4
#耐用消费品		233.9	42.7	34.6	75.8	125.4	213.2	280.7	414.6	719.8
交通通信		1147.1	257.7	205.6	431.1	610.0	859.9	1264.5	1801.0	4316.8
文教娱乐		1203.0	406.1	332.6	572.4	782.0	1047.5	1469.1	1901.7	3176.1
#文化娱乐用品		310.3	59.3	43.9	99.4	168.3	256.9	397.7	558.6	944.0
医疗保健		620.5	234.5	213.4	350.0	425.5	590.5	762.4	1020.2	1311.4
其他		309.5	85.4	76.2	126.5	183.8	259.6	360.4	519.6	942.1
现金消费支出构成	(%)	100.0	100.0	100.0	100.0	100.0	100.0	100.0	100.0	100.0
食品		35.8	46.3	47.0	43.5	40.7	38.2	35.7	33.4	27.3
衣着		10.4	8.4	7.6	9.9	10.9	11.2	11.0	10.3	9.3
居住		10.4	12.5	13.3	11.1	10.7	10.1	9.9	10.2	10.4
家庭设备及用品		5.7	4.1	4.1	4.4	4.9	5.6	5.7	6.4	6.7
交通通信		13.2	7.5	7.0	9.0	10.0	10.9	12.4	13.7	20.5
文教娱乐		13.8	11.9	11.3	12.0	12.8	13.3	14.4	14.4	15.1
医疗保健		7.1	6.9	7.2	7.3	7.0	7.5	7.5	7.7	6.2
其他		3.6	2.5	2.6	2.7	3.0	3.3	3.5	3.9	4.5

4-1-1-3　2007年城镇居民家庭基本情况

指　　标		全　国	最　低 收入户 (10%)	#困难户 (5%)	较　低 收入户 (10%)	中　等 偏下户 (20%)	中　等 收入户 (20%)	中　等 偏上户 (20%)	较　高 收入户 (10%)	最　高 收入户 (10%)
调查户数	(户)	59305	5940	2967	5936	11881	11869	11865	5919	5894
调查户比重	(%)	100.0	10.0	5.0	10.0	20.0	20.0	20.0	10.0	9.9
平均每户家庭人口	(人)	2.91	3.30	3.30	3.20	3.05	2.88	2.74	2.63	2.58
平均每户就业人口	(人)	1.54	1.34	1.23	1.55	1.57	1.57	1.54	1.54	1.60
平均每户就业面	(%)	52.9	40.6	37.3	48.4	51.5	54.5	56.2	58.6	62.0
平均每一就业者负担人数										
(包括就业者本人)	(人)	1.9	2.5	2.7	2.1	1.9	1.8	1.8	1.7	1.6
平均每人全部年收入	(元)	14908.6	4604.1	3744.9	6992.6	9568.0	12978.6	17684.6	24106.6	40019.2
平均每人可支配收入	(元)	13785.8	4210.1	3357.9	6504.6	8900.5	12042.3	16385.8	22233.6	36784.5
平均每人总支出	(元)	13513.9	4904.0	4233.3	6939.2	8955.3	11862.5	15629.1	21147.6	35242.6
平均每人现金消费支出	(元)	9997.5	4036.3	3447.7	5634.2	7123.7	9097.4	11570.4	15297.7	23337.3
食品		3628.0	1904.1	1672.4	2451.2	2942.8	3538.3	4229.8	5062.1	6439.5
#粮食		278.3	223.7	214.7	246.9	263.1	280.5	302.8	319.4	325.9
肉禽及其制品		703.3	437.7	387.2	552.7	637.5	717.3	806.8	883.0	958.3
蛋类		83.8	58.5	53.2	70.2	78.7	88.2	94.8	97.8	98.9
水产品		243.8	97.7	81.2	137.6	180.0	229.6	302.7	376.5	491.0
奶及奶制品		160.7	76.0	62.3	108.9	130.7	165.2	192.2	225.8	264.0
衣着		1042.0	360.9	288.5	565.2	776.9	1017.7	1278.2	1579.1	2162.6
#服装		747.9	243.1	191.6	389.1	544.9	725.6	917.9	1150.9	1616.6
居住		982.3	469.1	415.7	605.0	718.3	873.9	1095.4	1436.7	2290.1
家庭设备及用品		601.8	163.9	130.6	282.5	385.0	545.2	716.9	967.7	1597.4
#耐用消费品		285.5	49.4	34.1	113.0	166.8	262.5	339.4	484.3	826.6
交通通信		1357.4	314.2	243.2	548.8	710.1	993.4	1420.3	2467.7	4815.6
文教娱乐		1329.2	445.7	366.5	647.0	877.4	1172.4	1544.2	2092.0	3526.2
#文化娱乐用品		343.2	63.2	49.6	124.3	192.6	304.1	408.0	614.9	1013.8
医疗保健		699.1	281.1	250.3	378.7	501.7	646.5	861.4	1108.6	1472.5
其他		357.7	97.3	80.6	155.8	211.7	310.0	424.2	583.9	1033.2
现金消费支出构成	(%)	100.0	100.0	100.0	100.0	100.0	100.0	100.0	100.0	100.0
食品		36.3	47.2	48.5	43.5	41.3	38.9	36.6	33.1	27.6
衣着		10.4	8.9	8.4	10.0	10.9	11.2	11.0	10.3	9.3
居住		9.8	11.6	12.1	10.7	10.1	9.6	9.5	9.4	9.8
家庭设备及用品		6.0	4.1	3.8	5.0	5.4	6.0	6.2	6.3	6.8
交通通信		13.6	7.8	7.1	9.7	10.0	10.9	12.3	16.1	20.6
文教娱乐		13.3	11.0	10.6	11.5	12.3	12.9	13.3	13.7	15.1
医疗保健		7.0	7.0	7.3	6.7	7.0	7.1	7.4	7.2	6.3
其他		3.6	2.4	2.3	2.8	3.0	3.4	3.7	3.8	4.4

4-1-1-4　2008年城镇居民家庭基本情况

指　　标	全　国	最　低收入户(10%)	#困难户(5%)	较　低收入户(10%)	中　等偏下户(20%)	中　等收入户(20%)	中　等偏上户(20%)	较　高收入户(10%)	最　高收入户(10%)
调查户数　(户)	64675	6353	3137	6485	12983	12993	12998	6445	6418
调查户比重　(%)	100.0	9.8	4.8	10.0	20.1	20.1	20.1	10.0	9.9
平均每户家庭人口　(人)	2.91	3.33	3.34	3.22	3.06	2.89	2.74	2.62	2.51
平均每户就业人口　(人)	1.48	1.27	1.16	1.44	1.52	1.50	1.49	1.51	1.57
平均每户就业面　(%)	50.9	38.1	34.7	44.7	49.7	51.9	54.4	57.6	62.5
平均每一就业者负担人数	2.0	2.6	2.9	2.2	2.0	1.9	1.8	1.7	1.6
(包括就业者本人)　(人)									
平均每人全部年收入　(元)	17067.8	5203.8	4187.2	7916.5	10974.6	15054.7	20784.2	28518.9	47422.4
平均每人可支配收入　(元)	15780.8	4753.6	3734.4	7363.3	10195.6	13984.2	19254.1	26250.1	43613.8
平均每人总支出　(元)	14747.9	5495.6	4659.3	7556.7	9914.5	13173.4	17615.2	24074.4	38380.2
平均每人现金消费支出　(元)	11242.9	4532.9	3862.7	6195.3	7993.7	10344.7	13316.6	17888.2	26982.1
食品	4259.8	2182.3	1889.9	2846.3	3428.9	4181.3	5043.6	6087.3	7874.1
#粮食	328.3	260.0	244.4	286.6	305.4	335.6	355.9	384.7	403.3
肉禽及其制品	896.9	534.6	451.7	699.0	806.5	930.1	1039.7	1160.6	1237.9
蛋类	91.7	64.6	58.4	78.0	86.0	95.9	102.5	108.4	111.2
水产品	280.3	115.2	93.4	164.8	211.7	271.0	349.2	444.5	551.4
奶及奶制品	189.8	86.7	74.2	120.8	155.2	191.2	234.0	278.2	327.4
衣着	1165.9	398.0	310.0	598.7	843.2	1136.5	1432.9	1857.5	2643.0
#服装	839.1	268.7	205.8	409.9	588.7	808.1	1031.2	1364.0	2001.1
居住	1145.4	556.2	489.3	688.4	841.3	1060.6	1265.9	1795.5	2681.9
家庭设备及用品	691.8	190.8	146.6	309.6	437.2	616.3	837.6	1210.0	1925.6
#耐用消费品	309.3	57.1	35.7	110.2	174.8	268.6	379.1	564.7	977.7
交通通信	1417.1	345.3	265.4	532.5	764.1	1078.8	1633.6	2632.9	4985.7
文教娱乐	1358.3	424.2	378.3	594.7	851.8	1171.4	1630.1	2297.2	3959.3
#文化娱乐用品	354.8	69.4	50.6	122.2	198.2	301.8	438.3	669.9	1112.9
医疗保健	786.2	323.9	293.1	457.2	587.6	748.7	977.9	1257.6	1589.7
其他	418.3	112.2	90.1	168.0	239.6	351.1	494.9	750.3	1322.7
现金消费支出构成　(%)	100.0	100.0	100.0	100.0	100.0	100.0	100.0	100.0	100.0
食品	37.9	48.1	48.9	45.9	42.9	40.4	37.9	34.0	29.2
衣着	10.4	8.8	8.0	9.7	10.5	11.0	10.8	10.4	9.8
居住	10.2	12.3	12.7	11.1	10.5	10.3	9.5	10.0	9.9
家庭设备及用品	6.2	4.2	3.8	5.0	5.5	6.0	6.3	6.8	7.1
交通通信	12.6	7.6	6.9	8.6	9.6	10.4	12.3	14.7	18.5
文教娱乐	12.1	9.4	9.8	9.6	10.7	11.3	12.2	12.8	14.7
医疗保健	7.0	7.1	7.6	7.4	7.4	7.2	7.3	7.0	5.9
其他	3.7	2.5	2.3	2.7	3.0	3.4	3.7	4.2	4.9

4-1-1-5　2009年城镇居民家庭基本情况

指　　标		全　国	最　低收入户(10%)	#困难户(5%)	较　低收入户(10%)	中　等偏下户(20%)	中　等收入户(20%)	中　等偏上户(20%)	较　高收入户(10%)	最　高收入户(10%)
调查户数	(户)	65506	6518	3248	6563	13132	13137	13122	6526	6508
调查户比重	(%)	100.0	10.0	5.0	10.0	20.0	20.1	20.0	10.0	9.9
平均每户家庭人口	(人)	2.89	3.29	3.30	3.23	3.04	2.84	2.71	2.61	2.51
平均每户就业人口	(人)	1.49	1.32	1.22	1.46	1.53	1.49	1.49	1.51	1.55
平均每户就业面	(%)	51.6	40.1	37.0	45.2	50.3	52.5	55.0	57.9	61.8
平均每一就业者负担人数										
(包括就业者本人)	(人)	1.9	2.5	2.7	2.2	2.0	1.9	1.8	1.7	1.6
平均每人全部年收入	(元)	18858.1	5950.7	4935.8	8956.8	12345.2	16858.4	23050.8	31171.7	51349.6
平均每人可支配收入	(元)	17174.7	5253.2	4197.6	8162.1	11243.6	15399.9	21018.0	28386.5	46826.1
平均每人总支出	(元)	17248.3	6185.6	5519.8	8475.2	11353.5	15197.5	20764.8	28179.5	46936.9
平均每人现金消费支出	(元)	12264.6	4900.6	4256.8	6743.1	8738.8	11309.7	14964.4	19263.9	29004.4
食品		4478.5	2293.8	2041.6	3009.5	3640.2	4410.5	5367.0	6360.3	8135.0
#粮食		334.3	265.3	254.4	292.2	316.3	339.8	366.0	380.9	407.4
肉禽及其制品		867.5	520.9	458.4	691.2	787.0	904.4	1010.8	1095.8	1178.2
蛋类		92.8	66.1	61.1	79.2	86.3	97.1	103.9	110.0	114.1
水产品		301.4	121.9	99.1	182.4	231.6	293.7	383.0	472.1	571.4
奶及奶制品		196.1	89.1	77.6	128.1	158.5	201.0	241.7	283.4	341.6
衣着		1284.2	458.5	376.6	684.2	962.5	1263.8	1601.2	1986.2	2782.3
#服装		924.0	306.9	250.0	466.3	675.0	900.3	1156.3	1465.4	2092.7
居住		1228.9	578.9	515.7	735.2	880.8	1131.0	1493.3	1775.1	2863.3
家庭设备及用品		786.9	226.0	173.8	366.4	521.5	701.1	977.1	1325.5	2114.2
#耐用消费品		359.0	70.1	42.6	138.7	218.0	308.0	453.9	633.0	1086.0
交通通信		1682.6	394.8	310.3	582.3	861.4	1285.0	2047.8	3181.9	5858.7
文教娱乐		1472.8	457.2	390.6	666.0	953.8	1290.1	1807.7	2461.1	4116.4
#文化娱乐用品		381.3	83.0	68.3	151.8	225.5	335.8	483.4	682.5	1117.0
医疗保健		856.4	362.6	344.0	504.1	632.0	834.5	1072.0	1322.4	1745.9
其他		474.2	128.7	104.4	195.4	286.7	393.7	598.2	851.4	1388.6
现金消费支出构成	(%)	100.0	100.0	100.0	100.0	100.0	100.0	100.0	100.0	100.0
食品		36.5	46.8	48.0	44.6	41.7	39.0	35.9	33.0	28.0
衣着		10.5	9.4	8.8	10.1	11.0	11.2	10.7	10.3	9.6
居住		10.0	11.8	12.1	10.9	10.1	10.0	10.0	9.2	9.9
家庭设备及用品		6.4	4.6	4.1	5.4	6.0	6.2	6.5	6.9	7.3
交通通信		13.7	8.1	7.3	8.6	9.9	11.4	13.7	16.5	20.2
文教娱乐		12.0	9.3	9.2	9.9	10.9	11.4	12.1	12.8	14.2
医疗保健		7.0	7.4	8.1	7.5	7.2	7.4	7.2	6.9	6.0
其他		3.9	2.6	2.5	2.9	3.3	3.5	4.0	4.4	4.8

4-1-1-6 2010年城镇居民家庭基本情况

指 标		全 国	最 低 收入户 (10%)	#困难户 (5%)	较 低 收入户 (10%)	中 等 偏下户 (20%)	中 等 收入户 (20%)	中 等 偏上户 (20%)	较 高 收入户 (10%)	最 高 收入户 (10%)
调查户数	(户)	65607	6569	3279	6570	13144	13103	13121	6553	6548
调查户比重	(%)	100.0	10.0	5.0	10.0	20.0	20.0	20.0	10.0	10.0
平均每户家庭人口	(人)	2.88	3.29	3.32	3.20	3.02	2.82	2.70	2.61	2.51
平均每户就业人口	(人)	1.49	1.32	1.22	1.52	1.52	1.48	1.49	1.51	1.54
平均每户就业面	(%)	51.7	40.1	36.7	47.5	50.3	52.5	55.2	57.9	61.4
平均每一就业者负担人数										
(包括就业者本人)	(人)	1.9	2.5	2.7	2.1	2.0	1.9	1.8	1.7	1.6
平均每人全部年收入	(元)	21033.4	6703.7	5483.1	10247.0	13971.0	18920.7	25497.8	34254.6	56435.2
平均每人可支配收入	(元)	19109.4	5948.1	4739.2	9285.3	12702.1	17224.0	23188.9	31044.0	51431.6
平均每人总支出	(元)	18258.4	6871.0	6039.5	9288.7	12388.4	16693.5	21667.5	29012.0	47401.1
平均每人现金消费支出	(元)	13471.5	5471.8	4715.3	7360.2	9649.2	12609.4	16140.4	21000.4	31761.6
食品		4804.7	2525.3	2231.5	3246.7	3946.0	4773.8	5710.1	6756.0	8535.2
#粮食		385.5	295.6	282.3	326.4	357.7	393.1	425.5	453.9	492.4
肉禽及其制品		914.2	563.9	493.0	728.8	835.9	955.2	1051.4	1142.4	1242.2
蛋类		98.0	68.0	62.3	80.5	91.2	102.4	111.9	117.7	121.8
水产品		326.9	137.5	113.6	192.2	253.1	313.8	416.3	497.3	635.5
奶及奶制品		198.5	91.6	76.9	127.6	158.9	199.0	245.9	296.7	346.4
衣着		1444.3	513.6	417.3	804.7	1076.0	1408.1	1786.6	2226.7	3148.9
#服装		1057.1	351.8	284.7	568.2	768.5	1020.3	1311.9	1657.1	2404.1
居住		1332.1	656.3	591.9	775.1	1010.0	1260.3	1504.2	2000.0	3014.7
家庭设备及用品		908.0	288.6	223.4	427.2	600.9	833.6	1111.0	1500.2	2380.6
#耐用消费品		394.6	90.8	60.7	153.5	239.7	365.9	496.6	683.5	1112.9
交通通信		1983.7	448.3	359.2	669.1	1051.8	1620.6	2358.0	3630.6	6770.3
文教娱乐		1627.6	502.6	424.1	746.7	1038.0	1421.3	2001.5	2739.7	4515.2
#文化娱乐用品		407.0	97.1	81.1	166.4	238.4	351.2	521.7	728.8	1171.4
医疗保健		871.8	405.3	360.0	478.3	637.8	864.7	1060.1	1313.6	1842.8
其他		499.2	132.0	108.1	212.5	288.8	427.1	608.9	833.5	1553.9
现金消费支出构成	(%)									
食品		35.7	46.2	47.3	44.1	40.9	37.9	35.4	32.2	26.9
衣着		10.7	9.4	8.8	10.9	11.2	11.2	11.1	10.6	9.9
居住		9.9	12.0	12.6	10.5	10.5	10.0	9.3	9.5	9.5
家庭设备及用品		6.7	5.3	4.7	5.8	6.2	6.6	6.9	7.1	7.5
交通通信		14.7	8.2	7.6	9.1	10.9	12.9	14.6	17.3	21.3
文教娱乐		12.1	9.2	9.0	10.1	10.8	11.3	12.4	13.0	14.2
医疗保健		6.5	7.4	7.6	6.5	6.6	6.9	6.6	6.3	5.8
其他		3.7	2.4	2.3	2.9	3.0	3.4	3.8	4.0	4.9

4-1-1-7 2011年城镇居民家庭基本情况

指标		全国	最低收入户(10%)	#困难户(5%)	较低收入户(10%)	中等偏下户(20%)	中等收入户(20%)	中等偏上户(20%)	较高收入户(10%)	最高收入户(10%)
调查户数	(户)	65655	6505	3232	6566	13170	13178	13177	6572	6488
调查户比重	(%)	100.0	9.9	4.9	10.0	20.1	20.1	20.1	10.0	9.9
平均每户家庭人口	(人)	2.87	3.30	3.32	3.20	3.01	2.82	2.67	2.57	2.53
平均每户就业人口	(人)	1.48	1.29	1.16	1.51	1.52	1.49	1.48	1.48	1.58
平均每户就业面	(%)	51.6	39.1	34.9	47.2	50.5	52.8	55.4	57.6	62.5
平均每一就业者负担人数										
(包括就业者本人)	(人)	1.9	2.6	2.9	2.1	2.0	1.9	1.8	1.7	1.6
平均每人全部年收入	(元)	23979.2	7819.4	6445.5	11751.3	15880.7	21439.7	29058.9	39215.5	64460.7
平均每人可支配收入	(元)	21809.8	6876.1	5398.2	10672.0	14498.3	19544.9	26420.0	35579.2	58841.9
平均每人总支出	(元)	20365.7	8147.6	7290.9	10749.2	13926.1	18386.9	24276.2	32969.2	51203.5
平均每人现金消费支出	(元)	15160.9	6431.9	5575.6	8509.3	10872.8	14028.2	18160.9	23906.2	35183.6
食品		5506.3	2948.9	2618.9	3715.9	4535.8	5467.1	6515.0	7789.9	9681.7
#粮食		437.6	351.6	340.8	370.3	410.1	444.1	477.8	515.5	540.4
肉禽及其制品		1105.9	704.3	630.1	879.1	1023.0	1154.5	1269.5	1376.0	1448.3
蛋类		116.7	81.0	75.7	94.2	110.2	121.2	133.5	139.5	143.2
水产品		354.0	148.5	126.5	204.0	269.9	345.3	452.7	548.2	677.8
奶及奶制品		234.0	115.7	95.1	150.9	195.4	235.8	284.6	340.3	392.7
衣着		1674.7	608.0	489.5	913.4	1250.9	1628.6	2045.8	2598.3	3699.1
#服装		1237.0	426.7	336.2	649.0	903.6	1188.1	1513.4	1954.1	2849.0
居住		1405.0	749.0	675.7	874.8	1023.0	1232.7	1627.6	2116.8	3272.7
家庭设备及用品		1023.2	335.3	261.5	489.7	666.5	923.4	1277.1	1736.4	2625.9
#耐用消费品		423.8	98.5	65.9	170.4	255.9	375.3	559.7	759.0	1151.6
交通通信		2149.7	501.1	397.6	841.4	1150.2	1762.3	2647.9	3963.0	6912.7
文教娱乐		1851.7	642.7	541.5	876.7	1163.1	1637.1	2238.1	3155.7	5060.6
#文化娱乐用品		449.6	123.8	99.0	180.8	273.2	401.6	558.3	779.1	1286.9
医疗保健		969.0	483.6	449.9	579.2	759.8	911.0	1136.9	1512.4	1959.8
其他		581.3	163.2	141.1	218.3	323.6	466.1	672.4	1033.8	1971.2
现金消费支出构成	(%)	100.0	100.0	100.0	100.0	100.0	100.0	100.0	100.0	100.0
食品		36.3	45.8	47.0	43.7	41.7	39.0	35.9	32.6	27.5
衣着		11.0	9.5	8.8	10.7	11.5	11.6	11.3	10.9	10.5
居住		9.3	11.6	12.1	10.3	9.4	8.8	9.0	8.9	9.3
家庭设备及用品		6.7	5.2	4.7	5.8	6.1	6.6	7.0	7.3	7.5
交通通信		14.2	7.8	7.1	9.9	10.6	12.6	14.6	16.6	19.6
文教娱乐		12.2	10.0	9.7	10.3	10.7	11.7	12.3	13.2	14.4
医疗保健		6.4	7.5	8.1	6.8	7.0	6.5	6.3	6.3	5.6
其他		3.8	2.5	2.5	2.6	3.0	3.3	3.7	4.3	5.6

4-1-1-8　2012年城镇居民家庭基本情况

指　　标	全　国	最　低收入户(10%)	#困难户(5%)	较　低收入户(10%)	中　等偏下户(20%)	中　等收入户(20%)	中　等偏上户(20%)	较　高收入户(10%)	最　高收入户(10%)
调查户数　(户)	65981	6590	3287	6601	13214	13220	13201	6593	6562
调查户比重　(%)	100.0	10.0	5.0	10.0	20.0	20.0	20.0	10.0	9.9
平均每户家庭人口　(人)	2.86	3.30	3.33	3.21	2.99	2.80	2.67	2.58	2.52
平均每户就业人口　(人)	1.49	1.31	1.21	1.53	1.53	1.48	1.47	1.50	1.58
平均每户就业面　(%)	52.1	39.7	36.3	47.7	51.2	52.9	55.1	58.1	62.7
平均每一就业者负担人数									
(包括就业者本人)　(人)	1.9	2.5	2.8	2.1	2.0	1.9	1.8	1.7	1.6
平均每人全部年收入　(元)	26959.0	9209.5	7520.9	13724.7	18374.8	24531.4	32758.8	43471.0	69877.3
平均每人可支配收入　(元)	24564.7	8215.1	6520.0	12488.6	16761.4	22419.1	29813.7	39605.2	63824.2
平均每人总支出　(元)	22341.4	9164.9	7976.5	12134.8	15806.6	20447.7	26670.7	35705.6	54192.7
平均每人现金消费支出　(元)	16674.3	7301.4	6366.8	9610.4	12280.8	15719.9	19830.2	25796.9	37661.7
食品	6040.9	3310.4	2979.3	4147.4	5028.6	6061.4	7102.4	8561.0	10323.1
#粮食	458.5	365.0	358.7	385.8	426.0	473.2	501.7	542.7	564.5
肉禽及其制品	1183.6	767.5	699.3	946.7	1088.3	1249.4	1341.1	1480.4	1555.7
蛋类	119.0	84.3	77.0	96.6	112.0	125.7	133.3	142.4	147.1
水产品	408.9	173.4	145.1	235.6	308.8	412.7	522.7	630.6	768.2
奶及奶制品	253.6	125.8	110.1	169.0	208.3	260.1	308.8	365.4	423.3
衣着	1823.4	706.8	589.8	1045.5	1408.2	1765.9	2213.8	2767.5	3928.5
#服装	1344.9	494.8	408.1	746.4	1018.9	1288.1	1637.7	2067.9	3019.3
居住	1484.3	832.6	759.6	924.5	1160.4	1384.3	1708.7	2154.3	3123.3
家庭设备及用品	1116.1	405.4	333.1	569.3	760.0	1033.6	1346.2	1827.9	2807.3
#耐用消费品	431.5	119.4	91.7	185.9	272.9	395.2	532.2	738.2	1195.8
交通通信	2455.5	602.8	495.3	954.4	1393.0	2063.3	2960.6	4304.1	7971.1
文教娱乐	2033.5	723.0	613.9	1034.9	1326.6	1785.5	2449.1	3432.8	5431.6
#文化娱乐用品	451.9	144.7	118.0	209.6	284.9	404.8	565.4	793.4	1187.2
医疗保健	1063.7	548.3	466.5	669.6	832.9	1096.0	1248.9	1580.0	1951.1
其他	657.1	172.1	129.2	265.0	371.1	529.9	800.4	1169.4	2125.7
现金消费支出构成　(%)	100.0	100.0	100.0	100.0	100.0	100.0	100.0	100.0	100.0
食品	36.2	45.3	46.8	43.2	40.9	38.6	35.8	33.2	27.4
衣着	10.9	9.7	9.3	10.9	11.5	11.2	11.2	10.7	10.4
居住	8.9	11.4	11.9	9.6	9.4	8.8	8.6	8.4	8.3
家庭设备及用品	6.7	5.6	5.2	5.9	6.2	6.6	6.8	7.1	7.5
交通通信	14.7	8.3	7.8	9.9	11.3	13.1	14.9	16.7	21.2
文教娱乐	12.2	9.9	9.6	10.8	10.8	11.4	12.4	13.3	14.4
医疗保健	6.4	7.5	7.3	7.0	6.8	7.0	6.3	6.1	5.2
其他	3.9	2.4	2.0	2.8	3.0	3.4	4.0	4.5	5.6

(二)农村住户调查分组综合数据

4-1-2-1　2005年农村居民家庭基本情况

指　　标	单　位	低收入户(20%)	中等偏下户(20%)	中等收入户(20%)	中等偏上户(20%)	高收入户(20%)
一、常住人口	人/户	4.6	4.3	4.1	3.9	3.5
二、劳动力人数	人/户	2.9	2.9	2.8	2.8	2.6
劳动力负担人口	人/劳动力	1.6	1.5	1.4	1.4	1.3
三、劳动力文化程度						
1.文盲或半文盲	%	11.2	7.8	6.1	4.9	3.9
2.小学程度	%	32.4	28.9	27.2	24.5	22.5
3.初中程度	%	47.9	52.3	54.0	55.1	52.0
4.高中程度	%	7.0	8.6	9.8	11.7	14.7
5.中专程度	%	1.1	1.7	2.1	2.8	4.2
6.大专及以上	%	0.4	0.7	0.8	1.0	2.6
四、年末生产性						
固定资产原值	元/户	7039.1	5851.0	6116.5	6769.4	10001.7
五、年内新建房屋面积	平方米/人	0.6	0.7	0.8	0.9	1.1
#砖木结构面积	平方米/人	0.3	0.3	0.3	0.3	0.3
六、年内新建房屋价值	元/平方米	316.3	311.0	322.2	351.4	530.6
七、年末居住住房面积	平方米/人	22.3	25.6	28.9	32.6	42.1
#砖木结构面积	平方米/人	10.5	12.3	14.7	16.1	18.3
八、年末居住住房价值	元/平方米	195.9	209.4	228.3	269.3	392.8
九、经营耕地面积	亩/人	1.9	1.9	2.1	2.3	2.3
十、经营山地面积	亩/人	0.3	0.3	0.3	0.3	0.3
十一、主要食品消费量						
粮食	公斤/人	197.8	205.2	212.0	216.2	216.1
蔬菜及制品	公斤/人	81.8	97.8	106.1	112.9	118.5
食用油	公斤/人	4.0	4.4	4.9	5.3	6.4
食糖	公斤/人	0.9	1.1	1.1	1.2	1.4
卷烟	盒/人	18.1	21.7	24.3	28.3	35.3
水果	公斤/人	8.3	10.1	11.6	13.9	17.8
猪肉	公斤/人	13.0	14.6	17.2	16.2	17.9
牛羊肉	公斤/人	1.4	1.2	1.3	1.4	2.2
奶及奶制品	公斤/人	2.2	2.2	2.5	2.9	5.1
禽类	公斤/人	2.1	2.9	3.6	4.3	6.2
蛋及蛋制品	公斤/人	2.7	3.8	4.7	5.5	7.5
水产品	公斤/人	2.1	3.1	4.3	6.0	10.6

注:收入等级为按农村居民户的人均纯收入五等份分组。

4-1-2-1 续表 1 单位：元/人

指　　标	低收入户(20%)	中等偏下户(20%)	中等收入户(20%)	中等偏上户(20%)	高收入户(20%)
一、收入					
1. 总收入	2090.0	3024.4	4022.7	5453.6	10210.6
(1)工资性收入	321.7	672.2	1043.1	1538.8	3097.0
(2)家庭经营收入	1655.1	2194.4	2769.7	3616.8	6326.9
(3)财产性收入	21.9	32.3	46.4	80.9	304.0
(4)转移性收入	91.3	125.5	163.4	217.1	482.7
2. 纯收入	1067.2	2018.3	2851.0	4003.3	7747.4
(1)工资性收入	321.7	672.2	1043.1	1538.8	3097.0
(2)家庭经营收入	662.6	1230.7	1651.9	2231.0	3965.8
(3)财产性收入	21.9	32.3	46.4	80.9	304.0
(4)转移性收入	61.0	83.1	109.5	152.6	380.5
3. 现金收入	1538.8	2312.4	3266.3	4659.4	9408.7
(1)工资性收入	321.4	671.6	1042.3	1537.4	3092.2
(2)家庭经营收入	1115.6	1498.0	2033.3	2849.7	5574.5
(3)财产性收入	13.4	21.4	31.3	59.2	273.2
(4)转移性收入	88.3	121.3	159.3	213.1	468.8
二、支出					
1. 总支出	2647.0	3036.3	3652.6	4561.2	7515.0
(1)家庭经营费用支出	882.2	865.9	1007.6	1251.9	2144.7
(2)购置生产性固定资产支出	92.7	102.8	108.0	147.1	226.8
(3)税费支出	7.8	8.0	10.9	16.9	24.7
(4)消费支出	1548.3	1913.1	2327.7	2879.1	4593.0
(5)财产性支出	10.2	10.2	15.8	22.8	58.6
(6)转移性支出	105.8	136.3	182.6	243.6	467.1
2. 现金支出	2110.6	2466.2	3057.9	3986.3	6996.6
(1)家庭经营费用支出	731.8	722.9	870.6	1118.6	2027.6
(2)购置生产性固定资产支出	92.7	102.8	108.0	147.1	226.8
(3)税费支出	7.4	7.9	10.8	16.8	24.6
(4)消费支出	1163.2	1486.9	1871.0	2438.8	4195.9
(5)财产性支出	10.2	10.2	15.8	22.8	58.6
(6)转移性支出	105.3	135.5	181.6	242.3	463.1

4-1-2-1　续表 2　　　　单位：元/人

指　　标	低收入户(20%)	中等偏下户(20%)	中等收入户(20%)	中等偏上户(20%)	高收入户(20%)
三、消费支出					
1. 消费支出	1548.3	1913.1	2327.7	2879.1	4593.0
食品	796.3	950.1	1120.9	1297.3	1807.6
衣着	88.0	108.7	132.4	167.5	276.2
居住	205.9	249.8	313.2	411.5	758.2
家庭设备及用品	59.6	76.2	95.8	127.6	224.1
交通通信	111.2	153.7	207.0	281.5	539.4
文教娱乐	155.5	209.4	262.2	345.2	571.5
医疗保健	106.4	128.5	148.1	183.5	305.1
其他	25.4	36.6	48.2	65.0	111.1
2. 现金消费支出	1163.2	1486.9	1871.0	2438.8	4195.9
食品	435.0	553.8	697.0	888.1	1440.1
衣着	87.2	108.0	131.9	166.9	275.7
居住	183.7	221.4	282.2	381.6	729.5
家庭设备及用品	59.0	75.7	94.8	127.4	224.0
交通通信	111.2	153.7	207.0	281.5	539.4
文教娱乐	155.5	209.4	262.2	345.2	571.5
医疗保健	106.4	128.5	148.1	183.5	305.1
其他	25.2	36.2	47.9	64.5	110.6
3. 现金消费支出占					
消费支出比重(%)	75.1	77.7	80.4	84.7	91.4
食品	54.6	58.3	62.2	68.5	79.7
衣着	99.1	99.4	99.6	99.6	99.8
居住	89.2	88.6	90.1	92.8	96.2
家庭设备及用品	98.9	99.3	98.9	99.9	100.0
交通通信	100.0	100.0	100.0	100.0	100.0
文教娱乐	100.0	100.0	100.0	100.0	100.0
医疗保健	100.0	100.0	100.0	100.0	100.0
其他	98.9	99.1	99.4	99.2	99.6

4-1-2-2 2006年农村居民家庭基本情况

指 标	单 位	低收入户(20%)	中等偏下户(20%)	中等收入户(20%)	中等偏上户(20%)	高收入户(20%)
一、常住人口	人/户	4.6	4.3	4.1	3.8	3.5
二、劳动力人数	人/户	3.0	2.9	2.9	2.8	2.6
劳动力负担人口	人/劳动力	1.5	1.5	1.4	1.4	1.3
三、劳动力文化程度						
1.文盲或半文盲	%	10.4	7.7	6.1	4.7	3.7
2.小学程度	%	31.9	28.0	25.7	23.5	22.0
3.初中程度	%	48.5	53.2	54.6	55.7	52.3
4.高中程度	%	7.3	8.8	10.5	11.9	14.7
5.中专程度	%	1.3	1.6	2.1	2.8	4.3
6.大专及以上	%	0.5	0.6	1.0	1.4	3.0
四、年末生产性						
固定资产原值	元/户	7431.4	6047.9	6368.4	7476.3	10864.9
五、年内新建(购)住房面积	平方米/人	0.6	0.6	0.8	1.0	1.4
#砖木结构面积	平方米/人	0.2	0.2	0.2	0.3	0.4
六、年内新建住房价值	元/平方米	330.4	329.3	355.9	381.0	496.4
七、年末居住住房面积	平方米/人	22.8	26.5	29.9	33.7	43.9
#砖木结构面积	平方米/人	10.6	13.1	15.2	16.5	18.8
八、年末居住住房价值	元/平方米	200.6	218.6	243.6	280.5	441.7
九、经营耕地面积	亩/人	2.0	1.9	2.1	2.4	2.2
十、经营山地面积	亩/人	0.3	0.3	0.3	0.3	0.3
十一、主要食品消费量						
粮食	公斤/人	191.3	202.7	208.9	215.0	214.0
蔬菜及制品	公斤/人	82.0	96.5	103.4	111.2	115.0
食用油	公斤/人	4.7	5.3	5.9	6.5	7.3
食糖	公斤/人	0.9	1.0	1.1	1.1	1.3
卷烟	盒/人	17.2	21.2	24.5	27.6	35.7
水果	公斤/人	7.9	9.8	11.5	13.7	18.1
猪肉	公斤/人	13.3	14.6	15.2	16.4	18.6
牛羊肉	公斤/人	1.4	1.2	1.3	1.7	2.3
奶及奶制品	公斤/人	2.1	2.2	2.7	3.3	6.0
禽类	公斤/人	2.0	2.7	3.4	4.2	5.9
蛋及蛋制品	公斤/人	3.0	4.0	5.1	5.9	7.9
水产品	公斤/人	2.1	3.1	4.3	6.1	11.0

4-1-2-2 续表 1　　单位：元/人

指　　标	低收入户(20%)	中等偏下户(20%)	中等收入户(20%)	中等偏上户(20%)	高收入户(20%)
一、收入					
1. 总收入	2244.7	3248.6	4346.8	6002.9	11066.2
(1)工资性收入	386.0	814.1	1230.5	1807.0	3495.2
(2)家庭经营收入	1726.8	2252.0	2877.5	3846.8	6647.5
(3)财产性收入	19.9	32.6	51.8	91.1	359.4
(4)转移性收入	111.9	149.8	186.9	258.1	564.1
2. 纯收入	1182.5	2222.0	3148.5	4446.6	8474.8
(1)工资性收入	386.0	814.1	1230.5	1807.0	3495.2
(2)家庭经营收入	698.9	1265.7	1731.3	2356.5	4172.0
(3)财产性收入	19.9	32.6	51.8	91.1	359.4
(4)转移性收入	77.7	109.5	134.8	192.1	448.2
3. 现金收入	1658.7	2544.9	3588.9	5190.2	10275.3
(1)工资性收入	385.8	813.9	1229.8	1806.1	3491.6
(2)家庭经营收入	1150.2	1563.7	2139.4	3062.1	5903.0
(3)财产性收入	13.5	19.9	36.3	68.6	329.1
(4)转移性收入	109.1	147.4	183.4	253.4	551.6
二、支出					
1. 总支出	2771.3	3172.6	3941.7	5068.1	8368.6
(1)家庭经营费用支出	913.8	886.2	1032.8	1347.7	2243.1
(2)购置生产性固定资产支出	110.8	85.1	111.0	168.7	231.0
(3)税费支出	6.0	6.8	9.4	12.5	22.8
(4)消费支出	1624.7	2039.1	2567.9	3230.4	5276.7
(5)财产性支出	10.5	12.9	13.0	28.7	44.2
(6)转移性支出	105.5	142.6	207.6	280.3	550.7
2. 现金支出	2224.4	2603.4	3373.6	4498.3	7860.3
(1)家庭经营费用支出	753.6	738.5	895.6	1220.1	2132.8
(2)购置生产性固定资产支出	110.8	85.1	111.0	168.7	231.0
(3)税费支出	5.9	6.7	9.4	12.5	22.7
(4)消费支出	1239.0	1618.8	2138.3	2790.1	4883.4
(5)财产性支出	10.5	12.9	13.0	28.7	44.2
(6)转移性支出	104.6	141.4	206.4	278.4	546.2

4-1-2-2 续表 2 单位：元/人

指 标	低收入户(20%)	中等偏下户(20%)	中等收入户(20%)	中等偏上户(20%)	高收入户(20%)
三、消费支出					
1. 消费支出	1624.7	2039.1	2567.9	3230.4	5276.7
食品	805.3	979.8	1154.8	1367.8	1965.7
衣着	94.4	118.2	150.0	193.7	320.7
居住	237.2	296.4	406.6	517.9	1011.6
家庭设备及用品	63.9	85.8	110.1	147.5	256.8
交通通信	129.1	178.4	243.3	348.0	626.5
文教娱乐	146.4	202.1	272.9	371.6	608.6
医疗保健	117.5	137.2	173.2	209.5	359.0
其他	30.8	41.2	57.1	74.3	127.8
2. 现金消费支出	1239.0	1618.8	2138.3	2790.1	4883.4
食品	445.8	590.7	758.5	965.3	1605.2
衣着	93.7	117.5	149.4	193.0	320.0
居住	212.4	266.5	374.6	481.6	980.0
家庭设备及用品	63.4	85.4	109.5	147.0	256.3
交通通信	129.1	178.4	243.3	348.0	626.5
文教娱乐	146.4	202.1	272.9	371.6	608.6
医疗保健	117.5	137.2	173.2	209.5	359.0
其他	30.6	41.0	56.9	74.1	127.6
3. 现金消费支出占					
消费支出比重(%)	76.3	79.4	83.3	86.4	92.5
食品	55.4	60.3	65.7	70.6	81.7
衣着	99.2	99.4	99.6	99.6	99.8
居住	89.6	89.9	92.1	93.0	96.9
家庭设备及用品	99.2	99.5	99.5	99.7	99.8
交通通信	100.0	100.0	100.0	100.0	100.0
文教娱乐	100.0	100.0	100.0	100.0	100.0
医疗保健	100.0	100.0	100.0	100.0	100.0
其他	99.3	99.6	99.7	99.7	99.8

4-1-2-3　2007年农村居民家庭基本情况

指　　标	单　位	低收入户(20%)	中等偏下户(20%)	中等收入户(20%)	中等偏上户(20%)	高收入户(20%)
一、常住人口	人/户	4.6	4.3	4.0	3.8	3.4
二、劳动力人数	人/户	3.0	3.0	2.9	2.8	2.6
劳动力负担人口	人/劳动力	1.5	1.5	1.4	1.4	1.3
三、劳动力文化程度						
1.文盲或半文盲	%	9.8	7.4	5.9	4.6	3.5
2.小学程度	%	30.9	27.6	24.8	23.4	21.2
3.初中程度	%	49.5	53.2	55.0	54.9	52.0
4.高中程度	%	7.9	9.2	10.9	12.5	15.2
5.中专程度	%	1.4	1.7	2.3	3.0	4.6
6.大专及以上	%	0.6	0.8	1.1	1.5	3.6
四、年末生产性						
固定资产原值	元/户	7949.5	6996.0	7213.4	8061.5	11725.5
五、年内新建(购)住房面积	平方米/人	0.6	0.8	1.0	1.1	1.6
#砖木结构面积	平方米/人	0.2	0.2	0.3	0.3	0.4
六、年内新建住房价值	元/平方米	393.3	406.0	414.6	461.5	655.4
七、年末居住住房面积	平方米/人	23.6	27.2	30.9	34.8	45.3
#砖木结构面积	平方米/人	11.0	13.4	15.2	16.5	19.3
八、年末居住住房价值	元/平方米	221.8	237.0	261.6	305.7	485.2
九、经营耕地面积	亩/人	2.0	2.0	2.1	2.3	2.4
十、经营山地面积	亩/人	0.3	0.3	0.3	0.3	0.3
十一、主要食品消费量						
粮食	公斤/人	185.3	196.4	204.0	208.5	207.0
蔬菜及制品	公斤/人	78.2	93.2	102.2	110.7	117.4
食用油	公斤/人	4.7	5.3	6.1	6.6	7.6
食糖	公斤/人	0.9	1.0	1.0	1.1	1.3
卷烟	盒/人	17.3	21.2	23.6	27.9	35.2
水果	公斤/人	8.9	10.8	12.7	14.7	20.1
猪肉	公斤/人	11.5	12.7	13.1	14.4	16.0
牛羊肉	公斤/人	1.3	1.2	1.3	1.6	2.3
奶及奶制品	公斤/人	2.4	2.6	3.1	3.8	6.4
禽类	公斤/人	2.3	3.0	3.8	4.7	6.3
蛋及蛋制品	公斤/人	2.7	3.8	4.7	5.6	7.5
水产品	公斤/人	2.3	3.5	4.8	6.4	11.3

4-1-2-3 续表 1

单位：元/人

指　　标	低收入户(20%)	中等偏下户(20%)	中等收入户(20%)	中等偏上户(20%)	高收入户(20%)
一、收入					
1. 总收入	2554.6	3718.4	5042.3	6797.5	12926.9
(1)工资性收入	447.3	969.8	1450.1	2142.0	3930.4
(2)家庭经营收入	1941.6	2521.6	3299.0	4220.9	7865.0
(3)财产性收入	29.9	47.7	65.9	115.9	451.5
(4)转移性收入	135.8	179.3	227.3	318.8	680.0
2. 纯收入	1346.9	2581.7	3658.8	5129.8	9790.7
(1)工资性收入	447.3	969.8	1450.1	2142.0	3930.4
(2)家庭经营收入	768.4	1428.4	1978.0	2635.7	4857.1
(3)财产性收入	29.9	47.7	65.9	115.9	451.5
(4)转移性收入	101.3	135.9	164.9	236.3	551.7
3. 现金收入	1891.0	2913.8	4163.7	5865.6	11993.4
(1)工资性收入	446.9	969.5	1449.7	2141.1	3927.1
(2)家庭经营收入	1293.5	1742.7	2453.2	3330.2	6996.9
(3)财产性收入	18.4	25.6	38.0	81.4	404.4
(4)转移性收入	132.2	175.9	222.8	312.9	665.1
二、支出					
1. 总支出	3170.1	3625.1	4526.0	5636.7	9811.7
(1)家庭经营费用支出	1051.2	977.6	1191.9	1431.6	2751.5
(2)购置生产性固定资产支出	106.5	90.4	117.0	144.8	312.2
(3)税费支出	6.1	7.4	10.4	12.5	26.6
(4)消费支出	1850.6	2357.9	2938.5	3682.7	5994.4
(5)财产性支出	12.2	14.3	19.6	31.8	65.1
(6)转移性支出	143.5	177.4	248.7	333.2	661.9
2. 现金支出	2573.0	3010.5	3906.5	5018.4	9243.2
(1)家庭经营费用支出	879.5	826.8	1050.8	1301.7	2625.4
(2)购置生产性固定资产支出	106.5	90.4	117.0	144.8	312.2
(3)税费支出	5.8	7.3	10.1	12.3	26.2
(4)消费支出	1426.3	1895.2	2461.6	3196.3	5558.8
(5)财产性支出	12.2	14.3	19.6	31.8	65.1
(6)转移性支出	142.6	176.4	247.5	331.5	655.5

4-1-2-3 续表 2 单位：元/人

指　　标	低收入户 (20%)	中等偏下户 (20%)	中等收入户 (20%)	中等偏上户 (20%)	高收入户 (20%)
三、消费支出					
1. 消费支出	1850.6	2357.9	2938.5	3682.7	5994.4
食品	932.2	1128.5	1326.6	1572.0	2203.0
衣着	111.0	139.2	176.8	221.6	361.3
居住	285.6	374.1	495.6	645.3	1227.7
家庭设备及用品	74.5	99.3	133.8	176.8	299.9
交通通信	143.7	207.5	285.0	385.3	717.9
文教娱乐	144.9	197.2	263.3	355.0	654.6
医疗保健	124.8	162.7	192.8	238.8	374.2
其他	34.0	49.5	64.5	87.9	155.8
2. 现金消费支出	1426.3	1895.2	2461.6	3196.3	5558.8
食品	535.9	699.1	888.4	1126.9	1804.3
衣着	110.4	138.2	175.7	220.8	360.5
居住	259.1	342.5	458.7	605.4	1192.2
家庭设备及用品	73.8	98.8	133.5	176.6	299.5
交通通信	143.7	207.5	285.0	385.3	717.9
文教娱乐	144.9	197.2	263.3	355.0	654.6
医疗保健	124.8	162.7	192.8	238.8	374.2
其他	33.7	49.2	64.2	87.6	155.5
3. 现金消费支出占					
消费支出比重(%)	77.1	80.4	83.8	86.8	92.7
食品	57.5	62.0	67.0	71.7	81.9
衣着	99.5	99.3	99.3	99.6	99.8
居住	90.7	91.5	92.5	93.8	97.1
家庭设备及用品	99.1	99.6	99.8	99.8	99.9
交通通信	100.0	100.0	100.0	100.0	100.0
文教娱乐	100.0	100.0	100.0	100.0	100.0
医疗保健	100.0	100.0	100.0	100.0	100.0
其他	99.1	99.5	99.6	99.6	99.8

4-1-2-4　2008年农村居民家庭基本情况

指　　标	单　位	低收入户(20%)	中等偏下户(20%)	中等收入户(20%)	中等偏上户(20%)	高收入户(20%)
一、常住人口	人/户	4.5	4.3	4.1	3.8	3.4
二、劳动力人数	人/户	3.0	3.0	2.9	2.8	2.6
劳动力负担人口	人/劳动力	1.5	1.4	1.4	1.4	1.3
三、劳动力文化程度						
1.文盲或半文盲	%	9.3	7.2	5.7	4.5	3.6
2.小学程度	%	29.7	27.5	24.6	22.9	21.0
3.初中程度	%	50.4	52.7	54.9	54.9	51.2
4.高中程度	%	8.4	9.9	11.1	12.8	15.5
5.中专程度	%	1.5	1.8	2.4	3.2	4.7
6.大专及以上	%	0.6	0.9	1.3	1.8	4.1
四、年末生产性						
固定资产原值	元/户	8811.1	7294.4	7626.7	8911.0	12631.4
五、年内新建(购)住房面积	平方米/人	0.7	0.8	1.0	1.1	1.6
#砖木结构面积	平方米/人	0.2	0.3	0.3	0.3	0.4
六、年内新建住房价值	元/平方米	486.8	458.0	466.9	511.8	676.8
七、年末居住住房面积	平方米/人	24.4	27.7	31.5	35.6	46.7
#砖木结构面积	平方米/人	11.3	13.4	14.9	16.9	19.4
八、年末居住住房价值	元/平方米	238.6	254.7	283.6	325.9	504.8
九、经营耕地面积	亩/人	1.9	2.0	2.2	2.5	2.4
十、经营山地面积	亩/人	0.3	0.3	0.3	0.3	0.3
十一、主要食品消费量						
粮食	公斤/人	184.4	206.6	199.5	202.7	204.7
蔬菜及制品	公斤/人	86.1	96.9	98.6	107.8	113.9
食用油	公斤/人	4.9	5.6	6.3	7.1	7.9
食糖	公斤/人	0.9	1.0	1.1	1.2	1.4
卷烟	盒/人	17.4	20.6	23.4	27.8	34.5
水果	公斤/人	9.2	10.8	12.5	14.6	19.1
猪肉	公斤/人	10.9	11.5	12.3	13.7	15.8
牛羊肉	公斤/人	1.1	1.1	1.1	1.4	2.0
奶及奶制品	公斤/人	2.4	2.9	3.1	3.6	5.6
禽类	公斤/人	2.7	3.4	4.3	5.2	7.0
蛋及蛋制品	公斤/人	3.3	4.5	5.5	6.4	8.4
水产品	公斤/人	2.3	3.3	4.8	6.6	10.8

4-1-2-4 续表 1

单位：元/人

指 标	低收入户(20%)	中等偏下户(20%)	中等收入户(20%)	中等偏上户(20%)	高收入户(20%)
一、收入					
1. 总收入	3072.3	4264.1	5764.9	7930.9	14895.4
(1)工资性收入	528.7	1095.2	1686.7	2494.8	4525.1
(2)家庭经营收入	2310.0	2858.4	3661.9	4861.6	8983.6
(3)财产性收入	30.7	45.9	81.5	132.9	534.3
(4)转移性收入	202.9	264.6	334.8	441.5	852.3
2. 纯收入	1499.8	2935.0	4203.1	5928.6	11290.2
(1)工资性收入	528.7	1095.2	1686.7	2494.8	4525.1
(2)家庭经营收入	781.2	1580.1	2169.3	2945.4	5512.6
(3)财产性收入	30.7	45.9	81.5	132.9	534.3
(4)转移性收入	159.3	213.7	265.6	355.4	718.2
3. 现金收入	2278.9	3329.7	4753.7	6857.0	13845.0
(1)工资性收入	527.9	1093.6	1684.7	2491.4	4515.7
(2)家庭经营收入	1530.0	1945.8	2680.3	3825.8	8000.1
(3)财产性收入	23.6	30.9	59.5	105.6	494.5
(4)转移性收入	197.4	259.5	329.1	434.3	834.7
二、支出					
1. 总支出	3839.1	4167.3	5099.3	6563.4	11215.5
(1)家庭经营费用支出	1393.1	1157.8	1358.5	1746.2	3195.7
(2)购置生产性固定资产支出	120.9	119.6	130.7	168.7	299.5
(3)税费支出	6.4	7.8	9.2	12.3	25.6
(4)消费支出	2144.8	2652.8	3286.4	4191.2	6853.7
(5)财产性支出	15.1	20.6	25.4	38.8	69.4
(6)转移性支出	158.7	208.5	289.2	406.3	771.7
2. 现金支出	3187.4	3509.0	4434.5	5888.9	10577.6
(1)家庭经营费用支出	1214.0	1002.5	1218.0	1600.9	3054.1
(2)购置生产性固定资产支出	120.9	119.6	130.7	168.7	299.5
(3)税费支出	6.4	7.8	9.2	12.2	25.6
(4)消费支出	1674.0	2151.9	2763.8	3665.0	6364.4
(5)财产性支出	15.1	20.6	25.4	38.8	69.4
(6)转移性支出	157.0	206.6	287.4	403.3	764.6

4-1-2-4 续表 2 单位：元/人

指 标	低收入户(20%)	中等偏下户(20%)	中等收入户(20%)	中等偏上户(20%)	高收入户(20%)
三、消费支出					
1. 消费支出	2144.8	2652.8	3286.4	4191.2	6853.7
食品	1088.4	1293.7	1527.0	1815.7	2521.5
衣着	121.6	149.3	192.2	247.6	397.0
居住	348.2	428.3	538.8	764.2	1518.7
家庭设备及用品	88.2	122.6	155.3	205.3	343.0
交通通信	168.3	224.3	302.4	410.7	806.1
文教娱乐	147.0	194.6	277.1	383.5	662.2
医疗保健	145.9	187.3	224.2	273.5	451.5
其他	37.0	52.7	69.6	90.7	153.7
2. 现金消费支出	1674.0	2151.9	2763.8	3665.0	6364.4
食品	645.1	826.1	1043.2	1332.3	2082.3
衣着	121.2	148.2	191.6	246.8	396.1
居住	321.5	396.5	500.8	722.7	1470.2
家庭设备及用品	87.9	122.2	155.0	204.8	342.4
交通通信	168.3	224.3	302.4	410.7	806.1
文教娱乐	147.0	194.6	277.1	383.5	662.2
医疗保健	145.9	187.3	224.2	273.5	451.5
其他	37.0	52.7	69.6	90.7	153.7
3. 现金消费支出占					
消费支出比重(%)	78.0	81.1	84.1	87.4	92.9
食品	59.3	63.9	68.3	73.4	82.6
衣着	99.7	99.3	99.7	99.7	99.7
居住	92.3	92.6	93.0	94.6	96.8
家庭设备及用品	99.6	99.7	99.8	99.8	99.8
交通通信	100.0	100.0	100.0	100.0	100.0
文教娱乐	100.0	100.0	100.0	100.0	100.0
医疗保健	100.0	100.0	100.0	100.0	100.0
其他	100.0	100.0	100.0	100.0	100.0

4-1-2-5 2009年农村居民家庭基本情况

指　标	单　位	低收入户(20%)	中等偏下户(20%)	中等收入户(20%)	中等偏上户(20%)	高收入户(20%)
一、常住人口	人/户	4.5	4.3	4.0	3.7	3.4
二、劳动力人数	人/户	3.0	3.0	2.9	2.8	2.6
劳动力负担人口	人/劳动力	1.5	1.4	1.4	1.3	1.3
三、劳动力文化程度						
1.文盲或半文盲	%	9.1	6.8	5.5	4.5	3.4
2.小学程度	%	29.4	26.3	24.6	22.4	19.8
3.初中程度	%	50.3	53.8	54.1	54.5	50.7
4.高中程度	%	8.6	10.0	11.7	12.9	16.1
5.中专程度	%	1.7	2.0	2.7	3.4	5.0
6.大专及以上	%	0.9	1.1	1.5	2.3	5.1
四、年末生产性						
固定资产原值	元/户	9630.1	8014.2	8377.9	9490.9	14339.8
五、年内新建(购)住房面积	平方米/人	0.9	1.0	1.2	1.3	1.8
#砖木结构面积	平方米/人	0.3	0.3	0.3	0.3	0.3
六、年内新建住房价值	元/平方米	548.1	546.4	544.7	620.2	780.0
七、年末居住住房面积	平方米/人	25.3	29.0	32.3	37.3	47.9
#砖木结构面积	平方米/人	11.7	13.6	15.1	17.0	19.4
八、年末居住住房价值	元/平方米	255.6	278.7	306.7	351.2	544.8
九、经营耕地面积	亩/人	2.0	2.0	2.2	2.5	2.7
十、经营山地面积	亩/人	0.3	0.4	0.4	0.3	0.3
十一、主要食品消费量						
粮食	公斤/人	179.8	186.7	191.3	195.1	196.1
蔬菜及制品	公斤/人	76.9	87.9	97.2	105.2	134.7
食用油	公斤/人	5.0	5.6	6.3	6.9	8.0
食糖	公斤/人	0.9	1.0	1.1	1.1	1.3
卷烟	盒/人	17.6	20.6	23.5	28.0	34.9
水果	公斤/人	9.9	11.5	13.1	15.2	19.6
猪肉	公斤/人	11.8	12.9	13.6	15.0	17.4
牛羊肉	公斤/人	1.2	1.1	1.2	1.4	2.1
奶及奶制品	公斤/人	2.4	3.4	3.0	3.9	5.7
禽类	公斤/人	2.6	3.4	4.2	5.1	6.7
蛋及蛋制品	公斤/人	3.4	4.4	5.2	6.4	8.0
水产品	公斤/人	2.2	3.4	4.6	6.4	11.1

4-1-2-5 续表 1

单位：元/人

指 标	低收入户(20%)	中等偏下户(20%)	中等收入户(20%)	中等偏上户(20%)	高收入户(20%)
一、收入					
1. 总收入	3151.6	4431.4	6057.3	8488.0	16006.5
(1)工资性收入	561.8	1201.1	1865.6	2805.4	4993.7
(2)家庭经营收入	2322.1	2867.5	3714.5	4997.2	9314.7
(3)财产性收入	25.8	49.6	86.3	144.1	629.7
(4)转移性收入	241.9	313.2	391.0	541.2	1068.4
2. 纯收入	1549.3	3110.1	4502.1	6467.6	12319.1
(1)工资性收入	561.8	1201.1	1865.6	2805.4	4993.7
(2)家庭经营收入	767.3	1608.0	2238.3	3081.1	5778.6
(3)财产性收入	25.8	49.6	86.3	144.1	629.7
(4)转移性收入	194.3	251.5	312.0	436.9	917.1
3. 现金收入	2508.7	3607.6	5165.7	7559.2	15012.0
(1)工资性收入	561.3	1199.5	1863.9	2801.2	4982.5
(2)家庭经营收入	1688.2	2063.6	2852.3	4106.3	8396.1
(3)财产性收入	22.4	37.0	67.0	120.3	588.8
(4)转移性收入	236.9	307.5	382.6	531.4	1044.6
二、支出					
1. 总支出	4136.5	4395.8	5391.9	7038.2	12091.2
(1)家庭经营费用支出	1404.5	1128.6	1330.3	1735.5	3230.5
(2)购置生产性固定资产支出	158.5	126.6	158.6	197.5	408.0
(3)税费支出	7.1	5.8	8.0	11.8	20.4
(4)消费支出	2354.9	2870.9	3546.0	4591.8	7485.7
(5)财产性支出	20.7	22.0	30.1	44.9	88.7
(6)转移性支出	190.9	241.8	318.9	456.7	857.9
2. 现金支出	3504.3	3746.8	4740.6	6388.1	11482.6
(1)家庭经营费用支出	1231.3	976.5	1190.8	1603.0	3108.8
(2)购置生产性固定资产支出	158.5	126.6	158.6	197.5	408.0
(3)税费支出	7.0	5.7	7.9	11.8	20.3
(4)消费支出	1898.5	2376.9	3038.1	4081.2	7008.9
(5)财产性支出	20.7	22.0	30.1	44.9	88.7
(6)转移性支出	188.3	239.1	315.0	449.8	848.0

4-1-2-5 续表 2 单位：元/人

指　　标	低收入户(20%)	中等偏下户(20%)	中等收入户(20%)	中等偏上户(20%)	高收入户(20%)
三、消费支出					
1. 消费支出	2354.9	2870.9	3546.0	4591.8	7485.7
食品	1106.8	1317.2	1549.7	1861.7	2601.8
衣着	135.4	164.3	209.5	268.7	436.5
居住	430.5	534.4	655.4	894.6	1731.1
家庭设备及用品	118.0	141.9	178.5	248.0	384.7
交通通信	190.3	240.4	327.7	469.4	910.7
文教娱乐	156.0	210.5	296.1	416.0	722.3
医疗保健	176.5	209.9	256.3	333.7	521.1
其他	41.4	52.4	73.0	99.7	177.5
2. 现金消费支出	1898.5	2376.9	3038.1	4081.2	7008.9
食品	673.7	850.9	1075.7	1389.6	2171.9
衣着	134.7	163.7	208.9	268.2	435.9
居住	408.2	507.5	622.4	856.8	1685.1
家庭设备及用品	117.7	141.6	178.1	247.7	384.3
交通通信	190.3	240.4	327.7	469.4	910.7
文教娱乐	156.0	210.5	296.1	416.0	722.3
医疗保健	176.5	209.9	256.3	333.7	521.1
其他	41.4	52.4	73.0	99.7	177.5
3. 现金消费支出占					
消费支出比重(%)	80.6	82.8	85.7	88.9	93.6
食品	60.9	64.6	69.4	74.6	83.5
衣着	99.5	99.7	99.7	99.8	99.9
居住	94.8	95.0	95.0	95.8	97.3
家庭设备及用品	99.7	99.8	99.8	99.9	99.9
交通通信	100.0	100.0	100.0	100.0	100.0
文教娱乐	100.0	100.0	100.0	100.0	100.0
医疗保健	100.0	100.0	100.0	100.0	100.0
其他	100.0	100.0	100.0	100.0	100.0

4-1-2-6　2010年农村居民家庭基本情况

指　　标	单　位	低收入户(20%)	中等偏下户(20%)	中等收入户(20%)	中等偏上户(20%)	高收入户(20%)
一、常住人口	人/户	4.5	4.2	4.0	3.7	3.3
二、劳动力人数	人/户	3.1	3.0	2.9	2.8	2.6
劳动力负担人口	人/劳动力	1.5	1.4	1.4	1.3	1.3
三、劳动力文化程度						
1.文盲或半文盲	%	8.3	6.6	5.6	4.4	3.3
2.小学程度	%	28.8	26.4	24.0	22.3	19.8
3.初中程度	%	50.8	53.1	54.0	54.0	50.2
4.高中程度	%	9.1	10.4	11.9	13.3	16.3
5.中专程度	%	1.9	2.2	2.7	3.5	4.8
6.大专及以上	%	1.2	1.4	1.8	2.6	5.6
四、年末生产性						
固定资产原值	元/户	10104.7	8537.1	9219.3	10647.9	15022.9
五、年内新建(购)住房面积	平方米/人	0.5	0.6	0.8	0.9	1.3
#砖木结构面积	平方米/人	0.2	0.2	0.2	0.2	0.3
六、年内新建住房价值	元/平方米	576.5	566.8	632.0	654.6	843.7
七、年末居住住房面积	平方米/人	25.8	29.5	33.2	38.0	47.9
#砖木结构面积	平方米/人	11.9	13.7	15.6	17.0	19.3
八、年末居住住房价值	元/平方米	280.0	303.7	338.4	377.7	601.3
九、经营耕地面积	亩/人	1.9	2.1	2.2	2.6	2.8
十、经营山地面积	亩/人	0.4	0.4	0.3	0.4	0.3
十一、主要食品消费量						
粮食	公斤/人	172.2	179.7	182.4	188.8	186.8
蔬菜及制品	公斤/人	76.9	88.2	95.1	103.0	109.2
食用油	公斤/人	5.0	5.7	6.4	7.1	7.9
食糖	公斤/人	0.9	1.0	1.0	1.0	1.4
卷烟	盒/人	17.0	20.4	23.6	27.1	34.9
水果	公斤/人	8.9	10.8	12.1	14.2	18.3
猪肉	公斤/人	12.2	13.2	14.2	15.6	17.7
牛羊肉	公斤/人	1.3	1.1	1.3	1.4	2.1
奶及奶制品	公斤/人	2.7	2.9	3.3	3.8	5.5
禽类	公斤/人	2.7	3.4	4.1	5.0	6.4
蛋及蛋制品	公斤/人	3.2	4.2	5.1	6.0	7.9
水产品	公斤/人	2.3	3.4	4.6	6.3	10.7

4-1-2-6 续表 1 单位：元/人

指　标	低收入户 (20%)	中等偏下户 (20%)	中等收入户 (20%)	中等偏上户 (20%)	高收入户 (20%)
一、收入					
1. 总收入	3566.2	5101.7	6986.4	9702.1	18327.4
(1)工资性收入	675.4	1431.6	2239.5	3289.8	5880.8
(2)家庭经营收入	2576.0	3241.8	4174.9	5618.2	10514.2
(3)财产性收入	44.1	73.3	120.8	185.8	702.1
(4)转移性收入	270.7	355.0	451.3	608.3	1230.3
2. 纯收入	1869.8	3621.2	5221.7	7440.6	14049.7
(1)工资性收入	675.4	1431.6	2239.5	3289.8	5880.8
(2)家庭经营收入	939.4	1828.3	2496.6	3462.2	6419.4
(3)财产性收入	44.1	73.3	120.8	185.8	702.1
(4)转移性收入	210.9	288.0	364.8	502.8	1047.4
3. 现金收入	2721.7	4085.3	5918.8	8553.0	17200.7
(1)工资性收入	674.6	1429.8	2237.7	3286.4	5871.3
(2)家庭经营收入	1747.9	2258.8	3152.0	4533.7	9486.9
(3)财产性收入	35.0	48.7	86.0	137.2	639.8
(4)转移性收入	264.2	348.0	443.1	595.8	1202.8
二、支出					
1. 总支出	4393.8	4933.2	6045.5	7761.1	13482.9
(1)家庭经营费用支出	1482.8	1274.4	1518.6	1953.7	3772.4
(2)购置生产性固定资产支出	135.6	131.1	142.2	210.0	395.3
(3)税费支出	4.7	5.0	6.2	10.8	18.8
(4)消费支出	2535.4	3219.5	3963.8	5025.6	8190.4
(5)财产性支出	22.5	21.1	30.5	55.7	137.5
(6)转移性支出	212.7	282.0	384.2	505.4	968.6
2. 现金支出	3694.4	4227.5	5354.0	7069.6	12863.2
(1)家庭经营费用支出	1298.0	1105.1	1367.4	1809.7	3641.6
(2)购置生产性固定资产支出	135.6	131.1	142.2	210.0	395.3
(3)税费支出	4.7	5.0	6.2	10.7	18.8
(4)消费支出	2022.5	2685.8	3426.3	4482.9	7710.0
(5)财产性支出	22.5	21.1	30.5	55.7	137.5
(6)转移性支出	211.0	279.4	381.4	500.6	960.1

4-1-2-6 续表 2 单位：元/人

指　标	低收入户(20%)	中等偏下户(20%)	中等收入户(20%)	中等偏上户(20%)	高收入户(20%)
三、消费支出					
1. 消费支出	2535.4	3219.5	3963.8	5025.6	8190.4
食品	1236.7	1464.6	1718.0	2047.6	2828.4
衣着	151.2	190.6	239.1	305.2	496.9
居住	417.7	562.2	718.4	934.9	1787.9
家庭设备及用品	120.4	174.0	220.7	276.8	435.1
交通通信	208.6	281.1	372.3	525.5	1073.8
文教娱乐	165.0	235.1	318.0	446.1	782.2
医疗保健	190.3	246.7	295.1	381.0	589.9
其他	45.4	65.0	82.1	108.5	196.1
2. 现金消费支出	2022.5	2685.8	3426.3	4482.9	7710.0
食品	756.4	963.3	1216.3	1543.7	2384.4
衣着	150.8	189.8	238.5	304.3	496.3
居住	385.9	531.4	683.8	897.4	1752.6
家庭设备及用品	120.0	173.3	220.1	276.3	434.8
交通通信	208.6	281.1	372.3	525.5	1073.8
文教娱乐	165.0	235.1	318.0	446.1	782.2
医疗保健	190.3	246.7	295.1	381.0	589.9
其他	45.4	65.0	82.1	108.5	196.0
3. 现金消费支出占					
消费支出比重(%)	79.8	83.4	86.4	89.2	94.1
食品	61.2	65.8	70.8	75.4	84.3
衣着	99.7	99.6	99.8	99.7	99.9
居住	92.4	94.5	95.2	96.0	98.0
家庭设备及用品	99.7	99.6	99.7	99.8	99.9
交通通信	100.0	100.0	100.0	100.0	100.0
文教娱乐	100.0	100.0	100.0	100.0	100.0
医疗保健	100.0	100.0	100.0	100.0	100.0
其他	100.0	100.0	100.0	100.0	100.0

4-1-2-7　2011年农村居民家庭基本情况

指　标	单　位	低收入户(20%)	中等偏下户(20%)	中等收入户(20%)	中等偏上户(20%)	高收入户(20%)
一、常住人口	人/户	4.5	4.2	3.9	3.6	3.2
二、劳动力人数	人/户	3.0	2.9	2.8	2.7	2.5
劳动力负担人口	人/劳动力	1.5	1.5	1.4	1.3	1.3
三、劳动力文化程度						
1.文盲或半文盲	%	8.2	6.3	4.9	4.3	3.2
2.小学程度	%	31.4	28.6	26.7	24.1	20.6
3.初中程度	%	50.3	53.1	54.4	54.6	52.6
4.高中程度	%	7.1	8.1	9.5	11.3	14.0
5.中专程度	%	1.6	2.1	2.4	2.9	4.0
6.大专及以上	%	1.4	1.7	2.1	2.8	5.7
四、年末生产性						
固定资产原值	元/户	17907.7	13289.3	13684.5	13906.1	21574.0
五、年内新建(购)住房面积	平方米/人	1.0	1.2	1.2	1.5	1.7
#砖木结构面积	平方米/人	0.3	0.3	0.3	0.4	0.4
六、年内新建住房价值	元/平方米	769.3	711.7	736.1	756.6	1024.6
七、年末居住住房面积	平方米/人	27.7	31.8	35.7	40.5	49.9
#砖木结构面积	平方米/人	12.2	14.3	16.0	18.0	20.8
八、年末居住住房价值	元/平方米	505.1	529.0	567.5	659.8	1006.5
九、经营耕地面积	亩/人	2.0	1.9	2.2	2.5	3.1
十、经营山地面积	亩/人	0.6	0.5	0.5	0.4	0.4
十一、主要食品消费量						
粮食	公斤/人	165.7	167.2	172.6	176.0	174.1
蔬菜及制品	公斤/人	72.1	83.9	91.5	100.6	105.4
食用油	公斤/人	6.2	6.8	7.5	8.3	9.3
食糖	公斤/人	0.9	0.9	1.0	1.2	1.2
卷烟	盒/人	19.2	22.0	25.9	30.2	38.1
水果	公斤/人	9.8	11.5	13.2	15.9	20.0
猪肉	公斤/人	11.6	13.1	14.4	16.0	18.3
牛羊肉	公斤/人	2.1	1.7	1.6	1.7	2.5
奶及奶制品	公斤/人	4.3	4.8	5.0	5.6	6.5
禽类	公斤/人	3.0	3.7	4.5	5.3	6.9
蛋及蛋制品	公斤/人	3.7	4.6	5.6	6.3	7.4
水产品	公斤/人	2.5	3.6	4.9	6.6	10.8

4-1-2-7 续表 1　　单位：元/人

指　　标	低收入户(20%)	中等偏下户(20%)	中等收入户(20%)	中等偏上户(20%)	高收入户(20%)
一、收入					
1. 总收入	4420.5	6168.2	8462.4	11685.5	22278.2
(1)工资性收入	861.0	1792.2	2739.8	4083.7	6943.6
(2)家庭经营收入	3147.6	3812.3	4980.5	6578.5	13076.7
(3)财产性收入	49.6	84.3	142.4	212.1	791.7
(4)转移性收入	362.4	479.5	599.7	811.3	1466.1
2. 纯收入	2000.5	4255.7	6207.7	8893.6	16783.1
(1)工资性收入	861.0	1792.2	2739.8	4083.7	6943.6
(2)家庭经营收入	824.9	2018.6	2856.7	3947.6	7784.4
(3)财产性收入	49.6	84.3	142.4	212.1	791.7
(4)转移性收入	265.0	360.7	468.7	650.2	1263.3
3. 现金收入	3498.0	5079.5	7227.3	10341.5	20782.5
(1)工资性收入	860.3	1790.6	2737.6	4078.8	6932.6
(2)家庭经营收入	2253.6	2768.4	3806.9	5315.4	11710.9
(3)财产性收入	32.9	53.9	99.8	157.3	709.2
(4)转移性收入	351.1	466.6	583.0	790.0	1429.9
二、支出					
1. 总支出	5988.4	6224.8	7563.0	9486.3	15871.1
(1)家庭经营费用支出	2049.3	1575.5	1882.2	2363.0	4823.6
(2)购置生产性固定资产支出	233.6	182.8	228.0	256.2	476.4
(3)税费支出	7.6	8.7	9.3	12.2	21.9
(4)消费支出	3312.6	3962.3	4817.9	6002.9	9149.6
(5)财产性支出	7.3	9.7	6.8	9.8	32.0
(6)转移性支出	378.0	485.8	618.8	842.1	1367.7
2. 现金支出	5323.7	5557.7	6898.0	8826.0	15253.4
(1)家庭经营费用支出	1870.3	1411.5	1730.3	2212.6	4663.2
(2)购置生产性固定资产支出	233.6	182.8	228.0	256.2	476.4
(3)税费支出	7.6	8.6	9.3	12.2	21.9
(4)消费支出	2829.5	3462.6	4309.4	5501.9	8711.0
(5)财产性支出	7.3	9.7	6.8	9.8	32.0
(6)转移性支出	375.4	482.4	614.2	833.3	1348.9

4-1-2-7 续表 2　　单位：元/人

指　　标	低收入户 (20%)	中等偏下户 (20%)	中等收入户 (20%)	中等偏上户 (20%)	高收入户 (20%)
三、消费支出					
1. 消费支出	3312.6	3962.3	4817.9	6002.9	9149.6
食品	1485.4	1729.9	2010.7	2395.5	3264.4
衣着	208.5	250.4	309.3	400.7	618.4
居住	572.3	677.5	857.0	1086.9	1863.7
家庭设备及用品	172.6	225.3	289.3	373.3	560.2
交通通信	292.0	354.7	476.1	634.1	1144.1
文教娱乐	202.3	267.2	344.3	471.5	815.7
医疗保健	312.6	372.7	421.6	496.6	645.2
其他	66.8	84.7	109.7	144.3	237.9
2. 现金消费支出	2829.5	3462.6	4309.4	5501.9	8711.0
食品	1030.7	1260.0	1534.6	1929.2	2860.5
衣着	208.3	250.1	309.0	400.5	618.1
居住	544.4	648.3	825.1	1052.6	1829.6
家庭设备及用品	172.4	224.9	289.0	373.1	560.0
交通通信	292.0	354.7	476.1	634.1	1144.1
文教娱乐	202.3	267.2	344.3	471.5	815.7
医疗保健	312.6	372.7	421.6	496.6	645.2
其他	66.8	84.7	109.7	144.2	237.9
3. 现金消费支出占					
消费支出比重(%)	85.4	87.4	89.4	91.7	95.2
食品	69.4	72.8	76.3	80.5	87.6
衣着	99.9	99.9	99.9	100.0	99.9
居住	95.1	95.7	96.3	96.8	98.2
家庭设备及用品	99.9	99.8	99.9	100.0	100.0
交通通信	100.0	100.0	100.0	100.0	100.0
文教娱乐	100.0	100.0	100.0	100.0	100.0
医疗保健	100.0	100.0	100.0	100.0	100.0
其他	100.0	100.0	100.0	100.0	100.0

4-1-2-8　2012年农村居民家庭基本情况

指　　标	单　位	低收入户(20%)	中等偏下户(20%)	中等收入户(20%)	中等偏上户(20%)	高收入户(20%)
一、常住人口	人/户	4.4	4.2	4.0	3.6	3.2
二、劳动力人数	人/户	2.9	2.9	2.8	2.7	2.5
劳动力负担人口	人/劳动力	1.5	1.5	1.4	1.3	1.3
三、劳动力文化程度						
1.文盲或半文盲	%	8.0	6.3	4.8	3.9	3.0
2.小学程度	%	30.7	28.5	26.2	23.7	20.3
3.初中程度	%	50.7	52.9	54.0	55.1	52.7
4.高中程度	%	7.3	8.5	9.9	11.1	13.9
5.中专程度	%	1.8	2.0	2.6	3.1	4.0
6.大专及以上	%	1.6	1.8	2.5	3.0	6.2
四、年末生产性						
固定资产原值	元/户	18622.5	13828.5	14340.6	15665.3	22338.3
五、年内新建(购)住房面积	平方米/人	0.7	0.8	0.9	1.3	1.3
#砖木结构面积	平方米/人	0.2	0.3	0.2	0.3	0.2
六、年内新建住房价值	元/平方米	766.7	737.7	774.1	833.8	999.2
七、年末居住住房面积	平方米/人	28.5	32.4	36.4	41.6	51.0
#砖木结构面积	平方米/人	13.1	14.6	16.3	18.2	21.1
八、年末居住住房价值	元/平方米	521.4	543.6	583.4	685.4	1007.3
九、经营耕地面积	亩/人	2.0	2.0	2.3	2.6	3.1
十、经营山地面积	亩/人	0.5	0.5	0.4	0.5	0.5
十一、主要食品消费量						
粮食	公斤/人	159.8	161.4	163.9	169.2	169.2
蔬菜及制品	公斤/人	67.9	78.0	86.3	95.3	103.1
食用油	公斤/人	6.5	7.0	7.7	8.7	9.9
食糖	公斤/人	0.9	1.0	1.8	1.1	1.3
卷烟	盒/人	19.2	22.3	25.2	30.6	37.9
水果	公斤/人	11.3	13.0	15.0	18.0	22.6
猪肉	公斤/人	11.2	13.1	14.4	16.1	18.6
牛肉	公斤/人	1.0	0.9	0.9	1.0	1.4
羊肉	公斤/人	1.0	0.9	0.8	0.8	1.2
奶及奶制品	公斤/人	4.1	4.9	5.2	5.5	7.3
禽类	公斤/人	2.9	3.8	4.4	5.2	6.9
蛋及蛋制品	公斤/人	4.2	5.1	5.9	7.0	8.0
水产品	公斤/人	2.5	3.5	4.8	6.6	11.0

4-1-2-8 续表 1

单位：元/人

指　　标	低收入户(20%)	中等偏下户(20%)	中等收入户(20%)	中等偏上户(20%)	高收入户(20%)
一、收入					
1. 总收入	4878.3	6823.0	9468.6	13171.0	25037.2
(1)工资性收入	993.4	2053.7	3196.4	4789.2	8109.6
(2)家庭经营收入	3400.5	4106.3	5410.2	7185.9	14313.5
(3)财产性收入	52.7	84.8	143.2	236.7	885.3
(4)转移性收入	431.7	578.2	718.8	959.2	1728.8
2. 纯收入	2316.2	4807.5	7041.0	10142.1	19008.9
(1)工资性收入	993.4	2053.7	3196.4	4789.2	8109.6
(2)家庭经营收入	937.7	2216.2	3124.7	4330.4	8500.1
(3)财产性收入	52.7	84.8	143.2	236.7	885.3
(4)转移性收入	332.4	452.7	576.7	785.8	1513.9
3. 现金收入	3948.6	5679.7	8207.6	11851.5	23575.4
(1)工资性收入	992.7	2052.6	3194.3	4784.0	8096.6
(2)家庭经营收入	2497.9	2999.6	4198.5	5935.9	12964.4
(3)财产性收入	40.0	65.0	114.7	199.0	825.8
(4)转移性收入	418.0	562.4	700.1	932.6	1688.5
二、支出					
1. 总支出	6573.3	6859.8	8402.9	10685.4	17718.0
(1)家庭经营费用支出	2176.3	1664.8	2035.0	2558.0	5325.6
(2)购置生产性固定资产支出	215.6	172.7	234.8	269.9	534.3
(3)税费支出	7.0	6.5	8.6	8.6	20.4
(4)消费支出	3742.3	4464.3	5430.3	6924.2	10275.3
(5)财产性支出	3.8	6.4	7.6	7.9	27.9
(6)转移性支出	428.3	545.2	686.7	916.9	1534.5
2. 现金支出	5933.3	6188.5	7738.1	10042.9	17130.6
(1)家庭经营费用支出	2020.4	1515.8	1893.0	2426.2	5194.5
(2)购置生产性固定资产支出	215.6	172.7	234.8	269.9	534.3
(3)税费支出	6.7	6.4	8.6	8.6	20.4
(4)消费支出	3262.1	3946.1	4912.6	6421.3	9836.2
(5)财产性支出	3.8	6.4	7.6	7.9	27.9
(6)转移性支出	424.6	541.1	681.5	909.1	1517.3

4-1-2-8 续表 2 单位：元/人

指　　标	低收入户(20%)	中等偏下户(20%)	中等收入户(20%)	中等偏上户(20%)	高收入户(20%)
三、消费支出					
1. 消费支出	3742.3	4464.3	5430.3	6924.2	10275.3
食品	1620.3	1902.7	2197.4	2672.6	3622.7
衣着	246.1	287.6	358.4	466.1	717.8
居住	637.7	775.2	990.7	1341.2	1952.8
家庭设备及用品	197.4	250.1	319.1	406.7	618.4
交通通信	360.3	412.7	546.9	732.5	1418.8
文教娱乐	230.2	294.2	386.8	533.1	918.9
医疗保健	370.9	439.1	499.1	595.7	737.1
其他	79.4	102.7	131.9	176.4	288.7
2. 现金消费支出	3262.1	3946.1	4912.6	6421.3	9836.2
食品	1173.2	1416.0	1712.2	2203.1	3217.4
衣着	245.9	287.3	358.1	465.8	717.6
居住	605.2	744.2	958.9	1308.4	1919.6
家庭设备及用品	197.1	249.8	318.7	406.4	618.0
交通通信	360.3	412.7	546.9	732.5	1418.8
文教娱乐	230.2	294.2	386.8	533.1	918.9
医疗保健	370.9	439.1	499.1	595.7	737.1
其他	79.4	102.7	131.9	176.3	288.6
3. 现金消费支出占					
消费支出比重(%)	87.2	88.4	90.5	92.7	95.7
食品	72.4	74.4	77.9	82.4	88.8
衣着	99.9	99.9	99.9	99.9	100.0
居住	94.9	96.0	96.8	97.6	98.3
家庭设备及用品	99.9	99.9	99.9	99.9	99.9
交通通信	100.0	100.0	100.0	100.0	100.0
文教娱乐	100.0	100.0	100.0	100.0	100.0
医疗保健	100.0	100.0	100.0	100.0	100.0
其他	99.9	100.0	100.0	100.0	100.0

二、按四大经济区域分组

（一）城镇住户调查分组综合数据

4-2-1-1 2005年东、中、西部及东北地区城镇居民家庭基本情况

指 标	东部地区	中部地区	西部地区	东北地区
调查户数 （户）	22727	10698	13821	7250
平均每户家庭人口 （人）	3.00	2.95	2.96	2.86
平均每户就业人口 （人）	1.58	1.51	1.47	1.40
平均每户就业面 （%）	52.67	51.19	49.66	48.95
平均每一就业者负担人数				
（包括就业者本人） （人）	1.90	1.95	2.01	2.04
平均每人全部年收入 （元）	14584.6	9393.2	9418.4	9295.6
#可支配收入	13374.9	8808.5	8783.2	8730.0
平均每人现金消费支出 （元）	9922.4	6540.9	6963.5	6835.5
食品	3521.3	2491.9	2655.3	2477.7
衣着	860.4	791.4	717.5	806.9
居住	990.4	672.9	692.6	772.8
家庭设备及用品	579.2	372.5	401.3	291.5
交通通信	1472.1	662.1	778.6	692.5
文教娱乐	1438.9	865.5	960.9	822.1
医疗保健	710.6	474.6	521.5	687.2
其他	349.5	209.9	235.9	284.8
平均每人现金消费支出构成（%）				
（人均现金消费支出=100）				
食品	35.5	38.1	38.1	36.2
衣着	8.7	12.1	10.3	11.8
居住	10.0	10.3	9.9	11.3
家庭设备及用品	5.8	5.7	5.8	4.3
交通通信	14.8	10.1	11.2	10.1
文教娱乐	14.5	13.2	13.8	12.0
医疗保健	7.2	7.3	7.5	10.1
其他	3.5	3.2	3.4	4.2

4-2-1-2　2006年东、中、西部及东北地区城镇居民家庭基本情况

指　　标		东部地区	中部地区	西部地区	东北地区
调查户数	（户）	22876	10949	15019	7250
平均每户家庭人口	（人）	2.98	2.92	2.97	2.84
平均每户就业人口	（人）	1.60	1.51	1.52	1.40
平均每户就业面	(%)	53.69	51.71	51.18	49.30
平均每一就业者负担人数					
（包括就业者本人）	（人）	1.86	1.93	1.95	2.03
平均每人全部年收入	（元）	16380.4	10572.9	10443.0	10489.8
#可支配收入		14967.4	9902.3	9728.5	9830.1
平均每人现金消费支出	（元）	10870.5	7260.4	7504.4	7389.8
食　品		3761.9	2703.1	2770.2	2651.2
衣　着		970.1	880.0	818.1	903.1
居　住		1103.8	763.6	756.4	875.9
家庭设备及用品		629.0	420.6	460.9	337.4
交通通信		1678.5	787.8	900.7	757.4
文教娱乐		1597.1	962.6	1021.4	859.3
医疗保健		737.5	509.9	513.9	699.8
其他		392.6	232.8	262.7	305.8
平均每人现金消费支出构成 (%)					
（人均现金消费支出=100）					
食　品		34.6	37.2	36.9	35.9
衣　着		8.9	12.1	10.9	12.2
居　住		10.2	10.5	10.1	11.9
家庭设备及用品		5.8	5.8	6.1	4.6
交通通信		15.4	10.9	12.0	10.2
文教娱乐		14.7	13.3	13.6	11.6
医疗保健		6.8	7.0	6.8	9.5
其他		3.6	3.2	3.5	4.1

4-2-1-3　2007年东、中、西部及东北地区城镇居民家庭基本情况

指　　标	东部地区	中部地区	西部地区	东北地区
调查户数　（户）	24266	10999	16690	7350
平均每户家庭人口　（人）	2.94	2.90	2.91	2.78
平均每户就业人口　（人）	1.58	1.53	1.53	1.42
平均每户就业面　（%）	53.74	52.76	52.58	51.08
平均每一就业者负担人数				
（包括就业者本人）　（人）	1.86	1.90	1.90	1.96
平均每人全部年收入　（元）	18545.0	12392.2	12130.7	12306.2
#可支配收入	16974.2	11634.4	11309.5	11463.3
平均每人现金消费支出　（元）	12126.6	8339.3	8477.5	8669.4
食　品	4249.5	3099.0	3295.5	3120.0
衣　着	1094.7	1010.6	975.4	1045.2
居　住	1176.4	838.8	777.5	975.1
家庭设备及用品	733.1	546.5	512.8	407.5
交通通信	1939.1	896.1	993.2	912.1
文教娱乐	1711.3	1084.8	1039.8	1006.6
医疗保健	796.4	576.8	584.4	830.1
其他	426.2	286.9	298.9	373.0
平均每人现金消费支出构成（%）				
（人均现金消费支出=100）				
食　品	35.0	37.2	38.9	36.0
衣　着	9.0	12.1	11.5	12.1
居　住	9.7	10.1	9.2	11.2
家庭设备及用品	6.0	6.6	6.0	4.7
交通通信	16.0	10.7	11.7	10.5
文教娱乐	14.1	13.0	12.3	11.6
医疗保健	6.6	6.9	6.9	9.6
其他	3.5	3.4	3.5	4.3

4-2-1-4　2008年东、中、西部及东北地区城镇居民家庭基本情况

指　　标		东部地区	中部地区	西部地区	东北地区
调查户数	(户)	28418	10989	17268	8000
平均每户家庭人口	(人)	2.95	2.90	2.92	2.77
平均每户就业人口	(人)	1.53	1.45	1.47	1.37
平均每户就业面	(%)	51.86	50.00	50.34	49.46
平均每一就业者负担人数					
(包括就业者本人)	(人)	1.93	2.00	1.99	2.02
平均每人全部年收入	(元)	20965.5	14061.7	13917.0	14162.0
#可支配收入		19203.5	13225.9	12971.2	13119.7
平均每人现金消费支出	(元)	13434.7	9249.0	9604.0	10038.2
食　品		4928.0	3596.9	3914.0	3724.7
衣　着		1237.3	1083.6	1087.2	1213.8
居　住		1354.4	976.5	891.8	1167.6
家庭设备及用品		834.9	607.3	588.4	503.9
交通通信		1945.5	917.9	1089.9	1039.6
文教娱乐		1761.3	1048.3	1035.1	1050.9
医疗保健		860.7	706.3	664.5	897.8
其他		512.6	312.2	333.3	439.8
平均每人现金消费支出构成	(%)				
(人均现金消费支出=100)					
食　品		36.7	38.9	40.8	37.1
衣　着		9.2	11.7	11.3	12.1
居　住		10.1	10.6	9.3	11.6
家庭设备及用品		6.2	6.6	6.1	5.0
交通通信		14.5	9.9	11.3	10.4
文教娱乐		13.1	11.3	10.8	10.5
医疗保健		6.4	7.6	6.9	8.9
其他		3.8	3.4	3.5	4.4

4-2-1-5　2009年东、中、西部及东北地区城镇居民家庭基本情况

指　　标	东部地区	中部地区	西部地区	东北地区
调查户数　（户）	28418	10989	18099	8000
平均每户家庭人口　（人）	2.93	2.88	2.91	2.75
平均每户就业人口　（人）	1.54	1.45	1.48	1.37
平均每户就业面　（%）	52.56	50.35	50.86	49.82
平均每一就业者负担人数				
（包括就业者本人）　（人）	1.90	1.99	1.97	2.01
平均每人全部年收入　（元）	23153.2	15539.4	15523.0	15842.6
#可支配收入	20953.2	14367.1	14213.5	14324.3
平均每人现金消费支出　（元）	14619.8	10031.1	10642.0	11128.9
食　品	5173.2	3773.7	4111.0	4024.9
衣　着	1349.1	1170.1	1235.8	1378.4
居　住	1433.6	1078.0	989.0	1231.0
家庭设备及用品	939.3	698.6	688.7	573.5
交通通信	2315.2	1068.9	1318.0	1265.9
文教娱乐	1903.4	1140.4	1163.6	1119.0
医疗保健	929.8	753.1	739.6	1029.4
其他	576.0	348.4	396.3	506.9
平均每人现金消费支出构成（%）				
（人均现金消费支出=100）				
食　品	35.4	37.6	38.6	36.2
衣　着	9.2	11.7	11.6	12.4
居　住	9.8	10.7	9.3	11.1
家庭设备及用品	6.4	7.0	6.5	5.2
交通通信	15.8	10.7	12.4	11.4
文教娱乐	13.0	11.4	10.9	10.1
医疗保健	6.4	7.5	7.0	9.2
其他	3.9	3.5	3.7	4.6

4-2-1-6 2010年东、中、西部及东北地区城镇居民家庭基本情况

指 标		东部地区	中部地区	西部地区	东北地区
调查户数	(户)	28419	11090	18100	8000
平均每户家庭人口	(人)	2.91	2.87	2.90	2.72
平均每户就业人口	(人)	1.55	1.44	1.48	1.36
平均每户就业面	(%)	53.26	50.17	51.03	50.00
平均每一就业者负担人数					
(包括就业者本人)	(人)	1.88	1.99	1.96	2.00
平均每人全部年收入	(元)	25773.3	17303.0	17309.0	17688.2
#可支配收入		23272.8	15962.0	15806.5	15941.0
平均每人现金消费支出	(元)	15972.6	11100.9	11780.0	12075.2
食 品		5581.7	4012.7	4444.9	4170.7
衣 着		1515.6	1314.2	1373.9	1590.0
居 住		1557.9	1164.6	1097.9	1262.0
家庭设备及用品		1061.6	813.4	800.3	714.6
交通通信		2666.0	1352.6	1560.9	1491.4
文教娱乐		2077.2	1281.6	1281.4	1279.0
医疗保健		929.0	769.9	776.4	1059.1
其他		583.7	391.9	444.3	508.6
平均每人现金消费支出构成	(%)				
(人均现金消费支出=100)					
食 品		34.9	36.1	37.7	34.5
衣 着		9.5	11.8	11.7	13.2
居 住		9.8	10.5	9.3	10.5
家庭设备及用品		6.6	7.3	6.8	5.9
交通通信		16.7	12.2	13.3	12.4
文教娱乐		13.0	11.5	10.9	10.6
医疗保健		5.8	6.9	6.6	8.8
其他		3.7	3.5	3.8	4.2

4-2-1-7 2011年东、中、西部及东北地区城镇居民家庭基本情况

指 标		东部地区	中部地区	西部地区	东北地区
调查户数	（户）	28717	10989	17950	7999
平均每户家庭人口	（人）	2.91	2.86	2.91	2.65
平均每户就业人口	（人）	1.55	1.43	1.49	1.32
平均每户就业面	（%）	53.26	50.00	51.20	49.81
平均每一就业者负担人数					
（包括就业者本人）	（人）	1.88	2.00	1.95	2.01
平均每人全部年收入	（元）	29226.0	19868.2	19868.0	20163.2
#可支配收入		26406.0	18323.2	18159.4	18301.3
平均每人现金消费支出	（元）	17870.0	12647.0	13335.9	13491.2
食 品		6329.2	4710.7	5121.5	4730.3
衣 着		1755.0	1535.8	1618.2	1778.9
居 住		1635.2	1235.3	1162.2	1339.5
家庭设备及用品		1205.2	870.7	916.0	841.7
交通通信		2838.3	1534.3	1699.6	1642.8
文教娱乐		2360.2	1475.5	1447.3	1443.0
医疗保健		1033.1	856.0	880.5	1144.6
其他		713.9	428.6	490.7	570.5
平均每人现金消费支出构成	（%）				
（人均现金消费支出=100）					
食 品		35.4	37.2	38.4	35.1
衣 着		9.8	12.1	12.1	13.2
居 住		9.2	9.8	8.7	9.9
家庭设备及用品		6.7	6.9	6.9	6.2
交通通信		15.9	12.1	12.7	12.2
文教娱乐		13.2	11.7	10.9	10.7
医疗保健		5.8	6.8	6.6	8.5
其他		4.0	3.4	3.7	4.2

4-2-1-8 2012年东、中、西部及东北地区城镇居民家庭基本情况

指　标		东部地区	中部地区	西部地区	东北地区
调查户数	(户)	28819	10988	18175	7998
平均每户家庭人口	(人)	2.89	2.84	2.91	2.68
平均每户就业人口	(人)	1.55	1.45	1.49	1.34
平均每户就业面	(%)	53.63	51.06	51.20	50.00
平均每一就业者负担人数					
(包括就业者本人)	(人)	1.86	1.96	1.95	2.00
平均每人全部年收入	(元)	32713.5	22451.1	22475.1	22816.2
#可支配收入		29621.6	20697.2	20600.2	20759.3
平均每人现金消费支出	(元)	19510.2	13968.8	14845.3	14968.5
食　品		6919.4	5157.6	5692.6	5176.5
衣　着		1885.2	1680.4	1788.9	1966.5
居　住		1713.5	1303.1	1248.0	1438.7
家庭设备及用品		1286.4	985.9	1017.1	918.0
交通通信		3233.5	1723.7	1975.5	1919.7
文教娱乐		2576.9	1646.4	1590.4	1594.2
医疗保健		1097.2	988.9	963.3	1299.3
其他		798.2	482.8	569.6	655.6
平均每人现金消费支出构成	(%)				
(人均现金消费支出=100)					
食　品		35.5	36.9	38.3	34.6
衣　着		9.7	12.0	12.1	13.1
居　住		8.8	9.3	8.4	9.6
家庭设备及用品		6.6	7.1	6.9	6.1
交通通信		16.6	12.3	13.3	12.8
文教娱乐		13.2	11.8	10.7	10.7
医疗保健		5.6	7.1	6.5	8.7
其他		4.1	3.5	3.8	4.4

(二)农村住户调查分组综合数据

4-2-2-1 2005年东、中、西部及东北地区农村居民家庭基本情况

指　　标	单　位	东部地区	中部地区	西部地区	东北地区
一、调查户数	户	21550	18850	22060	5730
二、常住人口	人/户	3.9	4.1	4.3	3.6
三、劳动力人数	人/户	2.8	2.9	2.9	2.7
劳动力负担人口	人/劳动力	1.4	1.4	1.5	1.3
四 、劳动力文化程度					
1.不识字或识字很少	%	4.9	6.2	10.4	2.3
2.小学程度	%	22.6	25.2	33.4	26.6
3.初中程度	%	54.0	55.5	45.9	59.8
4.高中程度	%	13.6	10.1	7.8	7.8
5.中专程度	%	3.2	2.2	1.8	2.1
6.大专及以上	%	1.7	0.8	0.6	1.4
五、年末生产性					
固定资产原值	元/户	8164.3	4955.3	7391.9	9689.9
六、年内新建住房面积	平方米/人	0.8	1.1	0.7	0.5
#砖木结构面积	平方米/人	0.3	0.3	0.3	0.4
七、年内新建住房造价	元/平方米	522.2	307.3	278.1	491.7
八、年末居住住房面积	平方米/人	34.5	31.4	25.7	21.8
#砖木结构面积	平方米/人	16.9	16.0	9.6	16.6
九、年末居住住房价值	元/平方米	388.5	202.4	179.2	319.7
十、经营耕地面积	亩/人	1.1	1.6	2.3	7.0
十一、经营山地面积	亩/人	0.3	0.4	0.4	0.1
十二、主要食品消费量					
粮食	公斤/人	196.6	222.1	214.2	184.6
蔬菜及制品	公斤/人	86.0	116.1	97.7	138.8
食用油	公斤/人	6.7	5.9	5.0	7.9
食糖	公斤/人	1.2	1.1	1.2	0.8
卷烟	盒/人	27.1	27.0	22.3	21.1
水果	公斤/人	12.4	11.2	10.6	20.6
猪肉	公斤/人	13.2	12.9	20.7	12.5
牛羊肉	公斤/人	0.9	0.6	2.8	1.0
奶及奶制品	公斤/人	3.6	1.0	4.0	1.9
禽类	公斤/人	5.0	3.1	3.1	3.2
蛋及蛋制品	公斤/人	6.0	5.2	2.6	7.4
水产品	公斤/人	9.4	4.5	1.4	4.5

4-2-2-1 续表 1 单位：元/人

指　　标	东部地区	中部地区	西部地区	东北地区
一、收入				
1. 总收入	6226.6	4051.8	3646.0	5783.7
(1)工资性收入	2198.1	1052.6	674.5	709.7
(2)家庭经营收入	3574.1	2809.2	2770.9	4639.8
(3)财产性收入	159.7	36.8	49.3	170.6
(4)转移性收入	294.7	153.2	151.3	263.6
2. 纯收入	4720.3	2956.6	2378.9	3379.0
(1)工资性收入	2198.1	1052.6	674.5	709.7
(2)家庭经营收入	2140.6	1774.9	1537.8	2310.8
(3)财产性收入	159.7	36.8	49.3	170.6
(4)转移性收入	221.9	92.2	117.3	187.9
3. 现金收入	5679.7	3288.4	2806.9	5124.7
(1)工资性收入	2195.0	1051.8	673.8	709.6
(2)家庭经营收入	3049.9	2055.6	1947.0	4098.8
(3)财产性收入	149.6	31.1	39.5	54.0
(4)转移性收入	285.2	149.9	146.6	262.4
二、支出				
1. 总支出	5095.3	3518.3	3447.8	5578.2
(1)家庭经营费用支出	1274.1	940.5	1111.9	2140.3
(2)购置生产性固定资产支出	103.4	99.4	136.2	341.6
(3)税费支出	20.8	13.1	7.2	8.4
(4)消费支出	3409.0	2276.9	2022.9	2557.3
(5)财产性支出	22.0	7.2	14.8	110.5
(6)转移性支出	266.0	181.2	154.9	420.0
2. 现金支出	4707.2	2964.0	2709.7	5120.8
(1)家庭经营费用支出	1210.6	852.4	876.4	1971.7
(2)购置生产性固定资产支出	103.4	99.4	136.2	341.6
(3)税费支出	20.7	12.9	7.0	8.3
(4)消费支出	3087.4	1811.6	1521.5	2268.7
(5)财产性支出	22.0	7.2	14.8	110.5
(6)转移性支出	263.0	180.4	153.9	420.0

4-2-2-1 续表 2 单位：元/人

指　　标	东部地区	中部地区	西部地区	东北地区
三、消费支出				
1. 消费支出	3409.0	2276.9	2022.9	2557.3
食品	1435.9	1094.1	1007.2	1009.6
衣着	191.5	134.5	112.8	191.0
居住	537.5	307.2	265.5	403.4
家庭设备及用品	163.2	97.6	82.5	84.4
交通通信	367.5	197.5	167.5	278.4
文教娱乐	414.7	260.2	216.5	303.4
医疗保健	218.5	137.6	134.6	230.1
其他	80.2	48.3	36.2	57.0
2. 现金消费支出	3087.4	1811.6	1521.5	2268.7
食品	1137.0	661.9	533.0	773.8
衣着	191.1	133.8	111.9	190.7
居住	515.9	275.5	240.6	350.9
家庭设备及用品	163.0	97.0	81.7	84.4
交通通信	367.5	197.5	167.5	278.4
文教娱乐	414.7	260.2	216.5	303.4
医疗保健	218.5	137.6	134.6	230.1
其他	79.7	48.2	35.7	57.0
3. 现金消费支出占				
消费支出比重(%)	90.6	79.6	75.2	88.7
食品	79.2	60.5	52.9	76.6
衣着	99.8	99.5	99.2	99.8
居住	96.0	89.7	90.6	87.0
家庭设备及用品	99.9	99.4	99.0	100.0
交通通信	100.0	100.0	100.0	100.0
文教娱乐	100.0	100.0	100.0	100.0
医疗保健	100.0	100.0	100.0	100.0
其他	99.4	99.8	98.5	100.0

4-2-2-2 2006年东、中、西部及东北地区农村居民家庭基本情况

指 标	单 位	东部地区	中部地区	西部地区	东北地区
一、调查户数	户	21550	18850	22060	5730
二、常住人口	人/户	3.9	4.1	4.3	3.6
三、劳动力人数	人/户	2.8	2.9	2.9	2.6
劳动力负担人口	人/劳动力	1.4	1.4	1.5	1.3
四 、劳动力文化程度					
1.不识字或识字很少	%	4.8	6.1	9.9	2.2
2.小学程度	%	21.9	24.1	32.9	25.1
3.初中程度	%	54.3	55.9	46.8	61.2
4.高中程度	%	13.8	10.7	7.9	7.8
5.中专程度	%	3.3	2.2	1.8	2.2
6.大专及以上	%	2.0	1.0	0.7	1.5
五、年末生产性					
固定资产原值	元/户	8800.4	5331.0	7707.0	10698.2
六、年内新建(购)住房面积	平方米/人	0.9	1.1	0.7	0.5
#砖木结构面积	平方米/人	0.3	0.2	0.2	0.4
七、年内新建(购)住房价值	元/平方米	509.7	323.4	322.2	568.3
八、年末居住住房面积	平方米/人	35.9	32.5	26.3	22.2
#砖木结构面积	平方米/人	17.4	15.9	10.4	17.3
九、年末居住住房价值	元/平方米	422.1	213.0	191.0	339.7
十、经营耕地面积	亩/人	1.1	1.6	2.3	7.0
十一、经营山地面积	亩/人	0.3	0.4	0.4	0.1
十二、主要食品消费量					
粮食	公斤/人	195.4	219.4	208.0	184.7
蔬菜及制品	公斤/人	86.7	112.0	95.1	139.9
食用油	公斤/人	6.5	5.7	5.0	7.5
食糖	公斤/人	1.2	1.0	1.1	0.8
卷烟	盒/人	26.8	26.6	21.9	20.9
水果	公斤/人	13.5	10.4	10.4	17.5
猪肉	公斤/人	14.0	13.1	19.3	12.8
牛羊肉	公斤/人	1.0	0.6	3.0	0.8
奶及奶制品	公斤/人	4.2	1.3	3.9	2.2
禽类	公斤/人	4.9	2.9	2.9	2.8
蛋及蛋制品	公斤/人	6.4	5.6	2.8	7.6
水产品	公斤/人	9.5	4.6	1.4	4.5

4-2-2-2 续表 1

单位：元/人

指　　标	东部地区	中部地区	西部地区	东北地区
一、收入				
1. 总收入	6753.7	4440.8	3926.7	6181.3
(1)工资性收入	2484.5	1256.5	795.9	902.6
(2)家庭经营收入	3743.4	2960.9	2890.3	4797.2
(3)财产性收入	188.4	43.3	56.9	156.6
(4)转移性收入	337.4	180.1	183.5	324.8
2. 纯收入	5188.2	3283.2	2588.4	3744.9
(1)工资性收入	2484.5	1256.5	795.9	902.6
(2)家庭经营收入	2251.8	1869.5	1588.8	2435.2
(3)财产性收入	188.4	43.3	56.9	156.6
(4)转移性收入	263.6	113.8	146.8	250.4
3. 现金收入	6189.8	3678.6	3108.1	5392.9
(1)工资性收入	2482.4	1255.8	795.4	902.4
(2)家庭经营收入	3200.0	2211.0	2087.9	4109.6
(3)财产性收入	177.9	36.4	44.5	57.3
(4)转移性收入	329.6	175.4	180.4	323.6
二、支出				
1. 总支出	5602.3	3886.1	3702.9	5788.3
(1)家庭经营费用支出	1325.3	992.7	1175.9	2152.5
(2)购置生产性固定资产支出	132.5	110.9	141.8	267.5
(3)税费支出	16.1	11.5	6.4	8.7
(4)消费支出	3806.2	2559.9	2192.1	2781.1
(5)财产性支出	13.3	6.4	15.5	129.4
(6)转移性支出	308.8	204.7	171.2	449.1
2. 现金支出	5211.2	3335.7	2983.7	5323.0
(1)家庭经营费用支出	1266.0	903.0	936.4	1977.6
(2)购置生产性固定资产支出	132.5	110.9	141.8	267.5
(3)税费支出	15.9	11.5	6.4	8.5
(4)消费支出	3477.7	2101.1	1713.3	2491.4
(5)财产性支出	13.3	6.4	15.5	129.4
(6)转移性支出	305.7	202.8	170.3	448.7

4-2-2-2 续表 2 单位：元/人

指 标	东部地区	中部地区	西部地区	东北地区
三、消费支出				
1. 消费支出	3806.2	2559.9	2192.1	2781.1
食品	1542.1	1151.4	1019.4	1043.4
衣着	218.8	153.3	125.9	210.4
居住	673.0	392.4	347.5	482.2
家庭设备及用品	178.3	116.3	95.4	96.9
交通通信	428.9	237.8	204.2	297.1
文教娱乐	430.9	284.7	206.7	322.2
医疗保健	245.3	163.4	152.2	258.9
其他	88.9	60.6	40.7	69.9
2. 现金消费支出	3477.7	2101.1	1713.3	2491.4
食品	1243.8	721.2	573.1	804.8
衣着	218.4	152.7	124.8	210.0
居住	643.7	364.8	317.4	431.5
家庭设备及用品	178.2	115.9	94.4	96.9
交通通信	428.9	237.8	204.2	297.1
文教娱乐	430.9	284.7	206.7	322.2
医疗保健	245.3	163.4	152.2	258.9
其他	88.5	60.6	40.5	69.9
3. 现金消费支出占				
消费支出比重(%)	91.4	82.1	78.2	89.6
食品	80.7	62.6	56.2	77.1
衣着	99.8	99.6	99.1	99.8
居住	95.7	93.0	91.3	89.5
家庭设备及用品	99.9	99.7	98.9	100.0
交通通信	100.0	100.0	100.0	100.0
文教娱乐	100.0	100.0	100.0	100.0
医疗保健	100.0	100.0	100.0	100.0
其他	99.5	100.0	99.5	100.0

4-2-2-3 2007年东、中、西部及东北地区农村居民家庭基本情况

指　　标	单　位	东部地区	中部地区	西部地区	东北地区
一、调查户数	户	21550	18850	22060	5730
二、常住人口	人/户	3.9	4.1	4.3	3.5
三、劳动力人数	人/户	2.8	2.9	2.9	2.6
劳动力负担人口	人/劳动力	1.4	1.4	1.5	1.3
四 、劳动力文化程度					
1.不识字或识字很少	%	4.2	5.7	9.9	2.0
2.小学程度	%	21.1	23.6	32.2	24.7
3.初中程度	%	54.4	55.9	46.8	62.0
4.高中程度	%	14.5	11.2	8.3	7.7
5.中专程度	%	3.5	2.4	2.0	2.0
6.大专及以上	%	2.4	1.1	0.8	1.6
五、年末生产性					
固定资产原值	元/户	9342.1	5973.1	8527.7	12228.1
六、年内新建(购)住房面积	平方米/人	1.0	1.2	0.9	0.5
#砖木结构面积	平方米/人	0.3	0.3	0.3	0.4
七、年内新建(购)住房价值	元/平方米	654.4	398.4	392.3	609.7
八、年末居住住房面积	平方米/人	37.0	33.6	27.1	22.7
#砖木结构面积	平方米/人	17.5	16.1	10.6	18.2
九、年末居住住房价值	元/平方米	460.8	233.0	204.5	378.0
十、经营耕地面积	亩/人	1.2	1.6	2.4	7.5
十一、经营山地面积	亩/人	0.3	0.4	0.4	0.1
十二、主要食品消费量					
粮食	公斤/人	190.6	211.5	202.4	177.3
蔬菜及制品	公斤/人	87.1	112.4	91.5	132.7
食用油	公斤/人	6.5	6.0	4.9	8.6
食糖	公斤/人	1.2	1.0	1.1	0.7
卷烟	盒/人	26.6	26.0	21.9	21.5
水果	公斤/人	14.8	11.7	11.3	19.5
猪肉	公斤/人	11.7	11.1	17.3	10.1
牛羊肉	公斤/人	1.1	0.6	2.8	0.9
奶及奶制品	公斤/人	4.6	1.7	4.1	3.0
禽类	公斤/人	5.2	3.3	3.2	3.3
蛋及蛋制品	公斤/人	6.0	5.3	2.6	7.2
水产品	公斤/人	9.9	5.2	1.6	4.7

4-2-2-3 续表 1　　单位：元/人

指　　标	东部地区	中部地区	西部地区	东北地区
一、收入				
1. 总收入	7626.9	5161.2	4544.9	7392.7
(1)工资性收入	2795.7	1492.2	944.3	1049.4
(2)家庭经营收入	4205.4	3378.5	3305.1	5724.0
(3)财产性收入	231.6	65.3	69.6	216.1
(4)转移性收入	394.2	225.2	225.9	403.2
2. 纯收入	5855.0	3844.4	3028.4	4348.3
(1)工资性收入	2795.7	1492.2	944.3	1049.4
(2)家庭经营收入	2518.3	2133.7	1831.7	2764.0
(3)财产性收入	231.6	65.3	69.6	216.1
(4)转移性收入	309.4	153.2	182.7	318.8
3. 现金收入	6996.0	4278.7	3606.4	6400.9
(1)工资性收入	2793.7	1491.8	943.7	1049.4
(2)家庭经营收入	3607.4	2519.3	2387.3	4881.9
(3)财产性收入	210.7	47.3	54.0	68.0
(4)转移性收入	384.2	220.3	221.3	401.6
二、支出				
1. 总支出	6301.5	4423.0	4282.6	7026.5
(1)家庭经营费用支出	1510.1	1134.7	1332.6	2717.2
(2)购置生产性固定资产支出	109.2	95.1	178.1	358.9
(3)税费支出	16.8	12.0	7.9	10.0
(4)消费支出	4281.0	2937.5	2526.9	3180.3
(5)财产性支出	20.7	7.0	23.1	144.9
(6)转移性支出	363.7	236.7	214.0	615.3
2. 现金支出	5892.0	3838.7	3469.9	6509.5
(1)家庭经营费用支出	1458.4	1050.4	1064.9	2521.5
(2)购置生产性固定资产支出	109.2	95.1	178.1	358.9
(3)税费支出	16.8	12.0	7.8	6.9
(4)消费支出	3927.8	2438.6	1983.0	2862.1
(5)财产性支出	20.7	7.0	23.1	144.9
(6)转移性支出	359.2	235.6	213.0	615.3

4-2-2-3 续表 2

单位：元/人

指　　标	东部地区	中部地区	西部地区	东北地区
三、消费支出				
1. 消费支出	4281.0	2937.5	2526.9	3180.3
食品	1736.4	1317.3	1178.0	1204.2
衣着	243.2	178.9	148.0	254.9
居住	812.6	498.1	427.9	551.7
家庭设备及用品	204.6	142.2	111.5	121.1
交通通信	482.0	272.4	234.1	344.1
文教娱乐	439.7	274.6	205.3	335.9
医疗保健	259.1	182.6	174.1	281.4
其他	103.3	71.4	47.9	87.0
2. 现金消费支出	3927.8	2438.6	1983.0	2862.1
食品	1421.7	849.7	664.5	946.6
衣着	242.7	178.2	146.6	253.9
居住	775.1	467.9	400.1	492.3
家庭设备及用品	204.5	141.9	110.6	120.9
交通通信	482.0	272.4	234.1	344.1
文教娱乐	439.7	274.6	205.3	335.9
医疗保健	259.1	182.6	174.1	281.4
其他	102.8	71.2	47.6	87.0
3. 现金消费支出占				
消费支出比重(%)	91.7	83.0	78.5	90.0
食品	81.9	64.5	56.4	78.6
衣着	99.8	99.6	99.1	99.6
居住	95.4	93.9	93.5	89.2
家庭设备及用品	100.0	99.8	99.2	99.9
交通通信	100.0	100.0	100.0	100.0
文教娱乐	100.0	100.0	100.0	100.0
医疗保健	100.0	100.0	100.0	100.0
其他	99.6	99.7	99.3	100.0

4-2-2-4 2008年东、中、西部及东北地区农村居民家庭基本情况

指　　标	单　位	东部地区	中部地区	西部地区	东北地区
一、调查户数	户	21550	18850	22060	5730
二、常住人口	人/户	3.9	4.0	4.3	3.5
三、劳动力人数	人/户	2.8	2.9	2.9	2.6
劳动力负担人口	人/劳动力	1.4	1.4	1.5	1.3
四、劳动力文化程度					
1.不识字或识字很少	%	4.0	5.6	9.7	1.7
2.小学程度	%	20.8	23.1	31.7	24.1
3.初中程度	%	54.0	55.8	46.9	62.3
4.高中程度	%	14.8	11.7	8.7	7.9
5.中专程度	%	3.6	2.5	2.0	2.1
6.大专及以上	%	2.7	1.3	1.0	1.8
五、年末生产性					
固定资产原值	元/户	9887.1	6322.9	9300.5	13967.4
六、年内新建(购)住房面积	平方米/人	0.9	1.3	0.9	0.5
#砖木结构面积	平方米/人	0.3	0.3	0.3	0.4
七、年内新建(购)住房价值	元/平方米	710.1	438.6	459.9	719.5
八、年末居住住房面积	平方米/人	38.0	34.6	27.7	23.2
#砖木结构面积	平方米/人	17.8	16.2	10.6	18.1
九、年末居住住房价值	元/平方米	484.8	247.5	222.0	402.1
十、经营耕地面积	亩/人	1.2	1.6	2.4	7.6
十一、经营山地面积	亩/人	0.3	0.4	0.4	0.1
十二、主要食品消费量					
粮食	公斤/人	185.5	216.7	201.0	179.1
蔬菜及制品	公斤/人	85.6	122.5	89.2	121.5
食用油	公斤/人	7.1	6.2	4.9	9.3
食糖	公斤/人	1.2	1.0	1.1	0.8
卷烟	盒/人	26.0	25.5	21.8	22.1
水果	公斤/人	14.4	11.8	10.8	20.1
猪肉	公斤/人	11.1	10.5	16.3	10.3
牛羊肉	公斤/人	0.8	0.5	2.5	0.8
奶及奶制品	公斤/人	4.4	1.9	4.0	2.7
禽类	公斤/人	5.9	3.7	3.8	3.4
蛋及蛋制品	公斤/人	6.9	6.0	2.9	8.8
水产品	公斤/人	9.9	4.9	1.6	4.6

4-2-2-4 续表 1

单位: 元/人

指　　标	东部地区	中部地区	西部地区	东北地区
一、收入				
1. 总收入	8604.0	5988.1	5285.8	9133.7
(1)工资性收入	3189.5	1744.5	1098.6	1233.1
(2)家庭经营收入	4648.9	3862.2	3768.0	7060.5
(3)财产性收入	275.8	75.3	80.1	213.2
(4)转移性收入	489.8	306.1	339.2	626.9
2. 纯收入	6598.2	4453.4	3517.7	5101.2
(1)工资性收入	3189.5	1744.5	1098.6	1233.1
(2)家庭经营收入	2731.4	2408.3	2045.7	3143.4
(3)财产性收入	275.8	75.3	80.1	213.2
(4)转移性收入	401.5	225.3	293.5	511.4
3. 现金收入	7874.2	4955.3	4176.8	8141.6
(1)工资性收入	3183.8	1743.1	1096.0	1230.9
(2)家庭经营收入	3951.4	2850.5	2680.0	6193.7
(3)财产性收入	260.7	62.2	68.2	92.2
(4)转移性收入	478.2	299.5	332.6	624.9
二、支出				
1. 总支出	7123.1	5134.7	4890.6	8695.1
(1)家庭经营费用支出	1728.8	1338.5	1570.1	3642.3
(2)购置生产性固定资产支出	120.8	129.9	180.0	367.0
(3)税费支出	18.4	11.3	6.8	6.6
(4)消费支出	4802.1	3375.6	2867.1	3720.3
(5)财产性支出	24.2	8.6	20.3	208.9
(6)转移性支出	428.6	270.8	246.2	750.1
2. 现金支出	6683.3	4512.9	4000.1	8085.6
(1)家庭经营费用支出	1674.8	1255.4	1289.5	3402.2
(2)购置生产性固定资产支出	120.8	129.9	180.0	367.0
(3)税费支出	18.4	11.3	6.8	6.6
(4)消费支出	4421.7	2838.7	2259.6	3351.2
(5)财产性支出	24.2	8.6	20.3	208.9
(6)转移性支出	423.5	269.0	243.9	749.7

4-2-2-4　续表 2　　　　单位：元/人

指　　标	东部地区	中部地区	西部地区	东北地区
三、消费支出				
1. 消费支出	4802.1	3375.6	2867.1	3720.3
食品	1978.9	1524.8	1367.5	1382.0
衣着	267.5	193.2	161.0	289.9
居住	924.9	630.5	497.3	690.3
家庭设备及用品	232.4	175.1	129.0	137.5
交通通信	529.0	293.8	257.3	393.5
文教娱乐	458.7	270.0	205.8	394.7
医疗保健	304.6	215.4	199.2	338.6
其他	106.1	72.8	50.1	93.8
2. 现金消费支出	4421.7	2838.7	2259.6	3351.2
食品	1641.5	1014.0	788.1	1118.1
衣着	266.9	192.6	159.8	289.9
居住	882.5	605.6	471.0	585.3
家庭设备及用品	232.3	174.6	128.3	137.3
交通通信	529.0	293.8	257.3	393.5
文教娱乐	458.7	270.0	205.8	394.7
医疗保健	304.6	215.4	199.2	338.6
其他	106.1	72.8	50.1	93.8
3. 现金消费支出占				
消费支出比重　(%)	92.1	84.1	78.8	90.1
食品	83.0	66.5	57.6	80.9
衣着	99.8	99.6	99.3	100.0
居住	95.4	96.1	94.7	84.8
家庭设备及用品	100.0	99.7	99.5	99.8
交通通信	100.0	100.0	100.0	100.0
文教娱乐	100.0	100.0	100.0	100.0
医疗保健	100.0	100.0	100.0	100.0
其他	100.0	100.0	100.0	100.0

4-2-2-5　2009年东、中、西部及东北地区农村居民家庭基本情况

指　　标	单　位	东部地区	中部地区	西部地区	东北地区
一、调查户数	户	21550	18850	22060	5730
二、常住人口	人/户	3.8	4.0	4.2	3.4
三、劳动力人数	人/户	2.8	2.9	2.9	2.6
劳动力负担人口	人/劳动力	1.4	1.4	1.4	1.3
四、劳动力文化程度					
1.不识字或识字很少	%	3.9	5.2	9.4	1.6
2.小学程度	%	19.9	22.7	31.0	23.2
3.初中程度	%	54.1	55.5	46.6	63.2
4.高中程度	%	15.0	12.1	9.4	7.8
5.中专程度	%	3.8	2.7	2.3	2.1
6.大专及以上	%	3.4	1.7	1.3	2.1
五、年末生产性					
固定资产原值	元/户	10977.9	7040.5	10164.6	15074.4
六、年内新建(购)住房面积	平方米/人	1.0	1.5	1.3	0.5
#砖木结构面积	平方米/人	0.2	0.3	0.4	0.4
七、年内新建(购)住房价值	元/平方米	826.4	502.4	583.7	796.1
八、年末居住住房面积	平方米/人	39.0	36.0	28.8	24.0
#砖木结构面积	平方米/人	18.0	15.9	11.0	19.1
九、年末居住住房价值	元/平方米	517.2	271.1	246.5	434.7
十、经营耕地面积	亩/人	1.2	1.7	2.5	8.0
十一、经营山地面积	亩/人	0.3	0.4	0.4	0.1
十二、主要食品消费量					
粮食	公斤/人	180.0	198.7	195.4	162.5
蔬菜及制品	公斤/人	88.4	110.5	94.3	114.2
食用油	公斤/人	7.4	6.0	5.0	8.8
食糖	公斤/人	1.2	1.0	1.1	0.8
卷烟	盒/人	26.1	25.7	22.0	22.6
水果	公斤/人	14.5	12.1	12.3	21.1
猪肉	公斤/人	12.4	11.6	17.6	12.3
牛羊肉	公斤/人	1.0	0.5	2.6	0.7
奶及奶制品	公斤/人	4.4	2.5	3.9	2.9
禽类	公斤/人	5.7	3.6	3.7	3.1
蛋及蛋制品	公斤/人	6.7	6.1	2.9	8.1
水产品	公斤/人	10.1	4.7	1.6	4.5

4-2-2-5 续表 1

单位：元/人

指 标	东部地区	中部地区	西部地区	东北地区
一、收入				
1. 总收入	9233.2	6350.6	5604.1	9336.4
(1)工资性收入	3543.1	1902.4	1233.7	1354.7
(2)家庭经营收入	4789.5	3981.2	3855.7	7031.8
(3)财产性收入	305.9	90.6	90.4	244.3
(4)转移性收入	594.7	376.4	424.3	705.6
2. 纯收入	7155.5	4792.8	3816.5	5456.6
(1)工资性收入	3543.1	1902.4	1233.7	1354.7
(2)家庭经营收入	2817.2	2519.5	2121.1	3262.3
(3)财产性收入	305.9	90.6	90.4	244.3
(4)转移性收入	489.4	280.2	371.3	595.3
3. 现金收入	8603.4	5439.6	4579.9	8686.5
(1)工资性收入	3535.4	1901.6	1231.7	1351.8
(2)家庭经营收入	4200.6	3088.0	2846.8	6513.3
(3)财产性收入	290.9	81.6	82.8	117.9
(4)转移性收入	576.5	368.4	418.5	703.6
二、支出				
1. 总支出	7550.2	5429.0	5380.3	9250.6
(1)家庭经营费用支出	1766.8	1334.5	1568.3	3466.7
(2)购置生产性固定资产支出	144.7	147.3	232.4	498.5
(3)税费支出	14.8	10.6	6.0	8.1
(4)消费支出	5148.6	3622.0	3238.7	4148.3
(5)财产性支出	20.7	8.9	26.5	291.9
(6)转移性支出	454.5	305.7	308.4	837.2
2. 现金支出	7119.1	4814.1	4517.4	8705.6
(1)家庭经营费用支出	1720.7	1247.2	1298.9	3265.9
(2)购置生产性固定资产支出	144.7	147.3	232.4	498.5
(3)税费支出	14.7	10.6	5.9	8.1
(4)消费支出	4771.5	3098.2	2647.5	3813.9
(5)财产性支出	20.7	8.9	26.5	291.9
(6)转移性支出	446.8	301.9	306.2	827.4

4-2-2-5 续表 2 单位：元/人

指　标	东部地区	中部地区	西部地区	东北地区
三、消费支出				
1. 消费支出	5148.6	3622.0	3238.7	4148.3
食品	2047.7	1539.5	1395.9	1414.5
衣着	289.4	206.0	184.1	325.8
居住	992.8	748.4	677.4	839.3
家庭设备及用品	260.3	204.4	163.1	170.7
交通通信	604.6	313.8	296.4	403.5
文教娱乐	498.1	288.4	221.5	444.0
医疗保健	339.6	240.4	245.9	448.8
其他	116.1	81.2	54.4	101.6
2. 现金消费支出	4771.5	3098.2	2647.5	3813.9
食品	1709.3	1042.3	829.7	1155.7
衣着	289.1	205.5	183.0	325.6
居住	954.6	722.6	653.8	764.0
家庭设备及用品	260.1	204.0	162.6	170.7
交通通信	604.6	313.8	296.4	403.5
文教娱乐	498.1	288.4	221.5	444.0
医疗保健	339.6	240.4	245.9	448.8
其他	116.1	81.2	54.4	101.6
3. 现金消费支出占				
消费支出比重(%)	92.7	85.5	81.7	91.9
食品	83.5	67.7	59.4	81.7
衣着	99.9	99.8	99.4	99.9
居住	96.2	96.6	96.5	91.0
家庭设备及用品	99.9	99.8	99.7	100.0
交通通信	100.0	100.0	100.0	100.0
文教娱乐	100.0	100.0	100.0	100.0
医疗保健	100.0	100.0	100.0	100.0
其他	100.0	100.0	100.0	100.0

4-2-2-6 2010年东、中、西部及东北地区农村居民家庭基本情况

指　　标	单　位	东部地区	中部地区	西部地区	东北地区
一、调查户数	户	21550	18850	22060	5730
二、常住人口	人/户	3.8	4.0	4.2	3.4
三、劳动力人数	人/户	2.7	3.0	2.9	2.5
劳动力负担人口	人/劳动力	1.4	1.4	1.4	1.3
四、劳动力文化程度					
1.不识字或识字很少	%	3.7	5.1	9.1	1.4
2.小学程度	%	19.7	22.5	30.7	23.0
3.初中程度	%	53.8	55.1	46.5	63.3
4.高中程度	%	15.1	12.4	9.9	7.9
5.中专程度	%	3.9	2.8	2.3	2.1
6.大专及以上	%	3.8	2.0	1.5	2.2
五、年末生产性					
固定资产原值	元/户	11522.4	7455.1	11179.8	16510.5
六、年内新建(购)住房面积	平方米/人	0.7	1.0	0.8	0.4
#砖木结构面积	平方米/人	0.2	0.2	0.2	0.3
七、年内新建(购)住房价值	元/平方米	848.4	549.5	616.5	1042.4
八、年末居住住房面积	平方米/人	39.3	36.7	29.4	24.2
#砖木结构面积	平方米/人	17.9	16.0	11.3	19.8
九、年末居住住房价值	元/平方米	564.3	296.2	272.1	464.9
十、经营耕地面积	亩/人	1.2	1.7	2.5	8.0
十一、经营山地面积	亩/人	0.3	0.4	0.4	0.1
十二、主要食品消费量					
粮食	公斤/人	175.0	188.6	186.6	156.0
蔬菜及制品	公斤/人	82.6	108.6	86.8	110.1
食用油	公斤/人	7.2	6.3	5.0	8.6
食糖	公斤/人	1.1	0.9	1.1	0.8
卷烟	盒/人	26.1	24.9	21.6	22.5
水果	公斤/人	14.0	11.0	11.1	18.9
猪肉	公斤/人	13.0	12.2	18.0	11.8
牛羊肉	公斤/人	1.0	0.5	2.7	0.8
奶及奶制品	公斤/人	4.4	2.4	3.9	2.8
禽类	公斤/人	5.7	3.4	3.7	2.6
蛋及蛋制品	公斤/人	6.6	5.6	2.9	7.3
水产品	公斤/人	9.9	4.6	1.6	4.2

4-2-2-6 续表 1　　单位：元/人

指　　标	东部地区	中部地区	西部地区	东北地区
一、收入				
1. 总收入	10473.6	7262.3	6390.0	10921.8
(1)工资性收入	4116.5	2244.6	1499.3	1629.8
(2)家庭经营收入	5303.2	4463.3	4310.9	8237.3
(3)财产性收入	358.5	111.4	113.6	319.5
(4)转移性收入	695.5	443.0	466.2	735.2
2. 纯收入	8142.8	5509.6	4417.9	6434.5
(1)工资性收入	4116.5	2244.6	1499.3	1629.8
(2)家庭经营收入	3095.4	2816.6	2403.1	3841.6
(3)财产性收入	358.5	111.4	113.6	319.5
(4)转移性收入	572.4	337.0	401.9	643.5
3. 现金收入	9713.4	6197.5	5191.0	9685.0
(1)工资性收入	4109.0	2242.7	1498.7	1627.9
(2)家庭经营收入	4604.7	3428.9	3132.5	7198.6
(3)财产性收入	326.5	92.3	98.9	127.6
(4)转移性收入	673.2	433.6	460.8	730.9
二、支出				
1. 总支出	8435.9	5992.7	5891.9	10041.3
(1)家庭经营费用支出	1990.5	1515.9	1725.7	4065.1
(2)购置生产性固定资产支出	134.8	145.4	216.9	513.7
(3)税费支出	15.4	6.7	4.8	5.3
(4)消费支出	5735.4	3957.4	3537.5	4352.1
(5)财产性支出	32.1	15.2	34.8	323.8
(6)转移性支出	527.8	352.0	372.2	781.4
2. 现金支出	7980.7	5343.8	4946.1	9500.8
(1)家庭经营费用支出	1944.6	1416.8	1433.1	3847.7
(2)购置生产性固定资产支出	134.8	145.4	216.9	513.7
(3)税费支出	15.3	6.7	4.8	5.3
(4)消费支出	5333.4	3410.5	2886.6	4029.3
(5)财产性支出	32.1	15.2	34.8	323.8
(6)转移性支出	520.5	349.2	369.9	781.1

4-2-2-6 续表 2

单位：元/人

指 标	东部地区	中部地区	西部地区	东北地区
三、消费支出				
1. 消费支出	5735.4	3957.4	3537.5	4352.1
食品	2243.0	1680.4	1556.6	1566.6
衣着	327.8	232.9	213.1	359.5
居住	1106.4	768.7	663.9	767.0
家庭设备及用品	297.2	234.5	190.6	173.1
交通通信	703.0	353.6	341.6	428.8
文教娱乐	534.5	311.1	233.5	511.5
医疗保健	394.4	284.6	275.6	439.6
其他	129.1	91.5	62.6	106.0
2. 现金消费支出	5333.4	3410.5	2886.6	4029.3
食品	1877.1	1168.7	934.5	1303.2
衣着	327.5	232.2	212.0	359.5
居住	1070.8	735.1	636.9	707.5
家庭设备及用品	297.1	233.7	189.9	173.1
交通通信	703.0	353.6	341.6	428.8
文教娱乐	534.5	311.1	233.5	511.5
医疗保健	394.4	284.6	275.6	439.6
其他	129.0	91.5	62.6	106.0
3. 现金消费支出占				
消费支出比重(%)	93.0	86.2	81.6	92.6
食品	83.7	69.5	60.0	83.2
衣着	99.9	99.7	99.5	100.0
居住	96.8	95.6	95.9	92.2
家庭设备及用品	100.0	99.6	99.6	100.0
交通通信	100.0	100.0	100.0	100.0
文教娱乐	100.0	100.0	100.0	100.0
医疗保健	100.0	100.0	100.0	100.0
其他	100.0	100.0	100.0	100.0

4-2-2-7 2011年东、中、西部及东北地区农村居民家庭基本情况

指　　标	单　位	东部地区	中部地区	西部地区	东北地区
一、调查户数	户	25520	18850	23260	6000
二、常住人口	人/户	3.7	4.0	4.2	3.3
三、劳动力人数	人/户	2.7	2.9	2.7	2.5
劳动力负担人口	人/劳动力	1.4	1.4	1.5	1.3
四、劳动力文化程度					
1.不识字或识字很少	%	3.9	4.8	8.2	2.2
2.小学程度	%	22.2	23.6	32.6	28.4
3.初中程度	%	54.6	55.1	47.7	60.9
4.高中程度	%	12.3	11.1	7.6	5.6
5.中专程度	%	3.2	2.8	2.0	1.3
6.大专及以上	%	3.7	2.6	1.9	1.7
五、年末生产性					
固定资产原值	元/户	14930.4	10974.5	18845.0	26162.3
六、年内新建(购)住房面积	平方米/人	1.2	1.7	1.2	0.5
#砖木结构面积	平方米/人	0.3	0.3	0.4	0.4
七、年内新建(购)住房价值	元/平方米	999.4	689.2	746.5	1043.5
八、年末居住住房面积	平方米/人	40.9	40.2	31.4	26.0
#砖木结构面积	平方米/人	18.7	16.3	12.3	21.5
九、年末居住住房价值	元/平方米	932.7	501.7	492.0	751.6
十、经营耕地面积	亩/人	1.1	1.6	2.5	8.7
十一、经营山地面积	亩/人	0.4	0.6	0.6	0.1
十二、主要食品消费量					
粮食	公斤/人	157.2	172.9	181.7	163.4
蔬菜及制品	公斤/人	85.2	99.3	82.5	102.3
食用油	公斤/人	7.9	7.8	6.3	10.1
食糖	公斤/人	1.1	0.9	1.1	0.7
卷烟	盒/人	29.3	28.1	22.1	28.1
水果	公斤/人	16.6	12.2	11.0	20.5
猪肉	公斤/人	14.4	12.2	16.7	11.8
牛肉	公斤/人	0.7	0.4	1.7	0.7
羊肉	公斤/人	0.4	0.2	2.0	0.3
奶及奶制品	公斤/人	5.6	2.9	6.8	3.9
禽类	公斤/人	6.1	4.0	4.0	3.2
蛋及蛋制品	公斤/人	7.1	6.0	3.1	7.6
水产品	公斤/人	10.3	5.1	1.6	4.7

4-2-2-7 续表 1 单位：元/人

指　　标	东部地区	中部地区	西部地区	东北地区
一、收入				
1. 总收入	12495.3	8790.9	7854.7	13996.2
(1)工资性收入	5014.8	2809.5	1811.4	2020.9
(2)家庭经营收入	6200.9	5271.2	5291.8	10737.1
(3)财产性收入	407.2	111.0	137.3	407.1
(4)转移性收入	872.4	599.1	614.2	831.1
2. 纯收入	9585.0	6529.9	5246.7	7790.6
(1)工资性收入	5014.8	2809.5	1811.4	2020.9
(2)家庭经营收入	3444.6	3184.4	2780.8	4669.7
(3)财产性收入	407.2	111.0	137.3	407.1
(4)转移性收入	718.4	425.0	517.2	692.9
3. 现金收入	11687.8	7599.1	6535.9	11810.4
(1)工资性收入	5006.9	2807.3	1809.5	2020.0
(2)家庭经营收入	5465.8	4125.0	4006.2	8825.5
(3)财产性收入	375.1	89.6	113.0	143.3
(4)转移性收入	840.1	577.2	607.3	821.7
二、支出				
1. 总支出	10338.4	7558.3	7279.3	12707.1
(1)家庭经营费用支出	2466.1	1894.3	2202.5	5536.4
(2)购置生产性固定资产支出	196.4	173.0	300.6	740.1
(3)税费支出	19.9	8.2	8.2	8.7
(4)消费支出	6856.3	4786.0	4187.9	5348.6
(5)财产性支出	14.1	11.0	13.0	5.8
(6)转移性支出	785.6	685.9	567.0	1067.5
2. 现金支出	9955.1	6945.9	6355.8	12088.5
(1)家庭经营费用支出	2416.7	1803.6	1914.7	5264.8
(2)购置生产性固定资产支出	196.4	173.0	300.6	740.1
(3)税费支出	19.9	8.1	8.2	8.7
(4)消费支出	6539.9	4267.4	3554.6	5004.3
(5)财产性支出	14.1	11.0	13.0	5.8
(6)转移性支出	768.1	682.8	564.6	1064.7

4-2-2-7 续表 2

单位：元/人

指　　标	东部地区	中部地区	西部地区	东北地区
三、消费支出				
1. 消费支出	6856.3	4786.0	4187.9	5348.6
食品	2667.1	1955.4	1780.3	2028.6
衣着	440.3	302.1	270.2	443.1
居住	1250.3	922.9	771.3	872.6
家庭设备及用品	403.1	315.0	244.1	221.2
交通通信	802.3	430.1	422.4	573.3
文教娱乐	580.5	341.1	269.3	489.4
医疗保健	544.6	400.1	349.3	573.7
其他	168.1	119.4	81.1	146.8
2. 现金消费支出	6539.9	4267.4	3554.6	5004.3
食品	2377.7	1464.0	1177.8	1758.1
衣着	440.1	301.8	269.8	443.1
居住	1223.8	896.3	741.2	799.0
家庭设备及用品	402.9	314.7	243.7	221.1
交通通信	802.3	430.1	422.4	573.3
文教娱乐	580.5	341.1	269.3	489.4
医疗保健	544.6	400.1	349.3	573.7
其他	168.1	119.4	81.1	146.8
3. 现金消费支出占				
消费支出比重(%)	95.4	89.2	84.9	93.6
食品	89.1	74.9	66.2	86.7
衣着	99.9	99.9	99.9	100.0
居住	97.9	97.1	96.1	91.6
家庭设备及用品	100.0	99.9	99.9	100.0
交通通信	100.0	100.0	100.0	100.0
文教娱乐	100.0	100.0	100.0	100.0
医疗保健	100.0	100.0	100.0	100.0
其他	100.0	100.0	100.0	100.0

4-2-2-8 2012年东、中、西部及东北地区农村居民家庭基本情况

指 标	单 位	东部地区	中部地区	西部地区	东北地区
一、调查户数	户	26630	18850	22270	6000
二、常住人口	人/户	3.6	4.0	4.2	3.3
三、劳动力人数	人/户	2.6	2.9	2.9	2.5
劳动力负担人口	人/劳动力	1.4	1.4	1.5	1.3
四、劳动力文化程度					
1.不识字或识字很少	%	3.8	4.7	8.0	2.1
2.小学程度	%	21.9	23.1	32.0	28.0
3.初中程度	%	54.9	54.9	47.9	61.0
4.高中程度	%	12.2	11.4	7.8	5.6
5.中专程度	%	3.3	2.8	2.2	1.3
6.大专及以上	%	3.9	3.1	2.1	1.9
五、年末生产性					
固定资产原值	元/户	15809.8	11414.4	19969.4	27526.1
六、年内新建(购)住房面积	平方米/人	0.9	1.3	0.9	0.3
#砖木结构面积	平方米/人	0.2	0.2	0.3	0.2
七、年内新建(购)住房价值	元/平方米	1078.5	689.8	775.7	1150.4
八、年末居住住房面积	平方米/人	42.1	41.0	32.2	26.2
#砖木结构面积	平方米/人	19.2	16.1	13.1	21.9
九、年末居住住房价值	元/平方米	985.7	517.0	507.9	764.9
十、经营耕地面积	亩/人	1.1	1.7	2.5	9.0
十一、经营山地面积	亩/人	0.4	0.7	0.5	0.2
十二、主要食品消费量					
粮食	公斤/人	149.1	162.7	179.7	154.6
蔬菜及制品	公斤/人	80.3	93.7	79.1	96.1
食用油	公斤/人	8.1	8.3	6.7	10.3
食糖	公斤/人	1.1	1.4	1.1	0.8
卷烟	盒/人	29.6	27.0	22.5	28.8
水果	公斤/人	18.9	13.8	12.6	23.2
猪肉	公斤/人	14.8	12.3	16.0	12.5
牛肉	公斤/人	0.6	0.4	2.0	0.5
羊肉	公斤/人	0.4	0.1	2.1	0.3
奶及奶制品	公斤/人	6.1	3.0	6.6	3.8
禽类	公斤/人	6.1	3.8	4.0	3.1
蛋及蛋制品	公斤/人	7.9	6.4	3.5	7.5
水产品	公斤/人	10.6	5.0	1.6	4.4

4-2-2-8 续表 1

单位：元/人

指 标	东部地区	中部地区	西部地区	东北地区
一、收入				
1. 总收入	13919.2	9829.4	8857.1	15711.0
(1)工资性收入	5791.0	3328.1	2124.4	2377.7
(2)家庭经营收入	6647.0	5703.1	5807.9	11985.5
(3)财产性收入	451.9	113.5	154.9	421.5
(4)转移性收入	1029.4	684.8	770.0	926.4
2. 纯收入	10817.5	7435.2	6026.6	8846.5
(1)工资性收入	5791.0	3328.1	2124.4	2377.7
(2)家庭经营收入	3710.8	3483.1	3083.9	5283.2
(3)财产性收入	451.9	113.5	154.9	421.5
(4)转移性收入	863.8	510.6	663.4	764.2
3. 现金收入	13194.1	8580.7	7511.7	13430.9
(1)工资性收入	5781.5	3326.1	2123.4	2374.0
(2)家庭经营收入	5983.0	4495.3	4489.3	9942.6
(3)财产性收入	438.8	100.2	136.9	198.3
(4)转移性收入	990.9	659.0	762.1	916.1
二、支出				
1. 总支出	11397.4	8462.3	8164.0	14017.6
(1)家庭经营费用支出	2630.0	2021.8	2396.9	6144.0
(2)购置生产性固定资产支出	171.9	206.6	305.9	777.8
(3)税费支出	17.2	6.0	8.2	5.7
(4)消费支出	7683.0	5469.0	4798.4	5941.2
(5)财产性支出	12.8	7.3	9.7	8.9
(6)转移性支出	882.5	751.6	645.0	1139.9
2. 现金支出	11037.8	7865.0	7242.2	13433.0
(1)家庭经营费用支出	2590.7	1947.8	2134.4	5909.4
(2)购置生产性固定资产支出	171.9	206.6	305.9	777.8
(3)税费支出	17.2	6.0	8.0	5.7
(4)消费支出	7379.0	4950.5	4141.1	5594.4
(5)财产性支出	12.8	7.3	9.7	8.9
(6)转移性支出	866.1	746.9	643.0	1136.8

4-2-2-8 续表 2

单位：元/人

指　　标	东部地区	中部地区	西部地区	东北地区
三、消费支出				
1. 消费支出	7683.0	5469.0	4798.4	5941.2
食品	2947.5	2119.2	1992.2	2237.3
衣着	498.0	355.0	322.0	517.2
居住	1379.9	1108.1	877.8	848.9
家庭设备及用品	443.5	350.2	272.0	242.6
交通通信	965.8	515.7	503.9	654.7
文教娱乐	647.1	385.6	306.3	555.6
医疗保健	604.7	492.5	419.0	704.0
其他	196.5	142.8	105.0	180.9
2. 现金消费支出	7379.0	4950.5	4141.1	5594.4
食品	2671.1	1629.0	1366.4	1969.7
衣着	497.8	354.7	321.7	517.0
居住	1352.9	1080.3	847.2	770.3
家庭设备及用品	443.2	350.0	271.6	242.2
交通通信	965.8	515.7	503.9	654.7
文教娱乐	647.1	385.6	306.3	555.6
医疗保健	604.7	492.5	419.0	704.0
其他	196.4	142.8	105.0	180.9
3. 现金消费支出占				
消费支出比重(%)	96.0	90.5	86.3	94.2
食品	90.6	76.9	68.6	88.0
衣着	100.0	99.9	99.9	100.0
居住	98.0	97.5	96.5	90.7
家庭设备及用品	99.9	100.0	99.9	99.8
交通通信	100.0	100.0	100.0	100.0
文教娱乐	100.0	100.0	100.0	100.0
医疗保健	100.0	100.0	100.0	100.0
其他	100.0	100.0	99.9	100.0

5

全国及分地区农村住户固定资产投资情况

一、农村住户固定资产投资和结构

5-1-1 2010-2018年全国农村住户固定资产投资情况

单位：亿元

指标	2010年	2011年	2012年	2013年	2014年	2015年	2016年	2017年	2018
农村住户固定资产投资完成额	**7886.0**	**9089.1**	**9840.6**	**10546.7**	**10755.8**	**10409.8**	**9964.9**	**9554.4**	**10039.2**
一、按投资构成分									
1、建筑工程	5729.1	6535.5	6999.5	8072.6	8620.4	8426.4	7903.0	7339.9	7632.1
# 水利	17.0	10.7	11.1	34.1	38.4	41.4	36.9	40.9	54.5
住宅	5262.2	6040.7	6568.5	7387.3	7726.8	7501.7	7010.3	6424.3	6645.4
2、安装工程	31.5	15.6	16.9	17.6	13.7	8.8	8.0	7.9	7.9
3、设备工具器具购置	1426.7	1572.3	1785.8	1778.1	1617.7	1587.4	1529.1	1589.9	1622.0
# 生产设备	864.3	1044.8	1255.0	1604.7	1557.2	1562.9	1515.6	1575.9	1608.3
4、其他	698.7	965.7	1038.3	678.4	503.9	387.2	524.9	616.7	777.3
二、按投资方向分									
# 农林牧渔业	1368.9	1938.6	2224.0	2077.6	1999.8	1980.3	2079.2	2069.7	2254.1
采矿业	8.4	0.2	2.1	2.0	1.7	0.6	0.6	1.2	1.6
制造业	118.4	146.5	146.1	120.5	127.5	137.0	126.1	94.3	127.3
电力、燃气及水的生产和供应业	3.7	0.5	0.7	5.8	4.7	13.1	11.8	11.4	14.8
建筑业	209.9	117.3	53.6	137.4	91.7	59.9	37.5	191.0	68.8
批发和零售业	48.1	59.7	47.7	121.2	247.6	243.5	227.8	238.1	309.5
交通运输、仓储和邮政业	553.8	525.8	563.5	436.9	326.1	225.2	261.9	264.0	324.1
住宿和餐饮业	37.7	37.8	45.9	29.9	41.3	42.4	28.9	38.3	119.4
房地产业	5308.5	6022.4	6519.9	7429.8	7789.9	7578.1	7075.7	6491.9	6681.4
租赁和商务服务业	2.8	2.9	5.7	18.6	11.6	12.1	26.2	52.9	34.8
居民服务和其他服务业	188.7	224.2	219.3	104.9	96.1	102.1	74.3	66.5	79.8

注：表5-1-1到5-3-10为农村住户固定资产投资抽样调查资料。

5-1-2 2010年分地区农村住户固定资产投资结构情况

单位：亿元

地区	投资额	建筑工程	#住宅	设备工具器具购置	#生产设备
全 国	**7886.0**	**5729.1**	**5262.2**	**1426.7**	**864.3**
北 京	52.1	48.8	46.8	2.7	0.4
天 津	26.4	13.2	13.0	8.4	6.6
河 北	460.8	366.9	356.9	51.2	1.0
山 西	217.9	148.9	125.7	55.4	45.1
内蒙古	91.2	41.8	29.1	41.0	27.9
辽 宁	249.4	178.3	158.7	31.4	6.2
吉 林	174.8	78.4	64.0	47.7	12.8
黑龙江	316.7	93.0	84.5	136.5	114.3
上 海	2.0	2.0	1.9	0.0	0.0
江 苏	377.7	231.7	193.4	116.9	82.6
浙 江	507.8	436.5	424.9	55.0	46.9
安 徽	439.1	347.7	342.7	79.7	51.7
福 建	206.1	171.4	164.7	30.4	24.8
江 西	305.3	246.9	221.8	45.2	41.5
山 东	697.8	441.3	395.1	152.7	50.8
河 南	786.6	692.3	641.3	80.1	74.7
湖 北	302.8	247.3	194.6	28.8	20.7
湖 南	362.5	299.2	287.8	45.8	15.2
广 东	353.3	290.4	282.6	18.3	0.3
广 西	338.3	245.7	239.7	65.7	55.3
海 南	38.4	25.8	25.4	2.2	
重 庆	94.6	59.2	53.6	8.1	0.6
四 川	566.9	410.7	331.8	82.1	15.8
贵 州	159.1	119.4	117.3	39.7	15.1
云 南	219.8	148.7	138.2	42.7	37.9
西 藏					
陕 西	220.3	147.6	140.6	66.5	50.3
甘 肃	103.6	77.2	74.5	17.7	10.1
青 海	49.4	39.8	38.5	6.5	3.6
宁 夏	46.6	26.7	26.3	15.5	10.0
新 疆	118.5	52.5	46.7	52.8	42.4

5-1-3 2011年分地区农村住户固定资产投资结构情况

单位：亿元

地区	投资额	建筑工程	#住宅	设备工具器具购置	#生产设备
全国	**9089.1**	**6535.5**	**6040.7**	**1572.3**	**1044.8**
北京	59.1	52.7	49.7	1.7	0.9
天津	27.0	14.9	14.7	4.9	0.9
河北	609.1	424.7	373.1	121.3	84.3
山西	235.4	155.9	152.9	63.4	37.4
内蒙古	112.2	26.8	24.6	34.5	24.5
辽宁	294.8	198.4	177.5	43.0	8.7
吉林	215.1	68.3	65.9	68.6	54.1
黑龙江	317.5	91.8	80.6	140.8	120.2
上海	2.1	2.1	2.1	0.1	0.1
江苏	379.2	221.7	171.8	122.1	89.1
浙江	533.6	459.5	441.8	56.0	47.4
安徽	447.8	355.5	325.4	78.7	66.1
福建	233.8	199.5	187.1	29.7	20.3
江西	333.7	255.2	243.3	34.0	22.7
山东	842.3	518.5	478.3	188.7	74.5
河南	834.6	742.8	696.9	84.4	83.9
湖北	362.0	345.7	319.1	8.6	5.5
湖南	473.2	399.5	379.1	50.7	19.6
广东	470.0	365.8	354.6	32.3	18.2
广西	409.8	288.1	283.4	68.2	31.4
海南	58.1	49.1	44.8	2.5	1.9
重庆	106.4	54.1	54.1	7.8	5.4
四川	534.5	417.2	348.3	60.5	33.8
贵州	209.5	157.7	152.1	39.8	19.6
云南	258.2	175.1	162.7	45.4	40.4
西藏					
陕西	322.1	245.2	229.0	61.2	46.4
甘肃	95.7	69.7	61.4	17.6	11.7
青海	69.7	57.2	55.9	8.2	3.7
宁夏	55.6	32.8	32.3	18.0	10.2
新疆	187.2	89.9	78.1	79.8	61.8

5-1-4 2012年分地区农村住户固定资产投资结构情况

单位：亿元

地　区	投资额	建筑工程	#住宅	设备工具器具购置	#生产设备
全　国	**9840.6**	**6999.5**	**6568.5**	**1785.8**	**1255.0**
北　京	47.5	44.0	39.4	0.8	0.5
天　津	21.5	10.2	10.0	6.7	5.9
河　北	556.7	401.7	365.2	73.3	52.7
山　西	278.4	190.2	186.0	68.9	48.9
内蒙古	126.0	31.9	25.3	41.8	37.8
辽　宁	300.9	201.3	178.3	49.9	10.6
吉　林	249.3	52.9	46.7	92.2	73.2
黑龙江	319.3	87.2	78.0	156.4	145.2
上　海	3.0	2.7	2.6	0.2	0.2
江　苏	380.5	228.8	213.7	114.0	92.3
浙　江	553.4	482.7	458.4	52.2	45.2
安　徽	482.0	368.3	352.8	106.8	87.6
福　建	257.4	220.2	204.1	34.4	21.8
江　西	395.8	311.4	299.7	34.6	22.6
山　东	936.2	584.4	536.2	213.0	81.0
河　南	891.4	793.3	753.3	90.0	89.5
湖　北	429.6	335.1	309.1	65.0	45.7
湖　南	557.0	476.0	461.8	60.1	19.7
广　东	501.3	377.2	372.1	34.8	15.9
广　西	463.4	341.5	325.0	72.7	51.3
海　南	80.9	73.7	68.9	2.1	0.9
重　庆	125.8	78.9	68.8	5.2	4.8
四　川	509.7	389.7	331.8	70.2	35.9
贵　州	212.9	159.7	158.6	34.3	17.5
云　南	277.6	188.0	174.7	49.5	44.1
西　藏					
陕　西	338.7	236.4	231.3	81.7	56.3
甘　肃	105.0	76.9	72.1	18.1	11.9
青　海	74.8	63.0	61.4	9.8	8.4
宁　夏	63.8	38.8	38.2	22.0	12.5
新　疆	300.8	153.6	145.0	125.0	114.9

5-1-5 2013年分地区农村住户固定资产投资结构情况

单位：亿元

地区	投资额	建筑工程	#住宅	设备工具器具购置	#生产设备
全国	**10546.7**	**8072.6**	**7387.3**	**1778.1**	**1604.7**
北京	49.5	44.2	41.1	2.9	2.9
天津	27.2	13.8	13.1	11.1	11.1
河北	564.5	482.6	425.4	56.3	56.3
山西	286.5	199.3	190.7	72.8	72.8
内蒙古	145.0	89.3	74.1	46.5	46.5
辽宁	316.3	207.4	181.8	71.5	71.5
吉林	253.5	73.2	59.8	154.1	154.1
黑龙江	331.8	105.5	90.9	226.3	226.3
上海	3.7	3.5	3.1	0.0	0.0
江苏	390.8	367.4	344.0	12.0	12.0
浙江	588.0	553.4	501.9	22.1	22.1
安徽	530.7	372.2	352.6	130.5	130.5
福建	281.6	240.5	223.5	35.9	35.7
江西	415.3	371.9	362.4	28.5	28.5
山东	913.2	546.6	483.2	222.7	103.6
河南	899.4	794.0	701.0	97.5	96.9
湖北	510.5	406.6	358.2	74.7	74.7
湖南	616.2	524.8	497.2	74.9	74.9
广东	512.9	392.0	387.1	31.4	18.2
广西	523.7	387.3	366.7	81.1	57.6
海南	72.3	69.2	66.0	2.8	2.8
重庆	144.3	123.7	114.0	8.6	8.6
四川	570.8	463.9	428.7	74.6	74.6
贵州	270.8	210.5	205.0	26.7	26.7
云南	346.5	258.3	223.3	48.0	48.0
西藏					
陕西	350.6	287.1	273.8	51.6	51.6
甘肃	120.7	89.0	69.9	20.7	14.3
青海	75.8	61.8	58.4	12.2	12.2
宁夏	73.4	45.9	45.0	24.3	14.0
新疆	361.1	287.9	245.6	55.6	55.6

5-1-6 2014年分地区农村住户固定资产投资结构情况

单位：亿元

地 区	投资额	建筑工程	#住宅	设备工具器具购置	#生产设备
全 国	**10755.8**	**8620.4**	**7726.8**	**1617.7**	**1557.2**
北 京	50.8	48.7	45.9	1.1	1.1
天 津	27.8	19.9	8.3	6.2	6.2
河 北	524.7	458.1	414.5	56.1	56.1
山 西	319.1	223.1	213.6	80.5	80.5
内蒙古	154.0	90.2	67.5	53.4	53.4
辽 宁	304.0	216.3	188.9	59.0	59.0
吉 林	231.7	68.6	53.6	143.7	143.7
黑龙江	291.1	112.6	87.0	164.9	136.2
上 海	3.5	3.5	3.4	0.0	0.0
江 苏	385.9	341.3	265.5	28.5	
浙 江	708.0	650.1	612.8	54.8	54.8
安 徽	619.3	475.8	439.7	106.9	106.9
福 建	308.1	264.0	247.9	38.2	38.1
江 西	432.9	383.0	371.7	30.9	30.9
山 东	896.4	626.5	432.5	228.7	228.7
河 南	769.9	691.1	602.3	70.7	70.7
湖 北	473.6	404.1	365.3	46.6	46.6
湖 南	694.4	599.3	562.6	68.6	68.6
广 东	450.9	434.0	417.8	9.6	9.6
广 西	555.6	403.3	388.2	88.8	88.8
海 南	72.8	67.3	64.4	4.7	4.7
重 庆	144.6	122.0	112.8	9.5	9.5
四 川	656.4	573.7	534.2	42.1	42.1
贵 州	247.3	198.1	189.4	21.8	21.8
云 南	424.7	341.9	318.3	39.3	39.3
西 藏					
陕 西	351.7	295.6	262.5	45.0	45.0
甘 肃	124.5	87.2	64.5	29.3	26.0
青 海	72.3	58.9	55.2	11.1	11.1
宁 夏	79.9	51.2	50.2	25.6	25.6
新 疆	380.0	311.3	286.3	52.0	52.0

5-1-7 2015年分地区农村住户固定资产投资结构情况

单位：亿元

地区	投资额	建筑工程	#住宅	设备工具器具购置	#生产设备
全国	**10409.8**	**8426.4**	**7501.7**	**1587.4**	**1562.9**
北京	50.0	46.6	44.7	1.8	1.8
天津	17.4	11.3	7.1	5.4	5.4
河北	542.5	456.9	402.4	77.8	77.8
山西	329.6	228.7	217.0	86.3	86.3
内蒙古	173.1	106.5	91.0	53.0	53.0
辽宁	277.5	197.7	133.7	52.1	52.1
吉林	196.7	109.5	97.8	71.5	71.5
黑龙江	298.7	112.8	104.2	170.0	170.0
上海	3.3	3.0	2.8	0.3	0.3
江苏	341.7	299.5	248.3	39.1	39.1
浙江	658.6	621.7	572.1	35.0	35.0
安徽	582.0	435.5	409.6	142.8	142.8
福建	327.4	290.4	276.8	31.5	22.2
江西	394.2	354.2	331.8	30.3	30.3
山东	931.0	652.2	444.1	258.1	251.2
河南	709.1	641.4	556.9	59.6	57.6
湖北	477.5	399.6	353.1	63.7	63.7
湖南	720.9	625.5	567.2	69.7	69.7
广东	392.6	367.5	358.7	23.0	23.0
广西	572.8	417.1	399.5	81.7	81.7
海南	95.8	92.4	87.6	2.0	2.0
重庆	145.1	125.9	110.4	7.0	7.0
四川	560.3	479.9	432.9	50.8	50.8
贵州	268.8	211.3	201.9	36.1	36.1
云南	431.2	373.2	346.5	30.0	30.0
西藏					
陕西	351.2	310.5	293.6	28.6	28.6
甘肃	127.6	87.3	66.8	33.8	27.6
青海	66.5	53.2	49.7	11.9	11.9
宁夏	79.0	63.1	57.3	8.9	8.9
新疆	287.6	251.9	236.4	25.7	25.7

5-1-8 2016年分地区农村住户固定资产投资结构情况

单位：亿元

地区	投资额	建筑工程	#住宅	设备工具器具购置	#生产设备
全国	**9964.9**	**7903.0**	**7010.3**	**1529.1**	**1515.6**
北京	55.2	53.4	51.0	0.8	0.8
天津	23.0	12.2	9.7	9.3	9.3
河北	409.9	357.4	295.2	42.8	42.8
山西	338.6	229.7	217.3	93.5	93.5
内蒙古	186.1	121.2	97.4	46.4	46.4
辽宁	255.9	168.2	112.7	57.2	57.2
吉林	150.0	55.4	40.9	64.5	64.5
黑龙江	215.8	53.2	39.2	141.1	141.1
上海	4.2	4.2	4.1	0.0	0.0
江苏	292.4	204.7	190.3	44.4	44.4
浙江	705.1	640.0	597.7	56.5	56.5
安徽	456.0	344.2	304.1	106.3	106.3
福建	309.4	232.5	220.1	62.5	62.5
江西	315.5	272.9	253.4	36.9	36.9
山东	958.4	684.2	463.2	261.9	254.9
河南	661.2	584.3	535.0	61.7	61.7
湖北	507.8	423.3	382.6	42.2	42.2
湖南	664.9	578.7	536.5	75.9	75.9
广东	356.3	337.4	325.4	16.4	16.4
广西	583.8	445.5	416.3	85.3	85.3
海南	143.4	130.3	122.8	11.5	11.5
重庆	116.3	104.5	85.0	4.5	4.5
四川	582.2	488.3	434.2	46.0	46.0
贵州	274.8	192.7	185.6	35.3	35.3
云南	456.9	387.4	356.4	30.4	30.4
西藏					
陕西	350.4	322.3	302.9	17.3	17.3
甘肃	129.9	87.5	67.9	35.9	29.5
青海	72.5	63.6	61.0	3.1	3.1
宁夏	85.2	61.1	56.4	17.5	17.5
新疆	303.7	262.7	246.1	21.7	21.7

5-1-9　2017年分地区农村住户固定资产投资结构情况

单位：亿元

地　区	投资额	建筑工程	#住宅	设备工具器具购置	#生产设备
全　国	**9554.4**	**7339.9**	**6424.3**	**1589.9**	**1575.9**
北　京	63.1	59.3	56.2	0.3	0.3
天　津	14.2	7.2	5.5	6.1	6.1
河　北	394.6	335.1	284.3	38.8	38.8
山　西	318.4	202.1	197.2	101.6	101.6
内蒙古	185.3	117.8	90.7	33.7	33.7
辽　宁	232.0	149.5	101.5	54.5	54.5
吉　林	153.0	56.4	42.1	72.0	72.0
黑龙江	212.3	51.4	35.8	145.4	145.4
上　海	5.7	5.7	5.1	0.0	0.0
江　苏	276.8	178.3	166.1	50.2	50.2
浙　江	570.0	500.4	490.2	25.6	25.6
安　徽	458.7	356.9	311.2	96.0	96.0
福　建	305.9	257.4	237.7	15.8	15.8
江　西	314.9	265.2	245.0	43.8	43.8
山　东	966.7	690.8	454.1	265.5	258.0
河　南	606.6	524.1	463.8	44.0	44.0
湖　北	409.8	331.0	310.1	62.0	62.0
湖　南	631.1	544.2	505.7	68.8	68.8
广　东	357.8	322.1	304.1	24.0	24.0
广　西	590.8	451.7	420.9	81.7	81.7
海　南	119.0	114.5	109.9	3.2	3.2
重　庆	96.5	83.3	70.6	9.3	9.3
四　川	666.2	558.8	456.1	58.1	58.1
贵　州	215.8	142.0	138.3	33.9	33.9
云　南	461.1	307.3	281.1	134.4	134.4
西　藏					
陕　西	351.2	299.0	266.3	38.2	38.2
甘　肃	131.4	88.1	68.4	36.6	30.1
青　海	63.7	49.2	47.7	12.9	12.9
宁　夏	88.3	68.1	61.5	13.4	13.4
新　疆	293.5	223.1	197.0	20.1	20.1

5-1-10　2018年分地区农村住户固定资产投资结构情况

单位：亿元

地　区	投资额	建筑工程	#住宅	设备工具器具购置	#生产设备
全　国	10039.2	7632.1	6645.4	1622.0	1608.3
北　京	63.2	61.2	60.1	1.7	1.7
天　津	17.6	9.9	7.0	5.6	5.6
河　北	362.3	274.7	238.6	39.9	39.9
山　西	257.7	148.2	138.9	96.3	96.3
内蒙古	166.0	63.8	43.0	61.4	61.4
辽　宁	205.8	131.1	87.6	50.6	50.6
吉　林	151.7	46.8	30.9	73.2	73.2
黑龙江	217.8	53.5	32.0	148.3	148.3
上　海	6.5	6.3	6.1	0.2	0.2
江　苏	258.0	156.8	137.7	55.3	55.3
浙　江	863.6	796.3	749.8	41.9	41.9
安　徽	554.9	439.2	408.8	84.9	84.9
福　建	301.1	242.0	231.3	17.9	17.9
江　西	308.6	260.0	200.9	41.8	41.8
山　东	958.6	682.9	440.7	264.8	256.4
河　南	629.2	542.4	466.0	52.2	52.2
湖　北	501.8	406.4	377.9	39.3	39.3
湖　南	705.7	568.8	524.3	107.9	107.9
广　东	368.3	310.8	304.8	19.5	19.5
广　西	596.2	454.9	423.4	83.3	83.3
海　南	97.4	91.4	80.7	2.4	2.4
重　庆	95.5	67.8	54.9	11.1	11.1
四　川	678.8	584.7	493.7	56.0	56.0
贵　州	280.5	187.0	179.1	60.3	60.3
云　南	469.6	422.2	388.6	27.7	27.7
西　藏					
陕　西	358.3	277.7	224.9	56.5	56.5
甘　肃	132.3	87.8	71.4	37.7	32.4
青　海	54.4	45.5	42.8	4.4	4.4
宁　夏	89.6	54.9	54.1	33.3	33.3
新　疆	288.2	157.3	145.3	46.7	46.7

二、农村住户固定资产投资和投向

5-2-1 2010-2018年分地区农村住户固定资产投资完成额

单位：亿元

地区	2010年	2011年	2012年	2013年	2014年	2015年	2016年	2017年	2018年
全国	**7886.0**	**9089.1**	**9840.6**	**10546.7**	**10755.8**	**10409.8**	**9964.9**	**9554.4**	**10039.2**
北京	52.1	59.1	47.5	49.5	50.8	50.0	55.2	63.1	63.2
天津	26.4	27.0	21.5	27.2	27.8	17.4	23.0	14.2	17.6
河北	460.8	609.1	556.7	564.5	524.7	542.5	409.9	394.6	362.3
山西	217.9	235.4	278.4	286.5	319.1	329.6	338.6	318.4	257.7
内蒙古	91.2	112.2	126.0	145.0	154.0	173.1	186.1	185.3	166.0
辽宁	249.4	294.8	300.9	316.3	304.0	277.5	255.9	232.0	205.8
吉林	174.8	215.1	249.3	253.5	231.7	196.7	150.0	153.0	151.7
黑龙江	316.7	317.5	319.3	331.8	291.1	298.7	215.8	212.3	217.8
上海	2.0	2.1	3.0	3.7	3.5	3.3	4.2	5.7	6.5
江苏	377.7	379.2	380.5	390.8	385.9	341.7	292.4	276.8	258.0
浙江	507.8	533.6	553.4	588.0	708.0	658.6	705.1	570.0	863.6
安徽	439.1	447.8	482.0	530.7	619.3	582.0	456.0	458.7	554.9
福建	206.1	233.8	257.4	281.6	308.1	327.4	309.4	305.9	301.1
江西	305.3	333.7	395.8	415.3	432.9	394.2	315.5	314.9	308.6
山东	697.8	842.3	936.2	913.2	896.4	931.0	958.4	966.7	958.6
河南	786.6	834.6	891.4	899.4	769.9	709.1	661.2	606.6	629.2
湖北	302.8	362.0	429.6	510.5	473.6	477.5	507.8	409.8	501.8
湖南	362.5	473.2	557.0	616.2	694.4	720.9	664.9	631.1	705.7
广东	353.3	470.0	501.3	512.9	450.9	392.6	356.3	357.8	368.3
广西	338.3	409.8	463.4	523.7	555.6	572.8	583.8	590.8	596.2
海南	38.4	58.1	80.9	72.3	72.8	95.8	143.4	119.0	97.4
重庆	94.6	106.4	125.8	144.3	144.6	145.1	116.3	96.5	95.5
四川	566.9	534.5	509.7	570.8	656.4	560.3	582.2	666.2	678.8
贵州	159.1	209.5	212.9	270.8	247.3	268.8	274.8	215.8	280.5
云南	219.8	258.2	277.6	346.5	424.7	431.2	456.9	461.1	469.6
西藏									
陕西	220.3	322.1	338.7	350.6	351.7	351.2	350.4	351.2	358.3
甘肃	103.6	95.7	105.0	120.7	124.5	127.6	129.9	131.4	132.3
青海	49.4	69.7	74.8	75.8	72.3	66.5	72.5	63.7	54.4
宁夏	46.6	55.6	63.8	73.4	79.9	79.0	85.2	88.3	89.6
新疆	118.5	187.2	300.8	361.1	380.0	287.6	303.7	293.5	288.2

5-2-2 2010年分地区农村住户固定资产投资投向情况

单位：亿元

地　区	投资额	农业	制造业	建筑业	交通运输、仓储和邮政业	房地产业	居民服务和其他服务业
全　国	**7886.0**	**1368.9**	**118.4**	**209.9**	**553.8**	**5308.5**	**188.7**
北　京	52.1	2.8			2.4	46.8	0.0
天　津	26.4	5.8	2.0	0.7	4.9	13.0	
河　北	460.8	68.0	1.0		24.9	366.9	
山　西	217.9	37.9	0.0	0.3	24.8	147.5	0.3
内蒙古	91.2	43.2	0.2	3.5	5.2	33.0	1.2
辽　宁	249.4	58.0	2.5	11.3	20.3	149.3	5.1
吉　林	174.8	84.3	0.0	0.1	18.5	71.5	
黑龙江	316.7	201.6			22.2	93.0	
上　海	2.0	0.1				1.9	
江　苏	377.7	60.3	30.7	0.2	35.4	193.4	35.3
浙　江	507.8	30.4	30.0		19.2	424.9	1.7
安　徽	439.1	44.8	2.2	7.5	35.0	342.7	2.1
福　建	206.1	24.1	1.9	1.4	5.9	165.3	2.0
江　西	305.3	46.2	1.3	7.4	23.5	197.1	23.6
山　东	697.8	156.8	30.5	1.3	56.9	439.9	4.7
河　南	786.6	85.0	4.1	2.6	28.1	641.3	21.4
湖　北	302.8	32.9	1.5	8.3	12.2	247.3	0.3
湖　南	362.5	47.6	4.5	9.9	17.0	264.3	13.0
广　东	353.3	48.5	0.8	33.5	17.4	250.3	1.3
广　西	338.3	36.5	1.7	0.8	30.1	242.7	12.5
海　南	38.4	11.2	0.0		0.6	25.8	0.3
重　庆	94.6	26.8	0.6		2.6	64.7	
四　川	566.9	53.4	2.0	109.4	40.6	294.0	51.4
贵　州	159.1	15.1	0.2	0.2	23.0	117.3	1.3
云　南	219.8	49.1	0.1	0.0		145.2	3.5
西　藏							
陕　西	220.3	23.1	0.1	5.5	38.7	141.8	4.0
甘　肃	103.6	13.3	0.4	3.8	5.7	76.2	3.4
青　海	49.4	4.5	0.1		5.0	39.8	
宁　夏	46.6	8.0	0.1		12.3	26.3	
新　疆	118.5	49.6	0.1	2.2	21.3	45.3	

5-2-3 2011年分地区农村住户固定资产投资投向情况

单位：亿元

地 区	投资额	农业	制造业	建筑业	交通运输、仓储和邮政业	房地产业	居民服务和其他服务业
全 国	**9089.1**	**1938.6**	**146.5**	**117.3**	**525.8**	**6022.4**	**224.2**
北 京	59.1	6.5	0.0		0.8	49.7	2.1
天 津	27.0	8.3			3.9	14.7	0.1
河 北	609.1	162.3	14.9		37.0	373.1	21.7
山 西	235.4	48.4	0.0	0.7	25.1	152.9	3.5
内蒙古	112.2	72.7			10.0	24.6	4.9
辽 宁	294.8	67.1	3.2	13.6	25.3	177.5	8.1
吉 林	215.1	124.2	0.1		14.6	65.9	10.2
黑龙江	317.5	207.7			20.6	80.6	8.5
上 海	2.1	0.1				2.1	
江 苏	379.2	70.2	29.8	0.2	35.3	159.5	53.8
浙 江	533.6	38.1	30.9	0.6	17.9	441.8	2.5
安 徽	447.8	72.2	5.4	8.5	29.9	325.4	1.7
福 建	233.8	23.0	5.1	4.1	6.3	187.5	0.1
江 西	333.7	53.0	1.0		11.3	255.2	13.1
山 东	842.3	198.4	42.5	1.8	64.9	518.5	5.9
河 南	834.6	79.9	2.3	2.5	28.2	696.9	21.2
湖 北	362.0	8.1	1.4	3.1	1.8	345.7	0.1
湖 南	473.2	66.2	5.1	11.2	19.6	350.0	13.6
广 东	470.0	88.5			14.0	342.1	25.4
广 西	409.8	82.6	1.7		36.7	283.4	5.3
海 南	58.1	12.6	0.0		0.6	44.8	0.0
重 庆	106.4	49.6	0.0	54.1	2.4		0.3
四 川	534.5	156.0	1.1		26.7	348.3	2.3
贵 州	209.5	34.0	0.3		22.2	152.1	0.9
云 南	258.2	58.0	0.5	0.0		171.3	4.1
西 藏							
陕 西	322.1	48.8	0.1	2.8	19.6	230.0	5.9
甘 肃	95.7	14.7	0.3	4.1	5.4	60.9	8.8
青 海	69.7	7.1	0.1		5.1	57.2	0.1
宁 夏	55.6	10.0	0.1		13.3	32.3	
新 疆	187.2	70.1	0.6	10.0	27.3	78.3	0.1

5-2-4 2012年分地区农村住户固定资产投资投向情况

单位：亿元

地区	投资额	农业	制造业	建筑业	交通运输、仓储和邮政业	房地产业	居民服务和其他服务业
全　国	**9840.6**	**2224.0**	**146.1**	**53.6**	**563.5**	**6519.9**	**219.3**
北　京	47.5	7.7			0.3	39.4	0.1
天　津	21.5	5.9	4.8		0.8	10.0	0.1
河　北	556.7	152.6	4.7		20.6	365.2	13.7
山　西	278.4	52.6	0.0	0.5	32.5	186.0	2.1
内蒙古	126.0	90.1	4.1		4.2	25.2	2.4
辽　宁	300.9	73.4	3.1	12.3	25.7	178.3	8.1
吉　林	249.3	171.4	0.0		19.0	46.7	12.1
黑龙江	319.3	211.5			20.7	78.0	9.2
上　海	3.0	0.4				2.6	
江　苏	380.5	72.4	30.5	0.2	36.1	158.6	51.2
浙　江	553.4	41.7	28.3	0.7	19.4	458.4	2.6
安　徽	482.0	77.5	3.1	2.6	43.4	352.8	2.3
福　建	257.4	25.1	2.4	3.0	12.3	204.1	0.2
江　西	395.8	58.1	1.6	3.6	11.9	306.6	12.8
山　东	936.2	220.8	44.1	2.1	66.2	584.4	6.5
河　南	891.4	79.2	4.9	5.3	30.5	745.0	22.4
湖　北	429.6	90.3	3.4		19.2	309.1	7.5
湖　南	557.0	70.9	5.1	11.7	22.8	422.3	15.7
广　东	501.3	116.0			18.9	359.1	7.3
广　西	463.4	95.5	2.6		21.4	325.0	18.9
海　南	80.9	10.8			1.3	68.9	0.0
重　庆	125.8	56.4	0.0		0.4	68.8	0.1
四　川	509.7	139.1	1.9		34.3	331.8	2.6
贵　州	212.9	35.0		0.1	16.7	158.6	2.4
云　南	277.6	62.6	0.5	0.2		183.9	4.5
西　藏							
陕　西	338.7	48.9	0.5	8.7	28.0	232.6	10.1
甘　肃	105.0	18.7	0.1	2.6	4.7	74.0	4.3
青　海	74.8	5.7	0.2		3.9	63.0	0.0
宁　夏	63.8	11.3	0.1		14.3	38.2	
新　疆	300.8	122.7	0.0		33.9	143.4	0.1

5-2-5 2013年分地区农村住户固定资产投资投向情况

单位：亿元

地　区	投资额	农业	制造业	建筑业	交通运输、仓储和邮政业	房地产业	居民服务和其他服务业
全　国	**10546.7**	**2077.6**	**120.5**	**137.4**	**460.8**	**7429.8**	**104.9**
北　京	49.5	2.0	1.4	0.4	3.8	41.1	0.0
天　津	27.2	3.6	2.0	6.5	1.1	13.1	0.0
河　北	564.5	106.6	0.8	0.9	13.8	425.4	5.6
山　西	286.5	54.0	0.3	0.8	27.6	190.7	2.7
内蒙古	145.0	69.3		0.2	0.3	74.1	0.9
辽　宁	316.3	79.0	3.1	12.2	26.0	182.1	8.3
吉　林	253.5	186.7	0.0	0.1	1.8	59.8	0.9
黑龙江	331.8	158.1	0.1	42.9	2.3	90.9	0.1
上　海	3.7	0.4				3.1	0.0
江　苏	390.8	57.6	2.2	1.6	0.0	301.3	1.7
浙　江	588.0	68.5	16.7	1.0	4.4	485.6	0.9
安　徽	530.7	105.2	3.9	37.3	26.2	352.6	2.3
福　建	281.6	29.0	2.5	3.4	13.0	223.5	0.2
江　西	415.3	40.7	2.4	1.2	4.8	362.4	1.8
山　东	913.2	233.5	50.2	2.2	72.6	533.6	6.6
河　南	899.4	88.8	5.5	5.2	32.8	734.2	24.6
湖　北	510.5	83.8	5.2	12.8	48.3	358.2	0.9
湖　南	616.2	75.2	7.7	0.8		497.9	6.0
广　东	512.9	105.6	0.3	0.2	19.1	378.8	6.7
广　西	523.7	101.0	2.9	0.6	23.4	371.3	20.3
海　南	72.3	5.1		0.0	0.9	66.0	0.1
重　庆	144.3	20.4	0.0	0.9	2.5	114.6	0.9
四　川	570.8	84.6	11.3	0.3	35.0	428.7	4.1
贵　州	270.8	40.3	0.2	0.6		205.0	1.3
云　南	346.5	87.4	1.3	1.4	22.5	224.4	1.4
西　藏							
陕　西	350.6	42.0	0.3	0.3	31.9	273.8	0.3
甘　肃	120.7	20.4	0.1	3.0		86.1	5.1
青　海	75.8	6.2		0.5	7.4	60.9	0.4
宁　夏	73.4	13.0	0.1		15.2	45.0	
新　疆	361.1	109.6		0.0		245.6	0.8

5-2-6　2014年分地区农村住户固定资产投资投向情况

单位：亿元

地　区	投资额	农业	制造业	建筑业	交通运输、仓储和邮政业	房地产业	居民服务和其他服务业
全　国	**10755.8**	**1999.8**	**127.5**	**91.7**	**326.1**	**7789.9**	**96.1**
北　京	50.8	3.3	0.0	0.3	0.5	45.9	0.0
天　津	27.8	2.6	13.3	0.0	1.1	8.3	0.4
河　北	524.7	83.4	0.0		21.9	414.5	0.9
山　西	319.1	59.0	0.3	0.8	31.1	213.6	2.9
内蒙古	154.0	82.6				67.5	0.7
辽　宁	304.0	89.8	2.8	12.4	7.6	160.8	8.0
吉　林	231.7	176.5	0.0	0.1	0.9	53.6	0.3
黑龙江	291.1	158.7		0.6	25.7	87.0	0.0
上　海	3.5	0.1				3.4	
江　苏	385.9	69.9	36.1	0.6	0.7	275.5	0.3
浙　江	708.0	41.5	6.0	32.9	7.4	612.8	0.6
安　徽	619.3	125.0	5.4	2.0	38.0	439.7	2.8
福　建	308.1	30.6	2.8	3.7		247.9	0.3
江　西	432.9	43.4	0.6	3.8		371.7	1.5
山　东	896.4	272.7	47.8	1.8		472.5	9.6
河　南	769.9	78.4	6.0	4.8	33.3	612.2	27.0
湖　北	473.6	76.2	0.3	0.5	30.2	365.3	0.2
湖　南	694.4	80.7	0.4	8.4		562.6	1.4
广　东	450.9	26.6	0.0	0.0		417.8	0.9
广　西	555.6	110.7	3.2	0.5	25.9	388.2	22.5
海　南	72.8	4.7	0.2	1.9		64.4	0.0
重　庆	144.6	21.2	0.0	0.9	2.7	113.2	1.0
四　川	656.4	65.9	1.3	1.5	45.1	532.0	5.7
贵　州	247.3	36.5	0.2	6.6		189.4	1.2
云　南	424.7	72.2	0.0	0.2	25.4	318.5	1.1
西　藏							
陕　西	351.7	63.2	0.4	1.2	15.0	269.0	0.6
甘　肃	124.5	21.3		3.3		87.4	5.1
青　海	72.3	6.1		2.3		58.7	0.4
宁　夏	79.9	15.5	0.5		13.6	50.2	
新　疆	380.0	81.6		0.7		286.3	0.6

5-2-7 2015年分地区农村住户固定资产投资投向情况

单位：亿元

地　区	投资额	农业	制造业	建筑业	交通运输、仓储和邮政业	房地产业	居民服务和其他服务业
全　国	**10409.8**	**1980.3**	**137.0**	**59.9**	**225.2**	**7578.1**	**102.1**
北　京	50.0	1.7	0.2	0.1	0.3	44.7	0.0
天　津	17.4	1.5	5.7	0.2	1.4	7.1	0.5
河　北	542.5	89.7	1.1	1.6	41.8	402.4	1.4
山　西	329.6	63.6	0.3	0.7	32.0	217.1	3.3
内蒙古	173.1	72.9				91.0	2.9
辽　宁	277.5	91.0	2.8	11.2	8.2	133.7	8.7
吉　林	196.7	91.8	0.0	0.0	5.7	97.8	0.3
黑龙江	298.7	172.6	1.3	0.7	9.4	104.9	0.0
上　海	3.3	0.5				2.8	0.0
江　苏	341.7	69.1	20.2		3.5	248.3	
浙　江	658.6	53.8	29.9	0.1	1.4	572.1	0.1
安　徽	582.0	140.9	2.9	0.6	9.8	409.6	0.5
福　建	327.4	21.8	5.7	4.1		277.0	2.5
江　西	394.2	46.2	1.5	3.7	5.0	331.8	4.5
山　东	931.0	295.2	47.2	1.8		482.4	9.9
河　南	709.1	72.5	6.6	4.6	31.2	559.3	23.3
湖　北	477.5	103.9	3.6	0.2	15.1	353.1	1.3
湖　南	720.9	100.0	3.5	1.1		567.2	1.9
广　东	392.6	24.8		0.0		358.8	1.9
广　西	572.8	112.8	3.2	0.6	23.8	399.5	29.2
海　南	95.8	6.9		1.3		87.6	
重　庆	145.1	19.7	0.0	2.3	2.7	110.4	0.5
四　川	560.3	98.3		2.7	13.3	432.9	2.0
贵　州	268.8	28.5	0.5	16.9		210.4	0.4
云　南	431.2	72.3	0.6	1.2	5.9	346.8	1.4
西　藏							
陕　西	351.2	34.0			11.9	294.9	
甘　肃	127.6	22.6		3.4		88.2	5.3
青　海	66.5	4.1		0.8		52.9	0.2
宁　夏	79.0	18.8	0.1		2.8	57.3	
新　疆	287.6	48.8				236.4	0.1

5-2-8 2016年分地区农村住户固定资产投资投向情况

单位：亿元

地区	投资额	农业	制造业	建筑业	交通运输、仓储和邮政业	房地产业	居民服务和其他服务业
全国	**9964.9**	**2079.2**	**126.1**	**37.5**	**261.9**	**7075.7**	**74.3**
北京	55.2	1.7	1.2	0.3	0.2	51.0	0.2
天津	23.0	3.2	1.3	0.4	7.6	9.7	0.2
河北	409.9	88.7	1.9	2.5	14.0	295.2	1.0
山西	338.6	72.9	0.3	0.8	30.9	217.3	3.1
内蒙古	186.1	79.8				101.5	1.3
辽宁	255.9	113.9			8.5	112.7	0.0
吉林	150.0	98.5	1.3		7.3	40.9	0.5
黑龙江	215.8	169.6			6.7	39.2	
上海	4.2	0.1				4.1	
江苏	292.4	70.8	13.2	1.4	8.7	190.3	
浙江	705.1	46.8	38.3		4.5	597.7	10.9
安徽	456.0	120.3	7.5	0.6	14.3	304.1	4.1
福建	309.4	73.9	0.8	0.9	6.9	220.1	1.3
江西	315.5	46.8	0.1	6.5	7.1	253.4	0.2
山东	958.4	308.6	44.4	1.8		495.0	9.7
河南	661.2	90.7	4.2		9.9	535.0	1.5
湖北	507.8	71.3		0.4	38.8	382.6	2.8
湖南	664.9	98.2		7.8		536.5	6.0
广东	356.3	21.5		1.3		325.4	0.2
广西	583.8	116.2	2.7	0.7	25.9	416.3	18.5
海南	143.4	16.1				122.8	0.1
重庆	116.3	18.9	0.0	2.0	1.8	86.8	0.4
四川	582.2	99.9	6.6	0.1	33.6	434.2	1.0
贵州	274.8	45.4	0.7	4.5		190.4	0.7
云南	456.9	76.9		1.4	17.0	356.4	3.7
西藏							
陕西	350.4	29.2	0.1	0.4	8.0	302.9	0.0
甘肃	129.9	23.7		3.5		89.1	5.5
青海	72.5	5.2		0.3		62.5	0.2
宁夏	85.2	16.5	1.5		10.2	56.4	0.1
新疆	303.7	54.0		0.0		246.3	0.9

5-2-9　2017年分地区农村住户固定资产投资投向情况

单位：亿元

地　　区	投资额	农业	制造业	建筑业	交通运输、仓储和邮政业	房地产业	居民服务和其他服务业
全　　国	**9554.4**	**2069.7**	**94.3**	**191.0**	**264.0**	**6491.9**	**66.5**
北　　京	63.1	2.5	1.2	0.7	0.7	56.2	0.2
天　　津	14.2	2.3	0.5	0.1	5.0	5.5	0.0
河　　北	394.6	77.0	4.6		19.2	284.3	0.6
山　　西	318.4	71.1	0.3	0.8	31.7	197.2	3.3
内 蒙 古	185.3	78.9				100.7	1.3
辽　　宁	232.0	105.9			6.1	101.5	0.1
吉　　林	153.0	102.4	0.1		6.7	42.1	
黑 龙 江	212.3	166.8		5.9	2.2	35.8	0.9
上　　海	5.7	0.5				5.1	
江　　苏	276.8	75.8	15.5	3.6	7.8	166.1	4.1
浙　　江	570.0	15.0	4.3	18.9	1.5	490.6	2.6
安　　徽	458.7	119.1	1.1	19.8	3.2	311.3	0.6
福　　建	305.9	32.9	1.2	0.8	3.4	237.7	1.4
江　　西	314.9	55.6		1.8	10.8	245.0	0.2
山　　东	966.7	315.4	45.5	1.8		485.4	9.5
河　　南	606.6	101.8	3.2	0.6	11.0	464.2	1.8
湖　　北	409.8	47.5	0.3	0.1	47.2	310.1	0.6
湖　　南	631.1	83.3	2.4	7.2		505.7	5.5
广　　东	357.8	50.6		1.7		304.6	
广　　西	590.8	125.7	2.3	0.8	24.0	420.9	13.5
海　　南	119.0	7.4	0.0			109.9	0.1
重　　庆	96.5	18.0	0.0	0.2	0.2	70.6	0.1
四　　川	666.2	141.1	8.7	7.2	25.7	456.1	10.1
贵　　州	215.8	31.7	0.8	20.2		140.4	0.4
云　　南	461.1	59.0	2.2	92.1	23.5	281.3	0.2
西　　藏							
陕　　西	351.2	54.2		2.9	21.8	266.3	1.5
甘　　肃	131.4	24.5		3.6		89.4	5.5
青　　海	63.7	4.0	0.0	0.3		49.1	0.1
宁　　夏	88.3	13.2	0.0		12.4	61.5	0.1
新　　疆	293.5	86.6		0.0		197.4	2.2

5-2-10　2018年分地区农村住户固定资产投资投向情况

单位：亿元

地　　区	投资额	农林牧渔业	制造业	建筑业	交通运输、仓储和邮政业	房地产业	居民服务和其他服务业
全　　国	**10039.2**	**2254.1**	**127.3**	**68.8**	**324.1**	**6681.4**	**79.8**
北　　京	63.2	1.0			0.2	60.1	0.7
天　　津	17.6	3.7	1.4		2.7	7.0	1.1
河　　北	362.3	70.6	1.0	1.1	31.7	238.6	1.6
山　　西	257.7	70.2	0.3	0.8	29.8	138.9	3.3
内 蒙 古	166.0	118.2				43.0	1.1
辽　　宁	205.8	101.4			5.5	87.6	0.1
吉　　林	151.7	115.4			3.7	30.9	0.1
黑 龙 江	217.8	175.0		1.1	2.2	32.0	0.3
上　　海	6.5	0.4	0.1			6.1	
江　　苏	258.0	73.4	10.7		8.5	137.7	5.9
浙　　江	863.6	56.7	25.5		17.3	749.8	0.7
安　　徽	554.9	98.7	2.9	2.4	7.1	408.8	6.9
福　　建	301.1	23.3	5.4	3.7	30.9	231.3	0.4
江　　西	308.6	63.4		2.5	6.6	232.9	0.4
山　　东	958.6	306.9	45.2	1.8		475.9	10.1
河　　南	629.2	113.9	3.2	7.6	14.1	466.0	9.5
湖　　北	501.8	65.7	6.0	0.7	36.5	377.9	6.4
湖　　南	705.7	89.6	11.2	10.2		524.3	4.4
广　　东	368.3	16.0	1.4	6.8		304.8	0.2
广　　西	596.2	128.6	2.1	0.8	25.2	423.4	12.3
海　　南	97.4	13.2	0.1		2.4	80.7	0.0
重　　庆	95.5	20.6	0.6	1.5	11.9	54.9	0.1
四　　川	678.8	150.6	0.1	2.0	25.9	493.7	0.0
贵　　州	280.5	30.2		16.1		179.1	2.2
云　　南	469.6	97.4	7.8	5.5	19.4	334.7	0.4
西　　藏							
陕　　西	358.3	79.9	2.4		21.5	224.9	1.5
甘　　肃	132.3	20.6		3.9		91.8	6.9
青　　海	54.4	5.4		0.1		45.1	0.4
宁　　夏	89.6	13.6	0.0		20.8	54.1	0.1
新　　疆	288.2	130.3		0.3		145.3	2.7

三、农村住户固定资产投资和建房

5-3-1　1985-2018年全国农村住户固定资产投资和建房情况

地　区	投资总额(亿元)	#竣工房屋投　资	#住宅	房屋施工面积(万平方米)	房屋竣工面积(万平方米)	#住宅	竣工房屋造价(元/平方米)	#住宅
1985	478.4	350.1	313.2		78973.0	69542.0	44.0	45.0
1990	876.5	777.1	649.8	76819.0	71136.0	67812.0	109.0	96.0
1991	1042.6	912.5	759.3	85405.0	79501.0	74193.0	115.0	102.0
1992	1005.5	937.5	678.5	83392.0	65338.0	60442.0	143.0	112.0
1993	1137.7	1015.4	760.3	57432.0	56012.0	46129.0	181.0	165.0
1994	1519.2	1315.9	1002.7	72283.0	65390.0	57646.0	201.0	174.0
1995	2007.9	1709.4	1349.9	78192.0	73522.0	66230.0	233.0	204.0
1996	2544.0	2250.9	1766.4	96115.0	87277.0	79531.0	258.0	222.0
1997	2691.2	2405.8	1890.7	89309.0	85888.0	77287.0	280.0	245.0
1998	2681.5	2402.2	1907.2	89099.0	83864.0	77031.0	286.0	248.0
1999	2779.6	1908.2	1799.1	89050.0	83244.0	76758.0	229.2	234.4
2000	2904.3	1969.3	1846.8	88231.8	81270.2	75515.3	242.3	244.6
2001	2976.6	1908.2	1775.0	81048.2	74517.5	68799.3	256.1	258.0
2002	3123.2	1956.5	1858.1	80345.0	75125.7	69841.0	260.4	266.0
2003	3201.0	2053.2	1926.9	81123.7	75683.6	69741.1	271.3	276.3
2004	3362.7	2031.0	1933.4	71112.1	65801.5	62303.5	308.7	310.3
2005	3940.6	2190.6	2083.1	73109.2	66604.2	62292.4	328.9	334.4
2006	4436.2	2620.1	2490.2	76189.4	69237.9	64563.7	378.4	385.7
2007	5123.3	3228.3	3022.0	86665.6	78321.2	72676.4	412.2	415.8
2008	5951.8	3748.5	3547.1	91911.4	84407.0	78585.7	444.1	451.4
2009	7434.5	5029.9	4743.3	116099.4	105683.0	95570.5	475.9	496.3
2010	7886.0	5247.0	4931.7	106679.8	94114.8	87947.1	557.5	560.8
2011	9089.1	5983.7	5636.0	118455.2	103053.2	94939.1	580.6	593.6
2012	9840.6	6395.3	6051.6	105516.6	94187.8	87775.9	679.0	689.4
2013	10546.7	7249.6	6735.9	109242.0	92661.7	85953.0	782.4	783.7
2014	10755.8	7387.5	6843.0	103672.9	90287.4	83769.6	818.2	816.9
2015	10409.8	7157.1	6709.6	98376.7	85316.8	79380.2	838.9	845.2
2016	9964.9	6812.6	6331.3	92039.7	79649.1	73051.4	855.3	866.7
2017	9554.4	6446.3	5899.3	84395.0	72727.0	66870.0	886.4	882.2
2018	10039.2	6369.0	5885.0	79898.2	67861.3	62189.8	938.5	946.3

5-3-2 2010年分地区农村住户固定资产投资和建房情况

地区	投资总额(亿元)	#竣工房屋投资	#住宅	房屋施工面积(万平方米)	房屋竣工面积(万平方米)	#住宅	竣工房屋造价(元/平方米)	#住宅
全国	**7886.0**	**5247.0**	**4931.7**	**106679.8**	**94114.8**	**87947.1**	**557.5**	**560.8**
北京	52.1	42.7	41.6	948.1	630.5	611.0	677.6	680.7
天津	26.4	12.0	11.9	134.6	104.6	98.7	1147.3	1203.4
河北	460.8	324.5	300.2	5630.6	4815.0	4702.7	673.9	638.4
山西	217.9	110.8	102.2	2486.0	1899.0	1714.0	583.4	596.5
内蒙古	91.2	38.6	35.2	507.0	469.0	360.0	822.4	978.8
辽宁	249.4	187.8	171.2	4068.1	4068.1	3638.1	461.7	470.6
吉林	174.8	63.3	61.9	949.6	949.6	922.6	666.4	671.1
黑龙江	316.7	89.3	81.8	1156.2	1086.0	969.6	822.3	844.1
上海	2.0	2.0	1.9	17.6	17.6	16.8	1127.5	1127.5
江苏	377.7	229.4	193.4	2544.0	2469.0	2409.0	929.2	802.9
浙江	507.8	436.4	424.9	5978.0	5626.0	5457.0	775.7	778.6
安徽	439.1	281.7	274.1	4968.0	4511.0	4344.0	624.4	631.0
福建	206.1	101.2	97.6	3367.9	1724.9	1601.7	586.6	609.2
江西	305.3	194.1	183.9	6686.6	4069.8	3974.3	476.8	462.8
山东	697.8	421.1	386.0	8362.1	8278.1	7228.9	508.7	534.0
河南	786.6	648.0	632.6	16653.0	15077.0	14002.0	429.8	451.8
湖北	302.8	234.9	193.0	4086.9	3755.7	3604.9	625.4	535.4
湖南	362.5	293.5	284.3	6810.0	6299.0	6041.0	465.9	470.6
广东	353.3	251.7	247.8	4484.0	3437.0	3378.0	732.2	733.6
广西	338.3	239.8	238.0	4959.9	4850.5	4801.0	494.3	495.7
海南	38.4	24.7	24.1	341.8	279.5	271.8	883.2	888.5
重庆	94.6	63.1	55.1	1353.7	1389.2	1373.2	454.0	401.5
四川	566.9	374.9	331.8	8020.9	6862.1	5697.4	546.4	582.5
贵州	159.1	112.2	111.1	2397.0	2193.0	2159.0	511.4	514.8
云南	219.8	139.7	123.6	3883.0	3716.0	3458.0	376.0	357.4
西藏								
陕西	220.3	137.9	136.5	2306.7	2201.6	2155.2	626.4	633.3
甘肃	103.6	77.1	74.5	1480.0	1326.0	1057.0	581.3	704.5
青海	49.4	39.6	38.3	710.4	707.5	661.7	560.0	578.3
宁夏	46.6	26.7	26.3	264.0	264.0	244.0	1013.2	1078.6
新疆	118.5	48.6	46.7	1124.4	1038.6	994.4	467.8	469.4

5-3-3 2011年分地区农村住户固定资产投资和建房情况

地区	投资总额(亿元)	#竣工房屋投资	#住宅	房屋施工面积(万平方米)	房屋竣工面积(万平方米)	#住宅	竣工房屋造价(元/平方米)	#住宅
全国	**9089.1**	**5983.7**	**5636.0**	**118455.2**	**103053.2**	**94939.1**	**580.6**	**593.6**
北京	59.1	42.5	39.1	789.9	594.1	547.4	715.8	714.2
天津	27.0	13.4	12.9	119.0	113.1	110.3	1187.0	1168.3
河北	609.1	353.9	323.8	6055.3	5179.8	4640.1	683.2	697.8
山西	235.4	115.5	112.4	2525.0	1929.0	1815.0	598.9	619.2
内蒙古	112.2	36.4	26.7	616.0	582.0	428.0	625.0	624.3
辽宁	294.8	191.8	174.6	4484.2	4132.6	3674.9	464.2	475.2
吉林	215.1	73.3	67.2	1094.8	878.4	802.0	834.3	838.4
黑龙江	317.5	90.4	78.9	1104.9	1055.1	945.3	856.9	834.7
上海	2.1	2.1	2.1	12.4	12.4	12.4	1661.7	1661.7
江苏	379.2	192.2	171.8	2247.0	1925.0	1903.0	998.2	902.8
浙江	533.6	433.7	427.5	5598.0	5146.0	5010.0	842.9	853.4
安徽	447.8	292.7	275.9	4828.0	4130.0	3808.0	708.7	724.6
福建	233.8	128.3	125.0	3263.8	1816.4	1734.9	706.2	720.7
江西	333.7	204.4	208.2	4347.6	3628.7	3485.1	563.2	597.3
山东	842.3	516.6	475.2	10369.0	10153.5	9227.7	508.8	515.0
河南	834.6	688.1	676.3	16080.0	13829.0	12693.0	497.6	532.8
湖北	362.0	330.2	304.6	5498.6	5218.4	4215.6	632.8	722.5
湖南	473.2	377.8	357.1	6901.0	6393.0	6201.0	591.0	575.9
广东	470.0	311.0	301.5	4744.0	3951.0	3876.0	787.2	777.8
广西	409.8	278.1	272.5	5253.7	4952.7	4844.3	561.5	562.5
海南	58.1	40.0	37.1	663.8	416.7	349.1	959.5	1063.5
重庆	106.4	54.1	54.1	1060.3	809.5	732.9	668.1	737.9
四川	534.5	413.8	342.8	6161.2	5533.3	4709.7	747.9	727.9
贵州	209.5	152.5	146.3	2755.0	2410.6	2376.2	632.7	615.9
云南	258.2	164.5	144.8	4294.0	4157.0	3824.0	395.6	378.8
西藏								
陕西	322.1	222.7	223.3	3757.8	3079.3	3029.8	723.3	737.1
甘肃	95.7	59.1	56.7	1290.0	953.0	796.0	620.7	711.7
青海	69.7	54.7	53.4	808.8	771.6	719.3	709.3	743.0
宁夏	55.6	32.8	32.3	294.0	294.0	271.0	1115.7	1190.9
新疆	187.2	117.1	111.8	1895.5	1722.8	1561.3	679.8	716.1

5-3-4 2012年分地区农村住户固定资产投资和建房情况

地 区	投资总额(亿元)	#竣工房屋投资	#住宅	房屋施工面积(万平方米)	房屋竣工面积(万平方米)	#住宅	竣工房屋造价(元/平方米)	#住宅
全 国	**9840.6**	**6395.3**	**6051.6**	**105516.6**	**94187.8**	**87775.9**	**679.0**	**689.4**
北 京	47.5	41.4	38.8	377.2	368.2	325.2	1125.3	1193.5
天 津	21.5	10.3	10.1	74.3	73.6	70.5	1401.8	1435.2
河 北	556.7	384.7	347.4	4954.5	4547.3	4458.2	846.0	779.3
山 西	278.4	133.0	132.2	2676.0	2020.0	1907.0	658.6	693.1
内蒙古	126.0	27.8	26.3	460.0	401.0	359.0	692.8	732.9
辽 宁	300.9	194.8	176.1	4498.1	4176.1	3690.2	466.5	477.2
吉 林	249.3	51.2	45.5	602.6	581.2	504.2	880.9	901.8
黑龙江	319.3	84.7	67.3	1002.1	951.0	879.0	890.2	766.0
上 海	3.0	2.6	2.5	18.5	18.5	17.6	1406.3	1414.7
江 苏	380.5	222.2	213.7	2232.0	2167.0	2129.0	1025.4	1003.9
浙 江	553.4	446.4	432.0	5459.0	5049.0	4867.0	884.2	887.6
安 徽	482.0	334.6	322.5	5011.0	4364.0	4149.0	766.7	777.2
福 建	257.4	120.8	117.3	2819.0	1738.9	1686.8	694.5	695.7
江 西	395.8	249.2	239.3	5588.6	4703.6	4550.1	529.8	525.9
山 东	936.2	560.4	529.3	11642.5	11153.9	10331.9	502.5	512.3
河 南	891.4	730.9	716.3	15142.5	12938.4	11262.5	564.9	636.0
湖 北	429.6	337.6	319.8	5152.5	4544.0	4138.2	742.9	772.7
湖 南	557.0	435.9	424.1	7188.0	6681.0	6502.0	652.4	652.3
广 东	501.3	337.6	332.7	4208.9	3410.8	3335.7	989.8	997.3
广 西	463.4	298.3	295.8	5569.2	5081.0	4925.8	587.1	600.5
海 南	80.9	64.6	55.5	730.8	529.2	494.1	1220.0	1123.3
重 庆	125.8	66.4	57.1	992.0	851.3	731.8	780.2	779.6
四 川	509.7	346.8	275.4	4372.6	3772.5	3235.6	919.3	851.0
贵 州	212.9	152.2	151.1	2407.0	2194.0	2168.0	693.9	697.1
云 南	277.6	176.5	155.5	4637.0	4531.0	4077.0	389.6	381.4
西 藏								
陕 西	338.7	233.4	228.4	3159.2	3037.5	2972.1	768.4	768.6
甘 肃	105.0	93.1	89.3	1185.0	1139.0	1058.0	817.6	844.0
青 海	74.8	55.0	53.5	824.2	744.0	665.0	739.3	804.6
宁 夏	63.8	38.8	38.2	309.0	309.0	286.0	1254.6	1335.2
新 疆	300.8	164.0	158.8	2223.5	2112.0	1999.6	776.5	794.0

5-3-5 2013年分地区农村住户固定资产投资和建房情况

地区	投资总额(亿元)	#竣工房屋投资	#住宅	房屋施工面积(万平方米)	房屋竣工面积(万平方米)	#住宅	竣工房屋造价(元/平方米)	#住宅
全国	**10546.7**	**7249.6**	**6735.9**	**109242.0**	**92661.7**	**85953.0**	**782.4**	**783.7**
北京	49.5	40.9	39.3	363.1	348.0	328.6	1176.5	1194.7
天津	27.2	15.2	14.4	112.1	103.8	95.7	1459.6	1503.6
河北	564.5	414.6	385.3	5228.6	4502.1	4038.9	920.9	953.9
山西	286.5	190.8	183.2	2700.2	2365.1	2263.7	806.7	809.5
内蒙古	145.0	80.8	72.8	914.4	890.0	782.6	907.7	930.3
辽宁	316.3	202.1	179.9	4581.0	4259.0	3747.2	474.5	480.2
吉林	253.5	61.7	58.9	804.9	796.3	747.8	774.6	787.5
黑龙江	331.8	91.9	85.8	941.0	865.0	797.0	1062.4	1076.5
上海	3.7	2.6	2.5	18.5	15.2	14.2	1713.2	1761.4
江苏	390.8	363.5	344.0	3248.0	3220.0	2955.0	1128.7	1164.1
浙江	588.0	503.9	474.4	6762.7	4009.6	3615.6	1256.8	1312.2
安徽	530.7	314.0	296.5	4962.1	4114.6	3841.5	763.2	771.8
福建	281.6	167.4	163.6	2759.9	1837.0	1777.1	911.1	920.6
江西	415.3	318.3	308.7	5806.8	4809.3	4666.8	661.9	661.5
山东	913.2	529.1	482.5	10689.7	10125.2	9361.9	522.5	515.3
河南	899.4	758.9	646.1	12405.4	10155.3	9572.6	747.3	675.0
湖北	510.5	386.3	346.9	5598.8	4584.5	4219.4	842.7	822.1
湖南	616.2	458.5	437.6	5889.4	4951.1	4686.4	926.1	933.7
广东	512.9	369.1	356.7	4210.8	3187.6	3072.4	1157.8	1161.1
广西	523.7	317.8	312.0	5668.6	5160.1	4941.8	615.8	631.3
海南	72.3	58.2	55.6	644.0	471.3	460.5	1235.3	1206.5
重庆	144.3	99.4	92.0	1405.0	1211.5	1141.4	820.7	806.3
四川	570.8	409.9	362.8	5634.2	4915.1	4148.7	834.0	874.6
贵州	270.8	193.3	189.8	2767.0	2452.0	2381.0	788.2	797.1
云南	346.5	228.2	206.9	6545.2	5327.3	4840.3	428.4	427.5
西藏								
陕西	350.6	261.3	250.2	3470.8	3140.6	3075.0	832.2	813.7
甘肃	120.7	77.2	70.1	1220.0	1159.0	1077.0	666.2	650.4
青海	75.8	57.8	55.6	802.2	733.0	665.4	788.3	836.1
宁夏	73.4	45.9	45.0	318.0	318.0	294.0	1442.5	1530.1
新疆	361.1	231.1	216.8	2769.6	2635.1	2343.5	877.0	925.3

5-3-6 2014年分地区农村住户固定资产投资和建房情况

地　区	投资总额(亿元)	#竣工房屋投资	#住 宅	房屋施工面积(万平方米)	房屋竣工面积(万平方米)	#住 宅	竣工房屋造价(元/平方米)	#住 宅
全　国	**10755.8**	**7387.5**	**6843.0**	**103672.9**	**90287.4**	**83769.6**	**818.2**	**816.9**
北　京	50.8	46.0	43.6	428.2	406.3	380.2	1132.9	1147.1
天　津	27.8	27.1	23.6	219.1	181.7	155.4	1491.2	1519.9
河　北	524.7	423.6	393.9	4870.7	4437.2	4032.5	954.6	976.8
山　西	319.1	206.1	202.0	2872.6	2588.0	2504.5	796.5	806.4
内蒙古	154.0	88.1	78.2	903.2	871.8	709.6	1010.6	1101.9
辽　宁	304.0	207.7	181.9	4113.8	3684.1	3106.5	563.9	585.6
吉　林	231.7	58.8	52.1	509.7	504.0	410.8	1166.5	1267.2
黑龙江	291.1	75.4	64.7	785.0	747.6	579.4	1007.9	1117.1
上　海	3.5	2.5	2.5	18.2	14.6	14.1	1741.6	1763.9
江　苏	385.9	269.9	237.2	3079.9	2679.9	2474.3	1007.1	958.5
浙　江	708.0	497.4	460.2	5242.4	3876.3	3649.1	1283.3	1261.2
安　徽	619.3	407.7	378.2	5483.0	4454.0	4251.0	915.4	889.6
福　建	308.1	189.2	185.9	2947.1	1892.4	1861.5	999.7	998.6
江　西	432.9	322.2	312.7	5818.5	4783.2	4642.1	673.6	673.6
山　东	896.4	510.0	421.6	10095.0	9900.0	8520.0	515.2	494.8
河　南	769.9	603.3	576.4	9279.3	8013.7	7663.2	752.8	752.1
湖　北	473.6	351.8	329.6	4543.9	3671.4	3388.3	958.2	972.9
湖　南	694.4	542.7	517.6	5988.7	5309.1	5045.9	1022.2	1025.8
广　东	450.9	327.4	314.0	3664.1	3060.9	2957.5	1069.7	1061.7
广　西	555.6	330.0	323.6	5995.1	5460.8	5256.7	604.3	615.6
海　南	72.8	60.6	58.8	693.4	552.2	529.0	1096.9	1111.4
重　庆	144.6	98.2	90.5	1382.0	1175.8	1101.5	835.4	821.3
四　川	656.4	537.6	490.4	5911.8	5794.7	5139.9	927.8	954.1
贵　州	247.3	184.0	177.4	2427.0	2251.0	2145.0	817.6	826.9
云　南	424.7	334.7	290.1	7960.6	6380.0	6080.2	524.6	477.1
西　藏								
陕　西	351.7	235.1	207.7	2774.3	2295.6	2228.7	1024.1	932.0
甘　肃	124.5	71.6	64.5	1268.0	1220.0	1105.0	586.6	583.3
青　海	72.3	57.5	54.0	750.6	723.5	654.7	794.3	824.5
宁　夏	79.9	51.2	50.2	353.0	353.0	329.0	1451.1	1525.8
新　疆	380.0	270.0	260.1	3294.9	3004.7	2854.0	898.6	911.5

5-3-7 2015年分地区农村住户固定资产投资和建房情况

地区	投资总额(亿元)	#竣工房屋投资	#住宅	房屋施工面积(万平方米)	房屋竣工面积(万平方米)	#住宅	竣工房屋造价(元/平方米)	#住宅
全国	**10409.8**	**7157.1**	**6709.6**	**98376.7**	**85316.8**	**79380.2**	**838.9**	**845.2**
北京	50.0	43.7	43.0	329.5	303.8	296.2	1438.3	1451.5
天津	17.4	13.7	12.1	138.9	97.0	82.8	1414.3	1459.2
河北	542.5	382.1	351.4	5296.8	4752.2	4158.5	804.1	845.1
山西	329.6	218.8	215.9	2907.4	2707.6	2535.0	808.3	851.8
内蒙古	173.1	94.5	90.4	995.5	987.5	878.9	957.3	1029.0
辽宁	277.5	168.9	140.7	3110.2	2883.6	2296.6	585.6	612.6
吉林	196.7	99.7	97.6	762.6	759.1	731.1	1313.1	1334.7
黑龙江	298.7	104.7	100.4	795.2	750.1	703.7	1395.1	1426.4
上海	3.3	2.6	2.5	17.4	15.4	15.0	1661.4	1662.9
江苏	341.7	269.7	269.5	2777.0	2549.3	2547.2	1058.0	1058.0
浙江	658.6	433.1	404.5	4444.0	2890.7	2694.4	1498.2	1501.4
安徽	582.0	335.3	323.9	5820.8	4339.0	4186.0	772.7	773.8
福建	327.4	204.7	202.1	2697.8	1899.4	1871.5	1077.5	1080.1
江西	394.2	290.2	276.4	5220.2	4353.1	4178.8	666.6	661.3
山东	931.0	525.8	441.4	10498.0	10191.0	8932.0	516.0	494.2
河南	709.1	493.9	462.6	7123.4	6437.1	6135.3	767.3	753.9
湖北	477.5	343.9	319.4	4289.2	3666.8	3404.8	938.0	938.2
湖南	720.9	537.7	511.9	7131.0	6064.2	5833.3	886.7	877.6
广东	392.6	332.7	325.0	3388.2	2761.5	2716.4	1204.7	1196.4
广西	572.8	339.0	332.2	6164.2	5631.2	5424.9	602.1	612.3
海南	95.8	71.9	64.8	833.5	611.5	589.4	1175.8	1099.2
重庆	145.1	100.1	93.1	1397.3	1197.4	1134.8	836.0	820.7
四川	560.3	417.6	386.7	5404.4	4685.4	4292.2	891.2	900.9
贵州	268.8	198.9	191.9	2779.0	2533.0	2427.0	785.2	790.9
云南	431.2	466.0	425.3	5702.1	4721.5	4253.7	987.0	999.9
西藏								
陕西	351.2	242.2	234.6	3006.5	2444.6	2416.0	990.7	971.0
甘肃	127.6	74.0	66.8	1320.0	1252.0	1110.0	591.4	601.4
青海	66.5	52.9	49.7	741.7	670.1	614.7	789.1	808.3
宁夏	79.0	63.0	56.2	434.0	434.0	368.0	1451.8	1527.8
新疆	287.6	235.9	217.6	2851.2	2727.9	2552.2	864.7	852.6

5-3-8 2016年分地区农村住户固定资产投资和建房情况

地区	投资总额（亿元）	#竣工房屋投资	#住宅	房屋施工面积（万平方米）	房屋竣工面积（万平方米）	#住宅	竣工房屋造价（元/平方米）	#住宅
全国	**9964.9**	**6812.6**	**6331.3**	**92039.7**	**79649.1**	**73051.4**	**855.3**	**866.7**
北京	55.2	50.0	48.9	443.5	417.3	403.7	1198.6	1210.6
天津	23.0	9.5	8.7	104.2	80.2	72.1	1191.1	1211.7
河北	409.9	323.4	281.0	4362.9	3751.9	3279.6	861.9	856.9
山西	338.6	209.0	205.5	3007.9	2851.7	2685.8	732.9	765.2
内蒙古	186.1	104.2	94.8	1096.0	1103.0	959.4	945.1	988.4
辽宁	255.9	121.4	105.7	1403.4	1309.5	925.6	927.3	1141.7
吉林	150.0	42.4	40.7	478.9	463.9	434.0	914.2	938.0
黑龙江	215.8	40.0	35.5	497.6	455.4	365.0	878.5	971.8
上海	4.2	3.4	3.3	35.0	25.9	25.1	1322.9	1325.1
江苏	292.4	174.4	168.2	2215.0	1990.1	1874.0	876.1	897.3
浙江	705.1	440.8	432.9	4332.3	3111.8	3022.3	1416.6	1432.3
安徽	456.0	276.6	257.3	4959.6	3907.5	3596.8	707.8	715.3
福建	309.4	174.0	166.5	2299.6	1521.7	1494.2	1143.7	1114.5
江西	315.5	237.0	227.9	3721.6	3230.1	2932.4	733.6	777.3
山东	958.4	541.4	455.6	10810.0	10461.0	9198.0	517.5	495.3
河南	661.2	526.2	494.0	6686.4	6017.9	5570.1	874.4	886.8
湖北	507.8	372.0	349.9	4305.5	3799.3	3556.2	979.3	984.0
湖南	664.9	534.8	503.6	5406.9	4749.6	4434.7	1126.0	1135.6
广东	356.3	303.7	297.1	3073.2	2453.2	2405.2	1237.9	1235.3
广西	583.8	359.9	353.3	6552.5	5977.5	5769.3	602.1	612.3
海南	143.4	110.4	104.4	1272.3	861.4	783.7	1282.1	1332.3
重庆	116.3	87.1	83.6	1139.1	957.3	872.0	910.2	959.3
四川	582.2	461.5	397.0	5255.6	4569.3	4133.7	1009.9	960.4
贵州	274.8	182.0	177.3	2414.9	2235.8	2164.9	813.9	819.0
云南	456.9	492.7	450.7	7322.6	5777.3	5195.4	852.9	867.4
西藏								
陕西	350.4	261.2	244.5	3039.1	2588.1	2448.5	1009.2	998.5
甘肃	129.9	76.0	67.9	1349.0	1270.0	1123.0	598.5	604.2
青海	72.5	60.3	58.5	717.1	663.9	635.9	908.1	919.9
宁夏	85.2	34.5	26.5	456.0	456.0	399.0	756.2	663.4
新疆	303.7	202.7	190.5	3281.8	2591.6	2291.7	782.2	831.5

5-3-9　2017年分地区农村住户固定资产投资和建房情况

地　区	投资总额（亿元）	#竣工房屋投资	#住宅	房屋施工面积（万平方米）	房屋竣工面积（万平方米）	#住宅	竣工房屋造价（元/平方米）	#住宅
全　国	**9554.4**	**6446.3**	**5899.3**	**84395.0**	**72727.0**	**66870.0**	**886.4**	**882.2**
北　京	63.1	54.1	53.0	450.0	421.0	413.0	1286.0	1282.8
天　津	14.2	7.3	6.8	73.0	65.0	61.0	1119.9	1108.7
河　北	394.6	295.4	264.9	2817.0	2561.0	2233.0	1153.4	1186.2
山　西	318.4	181.2	179.4	2758.0	2568.0	2463.0	705.5	728.2
内蒙古	185.3	110.1	88.4	1021.0	1012.0	819.0	1088.2	1078.9
辽　宁	232.0	110.9	98.0	1257.0	1200.0	856.0	924.6	1144.7
吉　林	153.0	42.1	40.8	428.0	413.0	398.0	1020.6	1026.3
黑龙江	212.3	36.3	34.3	414.0	393.0	368.0	922.5	932.2
上　海	5.7	4.6	4.0	41.0	34.0	33.0	1353.9	1213.8
江　苏	276.8	148.7	138.4	1933.0	1729.0	1645.0	859.9	841.6
浙　江	570.0	457.5	450.8	3960.0	3126.0	3078.0	1463.6	1464.5
安　徽	458.7	332.3	267.3	4947.0	3868.0	3714.0	859.1	719.8
福　建	305.9	193.9	187.6	2314.0	1685.0	1674.0	1151.0	1120.8
江　西	314.9	195.3	183.8	3013.0	2476.0	2344.0	788.7	784.2
山　东	966.7	552.9	432.3	10903.0	10568.0	8883.0	523.2	486.6
河　南	606.6	493.1	437.2	5399.0	4973.0	4631.0	991.5	944.0
湖　北	409.8	287.3	272.7	3424.0	3098.0	3017.0	927.2	904.0
湖　南	631.1	474.2	442.5	5009.0	3977.0	3744.0	1192.4	1182.0
广　东	357.8	273.1	263.9	4195.0	2600.0	2307.0	1050.4	1143.8
广　西	590.8	365.7	357.7	6638.0	6052.0	5839.0	604.2	612.7
海　南	119.0	106.4	91.5	994.0	747.0	747.0	1424.9	1224.4
重　庆	96.5	67.6	64.0	1032.0	856.0	791.0	789.6	809.6
四　川	666.2	423.7	399.7	5771.0	4695.0	4310.0	902.5	927.5
贵　州	215.8	134.6	132.6	1739.0	1638.0	1599.0	821.8	829.4
云　南	461.1	488.5	430.6	5955.0	4775.0	4225.0	1023.0	1019.2
西　藏								
陕　西	351.2	260.1	255.4	2564.0	2398.0	2259.0	1084.5	1130.4
甘　肃	131.4	76.9	68.4	1367.0	1288.0	1135.0	597.3	602.7
青　海	63.7	48.0	45.4	624.0	598.0	570.0	803.1	796.7
宁　夏	88.3	36.7	29.0	538.0	538.0	451.0	682.1	642.9
新　疆	293.5	187.6	178.8	2817.0	2375.0	2264.0	790.1	789.9

5-3-10　2018年分地区农村住户固定资产投资和建房情况

地　区	投资总额(亿元)	#竣工房屋投资	#住宅	房屋施工面积(万平方米)	房屋竣工面积(万平方米)	#住宅	竣工房屋造价(元/平方米)	#住宅
全　国	**10039.2**	**6369.0**	**5885.0**	**79898.2**	**67861.3**	**62189.8**	**938.5**	**946.3**
北　京	63.2	54.5	53.7	491.0	446.6	426.2	1220.0	1260.0
天　津	17.6	4.3	4.2	54.1	46.2	42.2	932.8	985.4
河　北	362.3	264.1	239.8	2810.8	2232.2	1937.2	1183.0	1238.1
山　西	257.7	142.8	136.6	1916.8	1861.1	1701.4	767.0	803.0
内蒙古	166.0	63.4	41.5	541.9	643.3	472.8	985.5	878.2
辽　宁	205.8	101.5	86.0	1121.6	1085.3	736.6	935.3	1168.1
吉　林	151.7	31.6	30.9	367.0	367.0	367.0	861.2	842.9
黑龙江	217.8	35.9	31.8	532.8	513.7	362.9	698.4	877.3
上　海	6.5	5.0	4.8	51.3	35.4	34.4	1410.2	1389.2
江　苏	258.0	133.0	125.2	1600.0	1414.0	1309.0	940.5	956.8
浙　江	863.6	551.7	542.3	4884.6	3252.1	3180.9	1696.5	1704.9
安　徽	554.9	338.0	324.7	4677.6	3561.7	3367.2	948.9	964.2
福　建	301.1	187.2	180.6	2393.6	1669.1	1609.9	1121.3	1121.6
江　西	308.6	232.8	214.0	3253.7	2438.0	2326.0	954.9	920.2
山　东	958.6	535.7	405.8	10592.9	9973.9	8232.9	537.1	492.9
河　南	629.2	463.1	428.6	5824.0	5351.0	5017.0	865.5	854.4
湖　北	501.8	369.6	354.0	4404.8	3512.5	3337.2	1052.1	1060.9
湖　南	705.7	465.3	447.7	3978.6	3246.9	3062.4	1433.2	1462.0
广　东	368.3	232.2	227.2	2410.2	1548.2	1498.2	1500.0	1516.8
广　西	596.2	372.6	364.2	6684.8	6142.4	5915.1	606.6	615.7
海　南	97.4	89.8	84.5	856.2	693.7	662.5	1294.4	1275.3
重　庆	95.5	54.3	49.6	758.7	618.6	553.8	877.9	895.0
四　川	678.8	461.6	419.7	5830.7	4810.3	4339.1	959.6	967.3
贵　州	280.5	173.5	170.8	1979.0	1859.0	1830.0	933.6	933.1
云　南	469.6	484.5	422.5	5341.0	4346.3	4065.3	1114.7	1039.4
西　藏								
陕　西	358.3	222.3	214.3	2277.1	2101.6	1998.2	1058.0	1072.6
甘　肃	132.3	78.1	71.4	1377.0	1292.0	1163.0	604.6	613.6
青　海	54.4	44.5	42.2	499.3	492.1	452.2	903.8	932.3
宁　夏	89.6	29.4	28.1	458.0	458.0	450.0	641.7	624.3
新　疆	288.2	146.8	138.1	1929.0	1849.1	1739.4	794.0	794.0

6

住户调查其他数据

6-1 全国居民人均可支配收入基尼系数

年　份	基尼系数
2003	0.479
2004	0.473
2005	0.485
2006	0.487
2007	0.484
2008	0.491
2009	0.490
2010	0.481
2011	0.477
2012	0.474
2013	0.473
2014	0.469
2015	0.462
2016	0.465
2017	0.467
2018	0.468

6-2 农村贫困状况

年 份	1978年标准		2008年标准		2010年标准	
	贫困人口（万人）	贫困发生率（%）	贫困人口（万人）	贫困发生率（%）	贫困人口（万人）	贫困发生率（%）
1978	25000	30.7			77039	97.5
1980	22000	26.8			76542	96.2
1981	15200	18.5				
1982	14500	17.5				
1983	13500	16.2				
1984	12800	15.1				
1985	12500	14.8			66101	78.3
1986	13100	15.5				
1987	12200	14.3				
1988	9600	11.1				
1989	10200	11.6				
1990	8500	9.4			65849	73.5
1991	9400	10.4				
1992	8000	8.8				
1994	7000	7.7				
1995	6540	7.1			55463	60.5
1997	4962	5.4				
1998	4210	4.6				
1999	3412	3.7				
2000	3209	3.5	9422	10.2	46224	49.8
2001	2927	3.2	9029	9.8		
2002	2820	3.0	8645	9.2		
2003	2900	3.1	8517	9.1		
2004	2610	2.8	7587	8.1		
2005	2365	2.5	6432	6.8	28662	30.2
2006	2148	2.3	5698	6.0		
2007	1479	1.6	4320	4.6		
2008			4007	4.2		
2009			3597	3.8		
2010			2688	2.8	16567	17.2
2011					12238	12.7
2012					9899	10.2
2013					8249	8.5
2014					7017	7.2
2015					5575	5.7
2016					4335	4.5
2017					3046	3.1
2018					1660	1.7

注：①1978年标准：1978-1999年称为农村贫困标准，2000-2007年称为农村绝对贫困标准。
②2008年标准：2000-2007年称为农村低收入标准，2008-2010年称为农村贫困标准。
③2010年标准：即现行农村贫困标准。现行农村贫困标准为每人每年2300元(2010年不变价)。

6-3 农民工数量及收入水平

年份	一、农民工总量（万人）	1.外出农民工（万人）	(1)省内流动（万人）	(2)跨省流动（万人）	2.本地农民工（万人）	二、农民工月收入水平（元/人）
2008	22542	14041	—	—	8501	1340
2009	22978	14533	7092	7441	8445	1417
2010	24223	15335	7618	7717	8888	1690
2011	25278	15863	8390	7473	9415	2049
2012	26261	16336	8689	7647	9925	2290
2013	26894	16610	8871	7739	10284	2609
2014	27395	16821	8954	7867	10574	2864
2015	27747	16884	9139	7745	10863	3072
2016	28171	16934	9268	7666	11237	3275
2017	28652	17185	9510	7675	11467	3485
2018	28836	17266	9672	7594	11570	3721

注：本表数据来源于农民工监测调查资料。

住户调查简介

住户收支与生活状况调查简介

住户收支与生活状况调查是由国家统计局负责组织实施的一项重要民生调查，调查数据是测量分析收入分配、多维贫困和居民福祉状况的基础,调查结果是各级政府制定各项民生政策的重要依据。住户收支与生活状况调查过去一直按照城镇和农村分别组织实施，城镇统计居民可支配收入，农村统计农民纯收入。从2012年四季度起，国家统计局对分别进行的城乡住户调查实施了一体化改革，统一了城乡居民收入指标名称、分类和统计标准，建立了城乡统一的全国住户收支与生活状况调查。

一、调查目的

为全面、准确、及时了解全国和各地区城乡居民收入、消费及其他生活状况，客观监测居民收入分配格局和不同收入层次居民的生活质量，更好地满足研究制定城乡统筹政策和民生政策的需要，为国民经济核算和居民消费价格指数权重制定提供基础数据，依照《中华人民共和国统计法》规定，开展全国住户收支与生活状况调查(以下简称住户调查)。

二、调查对象

住户调查的调查对象为我国境内的住户，既包括以家庭形式居住的住户，也包括以集体形式居住的住户。无论户口性质和户口登记地，所有居民均以户为单位，在常住地参加调查。

三、调查组织

住户调查以省为总体进行抽样。国家统计局统一领导住户调查，负责制定调查方案，组织调查实施，监督调查过程，审核、处理、汇总调查数据，发布全国和分省城乡居民收入、消费和生活状况数据。国家统计局各调查总队按照本方案规定，负责组织本省住户调查工作。

四、调查内容

住户调查主要收集城乡居民的收入和消费情况，同时收集反映居民就业、社会保障参与、住房状况、家庭经营和生产投资以及收入分配影响因素的调查内容。

五、样本抽选

住户调查以省为总体，采用分层、多阶段、与人口规模大小成比例的概率抽样方法,随机抽选调查住宅，确定调查户。全国共抽选出1800个县(市、区)的1.6万个调查小区,对抽中小区中的160多万户进行全面摸底调查,在此基础上随机等距抽选出约16万住户参加记账调查。在95%的置信度下，全国居民人均可支配收入和人均消费支出的抽样误差小于1%。

六、数据采集与处理

住户调查主要采用调查户记日记账的方式采集居民收支数据，同时辅之以统一的调查问卷，收集与收入支出有关的其他调查内容。所有调查工作由国家统计局派驻各地的调查队独立完成。由市县级调查队使用统一的方法和数据处理程序对原始调查资料进行编码、审核、录入，然后将分户基础数据直接传输至国家统计局进行统一汇总计算。国家统计局以数据库形式保存所有调查户信息、记账资料、问卷调查资料等基础数据和汇总计算结果。

七、数据主要变化情况

根据全国住户收支与生活状况调查，2013年及以后新口径的城镇和农村居民人均可支配收入等数据的覆盖人群主要变化：一是计算城镇居民人均可支配收入时分母包括了在城镇地区常住的农民工，计算农村居民人均可支配收入时分母不包括在城镇地区常住的农民工；二是由本户供养的在外大学生视为常住人口。新口径的城镇居民和农村居民人均可支配收入及消费等的指标口径变化主要是：计算城镇居民和农村居民人均可支配收入和消费支出时，包括了自有住房折算租金。

八、数据发布

住户调查结果数据按年度和季度发布。全国和分省数据由国家统计局发布。

九、数据质量控制

住户调查实行全过程质量控制。国家统计局建立全过程质量控制制度，规范方案设计，科学抽选样本，认真组织培训，严格流程管理，加强监督检查。每个季度随机抽取6000个调查户进行电话回访，检查核实各地上报的数据。同时，也采用现场抽查等多种质量控制办法。

住户调查主要收支指标解释

一、2013 年及以后的住户收支与生活状况调查指标解释

从 2012 年四季度起，国家统计局对分别进行的城乡住户调查实施了一体化改革，统一了城乡居民收入指标名称、分类和统计标准，建立了城乡统一的全国住户收支与生活状况调查，并据此采集全国居民有关数据。

（一）居民可支配收入

居民可支配收入指居民可用于最终消费支出和储蓄的总和，即居民可用于自由支配的收入。既包括现金收入，也包括实物收入。按照收入的来源，可支配收入包含四项，分别为：工资性收入、经营净收入、转移净收入和财产净收入。

工资性收入　指就业人员通过各种途径得到的全部劳动报酬和各种福利，包括受雇于单位或个人、从事各种自由职业、兼职和零星劳动得到的全部劳动报酬和福利。

经营净收入　指住户或住户成员从事生产经营活动所获得的净收入，是全部经营收入中扣除经营费用、生产性固定资产折旧和生产税之后得到的净收入。计算公式具体为：

经营净收入=经营收入-经营费用-生产性固定资产折旧-生产税

财产净收入　指住户或住户成员将其所拥有的金融资产、住房等非金融资产和自然资源交由其他机构单位、住户或个人支配而获得的回报并扣除相关的费用之后得到的净收入。财产净收入包括利息净收入、红利收入、储蓄性保险净收益、转让承包土地经营权租金净收入、出租房屋净收入、出租其他资产净收入和自有住房折算净租金等。财产净收入不包括转让资产所有权的溢价所得。

转移净收入　计算公式为：

转移净收入=转移性收入-转移性支出

转移性收入　指国家、单位、社会团体对住户的各种经常性转移支付和住户之间的经常性收入转移。包括养老金或退休金、社会救济和补助、政策性生产补贴、政策性生活补贴、救灾款、经常性捐赠和赔偿、报销医疗费、住户之间的赡养收入，本住户非常住成员寄回带回的收入等。转移性收入不包括住户之间的实物馈赠。

转移性支出　指居民家庭对国家、单位、住户或个人的经常性或义务性转移支付。包括缴纳的税款、各项社会保障支出、赡养支出、经常性捐赠和赔偿支出以及其他经常转移支出等。

（二）居民消费支出

居民消费支出是指居民用于满足家庭日常生活消费需要的全部支出，既包括现金消费支出，也包括实物消费支出。消费支出可划分为食品烟酒、衣着、居住、生活用品及服务、交通通信、教育文化娱乐、医疗保健以及其他用品及服务八大类。

食品烟酒　指用于各种食品和烟草、酒类的支出。

衣着　指与居民穿着有关的支出，包括服装、服装材料、鞋类、其他衣类及配件、衣着相关加工服务的支出。

居住　指与居住有关的支出，包括房租、水、电、燃料、物业管理等方面的支出，也包括自有住房折算租金。

生活用品及服务　指家庭及个人的各类生活品及家庭服务。包括家具及室内装饰品、家用器具、家用纺织品、家庭日用杂品、个人用品和家庭服务。

交通通信　指用于交通和通信工具及相关的各种服务费、维修费和车辆保险等支出。

教育文化娱乐　指用于教育、文化和娱乐方面的支出。

医疗保健　指用于医疗和保健的药品、用品和服务的总费用。包括医疗器具及药品，以及医疗服务。

其他用品及服务 指无法直接归入上述各类支出的其他用品与服务支出。

二、2012 年及以前的分城镇和农村住户调查指标解释

2012 年及以前年份，中国的住户调查一直分城乡分别开展。由于分别调查，农村与城镇居民收入、支出等指标的统计口径有所不同，数据也不完全可比，城镇调查城镇居民可支配收入，农村调查农村居民纯收入。城镇居民收入与支出数据，指现金收入或现金支出，不包括实物收支；其中，计算城镇居民人均可支配收入和消费支出时，不包括自有住房折算租金，也不包括购建房支出。农村居民收入与支出数据，分为总收支和现金收支，即农村居民的总收支部分包括了自产自用的实物收支；其中，计算农村居民人均纯收入和消费支出时，也不包括自有住房折算租金，但农村居民居住消费支出中，包括了购建房支出。

为了保持历史数据的可比，本年鉴中 2012 年及以前年份的数据和指标解释仍保持了原城镇住户调查和农村住户调查方案的原貌。

（一）城镇住户调查主要收支指标解释

1. 城镇居民家庭总收入

家庭总收入：指居民家庭中生活在一起的所有家庭成员在调查期得到的工薪收入、经营净收入、财产性收入、转移性收入的总和，不包括出售财物和借贷收入。收入的统计标准以实际发生的数额为准，无论收入是补发还是预发，只要是调查期得到的都应如实计算，不作分摊。

工薪收入：指就业人员通过各种途径得到的全部劳动报酬，包括所从事的主要职业的工资以及从事第二职业、其他兼职和零星劳动得到的其它劳动收入。

经营净收入：指家庭成员从事生产经营活动所获得的净收入。是全部生产经营收入中扣除生产成本和税金后所得的收入。如当期收入小于生产费用的开支，其差额记入“其他借贷支出”中。

财产性收入：指家庭拥有的动产（如银行存款、有价证券）、不动产（如房屋、车辆、土地、收藏品等）所获得的收入。包括出让财产使用权所获得的利息、租金、专利收入；财产营运所获得的红利收入、财产增值收益等。

利息收入：指资产所有者按预先约定的利率获得的高于存款本金以外的那部分收入。包括各类定期和活期存款利息、债券利息、储蓄性奖券和存款的“中奖”收入。利息与红利的差异：利息一般是预先约定的，与企业的经营状况无关，而红利的多少与企业的经营效益直接有关，一般不预先约定。利息收入是应得收入，包括银行代扣的利息所得税。

转移性收入：指国家、单位、社会团体对居民家庭的各种转移支付和居民家庭间的收入转移。包括政府对个人收入转移的离退休金、失业救济金、赔偿等；单位对个人收入转移的辞退金、保险索赔、住房公积金、家庭间的赠送和赡养等。

记账补贴：指居民家庭因承担记账工作从统计部门、工作单位和其它途径所得到的现金。不包括实物部分。

2. 城镇居民可支配收入

可支配收入：指居民家庭可用于最终消费支出和其它非义务性支出以及储蓄的总和，即居民家庭可以用来自由支配的收入。它是家庭总收入扣除交纳的所得税、个人交纳的社会保障费以及调查户的记账补贴后的收入。计算公式为：

可支配收入=家庭总收入-交纳所得税-个人交纳的社会保障支出-记账补贴

3. 城镇居民家庭总支出

家庭总支出：指家庭除借贷支出以外的全部实际支出。包括消费支出、购房建房支出、转移性支出、财产性支出、社会保障支出。支出统计是以实际购得的商品或服务的总价值填报，不论其付款方式是一次付清、分期付款，还是赊购，只要商品或服务已被消费就要按其总价值计量。如果采用分期付款或赊购形式，则要在借贷收入类相应的项目填入实付款与总的应付款的差额。

4. 城镇居民消费支出

消费支出：指居民家庭用于满足家庭日常生活消费需要的全部支出，包括食品、衣着、居住、家庭设备及用品、交通通信、文教娱乐、医疗保健、其他等八大类。消费支出构成是按照商品或服务的用途进行分类，如果消费支出的目的与用途不一致

时，必须按照用途归入相应类内。

服务性消费支出：指居民家庭用于本家庭支付社会提供的各种文化和生活方面的非商品性服务费用。不包括为别人付款的服务。服务消费与商品消费不同，其特点在于其劳动过程和消费过程在时间与空间上的统一。

财产性支出：指家庭购买或维护财产所支付的利息等有关费用。

社会保障支出：指居民家庭成员参加国家法律、法规规定的社会保障项目中由个人交纳的保障支出。不包括职工所在单位交纳的那部分社会保障金。

食品支出：指居民为摄取身体所需要的营养和满足某种嗜好而进食的各种消费品，包括在商店、集市、工作单位食堂和饮食业购买的主食、副食、烟草、酒、饮料以及干鲜瓜果、糖果、糕点、奶制品等。

衣着支出：指各种穿着用品及加工穿着品的各种材料，包括棉、麻、丝、毛和各种人造纤维、合成纤维纺织的各种布匹、呢绒、绸缎及其加工的服装，各种鞋、袜、帽及其他零星穿着用品等。

居住支出：指与居住有关的支出，包括住房、水、电、燃料方面的支出。其中的住房支出：指居民家庭用于住房的直接支出，包括房租、房屋维修支出、物业管理费、房屋装潢支出。不包括购建房支出，也不包括自有住房虚拟租金。

家庭设备及用品支出：指家庭各类日用消费品及家庭服务。包括日用耐用消费品、室内装饰品、床上用品、家庭日用杂品、家具、家庭服务。不含个人用品和服务。

交通通信支出：指用于交通和通信工具和相关的各种服务费、维修等支出。

交通：指购置交通工具及零配件、支付各种交通费、修理服务费、油料费等的支出。

通信：指家庭用于通信方面的全部支出。包括通信工具、电话费、邮费及其他通信费用。

文教娱乐支出：指居民家庭用于教育和文化娱乐方面的支出。

文化娱乐用品：指居民家庭用于购置家庭文娱用耐用消费品和其它文娱用品的支出。其中，购买家庭影院的根据其设备配置情况分别记为彩色电视机、影碟机、组合音响等。

文化娱乐服务：指和文化娱乐活动有关的各种服务费用。

教育支出：是指按一定的目的要求，对受教育者的德育、智育、体育、爱好、技能等诸方面施以影响的一种有计划的活动，与这一活动直接相关的支出即为教育支出。包括学费、教材费、家教费、赞助费、寄宿学生的住宿费等。

医疗保健支出：指用于医疗和保健的药品、用品和服务费用。包括医疗器具、保健用品、医药费、滋补保健品、医疗保健服务及其他医疗保健费用。实行医疗改革的单位，医疗基金（医保卡）支付的全部费用计入工资及补贴收入中，同时记入相应的医疗保健支出中。个人先现金支付然后到单位报销的医疗费在记入相应消费的同时，如果是在职职工则记入工资性收入，如果是离退休职工则记入离退休金中。

其他支出：指无法直接归入上述各类支出以外的个人用品和其他商品与服务支出。

其他商品：指七大类以外的个人用品和各种其他商品。

服务：指用于个人消费中的服务费，包括旅馆住宿费、理发洗澡费、美容费等。

（二）农村住户调查主要收支指标解释

1. 农村居民总收入与总支出

总收入：指调查期内农村住户和住户成员从各种来源渠道得到的收入总和。按收入的性质划分为工资性收入、家庭经营收入、财产性收入和转移性收入。

工资性收入：指农村住户成员受雇于单位或个人，靠出卖劳动而获得的收入。

在非企业组织中劳动得到的收入：指农村住户成员在不具备企业性质的行政事业单位和各种组织中劳动得到的收入。包括村干部和民办教师的工资(奖金、补贴)，乡及以上行政、事业单位工作人员的工资(奖金、补贴)等。

在本地劳动得到的收入：指农村住户成员在住户所属乡(镇)地域范围内受雇于单位或个人，靠出卖劳动而获得的收入。

常住人口外出从业得到的收入：指农村住户成员到住户所属乡(镇)地域范围以外从业得到的收

入。

家庭经营收入：指农村住户以家庭为生产经营单位进行生产筹划和管理而获得的收入。农村住户家庭经营活动按行业划分为农业、林业、牧业、渔业、工业、建筑业、交通运输业邮电业、批发和零贸易餐饮业、社会服务业、文教卫生业和其他家庭经营。

农业收入：指包括谷物种植业，豆类和薯类作物种植业，棉、麻等植物性纺织原料种植业，油料、糖料作物种植业，烟草种植业，药材种植业，蔬菜、瓜类作物种植业，饲料作物种植业，茶、桑、果树种植业。

种植业收入：是指农村住户当年从承包地和自营地上收获的粮食、经济作物、蔬菜、茶叶、水果、水生植物（如菱、藕等）等的主产品和副产品的全部收入。但生产用的绿肥和青饲料不作为收入，用来沤肥的副产品以及野生植物的采集和家庭兼营商品性手工业不作为种植业收入。

林业收入：是指农村住户当年采伐竹木收入、出售树苗和从人工栽培的竹林上不经砍伐而取得的各种林产品收入，如生漆、棕片、五倍籽、松脂、紫胶、竹笋、油桐籽、油茶籽、乌桕籽、核桃、各种林木子实，以及修剪竹木枝叶（荆条、柳条、蒲葵叶）等等；包括野生林木的采集产品收入；但不包括桑叶、茶叶、水果、花卉，它们算在种植业收入中。

畜牧业收入：是指农村住户当年出售、屠宰的畜禽、小动物和畜禽产品收入。包括家畜（仔畜、架子猪也包括在内）、家禽（包括幼禽）及其他小动物收入；也包括出售鹌鹑、鸽子等收入，按出售和屠宰的产品计算。畜禽的繁殖和增重，不计算收入；活的家畜、家禽及其他小动物的产品（如蛋类、羊毛、蜂蜜、蜂蜡等）收入，按全部产品计算；动物屠宰和死后的畜产品（如猪鬃、羊皮、蚕茧等）收入，按全部产品计算。牧区和半牧区农民出卖大牲畜的收入，应作为畜牧业收入；农户出售肉牛的收入和专门饲养大牲畜出售的收入应作为畜牧业收入，但变卖属于固定资产的役畜的现金收入，不能作为牧业收入，而应计算在出售财物收入中；包括野生动物的狩猎及其产品的采集收入。

渔业收入：是指农村住户当年捕捞天然水生的和人工养殖的鱼、虾、蟹、贝、藻类等淡水水产品和海水水产品的全部收入。包括养殖观赏鱼类的收入。

工业收入：是指农村住户的个体企业（有固定场所和生产设备、有专业生产劳动力，年内生产三个月以上）利用手工和机械进行自然资源开采，农副产品,工业品加工和修理以及从事手工业(手工业指依靠手工劳动,使用简单工具从事的工业性生产活动，包括各种制作、刺绣、编织、雕刻、加工等手工业。)所得全部产品收入，来料加工的产品，按加工费计算收入。自制自用的产品不计收入。

建筑业收入：是指农村住户成员当年从事房屋或建筑物的新建和维修以及设备安装所得到的劳动报酬，参加国家举办的基本建设工程所得到的收入。

交通运输业、邮电业收入：是指农村住户成员当年从事对本户以外的单位或个人进行货物运送、旅客运送及从事邮电行业活动的收入。

批发和零售贸易、餐饮业收入：是指从事批发贸易、零售商业和餐饮业活动的收入。

社会服务业：是指从事于日常生活及社会公共服务等服务活动的收入。包括从事社会服务业、金融保险业、房地产管理、旅馆、车店、理发、照相、洗染、缝纫、修理、导游等收入。

文教卫生业：指在文教卫生等单位从事有关活动的收入。如在教育、文化艺术事业、广播电视业从事有关活动的收入；在体育事业单位、体育设施管理单位、体育队、体育训练机构等从事体育活动的收入；在医疗、防治、检疫及其他卫生事业的收入等。

财产性收入：指金融资产或有形非生产性资产的所有者向其他机构单位提供资金或将有形非生产性资产供其支配，作为回报而从中获得的收入。

转移性收入：指农村住户和住户成员无需付出任何对应物而获得的货物、服务、资金或资产所有权等，不包括无偿提供的用于固定资本形成的资金。一般情况下，是指农村住户在二次分配中的所有收入。包括在外人口寄回和带回、农村外部亲友赠送、救济金、保险赔偿收入、退休金、土地征用补偿收入等。

总支出：是指农村住户全年用于生产、生活和再分配等方面的全部实际支出。包括家庭经营费用支出、购置生产性固定资产支出、税费支出、生活消费支出、转移性支出和财产性支出。

家庭经营费用支出：指农村住户以家庭为基本生产经营单位从事生产经营活动而消费的商品和服务、自产自用产品。所消费的未计算为住户收入的自产自用产品，不计算为费用支出；库存的化肥、农药也不计算为本期费用支出。

农业生产支出：指用于农业生产活动费用。如种籽、肥料、农药、小农具购置和修理、油料费、耕畜的饲料、饲草费、机耕费、排灌费、电费等，此外还包括家庭兼营商品性手工业等所支付的有关费用。

种植业生产支出：是指种植各种农作物所支付的生产费用。如种籽、肥料、农药、小农具购置和修理、油料费、耕畜的饲料、饲草费、机耕费、排灌费、电费等。

林业生产支出：是指经营林业生产而支付的费用。如树种、树苗、肥料、农药、电费及小型工具的购置维修等开支，但不包括林业的基本建设投资。

牧业生产支出：是指经营牧业生产所支付的费用。如购买仔畜（包括架子猪）、幼禽支出；肉用牛、羊的饲料、饲草支出；生猪、家禽等的饲料、燃料、防疫医疗费；电费和小型用具购置、维修等支出。但耕畜的饲料费应列为"种植业生产费用支出"。

渔业生产支出：是指养殖水生动物、培养海藻和捕捞生产过程中的开支。包括鱼苗、饵料、电费以及小型渔具和用具的购置、维修及油料费等支出。但不包括添置的固定资产支出。

工业生产支出：是指进行工业生产所支付的生产费用。包括工业生产耗用的原料、燃料、电费及小型工具的购置、维修等开支，还包括来料加工产品所耗用的燃料、电费，但不包括自产自用和来料加工产品所耗用的原材料.

建筑业生产支出：是指为了从事本户以外的房屋或建筑物的新建与维修以及设备安装而耗用的建筑材料、电器设备、燃料、电费以及小型工具的购置、维修等开支。

交通运输业生产支出：是指为从事对本户以外单位或个人进行货物运送和旅客运送所耗用燃料和小型工具的购置、维修等开支。

批发和零售贸易、餐饮业生产支出：是指从事批发贸易、零售商业、和餐饮业活动时所购买的生产用具支出、租用铺面支出、帮工工资支出、燃料支出、电费支出及其他费用开支。

社会服务业生产支出：指用于包括金融保险业、房地产管理、旅馆、车店、理发、照相、洗染、缝纫、修理、导游等日常生活及社会公共服务等服务活动的费用支出。

文教卫生业生产支出：指在文教卫生等单位从事有关活动的支出。如在教育、文化艺术事业、广播电视业从事有关活动的支出；在体育事业单位、体育设施管理单位、体育队、体育训练机构等从事体育活动的支出；在医疗、防治、检疫及其他卫生事业的支出等。

其他家庭生产经营支出：是指上述各项家庭经营费用支出以外的其他支出，包括各项劳务所支出的费用。

购置生产性固定资产支出：指农村住户用于建造和购置生产性固定资产所支出的费用。

税费支出：是指农村住户从事生产经营活动以现金和实物形式缴纳的各种税费。

消费支出：指农村住户用于物质生活和精神生活方面的消费支出。消费支出分为食品支出、衣着支出、居住支出、家庭设备及用品支出、交通通信支出、文教娱乐支出、医疗保健支出、其他支出。

食品支出：指农村居民年内消费各类食品支出。包括主食、副食、其他食品、在外饮食和食品加工费支出。

衣着支出：指农村住户用于各种穿着用品及加工穿着用品的材料支出。包括棉花、丝棉、化纤棉、驼毛、棉布、各种化纤布、绸、缎、呢绒、各类成衣、棉、毛、丝、麻纺织品，背心、汗衫、棉毛衫裤、卫生衫裤、袜子等针织品，毛线、毛线织品、各种鞋、帽等消费品及衣着的加工修理费(指农村住户为加工或修补服装、鞋帽等衣着所支付的服务费)。但不包括用各种布料做的床上用品，室内装饰品。

居住支出：指与农村住户居住有关的所有支出。包括新建(购)房屋、房屋维修、居住服务、租赁住房所付的租金、生活用水、生活用电、用于生活的燃料等支出。

家庭设备及用品支出:指农村住户消费的各种耐用消费品、其他家庭用品及用品的加工修理费用。

交通通信支出:指农村住户用于交通和通讯的工具、各种服务费、维修费用支出。

文教娱乐支出:指农村住户用于文化、教育、娱乐方面的支出。包括文化教育娱乐用品支出和文化教育娱乐服务支出。

医疗保健支出:指农村住户用于医疗和保健的药品、医疗器械和服务费用。包括医药卫生保健用品、医疗保健服务费和医疗卫生设备、用品加工修理费等。

其他支出:指上述各类支出以外的商品和服务支出。

财产性支出:为获得其他住户财产(包括无形资产)的使用权而支付的各种费用。

转移性支出:指农村住户和住户成员没有获得任何对应物而支出的货物、服务、资金或资产所有权等,不包括无偿提供的用于固定资本形成的资金。一般情况下,指农村住户在二次分配中的所有支出。

2. 农村居民现金收入与支出

现金收入:指农村住户和住户成员在调查期内得到以现金形态表现的收入。按来源分成工资性收入、家庭经营现金收入、财产性收入、转移性收入。

现金支出:指农村住户在调查期内用于生产、生活和再分配所支付的现金。包括家庭经营费用支出、缴纳的税费、购买生产性固定资产、生活消费、财产性和转移性支出。

3. 农村居民纯收入

纯收入:指农村住户当年从各个来源得到的总收入相应地扣除所发生的费用后的收入总和。纯收入主要用于再生产投入和当年生活消费支出,也可用于储蓄和各种非义务性支出。"农民人均纯收入"按人口平均的纯收入水平,反映的是一个地区或一个农户农村居民的平均收入水平。计算方法:

纯收入=总收入-家庭经营费用支出-税费支出-生产性固定资产折旧-农村内部亲友赠送

三、分组等指标

(一)收入五等份分组方法

是将所有调查户按人均可支配收入水平由低到高排队,按20%、20%、20%、20%、20%的比例依次分成为:低收入组、中间偏下收入组、中间收入组、中间偏上收入组、高收入组五组。

(二)四大经济区域

东部地区:包括北京、天津、河北、上海、江苏、浙江、福建、山东、广东、海南10个省(市)。

中部地区:包括山西、安徽、江西、河南、湖北、湖南6个省。

西部地区:包括内蒙古、广西、重庆、四川、贵州、云南、西藏、陕西、甘肃、青海、宁夏、新疆12个省(区、市)。

东北地区:包括辽宁、吉林、黑龙江3个省。

(三)基尼系数

指在全部居民收入中,用于进行不平均分配的那部分收入占总收入的比例。基尼系数最大为"1",最小为"0"。前者表示居民之间的收入分配绝对不平均,即100%的收入被一个单位的人全部占有;而后者则表示居民之间的收入分配绝对平均,即人与人之间收入完全平等,没有任何差异。通常这两种情况在实际生活中不会出现。因此,基尼系数的实际数值只能介于0~1之间。本书中,基尼系数使用住户收支与生活状况调查的全部样本人均可支配收入的分户数据计算。

(四)中位数

人均可支配收入中位数,指将所有调查户按人均可支配收入水平从低到高顺序排列,处于最中间位置调查户的人均可支配收入。